U1073863

**权威·前沿·原创**

皮书系列为

“十二五”“十三五”国家重点图书出版规划项目

中国社会科学院创新工程学术出版项目

旅游安全蓝皮书
BLUE BOOK OF
TOURISM SAFETY

# 中国旅游安全报告（2017）

ANNUAL REPORT ON CHINA'S TOURISM SAFETY AND SECURITY STUDY(2017)

主 编／郑向敏 谢朝武

社会科学文献出版社
SOCIAL SCIENCES ACADEMIC PRESS (CHINA)

图书在版编目（CIP）数据

中国旅游安全报告. 2017 / 郑向敏，谢朝武主编
. -- 北京：社会科学文献出版社，2017. 5
（旅游安全蓝皮书）
ISBN 978 - 7 - 5201 - 0783 - 9

Ⅰ. ①中… Ⅱ. ①郑… ②谢… Ⅲ. ①旅游安全 - 研究报告 - 中国 - 2017 Ⅳ. ①F592. 6

中国版本图书馆 CIP 数据核字（2017）第 096463 号

旅游安全蓝皮书
中国旅游安全报告（2017）

主 编 / 郑向敏 谢朝武

出 版 人 / 谢寿光
项目统筹 / 王 绯 单远举
责任编辑 / 单远举

出 版 / 社会科学文献出版社 · 社会政法分社（010）59367156
地址：北京市北三环中路甲 29 号院华龙大厦 邮编：100029
网址：www. ssap. com. cn
发 行 / 市场营销中心（010）59367081 59367018
印 装 / 北京季蜂印刷有限公司

规 格 / 开 本：787mm × 1092mm 1/16
印 张：28. 75 字 数：431 千字
版 次 / 2017 年 5 月第 1 版 2017 年 5 月第 1 次印刷
书 号 / ISBN 978 - 7 - 5201 - 0783 - 9
定 价 / 128. 00 元

皮书序列号 / PSN B - 2012 - 280 - 1/1

# 旅游安全蓝皮书编辑委员会

# 旅游安全蓝皮书编辑部

**主　编**　郑向敏　谢朝武

# 参与编写人员名单

**主报告**

撰稿人　华侨大学旅游学院暨中国旅游研究院旅游安全研究基地

执笔人　郑向敏

**专题报告撰稿人**（以专题报告出现先后为序）

陈雪琼　刘丽梅　魏晓宇　汪京强　刘文娟　逯付荣　颜醒华
施亚岚　黄安民　宋　景　肖　冰　白姗姗　刘丹丹　陈秋萍
刘东梅　聂玮琪　林明珠　林美珍　罗忠恒　刘岩玲　钟丽蓉
侯志强　王　祥　叶新才　吴智钊　张　儒　鲁开莉　殷凌燕
王新建　王　芳　郁敏超　张　慧　殷　杰　谢朝武　林佳青
王　静　周灵飞　曾武英　曾　怡　郭志平　张志安　王　琰
李勇泉　庞　佑　孙瑾瑾　罗景峰　范向丽　李定可　厉新建
贾　然　刘丹丹　陈　楠　阮文佳　王俊辉　邹永广　何月美
韩玉灵　王　军　周　航　王祥银　王　库　赵红石　张　宝
陈加林　潘文亮　冯建国　邓栋梁　党建平　王文江　王光华
陈金华　王红豆　陈若楠　黄远水　陈龙妹　王宇平　吴耿安
王　璐　方旭红　姚田田　吴银鸿　朱梦影

**旅游安全蓝皮书编辑部办公室**

谢朝武　王新建　邹永广　曾　怡

# 主要编撰者简介

**郑向敏**　华侨大学旅游安全研究院院长、教授、博士生导师，中国旅游研究院旅游安全研究基地主任、首席教授，中国旅游协会教育分会副会长、教育部MTA教学指导委员会委员、全国旅游星级饭店评定委员会国家级星评员、国家旅游局《旅游安全管理暂行办法》修订专家组组长。长期从事旅游安全与风险领域的研究工作，主持旅游安全领域的国家级、省部级科研项目10余项，出版国内首部旅游安全领域的专著《旅游安全学》，近期关注方向包括旅游安全评价、旅游职业安全、岛屿旅游安全等。

**谢朝武**　华侨大学旅游学院副院长、教授、博士、博士生导师，旅游安全研究院副院长，长期从事旅游安全与风险领域的研究工作，曾主持旅游安全领域的国家社科基金项目、教育部人文社科基金项目、国家旅游局重点科研项目等重要课题项目，参与国家旅游局配合《中华人民共和国旅游法》起草研究工作，入选“福建省高等学校新世纪优秀人才支持计划”“国家旅游局旅游业青年专家培育计划”等人才项目。近期主要关注旅游应急管理、旅游安全行政治理等方向。

# 摘　要


旅游安全蓝皮书《中国旅游安全报告（2017）》是华侨大学旅游学院、华侨大学旅游安全研究院与中国旅游研究院旅游安全研究基地（华侨大学）组织专家编写的年度研究报告，是社会科学文献出版社“皮书系列”的重要组成部分。本年度旅游安全蓝皮书由总报告、专题报告和区域报告三部分组成，其中专题报告又分设产业安全篇、安全事件篇和安全管理篇三个篇章。

总报告从2016年我国旅游安全的总体形势入手，全面分析了我国旅游住宿、餐饮、交通、景区、购物、娱乐、旅行社等主要分支行业的安全情况，并深入剖析了涉旅自然灾害、事故灾难、公共卫生事件、社会安全事件等各类型旅游突发事件的发展态势。总报告系统回顾了各类旅游主体在2016年的主要管理工作，分析了2016年影响我国旅游安全的主要因素，并对2017年的旅游安全态势进行了分析与展望。

2016年，我国旅游安全公共治理局面逐步形成，旅游业的安全稳定形势有所好转，大规模旅游安全伤亡事件有所减少。但我国旅游安全风险因素依然表现出复杂化、多样化、新型化等特点，国际国内综合安全形势对旅游安全的影响依然存在。旅游分支行业的安全形势主要包括：旅游住宿业的安全态势整体平稳，但住宿场所打架斗殴等社会安全事件引起的社会反应较大，泛住宿场所的风险复杂性增加；旅游餐饮安全保障工作成效显著，但天价餐饮等价格欺诈事件依然多发、主客摩擦较多、火灾爆炸事件趋增；旅游交通领域的水运重特大事故起数及死亡人数有所下降，但景区交通事故频繁发生，安全基础设施薄弱和安全排查不到位是主因；旅游景区安全事件总量有所增加，环境、管理和游客层面的风险因素较为突出；旅游购物投诉有增无减，国内游中购物欺诈、强制消费甚至威胁游客人身安全等事件层出不穷，出境的中国游客遭遇购物陷阱的事件也时有发生；旅游娱乐场所的安全事件数量有所增加，但伤亡人数有所减少，事故灾难类事件仍是主要安全事件，伤害主体以儿童、青少年和老年人为主。从分类事件来看，2016 年我国自然灾害对旅游业的影响减缓，涉旅自然灾害事件及其造成的游客死伤人数也均有所减少；涉旅事故灾难次数和伤亡人数大幅下降，旅游交通事故、漂流事故、登山户外运动事故是主要事故类型；涉旅公共卫生事件形势依然严峻，其中涉旅食物中毒事件的数量和等级程度有所降低，但涉旅新型传染病疫情较为突出；涉旅社会安全事件形势依然较为严峻，且社会安全事件易于发酵，安全舆情管控较为困难。

总报告提出，2016 年，环境、人员、设备、管理等多样化的旅游风险持续影响旅游安全，各类旅游市场乱象也阻碍旅游安全环境的营造。2016 年我国在旅游突发事件应对与管控方面，基本形成了集预防预备、监测预警、应急救援与安全重建等于一体的较完善的安全管理体系与机制。展望 2017 年，我国应进一步完善应急管理体系，提升旅游安全综合治理水平；持续规范旅游市场行为，进一步完善旅游市场秩序治理机制；转变发展理念，逐步构建全域旅游保障体系；全面优化旅游保险产品，进一步提升旅游安全保障能力。

2017 年度的专题报告分设了产业安全、安全事件和安全管理三个板块。其中，产业安全篇对旅游住宿、旅游餐饮、旅游交通、旅游景区、旅游购物、旅游娱乐和旅行社的安全态势进行了全面分析；安全事件篇对涉旅自然灾害、涉旅事故灾难、涉旅公共卫生、涉旅社会安全等旅游安全事件的态势进行了综合分析；安全管理篇围绕旅游安全行政管理、节假日旅游安全、自助旅游安全、高风险旅游安全、旅游安全法律规制、旅行社责任险与旅游保险、旅游安全预警、韩国旅游安全管理和旅游安全年度热点事件等组织了一系列文章。

此外，《中国旅游安全报告（2017）》专门设置了区域报告，主要对国内较具代表性的北京、福建、吉林、四川、重庆、宁夏等省（自治区、直辖市）的旅游安全形势与管理经验进行了深度分析，同时对港澳地区、台湾地区、出境旅游和入境旅游的安全形势进行了介绍。

# Abstract

*ANNUAL REPORT ON CHINA'S TOURISM SAFETY AND SECURITY STUDY (2017)* (*Blue Book of Tourism Safety*), is the annual research report written by experts organized by College of Tourism, Huaqiao University, Tourism Safety Research Institute of Huaqiao University, Tourism Safety & Security Research Institute and Center for Tourism Safety & Security Research of China Tourism Academy. It is an important part of BLUE Book Serial Publication of Social Sciences Academic Press. This year's Blue Book of Tourism Safety is consisted of three parts-General Report, Special Reports and Regional Reports. And the Special Reports are further divided into three chapters of "Industry Safety", "Safety Incidents" and "Safety Management".

Beginning with the overall picture of China's 2016 tourism safety and security situation, the General Report comprehensively analyzed the safety and security situation of the main branches of China's tourism industry- lodging, catering, transportation, attractions, shopping, entertainment, and travel agency, etc., and deeply analyzed the situation of each type of tourism incidents including natural disasters, accidents, public health incidents, and social security incidents. By reviewing 2016's major administrative issues of different tourism subjects, the General Report analyzed the influencing factors of China's tourism safety and security in 2016, and provided prospects for China's safety and security situation of tourism in 2017.

In 2016, the public governance situation of tourism safety had been gradually forming, tourism industry's general safety situation had been further enhanced, and the number of mass-casualty events was reduced. However, tourism risk factors still appeared to be new, complex and various, and the international and domestic comprehensive security situation still had negative influence on the safety and stability of China's tourism industry. In terms of tourism branch industry, the overall lodging safety situation kept stable in 2016, but several security incidents of fights in hotels caused strong reaction from society, which may increase the complexity of lodging risk. For tourist catering industry, the overall safety situation was improved; however, accident fire and explosion disasters and conflict between the customers and dealers happened frequently, in addition, unreasonable price issues last year in this industry still had a bad impact on public. The number of Major serious accidents and deaths in water and road transportation decreased, but transportation accidents frequently happened in scenic spots areas, mainly due to the weak security infrastructure and safety checks. The number of tourism safety incidents happened in scenic spots increased, and factors of environment, management and tourists became the main cause. Tourist shopping safety and security's incidents kept emerging in an endless stream, shopping complaints in and out-bound tourism had obviously increased. The number of tourism accidents happened in public places of entertainment increased with decreased casualties, of which children, teenagers and old people took the majority part, mainly resulted by accident disasters.

In terms of the tourism incident types, the impact of natural disasters on tourism industry had been reduced, and the casualties caused by tourism and tourism-related natural disasters incidents decreased in 2016. The number of accident disasters and casualty declined significantly, the majority of which were tourism transportation accidents, rafting accidents, and outdoor sports accidents. It still remained severe that tourism-related public health situation, for that the danger of new epidemic outbreak was rising though the food poisoning incidents and results had been under control. The tourism-related social security situation was serious, because the social security incident were easy to be publicly spread, and the public opinion was quite difficult to control and manage.

The General Report indicated the major negative factors in 2016 includes constant influence ofenvironmental, personnel, equipment, and management risk factors, and illicit market phenomena also made the tourism safety environment chaotic. For tourism emergency response and control, the government had formed a very complete management system and mechanism, which consisted of prevention and preparation, monitoring and early warning, emergency rescue and recover and guarantee, etc. . Looking forward to 2017, authorities should further improve the tourism emergency management system, comprehensively advance to govern tourism safety and security according to law, continue to standardize the tourism market behaviors, refine the governance mechanism in tourism industry. It is necessary to change the view of development, innovate the mode of development, gradually build region-based tourism safety and security system, to comprehensively optimize tourism insurance products, and to further enhance the safety capacity and risk resistance.

The Special Reports are consisted of three Chapters-Industry Safety, Safety Incidents and Safety Management. Chapter of Industry Safety synthetically analyzed the safety situation of tourist lodging, tourist catering, tourist transportation, scenic spots, tourist shopping, tourist entertainment and travel agency industry. Chapter of Safety Incidents comprehensively analyzed the situation of tourism-related natural disaster, tourism-related accidents, tourism-related public health and tourism-related social security. Chapter of Safety Management, consists of safety issues of tourism administration, holiday tourism safety, self-tourism safety, high-risk tourism safety, tourism-related regal regulation, travel agency liability insurance, travel insurance, legal regulation for tourism safety, legal regulation early-warning for tourist, tourism safety management in South Korea, and annual tourism hot topics. Besides, the annual report establishes the special Chapter of Regional reports to present in-depth analyze on the safety situation and managing experience of Beijing, Fujian, Jilin, Sichuan, Chongqing and Anhui, etc. . Furthermore, the tourism safety situation of Hong Kong, Macau and Taiwan areas as well as that of inbound and outbound tourism is also introduced in this article.

# 序　言

马斯洛的人本主义心理学，尽管其体系不谓不宏大，其人本观点不谓不迷人，但就其影响而言，最为口口相传的，恐怕莫过于他的需要层次论了。不管是他的五层次模型还是七层次模型，其最为突出的观点，主要表现在最低和最高两个层次的界定上：处于基础层次的安全需要和处于最高境界的自我实现需要。在他的七层次模型中，还融入了审美需要这个层次。我之所以要在这里重提这些，原因在于，马斯洛的这个需要层次论，其实是很具有旅游关怀的。这并不是一种巧合，而是因为，旅游这种形式，以及人在进入旅游世界之后所面临、所能得到的东西，皆为马斯洛这个需要层次论所囊括。只要在这个框架里思考、理解和阐释旅游现象，我们不管说什么话，估计也不会显得太离题了。

正是由于这个原因，当旅游安全蓝皮书《中国旅游安全报告（2017）》的主编之一谢朝武教授致函邀我为该书写序的时候，我才在一些犹豫之后接下了这个任务。说犹豫是因为自己对旅游安全领域的理论发展和技术进步缺乏认知，因此难免要说外行话；而接下任务是因为我感觉无论如何旅游安全都是旅游者在旅游世界进行交往、获得尊严、享受美感、实现自我的基础保障。没有了这个保障，其他一切需要都不可能满足。出于这样的考虑，自己若能够在好友郑向敏教授长期耕耘并已经大有收获、做出了一系列贡献的领域说上几句话，也有一种沾光的感觉，这会促使我更全面地审视旅游以及旅游世界的体验现象所关涉的方方面面。

以郑向敏教授为主导的中国旅游安全问题研究团队，多年来一直致力于这个领域的理论和实践研究，形成了可观的学术成果和调查报告。以蓝皮书系列呈现的这部分研究成果，是面向政府、产业和社会相关各界所提供的有助于其提升旅游安全实践策略的知识形式，已经逐步形成了很大的影响，甚至改变了一些大型旅游目的地的旅游安全社会治理结构，这已经有目共睹，无须我再置喙于此。在本期安全报告中，作者一如既往地全面检讨了中国旅游安全工作的现实情况，从旅游产业部门入手，给出了宏观上的对旅游安全的综合评价，指出了问题，点明了方向。我相信，这些对于旅游管理部门的行政实践是会大有助益的。

由于这次写序的机缘，在我对郑教授所带的安全团队的工作成果进行学习的同时，我也在思考一个新的问题。统观《中国旅游安全报告（2017）》的整个结构和所涉及的问题域，我有一个感觉：历来有关中国旅游安全问题的研究，可能立足点还基本上是“为我的安全”，即“为旅游的安全”。这种“为旅游”，宗旨是为旅游者、为旅游业、为旅游世界，而其关注点主要在于管理（包括社会管理和旅游管理）和经营中存在的安全问题。这个立足点或出发点本来是正确的，无可非议，但在今天旅游业规模如此之大，旅游效应尤其是外部效应也如此明显而广泛的大背景下，“为我的”旅游安全观是否需要适应新的现实而做出相应的调整呢？实际上，这已经不仅仅是旅游安全领域的事情了。在整个旅游研究领域，是否都应该调整原有的“为我的”旅游研究视角，把旅游观（旅游消费观、旅游发展观、旅游管理观，等等）放在一个更大的社会空间和时代框架里去讨论？这也许可以算是一个问题。我之所以提这样的想法，是基于：中国旅游产业的发展，如果没有适当的政策引导、法律规范和文化约束，也许，这种发展会导致对整个自然生态安全的威胁、对传统文化安全的威胁、对社会经济结构平稳运行安全的威胁。这些问题，由于过于宏大，或许难以一时被纳入旅游安全研究框架，但如果把原有的“为我的”旅游安全观调整为能够兼顾“为社会的”旅游安全观，那么，至少在观念和意识层面，在基本的指导思想层面，可以引导我们更全面地评价中国的现实旅游安全状况，尤其是抑制中国旅游产业盲目发展而对自然环境和传统文化所造成的安全负效应。当行文至此时，我才忽然意识到，自己的观点看来一直没有多大的变化。以上所阐述的观点，其实是基于自己长期秉持的旅游可持续发展观所引申的旅游安全观，与我 1994

年撰写的一篇题为《永续旅游：新观念、新课题、新挑战》的文章中阐述的环境和文化关切思想是一致的。如今，20 多年过去了，如果我们在列举了无数旅游发展的光辉业绩之后还能够意识到一点点我们对那些不可再生旅游资源的毁灭性开发利用的话，我们就会知道，不管到什么时候，只有把“安全”这个待遇扩展至旅游所赖以发生的基础和对象上去，中国的旅游产业的长久发展才可能更“安全”。这些，显然是更广泛的话题，不是基于管理和经营的视角讨论旅游安全所能涵盖的。我之所以在此提出，是基于郑向敏教授及其团队一直在旅游安全这个领域保持着创新的激情和社会关切，因此，相信他的团队会以某种方式来响应社会的终极关切，把旅游安全问题推向一个新的理论和政策高度。

是为序。

谢彦君

2017 年 4 月 14 日于灵水湖畔

# 前　言

2016年是“十三五”开局之年，我国旅游市场量质齐升，旅游安全形势好转。全年国内旅游人数为44.4亿人次，同比增长11%；国内旅游总收入为3.9万亿元，同比增长14%；入境旅游人数为1.38亿人次，同比增长3.8%；国际旅游收入为1200亿美元，同比增长5.6%。据不完全统计，较2015年，涉旅安全事件造成的伤亡人数大幅下降，旅游安全综合治理成效显著。

基于大众旅游的时代背景和旅游消费升级的特征，2016年，国家旅游局全面实践全域旅游模式，推动我国旅游从“景点旅游”向“全域旅游”转变。全域旅游不仅是旅游范畴的扩展，还是以新发展理念为指导的发展思路、发展模式与发展战略的再定位。发展全域旅游核心是要从原来孤立的点和条条向全社会、多领域、综合性的方向迈进，让旅游的理念融入经济社会发展全局。全域旅游的提出体现了从旅游部门抓旅游向党政统筹发展旅游的发展理念、模式和机制的转变，旅游不再是旅游部门的事。撤销旅游局，成立旅游发展委员会，设置旅游警察、旅游法庭，由旅游警察、旅游法庭、旅游工商等共同治理、共保安全，就是各级党委、政府适应新形势，大力推动现代旅游治理体系建设的积极信号。截至2016年底，全国设立旅游发展委员会的省（自治区、直辖市）达20个，有13个设区市、34个县设置旅游警察。

旅游发展模式的全域化对旅游公共服务体系提出了更高要求，对旅游安全管理也提出了全新的挑战。加快补齐旅游公共服务短板，建设旅游紧急救助设施，促进旅游保险发展，强化旅游安全管理的综合协调，提升旅游突发事件应急能力，成为“十三五”旅游管理的重要内容。旅游安全管理需要利用现代科技创新管理手段，基于信息通信技术的智慧旅游深度开发大显身手，旅游安全的智慧引导、智慧服务和智慧管理手段不断创新，科学预测客流、实时自动监控重点地段、全方位定向警示等手段获得广泛应用。

在依法治国背景下，发展全域旅游则更需要走上依法治旅、依法治国的轨道。推进旅游安全法制建设是旅游安全管理的重要方向。20 世纪 90 年代，国家旅游局相继发布了《旅游安全管理暂行办法》、《旅游安全管理暂行办法实施细则》和《漂流旅游安全管理暂行办法》等安全管理法规，这些制度在旅游安全管理中发挥了重要作用。然而，随着旅游产业的快速发展，出现了旅游安全管理主体不清、管理职责超出旅游部门权限等问题，旅游行业亟须制定新的管理办法。2016 年国家旅游局及时修订出台了《旅游安全管理办法》（以下简称《办法》），《办法》调整和规范了旅游安全工作主体，既界定了旅游部门的安全管理责任，详细规范了旅游部门在日常安全管理工作、预案制订、景区承载量管控以及旅游突发事件应急处置、调查、报告中的具体任务和职责，也明确了旅游经营者应具备的安全生产条件以及旅游经营者在旅游安全检查、旅游风险监测评估、高风险项目和特殊群体的安全保障、旅游安全生产教育和培训、游客安全管理、突发事件应急处置和报告等方面的任务与职责，并对旅行社的源头安全管理责任、出境安全管理等提出了要求。《办法》的出台恰逢其时，将推动我国旅游安全管理迈向制度化、规范化发展的新阶段，对保障旅游者安全这条旅游发展的“生命线”具有重要意义。

《中国旅游安全报告》是中国旅游研究院旅游安全研究基地（华侨大学）按年度推出的重大研究成果。在华侨大学及中国旅游研究院的领导和支持下，中国旅游研究院旅游安全研究基地（华侨大学）不断壮大研究队伍、完善研究机制、巩固和规范研究平台，取得了较快的发展。2015 年基地荣获了“中国旅游研究院优秀机构建设奖”，《中国旅游安全报告》荣获国家旅游局优秀旅游学术成果奖一等奖。

《中国旅游安全报告（2017）》全书分为总报告、专题报告、区域报告三部分。总报告对 2016 年全年旅游安全的总体形势及 2017 年发展趋势进行了概括。专题报告由产业安全篇、安全事件篇、安全管理篇三个部分组成，结合统计数据、行业管理实践，具体分析了旅游各行业、各类旅游安全以及旅游安全监管的形势、影响因素和动态，提出了2017年面临的挑战和发展趋势。区域报告部分对出入境旅游、港澳台旅游以及福建、北京、吉林、重庆等区域的旅游安全表现形态、管理手段、影响因素等进行了系统分析。

本报告是中国旅游研究院旅游安全研究基地（华侨大学）及全国旅游安全研究专家学者集体智慧的结晶，由基地主任、华侨大学旅游安全研究院院长郑向敏教授和基地副主任、华侨大学旅游安全研究院副院长谢朝武教授担任主编，负责全书逻辑框架的确定、主要观点的提炼、统稿、部分章节的执笔写作、最终定稿等工作。华侨大学旅游学院的王新建副教授、邹永广副教授、曾怡博士等参与了本书的部分编辑工作。旅游安全研究基地、华侨大学旅游学院及全国旅游安全领域的专家学者分别参与了部分章节的编写。本报告的完成与出版得到了国家旅游局综合司、中国旅游研究院领导的指导与帮助，得到了北京、福建等省市旅游部门，华侨大学校领导和科研管理部门的大力支持，也得到了中国社会科学院社会科学文献出版社的关心、支持与帮助，在此一并表示诚挚的谢意。

鉴于旅游安全涉及范围广，旅游安全案例庞杂，缺乏权威的来源，加之作者认识和判断的局限性，难免出现统计数据的差异甚至疏漏，热诚欢迎广大读者批评指正！希望“旅游安全蓝皮书”系列能为中国旅游业的健康安全发展做出贡献。

郑向敏

2017年3月1日于华侨大学校园

# 目 录

## Ⅰ 总报告



## Ⅱ 专题报告

## 安全事件篇



## 安全管理篇

## Ⅲ　区域报告

皮书数据库阅读**使用指南**

# CONTENTS

## I General Report



## II Special Reports

## Ⅲ Regional Reports

# 总　报　告

General Report

## B.1

# 2016～2017年中国旅游安全形势分析与展望

旅游安全蓝皮书编委会　郑向敏（执笔）

当今世界仍不太平，地区冲突和热点问题此起彼伏，恐怖主义危害加重。和平与发展是各国人民的共同期盼。旅游业发展既离不开和平与发展的国际环境，也是促进世界和平与发展的重要力量。本次大会以“旅游促进和平与发展”为主题，具有很强的现实意义。……各国都有责任采取有效措施，应对突发事件，维护游客安全，坚决反对一切针对游客的恐怖行为。让我们积极行动起来，营造更加自由、便利、安全、舒适的旅行环境。

——中华人民共和国国务院总理李克强在首届世界旅游发展大会开幕式上的致辞

**加强旅游安全制度建设。**完善旅游安全管理制度，强化有关部门安全监管责任。建立健全旅游安全预警机制，加强境外旅行安全提示、热点景区景点最大承载量警示、旅游目的地安全风险提示。落实旅行社、旅游饭店、旅游景区安全规范。做好高风险旅游项目安全管理。**强化重点领域和环节监管。**强化对客运索道、大型游乐设施等特种设备的安全监察及景区地质灾害安全管理。落实旅游客运车辆“导游专座”制度。实施旅游用车联合检查制度。加强旅游节庆活动安全管理。加强景区景点最大承载量管控。加强旅游场所消防基础设施建设，落实消防安全主体责任。**加快旅游紧急救援体系建设。**健全旅游突发事件应对机制。完善旅游突发事件信息报送和应急值守制度，完善应急预案体系。建设国家旅游应急管理指挥平台。推动建立政府救助与商业救援相结合的旅游紧急救援体系，推进国家旅游紧急救援基地建设，鼓励有条件的旅游企业建立紧急救援队伍。**深化旅游保险合作机制。**完善旅游保险产品，提高保险保障额度，扩大保险覆盖范围，提升保险理赔服务水平。完善旅行社责任保险机制，推动旅游景区、宾馆饭店、旅游大巴及高风险旅游项目旅游责任保险发展。加强与重点出境旅游目的地开展旅游保险合作，建立健全出境旅游保险保障体系。

——“十三五”旅游业发展规划

加快安全保障体系建设，提升旅游安全工作水平。一是召开全国旅游安全与应急管理工作会议。协调配合相关部门，加强对游客聚集场所、高风险旅游项目的联合监管，严防游客群死群伤事故。二是联合公安、交通运输、安监等部门开展“旅游包车”专项治理行动。三是利用“安全生产月”等时间节点，广泛开展旅游安全宣传，强化对旅游从业人员的安全培训教育。四是与保监会联合修订《旅行社责任保险管理办法》。开展“旅游保险宣传周”活动。

——国家旅游局局长李金早在2017年全国旅游工作会议上的讲话

# 一　2016年中国旅游安全形势回顾

## （一）旅游安全总体形势

2016 年全国旅游安全形势总体平稳。在党中央、国务院的坚强领导下，在各级党委、政府，各有关部门的全力支持下，《中华人民共和国旅游法》（以下简称旅游法）在贯彻执行中得到了进一步的完善与修订，国务院办公厅印发了《关于加强旅游市场综合监管的通知》，国家旅游局颁布了《旅游安全管理办法》、制定了《“十三五”旅游业发展规划》，旅游安全公共治理局面逐步形成，旅游业的安全稳定形势得到了进一步的保障。

2016 年影响境内外旅游安全因素复杂多变，可预见与不可预见、传统与非传统的不安全因素依然存在，并对旅游业的安全稳定带来了一定程度的影响。2016 年我国旅游业先后遭遇了“莫兰蒂”超强台风、都市旅游洪涝灾害、凤凰峡旅游区山洪暴发、陕西飞渡峡景区强降雨，以及法国尼斯恐怖袭击、泰国普吉岛游艇事故、新西兰 7.5 级地震等旅游突发事件。尽管 2016 年旅游安全影响因素复杂、问题杂多、形势严峻，但全国各级旅游主管部门联合相关部门，通过旅游市场秩序整顿、旅游市场综合监管模式探索，通过旅游警察、旅游巡回法庭等旅游安全综合治理模式的探索、应用与推广，通过旅游安全预防预备、监测预警、应急救援与恢复保障等旅游安全管理水平与应急能力的提升，有效地应对和妥善处置了各种不安全因素和突发事件，维护了 2016 年旅游业安全稳定的总体态势。

## （二）旅游行业安全形势

**1. 旅游餐饮行业安全形势总体较好，安全事件呈下降趋势**

2016 年全国各省、自治区、直辖市食品安全相关政策陆续出台，各地不断加强对关键环节、重点领域及重要时段的旅游餐饮安全防控，旅游餐饮安全保障工作成效明显，餐饮安全事件相比 2015 年减少，全年旅游餐饮行业安全形势总体较好。2016 年我国旅游餐饮行业安全事故呈现以下特征：①事故灾难较多，并以燃料泄漏起火爆炸为主因；②宰客、价格欺诈等餐饮行业市场乱象和主客摩擦事件较多；③餐饮食品安全卫生问题经常出现。影响 2016 年我国旅游餐饮安全的主要因素如下。①安全管控因素：主要表现为政府监管制度的残缺与疏漏、多头监管与部门间协调的不畅；②餐饮经营主体因素：主要表现为过度追求经济利益引发的各种欺诈、安全防范设施设备不足及安全责任逃避；③旅游者自身因素：主要表现为安全防范意识薄弱、现场态度过激、维权意识薄弱或行为过激等。

**2. 旅游住宿行业安全形势依旧严峻，影响安全因素复杂多样**

2016 年我国旅游住宿行业市场整体呈平稳发展态势，安全管理体系虽逐步完善，但泛住宿业类型增多，影响安全因素越来越复杂多样；旅游住宿行业安全突发事件总数虽呈小幅下降，但安全形势依旧严峻。2016 年旅游住宿行业安全事件呈现以下特征：①从时间上看，安全突发事件月份分布不均且与旅游市场淡旺季相一致；②从事故类型上看，归属社会安全事件的亚类事故结构变化显著；③从诱发原因来看，仍以常规不安全因素为主，非常规不安全因素也层出不穷。影响 2016 年旅游住宿行业安全的主要因素如下。①外部宏观因素：主要表现在泛住宿业安全监管制度未健全、监管范围狭窄、监管力度不够、自媒体的双面性等；②内部微观因素：主要表现在企业管理者安全认知不足、安全责任意识缺乏或薄弱、安全设施设备老旧、定期检查维护不到位等；③消费者自身因素：主要表现在安全防范意识薄弱、应急能力缺失、安全心理素质问题等。

**3. 旅游交通行业安全发展态势良好，景区内部交通安全需加强**

2016 年，我国旅游交通安全发展态势良好，各项安全控制指标总体上好于上年。2016 年旅游交通行业安全状况具有以下特征：①道路交通较大事故数量及死亡人数显著下降，旅游客车特别重大事故越来越受到重视与关注；②水路交通安全形势总体好转，游船风险预估能力需要进一步提升；③民航运输业全年无重大安全事故，巨大旅游需求带来的安全压力越来越大；④铁路交通业坚持守住安全底线，但相关安全事故时有发生；⑤景区内部交通安全事故频繁发生，景区安全基础设施薄弱和安全排查不到位是主因。影响2016年旅游交通行业安全状况的主要因素如下：①旅游交通安全管理部门间协调机制与体制不健全与不完善；②旅游交通行为主体安全意识教育、安全监管机制与制度问题；③自然灾害对旅游道路交通的影响等。

**4. 旅游景区安全形势平稳，安全事件总量略有增加**

2016年中国旅游景区安全形势呈平稳状态。据不完全统计，2016年中国旅游景区共发生安全突发事件116起，分布在25个省（自治区、直辖市），共造成92人死亡。在2016年全年的安全突发事件中，地文景观类景区的安全事故突发频率最高，其次是水域风光类、建筑与设施类景区。2016年旅游景区安全突发事件具有以下特征：①安全突发事件发生具有明显的突发性和复杂性，突发性源于自然环境的变幻莫测，复杂性源于社会环境的复杂多变；②安全突发事件分布集中性和分散性并存，集中性主要表现在热点景区、游客高峰时段，分散性则体现在安全问题各区域、各不同类型景区；③安全突发事件危害既体现了鲜明的传统安全事故的严重性，也体现了网络时代事故舆情引发的后果的恶劣性和影响的广泛性。影响2016年旅游景区安全状况的主要因素如下。①旅游环境因素：自然环境变幻莫测、社会环境复杂多变；②景区管理主体因素：包括监管体制松散无效率、管理制度粗放随意、管理技术落后和手段简单、环境容量超负荷、从业人员安全意识欠缺，等等；③游客安全行为因素：包括安全意识薄弱、应急能力缺失、自救能力不足等；④政府管控因素：包括应急救援体系未健全、不成熟，相关法律法规特别是高风险旅游项目的监管条规不完善等。

**5. 旅游购物安全形势趋于严峻，购物投诉有增无减**

2016年我国旅游购物的安全形势较2015年更为严峻，各类旅游购物投诉有增无减。2016年旅游购物安全状况具有以下特征：①国内游中购物欺诈、强制消费甚至威胁游客人身安全等事件层出不穷；②旅游购物陷阱呈现多元化趋势，境外旅游购物安全事件趋于增多；③旅游购物投诉具有区域集中化、淡旺季明显、类型复合化等特征；④国内旅游购物安全事件高发期在

7 月、8 月以及国庆黄金周，而高发地则以云南、北京、四川、广东、西藏等为主。

**6. 旅游娱乐业安全形势平稳，安全事故总数有所增加**

2016 年旅游娱乐业安全形势趋于平稳，安全事件数量有所增加，但伤亡人数相对下降。2016 年旅游娱乐安全状况具有以下特征：①事故类型仍以灾难类事故为主，伤害主体依然是以儿童、青少年和老年人为主；②安全突发事件发生较多的月份为 2 月、6 月、7 月、8 月；③事故发生数量最多的地区是广东省，其次是北京市、山东省。影响 2016 年旅游娱乐安全的主要因素是：①不可控的气候、环境等外在因素；②游客安全意识缺乏与不遵守活动规则；③设施设备故障与操作不当；④安全预警系统与监管系统不健全；⑤工作人员疏忽和专业技能缺乏。

## （三）旅游安全事件状况

**1. 涉旅自然灾害安全状况依然严峻，但灾害影响趋于减缓**

2016 年我国自然灾害的灾情较 2015 年明显严重，并以气象灾害和洪水灾害为主。尽管 2016 年我国自然灾害相对严重，但自然灾害对旅游业的影响减缓，涉旅自然灾害事件及其造成的游客死伤人数也均有所减少。2016 年我国涉旅自然灾害安全事件的主要特点如下：①涉旅自然灾害安全事件发生时空分布不均，呈无规则状；②灾害类型多样，以气象灾害和洪水灾害居多；③灾害破坏性强，对景区资源与经济影响相对严重。影响 2016 年我国涉旅自然灾害安全的主要因素如下：①频发的各种自然灾害以及可能引发和存在的各类风险；②涉旅自然灾害安全管控体系与部门间协调系统不畅；③安全保障与应急救援能力不足或建设滞后；④游客风险防范意识薄弱，防灾自救能力不足。

**2. 涉旅事故灾难形势有所好转，但事故类型复杂多样**

2016 年我国涉旅事故灾难的总体形势好转，事故次数和伤亡人数大幅下降，表示涉旅事故灾难领域的安全管控进一步增强。2016 年我国涉旅事故灾难的主要特点如下：①旅游交通事故、漂流事故、登山户外运动事故是主要事故类型；②登山事故中的有偿救援、漂流旅游安全管理受到广泛关注，低空旅游安全事故凸显。2017 年我国涉旅事故灾难的主要趋势包括：①旅游交通事故仍是涉旅事故灾难的主要类型，自驾游、包车旅游是高发旅游项目；②各类新兴高风险旅游项目事故频繁发生，低空旅游安全值得关注；③大型节庆活动安全不容忽视，安全管控仍具挑战。

**3. 涉旅新型传染病疫情较为突出，涉旅公共卫生形势依然严峻**

2016 年涉旅食物中毒事件数量和等级程度虽与 2015 年相比有所降低，但涉旅新型传染病疫情较为突出，涉旅其他公共卫生事件类型增多、发生频繁，涉旅公共卫生形势依然严峻。2016 年我国涉旅公共卫生事件呈现以下特征：①国家旅游政策着力推进，群体游客公共卫生事件数量明显减少；②大众旅游背景下自由行盛行，个体游客公共卫生事件急剧增加；③跨国跨境旅游活动日趋频繁，国际公共卫生突发事件防不胜防；④重度雾霾席卷多地，逃避雾霾成为游客关注热点。2017 年我国涉旅公共卫生安全事件的主要趋势包括：①现代新媒体时代，多渠道预防，增强游客公共卫生安全意识；②旅游新业态不断涌现，旅游保险加强公共卫生事件安全保障；③“互联网+”强劲驱动，智慧旅游降低公共卫生事件安全风险；④国际多层次旅游交流格局形成，促进国际上在涉旅公共卫生安全领域深度协作。

**4. 涉旅社会安全状况不容乐观，安全管控形势依然严峻**

2016 年我国涉旅社会安全事件状况不容乐观，安全管控形势依然严峻。涉旅社会安全事件状况不容乐观与安全管控形势严峻的主要原因是：①安全事件类型越来越复杂多样，防控工作依然艰巨；②安全事件易于发酵，社会关注与日俱增，安全舆情管控困难；③政府部门多头管理，管控机构部门间职责不明晰，管控有效性差。2016 年涉旅社会安全事件体现以下特征：①涉旅社会安全事件主要发生在 2 月、5 月、7 月、8 月和 10 月，其中 8 月安全事件发生最多；②涉旅社会安全事件主要发生在华东、华南和华北地区，其中华东地区安全事件发生数量最多。2016 年我国涉旅社会安全事件发生的主要影响因素包括：①人员因素，即旅游者安全意识薄弱、从业人员工作疏忽和故意为之；②设施设备不完善；③周围环境蕴含的诱发要素；④政府管控措施不佳等。

## 二　2016年中国旅游安全管理状况回顾

2016 年，我国旅游安全管理在延续往年管理思路和总结经验教训的基础上，旅游安全管理系统不断完善，管理水平不断提升，逐渐形成了全方位、多层次、宽领域的安全管理格局。2016 年我国旅游安全的预防与管理，特别是在旅游突发事件应对与管控方面，基本形成了集预防预备、监测预警、应急救援与安全保障于一体的全方位、较完善的管理体系与机制。

### （一）预防预备：加强旅游安全的预防性管理成重点

旅游突发事件的预防预备工作主要是通过完善旅游安全制度建设、制定相关经营管理规范等方式完成。20 世纪 90 年代，国家旅游局相继发布了《旅游安全管理暂行办法》、《旅游安全管理暂行办法实施细则》、《重大旅游安全事故报告制度试行办法》、《重大旅游安全事故处理程序试行办法》和《漂流旅游安全管理暂行办法》等一系列配套或相关性文件，形成了目前我国旅游安全管理的基本制度。为适应旅游产业的快速发展和国内外安全形势的动态变化，旅游安全管理相关制度需要进一步修改、补充与完善。2016 年 9 月 27 日，国家旅游局局长李金早签署国家旅游局第41 号令，公布了《旅游安全管理办法》（以下简称《办法》）。此《办法》强调主动预防的安全管理模式，依法行政，权责明晰[①]，在《办法》的指导下，我国旅游安全制度建设得到长足发展。

**1. 强化标准建设，规范经营行为**

《办法》强调的主动预防安全管理模式要求旅游经营者应当承担安全生

① 郭探微：《依法行政　明晰权责　主动预防——〈旅游安全管理办法〉解读》，《中国旅游报》2016 年 9 月 29 日。

产、安全经营的主体责任，加强安全管理，建立健全安全管理制度，加强风险预警，完善风险提示，妥善应对旅游突发事件。《办法》中第二章“经营安全”中明确提出了对旅游经营者的相关安全经营规范与经营要求。如《办法》中第七条指出，旅游经营者应当定期检查本单位安全措施的落实情况，及时排除安全隐患；对可能发生的旅游突发事件及采取安全防范措施的情况，应当按照规定及时向所在地人民政府或者人民政府有关部门报告。

此外，地方层面也积极推进旅游安全经营标准化建设，规范旅游经营者安全经营行为，强化旅游风险的预防工作。如重庆市旅游、海事、交通、林业、公安等九部门共同签发的《关于进一步加强水上旅游安全工作的通知》中明确要求对水上旅游安全管理进行全面检查监督，并指出“凡是地震、狂风、雷电、暴雨、山洪预警和发生期间，漂流、小型游船企业一律停运”，“发现游客饮酒的要进行劝阻、禁止上船旅游，同时还要严格落实游客不穿救生服不开船的要求”。

**2. 加强风险提示，强化风险防范**

《办法》中的风险提示制度体现了主管部门在管理旅游安全工作时从事后处理、被动管理转变为事先防范、主动介入。① 风险提示制度能够有效地进行风险的防范与应对，更加保障旅游安全。据国家旅游官方网站，2016年国家旅游局共发布26条风险提示，内容涵盖自然灾害风险、公共卫生风险、事故灾难风险以及社会安全风险等方面，并要求风险提示信息应当通过官方网站、手机短信及公众易查阅的媒体渠道对外发布。

**3. 加强全面管理，保障旅游安全**

《办法》进一步明确了旅游部门安全监管职责，把旅游部门“应做、能做”的安全职责进行了合理的设定。要求各级、各地旅游部门依据《办法》相关要求明确日常安全管理工作，即包括制定、实施相应的安全标准、规范，督促旅游经营者进行安全生产，强化旅游企业的安全应急能力，核定景

① 郭探微：《依法行政　明晰权责　主动预防——〈旅游安全管理办法〉解读》，《中国旅游报》2016年9月29日。

区最大承载量等，以此推进全方位、多层次、宽领域的预防性旅游安全管理，保障旅游安全。

**4. 加强安全培训，提升安全意识**

加强安全教育培训与宣传，提升相关人员的安全意识，是2016年各级旅游部门的工作重点。全国各地、各级旅游行政主管部门主动、积极开展旅游安全宣传、教育与培训工作，提升旅游经营者、从业人员、旅游者的安全意识，加强预防性安全管理。例如，2016年11月10日，吉林省举办旅游安全教育培训，加强旅游行业安全教育，树立企业安全意识、责任意识，落实企业主体责任，遏制重特大旅游安全事故发生。① 2016年12月7日，北京市旅游委举办旅游安全管理培训班，强化旅游经营者、从业者风险防范意识，提升其安全管理业务水平。② 重庆市旅游局、中国旅游景区协会、山东省沂蒙山银座天蒙旅游区等旅游行政管理部门、旅游协会和旅游经营单位也相继举办了各种类型的旅游安全管理讲习班、培训班，提升企业管理人员安全知识和安全意识。

## （二）监测预警：加强旅游重点领域、环节的监管与预警成常态

风险的监测与预警是旅游安全管理的重要内容，旅游安全管理应强化风险监测预警能力。③ 2016年，全国各地各级旅游主管部门进一步加强了旅游安全监管与风险预警工作，更加有效地实现旅游突发事件的安全监测与预警。

**1. 加强立体管理，全面推进安全监管**

2016年，我国各地各级旅游行政管理部门进一步加强了旅游行业的安全监管工作，工作主要内容如下。

---

① 李忠键：《吉林市旅游局举行冬季旅游安全教育培训》，国家旅游局网站，http：//www.cnta.gov.cn/xxfb/xxfb_ dfxw/jl/201611/t20161123_ 807440.shtml，2016年11月24日。

② 符振彦：《北京市旅游委举办旅游安全管理培训班》，国家旅游局网站，http：//www.cnta.gov.cn/xxfb/xxfb_ dfxw/bj/201612/t20161212_ 809054.shtml，2016年12月13日。

③ 谢朝武：《旅游安全管理应强化风险监测预警能力》，《中国旅游报》2015年6月5日。

（1）构建更加有效的网状旅游安全监管模式。在纵向层面，旅游行政主管部门加强打造立体化的安全监管格局，形成了从国家到省、从省到地方的多级立体式安全监管格局。在横向层面，旅游部门联合安监、交通运输、公安、质监、食药监、国土、气象等部门共同参与旅游安全监管工作。2016年旅游安全监管更加重视采取专项督察、暗访检查、联合检查等方式，对地方相关企业的旅游安全工作进行监督检查。①

（2）加强对重点区域、重点业态的旅游安全监管。全国各地各级旅游行政管理部门都加强对各自的重点区域、重点业态、重点时段的旅游安全监管成为安全管控工作的常态。例如，安徽省重点加强对游客密集场所、食品卫生、客运索道等重点部位和关键环节的安全监管；② 江西加强旅游餐饮服务食品安全监管工作，严禁无证餐饮单位进驻景区，并实行旅游淡旺季检查重点不同的工作模式；③ 青海省旅游委联合消防等单位组成检查组重点对西宁市部分星级宾馆、旅游景区、旅游客运企业等旅游行业生产经营单位人员密集场所开展旅游安全大检查。④ 在重点时段的旅游安全监管方面，如国家旅游局于2016年9月29日重点检查了北京市“十一”国庆假日旅游安全工作；⑤ 河南省开展了“双节”期间旅游安全生产大检查工作。⑥

**2. 加强风险识别，建设旅游安全预警机制**

2016年，全国各地各级旅游主管部门与其他部门联合协作，共同识别

① 牛毅：《甘肃七大机制构建旅游安全体系》，国家旅游局网站，http：//www. cnta. gov. cn/xxfb/jdxwnew2/201610/t20161026_ 787504. shtml，2016年10月26日。

② 李远峰：《安徽：指挥前移监管上山》，《中国旅游报》2016年10月7日。

③ 朱叶：《江西加强旅游餐饮服务食品安全监管工作》，国家旅游局网站，http：//www. cnta. gov. cn/xxfb/jdxwnew2/201607/t20160725_ 778756. shtml，2016年7月25日。

④ 王彦：《青海排查人员密集场所安全隐患》，国家旅游局网站，http：//www. cnta. gov. cn/xxfb/xxfb_ dfxw/qh/201612/t20161215_ 809442. shtml，2016年12月16日。

⑤ 迟紫境．《国家旅游局检查北京市“十一”国庆假日旅游安全工作》，国家旅游局网站，http：//www. cnta. gov. cn/xxfb/jdxwnew2/201609/t20160929_ 785114. shtml，2016年9月29日。

⑥ 徐鹏：《河南省将扎实深入开展“双节”期间旅游安全生产大检查工作》，国家旅游局网站，http：//www. cnta. gov. cn/xxfb/xxfb_ dfxw/hn/201612/t20161220_ 809818. shtml，2016年12月21日。

旅游风险，建设旅游预警平台，旅游安全预警涵盖气象、生态、遗产保护等多个领域与层面。如广西旅游委发布台风预警①、乐山大佛景区文物遗产保护过程中建设的预测预警体系②、天津滨海湿地保护的监测预警体系。③ 此外，2016 年旅游安全预警对象也发生了变化：预警工作开始由管理端向客户端前移，进一步扩大旅游安全预警的范围并增强时效性。如四川打造景区 App，构建旅游安全预警的移动客户端平台④，等等。

### （三）应急救援：完善旅游应急救援体系成热点

应急救援的效力取决于应急平台建设和应急能力提升。2016 年我国旅游应急平台建设明显加快，各地各级旅游行政管理部门的应急能力逐步提升。

**1. 加速应急平台建设，逐步完善应急处理机制**

加速应急平台建设是 2016 年各地各级旅游行政管理部门的重要工作之一。10 月 1 日，国家旅游局启用旅游产业运行监测与应急指挥平台，此后广东、云南、陕西、四川等多地纷纷启动旅游应急指挥中心项目，实现与国家旅游产业运行监测与应急指挥平台的对接。地市层面也不甘落后，12 月，四川广元启动了广元旅游运行监管及安全应急联动指挥平台。2016 年是我国旅游应急指挥平台建设工作大步推进的一年。此外，随着我国出境旅游的繁荣发展，出境旅游安全应急工作也取得突破性进展。2016 年 4 月，由瑞士华人旅游业从业者组织举办的瑞士中国游客应急服务中心正式启动。⑤ 随着全域旅游战略的全面推行，各地也在借全域旅游的发展契机，不断健全和

---

① 邝伟楠：《广西发布台风旅游安全橙色预警》，国家旅游局网站，http://www.cnta.gov.cn/xxfb/xxfb_dfxw/gx/201610/t20161018_786813.shtml，2016 年 10 月 19 日。

② 伍策、冷竹：《乐山大佛文物遗产保护开工　含预测预警体系》，国家旅游局网站，http://www.cnta.gov.cn/xxfb/jdxwnew2/201612/t20161211_809025.shtml，2016 年 12 月 11 日。

③ 刘智广：《滨海建湿地保护监测预警体系》，国家旅游局网站，http://www.cnta.gov.cn/xxfb/xxfb_dfxw/tj/201611/t20161130_808075.shtml，2016 年 11 月 30 日。

④ 闫丹丹：《智慧旅游：我把景区装进了 App》，《人民日报》2016 年 7 月 15 日。

⑤ 施建国、聂晓阳：《瑞士中国游客应急服务中心正式启动》，国家旅游局网站，http://www.cnta.gov.cn/xxfb/jdxwnew2/201604/t20160405_765798.shtml，2016 年 4 月 5 日。

完善旅游突发事件应急处理机制和推进应急平台建设。

**2. 加强旅游应急演练，提升突发事件应对能力**

为深入贯彻旅游法和新安全生产法，坚持“安全第一、预防为主、综合治理”的方针，全国各地各级旅游行政管理部门、旅游协会和旅游企业通过制定旅游突发事件应急预案、开展旅游应急培训和演练，提高旅游突发事件应急处置能力，降低旅游安全风险。2016 年 4 月，辽宁省旅游局、省应急办、省安监局、省食药监局等相关部门组织旅游安全应急演练活动，演练活动设置了实景演练和模拟演练两套方案。实景演练紧贴旅游企业日常业务，以旅游团队在饭店用餐后发生食物中毒为情景，将旅行社、旅游景区和旅游管理部门的应急处理整合、编排在一起，真实、完整地呈现了旅游突发事件逐级上报和现场应急处置流程；模拟演练侧重于旅游突发事件预警，以景区达到最大承载量为情景，将旅游景区预警信息发布和应急协调处置过程一一展现。[①] 2016 年 12 月 22 日，成都市举行冬季旅游安全应急演练，演练包括突发食物中毒应急救援、消防安全事故引发踩踏应急救援、舆情监测等多个科目。应急演练能够有效提升旅游企业、管理部门对突发事件的应对能力。[②]

### （四）安全保障：优化旅游保险成关注点

2016 年，我国旅游安全保障工作在持续推行旅行社责任保险统保示范项目的基础上，根据旅游发展形势需求，扩大保险覆盖范围，优化旅游保险产品成为新的关注点。

**1. 强化安全保障意识，推动旅游保险进一步发展**

旅游业涉及部门、行业众多，是最易受全球风险影响和侵袭的行业之一。旅游保险作为安全保障和风险转移的重要手段和方式，受到各级旅游行政管理部门、旅游经营单位越来越多的关注与重视。强化安全保障意识，优

① 陈扶宜：《辽宁开展旅游安全应急演练活动》，国家旅游局网站，http：//www. cnta. gov. cn/xxfb/jdxwnew2/201604/t20160418_ 767039. shtml，2016 年 4 月 18 日。

② 杨杰：《成都举行 2016 冬季旅游安全应急演练》，国家旅游局网站，http：//www. cnta. gov. cn/xxfb/xxfb_ dfxw/sc/201612/t20161226_ 810348. shtml，2016 年 12 月 26 日。

化旅游保险产品，推动旅游保险风险转移与化解工作，成为2017年工作的关注点。例如，2016年12月，佛山市旅游局组织召开了2017年旅行社责任保险统保示范项目续保工作会议，推进旅行社责任保险，加强旅行社安全保障[①]，等等。

**2. 开展统保示范项目第三方评估，优化产品**

为全面客观评价目前实施6年的旅行社责任保险统保示范项目，国家旅游局综合协调司引入第三方对旅行社责任保险统保示范项目进行综合评价，并举办旅行社责任保险统保示范项目综合评价研究报告及示范项目产品发布会，邀请行管专家和旅行社专家研讨旅行社责任保险统保示范项目的运行、优化方案。[②] 通过第三方对统保示范项目进行全面评估，优化提升旅行社责任保险统保示范项目产品。

**3. 依托旅游发展需求，扩大保险覆盖范围**

自驾游已成为旅游发展中的一种重要旅游形式，也越发受到旅游者欢迎，自驾游保险也随之快速发展。慧择网数据显示，截至2016年9月26日，纯自驾车商品销量较上年同期上涨220%，选择自驾出行并购买保险的用户呈直线上升的趋势。[③] 此外，随着导游自由执业化的推行，导游执业风险同样需要保险保障。《导游自由执业试点管理办法（试行）》第九条对导游自由执业责任保险进行了明确规范，要求参与自由执业的导游购买，导游在自由执业过程中如果发生针对旅游者和第三人的人身财产及其他损失，可适用该险种进行赔偿。我国旅游保险产品体系正处于不断完善过程中，旅游保险产品体系正逐步建立。

---

① 陈淑慧：《佛山市旅游局组织召开2017年旅行社责任保险统保示范项目续保工作会议》，国家旅游局网站，http://www.cnta.gov.cn/xxfb/xxfb_dfxw/gd/201612/t20161201_808219.shtml，2016年12月2日。

② 岳丹：《不忘服务之初心　携手行业共发展——〈旅行社责任保险统保示范项目综合评价研究报告〉及示范项目产品发布会在京召开》，搜狐网，http://news.sohu.com/20161101/n472018522.shtml，2016年11月1日。

③ 袁园：《国庆旅游保险大数据出炉：境外游保费同比上涨250%》，国家旅游局网站，http://www.cnta.gov.cn/xxfb/jdxwnew2/201609/t20160929_785137.shtml，2016年9月26日。

# 三 2017年中国旅游安全形势展望

## （一）影响2017年中国旅游安全的因素分析

**1. 风险因素：多样旅游风险持续影响旅游安全**

依据目前形势判断，2017 年影响我国旅游安全的主要因素仍然是自然风险与社会安全风险。

一是暴雨、山洪、台风、地震、雾霾等不可抗力的自然灾害风险将持续影响旅游安全，其对旅游业带来的负面影响不可低估。如 2016 年 5 月 28 日，台风袭击江门，引致凤凰峡旅游区山洪暴发，最终导致漂流游客 5 人遇难、3 人失踪；同年 7 月 30 日晚到 31 日凌晨，暴雨突袭陕南金丝峡景区，景区设施几乎全部被洪水损坏，经济损失达 7300 多万元；同年 9 月 25 日到 9 月 27 日，陕西飞渡峡景区受强降雨影响，农家大院、饽饽潭、森林小木屋等景点受灾较为严重，造成直接经济损失达 500 万元。随着我国经济飞速发展，自然环境的生态平衡危机越来越大，各类自然灾害问题逐渐显现，不可抗力的自然灾害将可能继续出现，甚至越发严重。2017 年，自然灾害风险及其可能导致的突出事件作为持续影响因素影响我国旅游业的安全发展。

二是社会矛盾、恐怖活动、爆炸等社会风险因素将仍然会严重影响我国旅游安全。近年来，境内外社会矛盾问题凸显，各类社会安全突发事件凸显。2016 年 7 月 14 日，法国南部城市尼斯遭遇恐怖袭击，法国旅游业受到直接影响，游客量锐减。2016 年土耳其恐怖袭击频发，至少有 275 人在“伊斯兰国”极端组织等发动的袭击中死亡，数千人受伤。各种可预见、不可预见的社会风险因素在 2017 年将依然存在，而且这类风险因素甚至存在蔓延、升级与突变的可能，因此需要对其进行重点监管。尤其是出境旅游，境外旅游目的地频繁发生恐怖袭击、爆炸等社会安全事件，这些都严重影响了游客旅游安全，旅游主管部门应加强风险提示，建立跨国救援体系，全面保障游客安全。

**2. 市场因素：旅游市场乱象阻碍营造安全的旅游环境**

目前，我国各地旅游市场仍存在较多市场乱象，安全旅游环境打造任务艰巨。例如，新疆2016年全年大力开展旅游市场检查工作，检查各类旅游企业和旅游经营单位3.1万家次，检查旅游从业人员超过6.1万人次，要求责令整改的景区餐饮单位达到2659家次，限期整改星级饭店达到31家，同时取消星级饭店资质28家，责令整改的旅行社为7家，约谈旅行社达到54家，批评教育导游167人次，通报批评导游1人，累计撤销11家景区等级称号。[①] 2017年，我国旅游市场上的诸如"四黑"、"不合理低价游"、强迫购物、"零负团费"、虚假广告等乱象以及旅游商品假冒、侵权等非法经营行为仍将继续影响旅游环境安全。

**3. 监管因素：旅游警察将持续发挥安全监管作用**

在旅游市场监管相对乏力的背景下，旅游警察发挥了较好的安全监管作用。旅游警察通过指导辖区内的景区景点开展秩序维护、巡逻防范、消防检查、交通组织、服务求助，协调处理涉及侵害旅游者人身和财产安全的违法犯罪案件，依法监督、检查、指导旅游企业的安全保卫工作等措施来提高旅游安全管理效力，保障区域旅游环境安全。2015年，海南省三亚市率先设立了"旅游警察"。三亚旅游警察在旅游市场综合整治、贴心服务游客、进行旅游安全监管方面开展的工作卓有成效。例如，2016年11月、12月，三亚市公安局旅游警察支队共查处涉旅治安案件7起，行政拘留5人，维护了三亚旅游市场秩序的稳定，为游客提供了安全的旅游环境。2016年，浙江湖州、山东德州等地纷纷设立旅游警察，为构建当地安全的旅游环境保驾护航。

**4. 保障因素：旅游保险将扩大旅游安全保障范围**

旅行社责任保险统保示范项目推行6年来，极大地保障了旅游业的安全发展。6年间，统保示范项目全国调处中心共接到报案5.24万起，已决赔

---

① 迟紫境：《新疆旅游市场服务质量全面提升》，国家旅游局网站，http://www.cnta.gov.cn/xxfb/xxfb_dfxw/bt/201701/t20170103_811046.shtml，2017年1月3日。

款共计约1.78亿元，平均年结案率达到90.50%。共处理重大案件2078起，启动统保示范项目专项保证金，垫付、预付资金达到2070万元，协调共保体保险公司预付781万元。6年来，统保示范项目在冰岛火山灰延误、埃及动乱导致游客滞留、“3·11”日本地震、“4·27”台湾小火车事故、“5·6”宝鸡交通事故、“7·14”武夷山公馆大桥垮塌事故、“7·25”海南交通事故、“8·15”吉林台湾旅游团交通事故、“9·17”中青旅黄龙交通事故、“10·3”湖北黄冈交通事故、“10·16”永顺交通事故、“11·1”本溪交通事故等重大案件处理中发挥了重要作用，充分发挥了保险的社会管理功能，极大协助了相关管理部门和旅行社更好地处理突发事件。统保示范项目保障范围广、理赔快，极大保障了旅游业的发展。2016年，统保示范项目进行第三方综合评估，实现统保示范项目的推进与优化。此外，随着自驾游、导游自由执业化等新旅游现象的出现和全域旅游的全面、深入发展，进一步优化旅游保险产品，推出新的保险项目，扩大旅游保险保障范围，将成为2017年大势所趋。

## （二）2017年中国旅游安全态势展望

**1. 完善应急管理体系，提升旅游安全管理水平**

《旅游安全管理办法》已颁布与施行，2017年各地各级旅游行政主管部门将以此为契机和标准，进一步完善旅游应急管理体系，提升旅游安全综合治理水平。

（1）将进一步加强旅游安全的预防预备。2017年各级旅游主管部门、各类旅游经营单位等应加强应急预案的编制研究工作，确保涉旅突发事件发生时各单位能够快速反应。同时，进一步加强应急指挥平台、应急队伍、应急物资储备、基层应急管理、应急管理宣教培训、应急管理办事机构、应急管理资金以及应急管理工作目标考核和问责追究制度等方面的建设与制度完善，有望通过继续加强针对旅游主体（游客）、旅游客体（旅游资源与旅游设施设备）、旅游媒体（食、住、行、游、购、娱等旅游业各环节）的保险项目建设更有效地实现风险转移。此外，加强与应急办、安监等部门在安全检查、应急演练等方面的联合，共同做好旅游风险的预防与隐患排查工作，也是2017年安全工作的重要内容。

（2）将进一步强化旅游安全的监测预警。县级以上人民政府有望在2017年整合旅游产业相关部门，构建完善的安全监管机制与旅游风险监测网络，实现对旅游风险的动态实时监管、识别。此外，各级旅游主管部门将进一步贯彻、执行《旅游安全管理办法》的相关规定，实行旅游风险提示制度。此外，各级旅游主管部门还将逐步全面构建风险信息传播网络，一方面核查预警信息接收情况，另一方面核查防范措施落实情况。

（3）持续完善旅游突发事件的应急救援体系。一是各级旅游部门与公安、消防、军队等部门加强合作，共建旅游应急救援合作机制。二是联系民间支援救援力量加入旅游突发事件救援，充实应急救援力量。三是引入商业救援力量，强化应急救援体系。强化商业救援机构的作用，发挥其救援的专业优势，形成公益、民间与商业救援三位一体的救援体系。

（4）加快建设、完善事故恢复提升机制。全面事故评估、旅游地恢复提升、事故经验总结以及事故建库归档等是2017年加快建设、完善事故恢复提升机制的主要内容。全面事故评估工作将实现事故损失评估、游客心理评估、旅游风险评估等全方位的评估。旅游地恢复提升工作内容主要包括目的地旅游形象恢复与提升、事故游客的心理抚慰与恢复、目的地旅游产品的重建与升级、相关客源旅游市场的恢复与开拓。事故经验总结包括事故全面系统分析与总结、经验推广与分享、事故书面材料形成与完善，以及通过事故总结，形成旅游安全保障体系优化方案，促进相关防范措施的实施与落实。事故建库归档包括搜集事故过程详情、相关处置过程场景记录、实施救援方案流程与相关问题等，通过建立旅游突发事件数据库，及时查阅和进行大数据分析。

**2.持续规范旅游市场行为，进一步完善旅游市场秩序治理机制**

2016年国务院办公厅印发的《关于加强旅游市场综合监管的通知》中强调要加快建立权责明确、执法有力、行为规范、保障有效的旅游市场综合监管机制，进一步解决扰乱旅游市场秩序、侵害旅游者权益等突出问题。旅游市场秩序成为我国旅游市场形象和声誉的重要影响因素。整治旅游市场乱象是2017年旅游安全工作的主要态势。2017年我国各地各级旅游主管部门将通过加快旅游业管理体制和执法机制改革创新，持续规范旅游市场行为，进一步完善旅游市场秩序治理机制，可能开展的主要工作如下。

（1）有望建立旅游联动执法快速反应机制。针对旅游市场乱象以及旅游经营单位违法违规经营等行为，旅游主管部门将进一步联合工商、公安、质监、卫生、安监等相关部门，组建联合工作小组，进行旅游市场治理。一旦出现相关案件，各部门将成立专项工作小组，联合执法，进行市场治理。旅游主管部门有望建立、健全部门联动、上下联动的联动执法机制，形成部门间快速反应、深度联动的市场治理合力。

（2）进一步完善旅游投诉处理机制。仅仅依托各级旅游主管部门无法对旅游市场进行实时有效监管、整治。2017年有望通过游客监督的方式发现旅游市场乱象，通过建立旅游投诉平台，完善“12301”旅游投诉受理机制来逐步进行旅游乱象整治。2017年的旅游投诉案件有望能够严格按照“受理、转办、处理、办结”的流程处理，投诉过程和结果实现可查询、可追踪、可督办。

（3）进一步推广旅游市场综合治理模式。2017年各地方将进一步加强旅游市场综合监管体制机制改革，鼓励各级旅游管理部门联合其他部门设立综合性旅游管理机构和推行以旅游警察、旅游法庭、旅游工商分局等为主的“1＋3”旅游市场综合质量模式。目前，已有部分地区践行“1＋3”旅游市场综合治理模式，且成效显著。2017年，各地旅游行政主管部门会继续规范旅游市场经营行为，推进旅游市场秩序治理机制朝着“1＋3”综合治理模式发展。

**3. 转变发展理念，逐步构建全域旅游保障体系**

全域旅游发展理念已成为我国旅游业发展的核心理念之一，全域旅游的发展需要全域性管理思维，也需要全域性的旅游安全保障体系。2017年全域旅游将得到全面发展，建立全域旅游安全保障体系也是旅游行政主管部门安全工作的主要态势。

（1）有望建立全面的安全保障体系。各地各级主管部门将立足全域旅游全面发展的概念，针对全域旅游发展的全要素、全行业、全过程、全方位、全时空、全社会、全部门、全游客特征，提出和实践相应的安全保障与风险防范措施，构建全域旅游安全保障体系。

（2）将建立域变层面的安全保障体系。各地各级主管部门会进一步立足全域旅游发展的域变情况，建立时间域、要素域、产业域、交通域、管理域、功能域、体验域、价值域、导向域等方面的旅游安全保障体系。

**4. 全面优化旅游保险产品，进一步提升旅游安全保障能力**

《“十三五”旅游业发展规划》中明确指出，完善旅游保险产品，提高保险保障额度，扩大保险覆盖范围，提升保险理赔服务水平。《旅游安全管理办法》中也要求协调医疗、救援和保险等机构对旅游者进行救助及善后处置。因此，2017 年全国各级旅游主管部门将依据旅游业发展现状，全面优化创新旅游保险项目，进一步提升风险防范与旅游安全保障保险能力。

（1）进一步推广旅行社责任保险统保示范项目，持续优化统保示范项目产品。2016 年统保示范项目已由第三方学术机构进行运行效果评估，2017 年旅行社责任保险统保示范项目会从示范项目的保障度、示范度、满意度、提升度、创新度、持续度等方面进行全面优化提升，会根据行业管理专家、业内人士的声音与建议，从多维度、多视角、多层面入手，实现统保示范项目的持续优化提升。

（2）保险公司有望依托旅游发展现状，进一步丰富旅游保险产品。自驾游已成为旅游发展中的一种重要旅游形式，也越发受到旅游者青睐。自驾游保险将随之快速发展。此外，随着导游自由执业化的推行，导游执业风险保险保障需求攀升。《导游自由执业试点管理办法（试行）》第九条指出参与自由执业的导游应购买导游自由执业责任保险，每次事故每人责任限额不低于 50 万元人民币，用于导游自由执业过程中对旅游者和第三人人身财产及其他损失的赔偿。由此可见，我国旅游保险覆盖范围正不断扩大，旅游保险产品需要不断扩充、完善和创新。2017 年是旅游保险项目快速发展的元年，结合全域旅游的全面推进，推出新的旅游保险项目，丰富和优化旅游保险产品，进一步提升旅游风险转移和安全保障能力，是全域旅游时代对保险业提出的更高的要求。

## 结束语

2016 年是我国旅游业“十三五”规划的开局之年，在《“十三五”旅游业发展规划》的指导下，全国各级旅游行政主管部门在旅游安全管理工作的预防预备、监测预警、应急救援以及安全保障方面取得了一系列的进展与突破。2017 年，各地各级旅游行政主管部门将在《旅游安全管理办法》的指导下，科学部署旅游安全管理的各项工作，强化底线思维，构建旅游安全防护网，迎接中国的大众旅游时代。

### 参考文献

［1］《〈中华人民共和国旅游法〉解读》编写组：《〈中华人民共和国旅游法〉解读》，中国旅游出版社，2013。

［2］《国务院办公厅关于进一步促进旅游投资和消费的若干意见》（国办发〔2015〕62 号）。

［3］国家旅游局：《国家旅游局关于贯彻落实全国安全生产电视电话会议精神　进一步做好旅游安全工作的紧急通知》，国家旅游局网站，http：//www.cnta.gov.cn/zwgk/tzggnew/gztz/201508/t20150818_745086.shtml，2015 年 8 月 18 日。

［4］国家旅游局办公室：《国家旅游局　公安部　工商总局　关于治理规范旅游市场秩序的通知》，国家旅游局网站，http：//www.cnta.com/zwgk/tzggnew/gztz/201506/t20150627_717605.shtml，2015 年 6 月 27 日。

［5］国家旅游局：《旅游安全管理办法》（国家旅游局第 41 号令）。

# 专题报告

Special Reports

## ·产业安全篇·

# B.2
# 2016 ~2017年中国旅游住宿业的安全形势与展望

陈雪琼　刘丽梅　魏晓宇*

摘　要：2016年，我国旅游住宿业的发展更加多元化、个性化，其商业模式和运营方式进入创新活跃期。与2015年相比，2016年旅游住宿业安全突发事件总数呈现小幅下降，主要特点为：从时间上说，安全突发事件月份分布不均，但与旅游市场淡旺季相一致；从事故类型上看，归属社会安全事件的亚类事故结构变化显著；从诱导因素上看，常规不安全因素是主体成分，非常规不安全因素不断涌现。展望2017年，旅游住宿

* 陈雪琼，华侨大学旅游学院酒店管理系主任、教授、硕士生导师，主要研究方向为旅游服务与管理；刘丽梅、魏晓宇，华侨大学旅游学院硕士研究生。

业并购潮和非标准住宿业持续升温可能使旅游住宿业安全隐患升级。传统旅游住宿业不断向智慧化转型，旅游住宿业的智能化安全监管将成为重要趋势，智慧安全监督平台应进一步构建和完善。

关键词： 旅游住宿业 安全突发事件 安全形势 发展趋势

2016年，我国旅游住宿业整体上呈现平稳发展态势。[①]旅游住宿业环境更加复杂化、多样化，随着大众旅游从初级阶段向中高级阶段演化，住宿价值追求从务实主义向追求愉悦体验转变；住宿需求更加多样化、个性化；出境市场的持续发展推动中国住宿产业的国际化布局。当前旅游住宿业发展环境给其带来了新的挑战和机遇，同时使旅游住宿业的安全问题日益凸显。

本文利用网络手段，在百度、新浪、慧聪网、迈点网等知名门户网站上进行搜索。输入关键词"住宿业安全事件""酒店安全事件""酒店/宾馆死亡""饭店/酒店食物中毒""酒店/宾馆着火""酒店、宾馆电梯事件"等，对2016年我国旅游住宿业发生的安全事件进行检索，共有事件398起。本文在统计和分析这些案例后，总结归纳了2016年我国旅游住宿业的安全现状和特征，并对其发展趋势进行了探讨。

## 一 2016年中国旅游住宿业安全总体趋势

2016年，我国旅游住宿业基本上延续了2015年的成长态势和发展格局，主要表现为星级酒店平稳运行、品牌连锁酒店扩张迅速、非标准住宿不断拓展等。同时，我国旅游住宿企业对外投资的热度依旧，全球化布局已初步形成。我国大众旅游市场正从初级阶段向中高级阶段演化，旅游消费也在提档升级，并从单一的观光旅游向休闲度假游转变，自由行已成为国民主要的出行方式。不断演进的旅游需求正推动旅游住宿业向更加多元化和个性化的方向发展，旅游住宿业商业模式和运营方式进入创新活跃期。此外，互联网从开发、营销、运营到商业模式等多个层面和环节都在深刻地影响旅游住宿业的发展创新，这使传统旅游住宿业向智慧化转型过程中挑战与机遇并存。① 在法制层面，我国2016年修订了旅游法，政府加大力度进行安全监控整治与教育宣传演练，这有力改善了2016年我国旅游住宿业的安全环境，使其以平稳态势发展。

本文的案例统计显示，2016年我国旅游住宿业发生的各类安全事件总数有所下降，各类突发事件所占比重较2015年有所不同。从事故类型上看，旅游住宿业突发安全事件主要包括了事故灾难、公共卫生事件、社会治安事件和自然灾害等四大主体类型。由于旅游住宿业安全管理体制的不完善、从业人员安全意识的薄弱以及社会、经济环境的复杂性对消费者的影响，在2016年旅游住宿业突发安全事件中，发生频率最高的是社会治安事件，事故灾难紧随其后。旅游住宿行业发生的公共卫生事件和自然灾害相对较少。从事件的时空特征来看，旅游住宿业的突发安全事件大致覆盖全年各月和全国各省市。从事件的损失结果和程度上看，旅游住宿企业、从业人员、顾客所承受的损失包括了财、物、精神等多方面损失，并在一定程度上影响了旅游住宿业的形象。

## 二　2016年旅游住宿业安全概况与特点

### （一）旅游住宿业突发安全事件的分布类型

旅游住宿企业是住宿、餐饮以及娱乐的集合体，高度的开放性和人员流动性使其成为安全事件的频发地点。旅游住宿安全事件主要包括如下几类。

**1. 事故灾难**

旅游住宿业的事故灾难主要包括消防事故、设施事故以及施工事故等类

① 中国旅游研究院：《中国旅游住宿业发展报告2016》，旅游教育出版社，2016。

型。2016年此类事件占比达33%，较上一年数量有所减少。其中，旅游住宿业消防事故覆盖全年各月，占事故灾难类突发事件总数的48%，发生数量较上年有小幅度下降。消防事故仍是安全监管的重点，于旅游旺季最为显著。少数旅游企业中消防安全隐患较多，其消防安全意识匮乏，对有关消防工作不够重视，增大了火灾事故的发生概率。例如，2016年8月11日，黑龙江大同区鼎麒大酒店发生火灾，致1人死亡。[①] 2016年设施事故与消防事故发生数量相当，均占事故灾难类突发事件总数的48%左右，覆盖全年各月。其中，电梯事故、浴室玻璃门炸裂事故、旋转门夹人事故发生频率高。例如，2016年6月8日，呼和浩特东影南路的风铃语主题酒店卫生间玻璃门破碎，造成1名客人受伤。[②] 与消防和设施事故相比，施工事故发生频率较低。2016年施工事故多是在施工过程中所引发的火灾。例如，2016年9月5日，三亚海棠湾红树林度假酒店发生火灾。

**2. 公共卫生事件**

旅游住宿业的公共卫生事件主要涵盖了游客食物中毒、游客突发疾病与死亡、精神安全问题和从业人员职业危害等类型。这类事件的发生频率并不高，但其发生基本上与我国旅游市场的淡旺季分布及假期分布保持一致；从空间地域上看，事件分布范围广，以旅游城市为重心；从亚类结构上看，2016年发生的精神安全问题类事件频繁发生，占公共卫生事件总数的53%，且多是酒店存在安全隐患或是酒店侵犯顾客隐私使顾客受到惊吓。例如，5月厦门市集美区浔江路锦江之星集美学村店发生侵犯顾客隐私事件。[③] 2016年旅游住宿业发生的食物中毒事件较2015年减少幅度比较大，但突发疾病与死亡事件较2015年有所增加，未现从业人员职业危害事件，表明旅游住

① 韩婷澎：《黑龙江大庆一酒店起火　致1人死亡》，人民网黑龙江频道，http：//hlj.people.com.cn/n2/2016/0811/c220024－28819253.html，2016年8月11日。

② 都市全接触：《呼和浩特一情侣住酒店睡梦中突然被破碎的玻璃门吓醒！发生了什么???》，呼和浩特热线，http：//www.weixinnu.com/article/576756739ddfab6f4ef125f1，2016年6月8日。

③ 何炳进：《女子住酒店遭陌生男刷卡进门　男子称是自己房间》，腾讯网，http：//news.qq.com/a/20160531/037849.htm，2016年5月31日。

宿业的工作环境质量在不断提升。

**3. 社会安全事件**

旅游住宿业的社会安全事件主要包括刑事治安事件、人员冲突和非正常伤亡等相关事件类型，这些事件在总体事件中占比达56%，仍旧为最高频事件类型。在事故类型上，社会安全事件与前两年相比发生较大变化，其中刑事治安案件发生频次最高，约占社会安全事件的72%，非正常伤亡事件次之，人员冲突事件发生频次相对较低。

旅游住宿业的刑事治安案件具体包括了偷盗、抢劫、黄赌毒及杀人等类型。值得注意的是，在近年来发生的偷盗、抢劫事件中，不仅有连续流转作案的作案人员，还出现员工（离职员工）监守自盗情况，如2016年2月海口市龙华区滨涯路星光假日酒店发生的相关事件。① 旅游住宿经营者给客人提供的住宿空间一般具有临时性、隐蔽性，因此常成为自杀以及蓄意杀人地点的优选，防控难度更大。同时，黄赌毒事件的曝光率也因住宿业客源的强流动性而居高不下。2016年旅游住宿业黄赌毒犯罪事件较2015年增加幅度比较大，以聚众吸毒和赌博为主。非正常伤亡事件的主要爆发形式为自杀死亡和不明原因伤亡，他杀和意外伤亡次之，其中烧炭自杀所占比例较高，如4月8日泉州市鲤城区温陵南路的华侨之家宾馆发生自杀事件。② 人员冲突事件与前两年相比下降幅度较大。

**4. 自然灾害**

自然灾害的亚类有泥石流、气象灾害、洪水等各种自然灾害以及随之引起的二次灾害，属于常见的灾害风险类型。2016年，我国旅游住宿企业发生受洪涝、台风等自然灾害影响的事件多起。例如，2016年7月安徽省池州市平天湖风景区的平天半岛大酒店遭受洪水侵袭。③

---

① 高鹏：《辍学大学生在儋州海口持刀抢劫酒店　20天作案10宗》，南海网，http：//www. hinews. cn/news/system/2016/03/10/030202931. shtml，2016年3月10日。

② 谢宜萱：《石狮男子在旅馆疑似烧炭自杀　烟盒内藏有遗书》，腾讯·大闽网，http：//fj. qq. com/a/20160409/006504. htm，2016年4月9日。

③ 证券之星：《九华旅游：池州市一家下属酒店遭受洪水灾害》，搜狐网，http：//mt. sohu. com/20160704/n457693428. shtml，2016年7月4日。

## （二）旅游住宿业突发安全事件的发生特点

**1. 突发安全事件发生的月份不均，但与旅游市场淡旺季相一致**

从时间分布来看，2016 年我国旅游住宿业突发安全事件月份分布不均，5 月、7 月、8 月和 10 月出现高峰，每个月突发事件均占全年事件总量的 10% 以上，呈现显著的淡旺季两极分化趋势。其中，第二、第三季度突发安全事件共计 253 件，为第一和第四季度 145 件的 1.74 倍。突发安全事件月份分布与旅游市场淡旺季的相关程度显著增强。暑期与黄金周住宿业突发安全事件数上升与出游人数的增多密不可分。2016 年国庆假日期间，全国共接待游客 5.93 亿人次。①

**2. 社会安全事件的亚类事故结构变化显著**

从事故类型分布来看，2016 年频发的旅游住宿业突发安全事件中事故灾难、社会安全事件的比重较大，特别是社会安全事件下属的亚类事故结构变化显著，其中非正常死亡案件未发生明显变化，但刑事治安案件和人员冲突案件变化显著。2016 年刑事治安案件大幅度增加，由 2015 年的 45 起增加到 175 起。不少蓄意自杀者和盗窃、抢劫者都将目光聚集在旅游住宿场所，并且采取一些极端行为。如 1 月 6 日在陕西省西安市长安区怡居宾馆发生顾客烧炭自杀事件。② 人员冲突事件则由 2015 年的 87 起减少到 2016 年的 12 起，原因在于管理服务人员对大众维权、受尊重要求的认识提升，有效降低了人员冲突事件的发生概率。

**3. 常规不安全因素占主导，非常规不安全因素层出不穷**

从诱发原因上来看，2016 年旅游住宿业安全事件突发的主要原因包括企业内部消防安全设备设施老旧、服务失误、企业和消费者缺乏安全意识、安全体系不完善等。归属公共安全事件亚类的精神安全事件由 2015 年的 3 起增

---

① 郝艳：《2016 国庆假期全国旅游接待人数 5.93 亿人次　累计旅游收入 4822 亿元》，胶东旅游网，http://www.jiaodong.net/travel/system/2016/10/08/013287953.shtml，2016 年 10 月 8 日。

② 秦一乔：《小伙嫌一月五千工资少　长安区一宾馆内烧炭自杀》，华商网，http://news.hsw.cn/system/2016/0106/344443.shtml，2016 年 1 月 6 日。

加到19起。这与非标准住宿业大量涌现，低星级酒店以及非标准住宿业的网络信息系统还不够完善，对信息化系统的运用不流畅等相关。例如，11月20日在北京市汉庭石景山古城酒店，女子办理续费手续时发现酒店预订系统发生重名。此外，非常规不安全因素也层出不穷，如信息泄露、信用卡欺诈等。

## （三）旅游住宿业安全管理主要进展

**1. 智能技术助力旅游住宿业安全管理系统的建立**

随着传统旅游住宿业向智慧化转型，新兴安全技术在旅游住宿业广泛应用，可以提高住宿企业安全管理水平。[①] 公安部正在各行业试用的“身份证网上副本”有助于实现刷脸验证身份。另外，信息化技术也可以助力旅游住宿业食品安全保障，如商务部等采用物联网、大数据等信息技术手段，建设了肉类、蔬菜等食用农产品的追溯体系。[②]

**2. 旅游住宿业自身安全监督整治制度完善，安全执法力度加大**

2016年全国各旅游部门持续贯彻旅游法的实施工作，对我国旅游住宿业相关安全问题的监督管理、住宿业市场秩序进行规范化，同时对旅游住宿业的服务质量进行升级。2月19日，国务院办公厅印发《关于加强旅游市场综合监管的通知》。9月7日，国家旅游局第11次局长办公会议审议通过《旅游安全管理办法》，并在2016年12月1日起施行。这些举措推动了旅游安全工作有序开展。

**3. 旅游住宿业安全培训及教育持续深入**

在政策法规不断完善的同时，我国各省市旅游住宿业相关部门积极开展安全教育，不断强化从业人员安全认知。9月12日，福州市旅游局联合福州市消防支队，在于山宾馆开展旅游饭店行业消防安全培训会暨消防安全应急演练活动。2016年10月，湖北省咸宁市质监局对酒店设备进行了专项安全检查。

---

① 魏林甫：《G20峰会：身份证识别加指纹验证　入住酒店安全感倍增》，中国青年网，http：//news. youth. cn/gn/201608/t20160805_ 8505476_ 3. htm，2016年8月5日。

② 商务部新闻办公室：《商务部召开例行新闻发布会》，中华人民共和国商务部官方网站，http：//www. mofcom. gov. cn/article/ae/slfw/201611/20161101568530. shtml，2016年11月2日。

## 三　2016年旅游住宿业安全的主要影响因素

### （一）住宿业外部因素

**1. 安全制度仍不够完善**

2016 年 11 月全国人大对旅游法进行了修订，但并没有补充旅游住宿业突发安全事故的相关规范，对住宿业安全管理的相关配套制度还不完善。同时，旅游住宿业安全的相关法律法规仍然没有有效落实。

**2. 监管力度不够**

旅游住宿业的市场监管与安全监管力度一直有待提升。长期以来，各地旅游部门对旅游住宿企业并没有直接的监管权限，旅游部门只是通过标准化手段实现对旅游住宿企业的间接调控。同时，我国有部分地方将住宿企业直接划归旅游部门管理。因此，在体制机制上，旅游部门与旅游住宿企业的安全监管关系没有完全建立，从而导致由旅游部门牵头的联合执法行动执行效率不佳，交叉地带存在互相推卸责任等现象。

**3. 自媒体的双面性**

随着我国信息化的迅速发展，消费者可以通过各种自媒体平台快速有效地查找到住宿业相关企业的安全信息，捕捉到的信息往往成为消费者是否进行消费的重要决定因素，这有助于增强住宿企业的自我约束，促进消费者到具有安全优势的住宿企业消费。但同时也给住宿企业带来了更大的挑战，消费者通过自媒体平台可以随时随地随意点评和投诉，曝光住宿企业存在的安全隐患，甚至可能会发生信息误传影响企业形象。

### （二）旅游住宿业内部因素

**1. 旅游住宿业结构发生变化，非标准住宿增加**

非标准旅游住宿业不断拓展，逐渐在旅游住宿业中占有重要比例，这给旅游住宿业增加了新鲜血液，但同时也增加了突发安全事件的发生概率。目前虽已出台非标准住宿业安全规范标准，但仍存在诸多安全隐患，对其管控力度还有待加强。非标准住宿业的经营主要是依赖在线短租平台与消费者进行交易，但是现在的网上平台还没有办法做到对非标准住宿业的经营者和消费者的真实信息进行验证，双方均存在安全风险。

**2. 缺乏安全意识，责任感较低**

某些旅游住宿企业致力于客源的增加和经济收入的提高，却忽略了旅游安全的重要性，没有意识到住宿安全隐患的危害性，缺乏保障客人人身、财产、信息等安全的责任意识，对安全隐患存在侥幸心理，缺少对员工安全意识的系统培训。企业安全思想麻痹，安全意识淡薄，不能及时发现安全隐患，就容易产生安全问题。此外，住宿业的员工入职门槛较低，服务人员素质参差不齐，有时会发生监守自盗的事件。如2016年2月21日，海南省海口市秀英区一酒店内一员工将客人的苹果6 plus偷走。

**3. 设施设备疏于定期检查**

部分旅游住宿企业对其内部的设施设备（电梯、玻璃门、旋转门等）缺乏定期的检查工作，对老旧设备的更新不重视，导致存在严重的安全隐患。同时，面对住宿企业的智能化趋势，其在给消费者带来便利的同时也隐藏着信息泄露的安全隐患。

### （三）顾客自身因素

**1. 安全意识薄弱**

住宿业安全事件的发生与消费者自身因素密切相关。一方面，消费者安全意识薄弱，高度信任住宿企业，自我保护意识匮乏，不重视相关的安全提示，从而导致安全事件发生；另一方面，部分消费者维权意识较弱，对于发生在自己身上的安全事件如果没有造成伤害就会选择沉默，也导致风险不断累积。

**2. 心理问题**

当前社会媒体快速发展，大量不平衡、不公平信息的迅速传播，容易使民众的心理失去平衡，情绪消极。另外，民众的生活压力较大，部分心理较为脆弱的人员容易积累极端情绪，甚至走向自杀道路，而住宿场所往往成为其首选的自杀场所。如2016年2月2日，南京市秦淮区中华路上某宾馆内3名男子烧炭自杀，遗书中称患有重度抑郁症。

## 四　2017年旅游住宿业安全形势展望及管理建议

### （一）形势展望

**1. 智慧酒店落地，旅游住宿业安全将得到更好的管控**

传统酒店的智慧化有利于提升酒店的智能化水平，改变酒店住宿行业的竞争方式，使酒店住宿业从装潢、客房数量、房间设施等层面的竞争转向智能化、个性化、信息化等方面的竞争。酒店住宿企业的智慧化有助于提升企业的安全管理水平，强化企业的智能安全基础，为住客提供更完善的安全保障。

**2. 非标准住宿持续升温，住宿安全挑战增加**

依据我国的《旅馆业治安管理办法》及相关实施细则，只要是“经营接待旅客住宿”，就属于旅店，在该法律的管辖范围内。经营者需要有多种执照，如消防许可证、卫生许可证、特种行业经营许可证等。[①] 目前众多提供短租服务的平台是否具有上述资质显然存在疑问。由于目前许多平台缺乏直接与公安系统联网验证的渠道，不排除某些不法分子利用平台提供的房屋便利从事严重违法行为或逃避监管的可能性，而一旦发生前述不法行为，平台很难置身事外。此外，违约或侵权问题也时有发生。各方在履约时除了受相关主体的主观意愿影响外，还受到各种客观因素的影响，房屋提供者或消费者违约或侵犯对方权益的现象不可避免，这些给旅游住宿安全监管带来了挑战。

**3. 旅游住宿业并购潮给住宿安全监管带来挑战**

2016年中资跨境并购酒店和旅游住宿业的交易规模不断创下新高。如

① 《旅馆业治安管理办法》，中国政府网，2011年4月28日。

2016 年 2 月 26 日，锦江股份宣布收购铂涛酒店集团。2016 年 4 月 28 日，锦江股份以人民币 17.488 亿元收购维也纳酒店有限公司 80% 股权。旅游住宿业连锁化、集团化有利于提升运营质量，但是旅游住宿业的集团化使企业组织庞大，增加了企业管控的难度，也给企业安全管理带来了挑战。

**4. 安全法律法规建设进一步完善，住宿安全问题受到关注**

国家旅游局审议通过了《旅游安全管理办法》并于 2016 年 12 月 1 日起实施，其中提出旅游主管部门应加强对星级饭店旅游安全及应急知识的宣传普及工作，这对我国旅游住宿业的安全防范将起到重要的指导作用。同时 2016 年对旅游法也进行了修订，在其指导和约束下，各项工作安排到位，有条不紊，并及时有效处理了旅游安全突发事件，旅游住宿业安全形势良好。

## （二）管理建议

**1. 加大监管力度，完善住宿业监管机制**

首先，各地区从本地区实际出发，完善管理机制，对实施细则和监督工作进行明确定位，积极推进各部门、各单位应急职能的整合，使监管机构的设置更为科学化、合理化，提高法律法规的实施效率。其次，旅游、公安、消防、商务、建设、安全监管、工商等有关部门应按照各自对旅游宾馆和饭店的监督管理职责，相互配合，建立一个健全的住宿业安全监督管理体系。

**2. 广泛进行安全意识宣传教育**

在企业方面，要加强定期对管理者以及员工进行安全教育和培训，不间断进行安全意识的强化。同时，将安全知识考核作为员工年终奖的考核条件之一。在消费者方面，住宿企业在顾客入住时要对顾客介绍和宣传安全方面的知识。要利用一切可利用的阵地，全方位宣传消防知识。如在大厅电视屏幕、电梯间电子屏上，全天滚动播放住宿安全常识宣传片；在洗手间、楼道、电梯间等容易发生安全事故的地方，设置安全宣传标识；制作主题鲜明的安全防范公益广告牌和消防宣传手册，多样化地向消费者进行风险防范宣传。

**3. 提高住宿企业安保质量，提高安全保障能力**

保安部是专职从事各种安全管理和服务保障工作的职能部门，提升安保工作技能和服务质量，是保证酒店安全的基础。首先，住宿企业应该制定安保工作手册，保安部以此作为依据，结合实际情况，确保住宿企业内消费者和员工的人身、财产安全。其次，制订完备的部门培训计划，加大安全教育培训体系的建设，增强日常工作中的岗位技能练习和突发事件的应急演练，确保每个队员和整个团队工作技能不断提升。最后，应完善安保岗位日常检查制度，规范内部工作流程、标准，要求保安人员必须坚持走动式管理，加强岗位督导和绩效考核，将日常检查和岗位培训相结合。

**4. 调整或制定非标准住宿业的法律法规**

非标准住宿业目前还存在很多安全问题，虽然在国务院发布的指导意见中将非标准住宿业定性为生活性服务业，拟再给予更多的政策支持，但具体政策尚未出台。应建立统一的非标准住宿业的消防、安全、卫生标准，强制要求所有非标准住宿企业均符合相应的最低标准，强化对非标准住宿企业的安全检查，以保证消费者的人身和财产安全。

# B.3 2016 ~2017年中国旅游餐饮业的安全形势分析与展望

汪京强　刘文娟　逯付荣*

摘　要：2016 年中国旅游餐饮行业的总体安全形势较好，餐饮安全事件的数目出现下降的趋势，旅游餐饮安全相关条例的颁布为旅游餐饮安全提供了保障。火灾/爆炸类型的事故灾难类事件居多，伤亡最严重，燃料爆炸和厨房起火是发生爆炸的主要原因。其次是公共卫生事件、食物中毒、食物安全隐患事件多发。个体餐厅餐饮安全问题比较突出，酒店也会涉及；旅游各时间、空间节点餐饮安全问题突出。在自媒体时代背景下，旅游餐饮安全将会面临更加严峻的考验。针对 2016 年旅游餐饮中的突出问题，在 2017 年需加强对餐饮食品安全的监管，严厉打击天价餐饮事件，加强餐饮消费者的维权意识，保障消费者权益。

关键词：旅游餐饮业　餐饮业安全　安全形势

## 引　言

随着旅游业发展日渐成熟，旅游业存在的问题愈加被关注，餐饮是旅游

* 汪京强，华侨大学旅游学院高级实验师、硕士生导师，主要研究方向为酒店管理、餐饮管理、旅游实践教学等；刘文娟，华侨大学旅游学院硕士研究生；逯付荣，华侨大学旅游学院实验师助理。

业中重要的组成部分，自然餐饮行业也受到相应关注。安全是旅游业发展壮大过程中的必要条件，更应给予重视。餐饮是旅游的组成部分，旅游餐饮安全是旅游活动顺利开展的必要条件。受各种因素影响，餐饮行业一度萧条，但是经过近几年来的调整，餐饮业的发展逐步回暖，呈现逐年稳步增长的态势。随着全国各省区市食品安全相关政策的出台，2016 年的旅游餐饮安全工作相比 2015 年成效显著，餐饮安全事件同比减少。但是在自媒体时代，信息传播快，旅游餐饮安全事件等负面信息快速扩散，使旅游餐饮行业的形象受损，对旅游业的发展产生不良影响。

为了对旅游餐饮行业的安全形势进行更全面的了解，进一步对未来的发展趋势进行展望，本文借助网络途径，对全国各地的旅游餐饮安全事件进行搜集、汇总，以便于对 2016 年的中国旅游餐饮安全形势进行分析。笔者借助百度、360 等成熟搜索引擎工具，将“旅游餐饮安全”“旅游餐饮事故”“旅游餐厅火灾”“旅游餐厅爆炸”“旅游食物中毒”“旅游就餐偷窃”“旅游就餐摔伤”“旅游就餐打架”“旅游就餐天价宰客”“旅游就餐价格虚高”等作为关键词进行搜索。由于旅游餐饮的呈现方式较多，如乘坐交通工具时的饮食，景点周边的小摊贩、餐厅或酒店的饮食，以及当地超市土特产食品等，同样作为旅游餐饮安全的一部分，因此“景区食物中毒”“景区价格欺诈”“火车/动车/飞机/游轮食物中毒”“土特产中毒/卫生/欺诈”等也作为关键词搜索的一部分。搜集数据的截止时间为 2016 年 12 月 15 日，最终检索到大陆 31 个省（自治区、直辖市）和港澳台地区的旅游餐饮安全事件共 193 起，案例的覆盖面广且具有典型性。

## 一　2016年旅游餐饮业安全总体形势

2016 年 1～11 月，全国餐饮收入为 32447 亿元，同比增长 10.8%。[1] 总

---

① 数据来源于国家统计局。

体来讲，2016 年前 11 个月中国餐饮业的发展速度一直趋于下降，截至 11 月止于 10.1%。虽然总体增幅有所下降，但是实现 2016 年餐饮收入 3.5 万亿元的预期目标没有问题。通过加强餐饮业的安全监管工作，提高消费者对餐饮的满意度，进一步深化餐饮企业转型发展，诸如发展新动力、新活力，扩大行业发展优势。

2016 年中国旅游餐饮业的安全形势总体较好，未出现伤亡严重、恶劣的事件，这体现出旅游餐饮安全监管工作的有效，规范、科学的监管工作使得旅游餐饮安全事件的发生率降低。在旅游餐饮安全管理过程中，各省、自治区、直辖市等采取有效的手段，对旅游餐饮中的重点环节、重点领域及重要时段采取针对性的防范管理措施。由于旅游活动的特殊性，旅游餐饮业的涉及面广，社会餐饮安全事件对旅游餐饮业的影响较大。对收集到的旅游餐饮安全事件汇总发现，发生的安全事件类型主要有火灾、爆炸和食物中毒，涉及受伤人员较多，极少导致人员死亡。总体来看，旅游餐饮安全形势是好的，游客外出旅游的餐饮安全可以得到保障。

## 二　2016年旅游餐饮安全事件的概况与特点

### （一）2016年旅游餐饮安全事件的概况

**1. 从事件类型分布角度看，事故灾难类的火灾、爆炸事件较多，公共卫生类的食物中毒事件次之**

根据《国家突发公共事件总体应急预案》对突发公共事件的分类，本文将旅游餐饮安全事件分为事故灾难、公共卫生事件、社会安全事件和自然灾害四个大类，以及火灾事故、食物中毒、爆炸事故、食品安全、价格虚高、起火 + 爆炸、刑事治安、乱收费、一氧化碳中毒、虚假宣传和设施事故等亚类。

通过对收集到的 2016 年旅游餐饮安全事件进行分析发现，事故灾难为主要事件类型，共发生 91 起，占事件总数的 47.15%；其次是公共卫生事件，共发生 68 起，占事件总数的 35. 23%；社会安全事件共发生 34 起，所占比重最小，仅占事件总数的 17. 62%（见图 1）。从亚类来看，餐饮场所发生火灾事故最多，其次是食物中毒事件和爆炸事故（见图 2）。

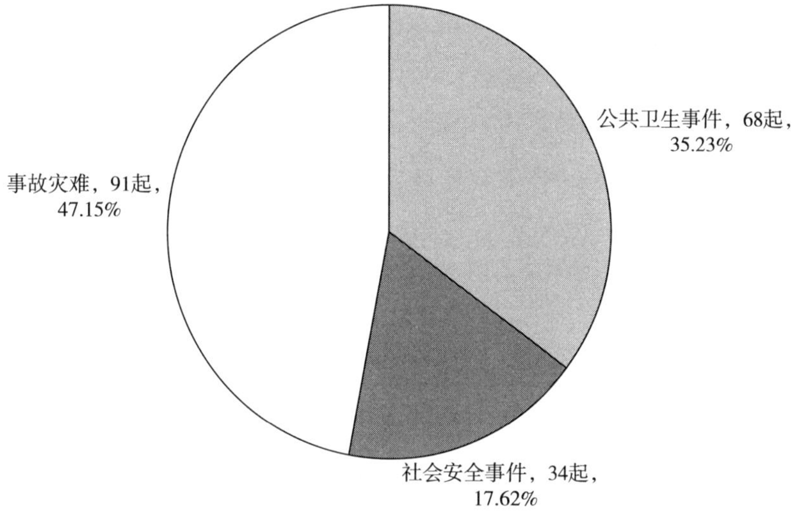


**图 1　2016 年旅游餐饮安全事件类型（主类）分布**

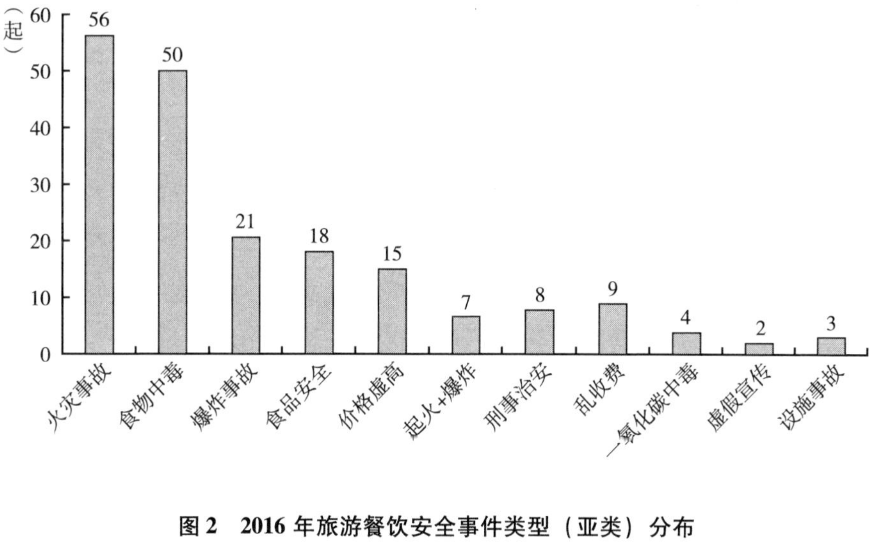


**图 2　2016 年旅游餐饮安全事件类型（亚类）分布**

**2. 从时间分布来看，旅游餐饮安全事件主要发生在旅游旺季和餐厅的非核心营业时间**

从旅游餐饮安全事件发生月份来讲，事件分布平均，主要集中在5月、6月、8月、10月、11月等旅游旺季，这5个月所发生的安全事件共计100起，约占事件总数的51.81%（见图3）。5月气温渐升，旅游活动开始增加，春夏交替的季节也是细菌滋生、疾病易发的季节；8月份进入暑期旅游旺季，受高温高热天气的影响，游客对生冷餐饮的需求急剧上升，此时的高温极易导致食品变质，进而增加餐饮安全事件发生的可能性；11月气温降低，天气干燥，易燃易爆风险增加，游客的旅游餐饮安全风险同步增加。

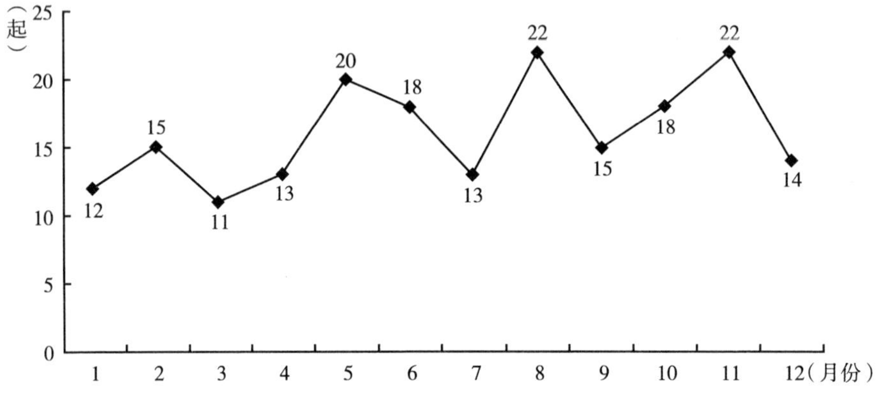


**图3　2016年旅游餐饮安全事件的时间分布**

从安全事件的发生时间来看，事件主要发生在0~7点、7~11点和17~21点三个时间段。将安全事件发生时间按照餐饮业营业时段进行划分，0~7点为休息时间，7~11点为营业准备时间，11~14点为中午营业时间，14~17点为下午休息和营业准备时间，17~21点为晚上营业时间，21~24点为休息时间。由图4可以发现，餐饮安全事件主要是发生在7~11点，占安全事件总量的27.03%；其次是0~7点，占安全事件总量的25.68%；再次为17~21点，占安全事件总量的16.22%；非核心营业时间发生事件的比重为70.27%，核心营业时间发生事件的比重为29.73%。

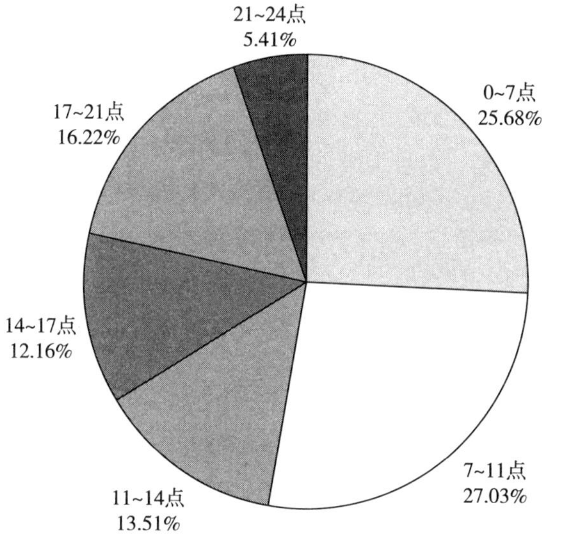


**图4　2016年旅游餐饮安全事件的时间分布**

**3. 从空间分布来看，旅游餐饮安全事件数量由东部向西部逐渐递减**

从餐饮安全事件发生的空间分布来看，东部地区发生89起，中部地区发生41起，西部地区发生44起，东北地区发生13起；① 平均来看，东北地区每省份约9起，中部地区每省份约7起，西部地区和东北地区每省份约4起，每省份发生安全事件数量是与该地区旅游业发展水平紧密相关的。

**4. 从餐饮点的类型来看，小型餐厅、饭店的安全问题较多**

2016年旅游餐饮安全事件在小型餐厅、饭店和酒店均有发生，但是发生在小型餐厅、饭店的安全事件占比是92.23%，远高于发生在酒店的7.77%，小型餐厅、饭店是餐饮安全事件发生的重大隐患地。小型餐厅、饭店的餐饮安全问题涉及公共卫生事件、社会安全事件和事故灾难各方面，安全隐患较多，景区或车站附近发生的餐饮安全事件主要是社会安全事件，包

① 按照国家统计局分类标准：东部10省（直辖市）包括北京、天津、河北、上海、江苏、浙江、福建、山东、广东和海南；中部6省包括山西、安徽、江西、河南、湖北和湖南；西部12省（自治区、直辖市）包括内蒙古、广西、重庆、四川、贵州、云南、西藏、陕西、甘肃、青海、宁夏和新疆；东北3省包括辽宁、吉林和黑龙江。

含价格虚高、价格欺诈、不明码标价等安全问题；同时酒店也有涉及，但酒店的安全事件主要是食物中毒事件和火灾事故，酒店的食品安全和火灾隐患还需要进一步加强监管治理。

**5. 从伤亡人数来看，事故灾难类事件伤亡情况较严重，公共卫生事件涉及的范围较广**

从安全事件发生造成的伤亡人数来看，共造成43人死亡，1600多人受伤，其中事故灾难类事件共造成36人死亡，220多人受伤，死亡主要是由火灾、爆炸和一氧化碳中毒导致的；出现食物中毒的有1420多人，死亡7人，多是团体会餐、婚宴酒席等活动造成的群体性食物中毒。由此可见，事故灾难类事件造成的伤亡情况比较严重，食物中毒等公共卫生事件的影响面更大。

## （二）2016年旅游餐饮安全事件的特点

**1. 餐饮安全事故灾难多发，燃料泄漏起火爆炸为主要原因**

2016年旅游餐饮安全事件类型中，事故灾难类事件最多，成为安全监管的重点。通过对餐饮安全事件中的91起事故灾难类事件进行分析发现，导致事故发生的主要原因是煤气泄漏导致燃料起火爆炸、烟道起火、设施老化和油锅起火。餐厅、酒店等餐饮场所的厨房内，液化气、油等易燃易爆的材料较多，操作不当极易引发火灾或爆炸；此外，烟道起火也是厨房内起火的一个关键原因，烟道内易产生油垢，是火灾的高发区，但常常是餐厅忽视的地方，没有定期进行烟道清理工作。所以，厨房内各个已发生安全事故的地方要定期做好清理、检查、维护等工作，保证餐饮场所的安全。

**2. 乱收费、不明码标价、价格欺诈事件多发**

2015年天价食品事件爆发后，经媒体曝光以及相关部门的处理，此类不文明现象有所收敛，但是某些个体餐厅仍然存在价格欺诈的不文明现象，如江苏省某个体餐厅白开水10元一杯①、湖北省某个体餐厅成本10多元的

① 王晓易：《江苏“天价白开水”10元一杯》，网易新闻，http：//news.163.com/16/1009/03/C2TF5A SL00014Q4P.html，2016年10月9日。

一壶姜丝可乐卖128元①，不诚信经营、欺诈宰客的不良现象在旅游市场屡禁不止，另外不明码标价、加收服务费等恶劣现象仍有发生。政府在物价指导、市场监管、惩罚等方面还需要加大力度，从而抑制不文明的社会事件的发生。

**3. 旅游餐饮业的公共卫生问题严重**

通过汇总分析发现，在2016年的旅游安全餐饮安全事件中，食物中毒和食品卫生安全事件所占比重较大，占比达到了35.23%，人员的伤亡情况严重，对社会餐饮业的负面影响很大。事故的发生主要原因是餐厅或就餐场所出售超过保质期限的食品、食品卫生质量不过关、无证经营等，游客在食用问题食品后出现食物中毒、身体不适的情况，严重的致死。特别是食物中毒事件，伤及人数较多，多发生在团体餐中，影响极其恶劣。相关政府部门要加强食品卫生的检查工作，餐饮企业也要自查，保证食品安全，做良心食品。

## 三　旅游餐饮安全的主要影响因素

旅游餐饮业的安全受自然环境因素的影响较小，影响较大的主要是餐饮安全管理因素、餐饮经营主体因素、旅游者自身因素等。

### （一）餐饮安全管理因素

首先，尽管政府监管的力度有所增强，但仍有不足。对旅游餐饮安全的管理工作，政府虽然已高度重视，并采取相应措施，但还是有诸多问题存在，如景区附近餐饮安全事件屡禁不止，这说明监管力度和执行力度不够。此外，游客在旅游过程中易受时间、地点等因素的影响，其就餐方式不断变换，这也加大了食品安全保障工作的难度。

其次，多头监管增大了游客维权的难度。餐饮业是由多部门共同管理的，餐饮店的营业执照问题由工商管理部门负责，餐饮服务食品安全问题由

① 叶琛：《一壶“姜丝可乐”收费128元市民质疑饭店售价》，新华网湖北频道，http://www.hb.xinhuanet.com/2016-02/23/c_1118123340.htm，2016年2月23日。

食药监部门负责，无明码标价问题是由物价部门负责，不开税务发票的由税务部门负责。受多部门共同监管的影响，餐饮业统筹管理和游客维权的难度大大增加，在解决问题的过程中常常会出现证据不足、处理时间漫长的问题。所以，各政府部门全方位、多角度的配合监管是实现旅游餐饮安全管理的关键。

### （二）餐饮经营主体因素

首先，员工的安全责任意识薄弱。员工的安全责任意识是保证餐饮企业安全经营的重要因素，员工安全工作的不到位或疏忽大意导致餐饮安全事件发生的案例屡见不鲜。因此，对餐饮业的职员培训工作安全常识和技能是有必要的。对2016年的餐饮安全事件进行分析发现，主要是设施老化、煤气泄漏、油锅起火等导致火灾、爆炸等事件的发生。由此可见，餐饮经营主体应该定期检查设施设备，加强安全知识的学习，增强安全意识，从而避免安全事故的发生。

其次，餐饮经营者为经济利益，多规避餐饮安全责任。餐饮安全问题被曝光之后，餐饮企业负责人多是选择息事宁人的方式解决问题，或是不做回应，或是逃避责任。餐饮安全事件的发生主要源于员工和企业方面，如员工对安全责任不重视、企业过度追求经济利益而忽略安全。

### （三）旅游者自身因素

首先，消费者的餐饮安全意识薄弱。消费者对饮食的安全卫生问题不够关注，常会因为餐食价格低或口感好等而在无证经营且卫生安全条件较差的场合用餐；对餐饮场所的环境卫生和就餐过程中的餐饮安全不重视，忽视了商家设置的安全警示语。

其次，消费者的维权意识薄弱。多数消费者由于出现的安全问题不严重、不了解求助途径、维权耗时太长等原因而放弃维权。另外，餐饮业受多部门综合监管，问题出现时往往涉及多个部门，导致问题的解决难以明确有效。这也表明消费者在进行维权时，仍有很多障碍存在。

## 四　2017年旅游餐饮业安全形势展望与管理建议

### （一）2017年旅游餐饮业安全形势展望

**1. 相关餐饮政策的颁布实施有助于保障旅游餐饮安全**

国务院于2016年2月3日颁布《国务院关于整合调整餐饮服务场所的公共场所卫生许可证和食品经营许可证的决定》（国发〔2016〕12号，以下简称《决定》）[①]，意在贯彻落实简政放权、放管联合、优化服务、协同推进的部署，减少对餐饮企业重复发证、重复监管，切实减轻企业负担，同时进一步明确和强化监管责任，保障食品安全。为切实贯彻《决定》，食品药品监督管理总局、国家卫生计生委于3月14日公布了《食品药品监管总局　国家卫生计生委关于整合调整服务场所的公共场所卫生许可证和食品经营许可证有关事项的通知》（食药监食监二〔2016〕29号）。[②]为切实贯彻落实相关要求，食品药品监督管理总局于8月22日发布《总局关于餐饮服务场所的公共场所卫生许可证和食品经营许可证整合后调整食品经营许可条件有关事项的通知》（食药监食监二〔2016〕109号）。[③]一系列通知发布的目的就是依法做好食品经营许可证工作，强化食品安全监管责任，做好食品安全保障工作。食品药品监督管理总局于2016年9月8日发布《总局关于严厉查处餐饮服务环节违法添加罂粟壳等非食用物质的通知》（食药监食监

① 《国务院关于整合调整餐饮服务场所的公共场所卫生许可证和食品经营许可证的决定》（国发〔2016〕12号），食品伙伴网，http：//www.foodmate.net/law/shipin/188283.html，2016年2月29日。

② 《食品药品监管总局　国家卫生计生委关于整合调整餐饮服务场所的公共场所卫生许可证和食品经营许可证有关事项的通知》（食药监食监二〔2016〕29号），食品伙伴网，http：//www.foodmate.net/law/shipin/188355.html，2016年3月22日。

③ 《总局关于餐饮服务场所的公共场所卫生许可证和食品经营许可证整合后调整食品经营许可条件有关事项的通知》（食药监食监二〔2016〕109号），食品伙伴网，http：//www.foodmate.net/law/shipin/189009.html，2016年8月29日。

二〔2016〕118号)。[1] 在各项政策的辅助下，相关部门的监管、查处有利于保障消费者的饮食安全与健康。

**2. 事故隐患和食品安全是餐饮安全监管的重点**

事故灾难和食物中毒事件的发生造成的人员伤亡严重，对旅游业发展及社会治安产生极其恶劣的影响；食品卫生安全事件对餐饮业的影响极大，安全事件一旦发生，必然会引起相关部门和企业负责人的重视，也会增强消费者的餐饮安全意识和维权意识。加强对餐饮经营场所安全隐患的排除检查，对旅游市场中的价格欺诈、价格虚高、不明码标价等乱象严加整顿，将成为2017年旅游餐饮行业安全监管工作重点。

**3. 订餐平台的安全监管工作有待改善**

自媒体时代，各种移动设备、软件的使用越来越便利化，不少消费者热衷于选择外卖订餐，足不出户便可享受美食。但是有调查显示，在美团外卖、饿了么、百度外卖三大平台抽取的30家餐厅中只有15家有资质。[2] 即便已有相关的政策法规对网络食品交易第三方平台以及入网的食品经营者有相应要求，但是对安全送餐的监管是一个持久的过程，监管工作难以取得成果。外卖平台也在保险公司投保，但还是没能从本质上解决餐饮安全的问题。对互联网平台上的餐饮行业来讲，餐饮安全监管还面临严峻的考验，还需要国家进一步制定相关的法律完善监管工作。

## （二）2017年旅游餐饮业安全管理建议

**1. 加强旅游餐饮服务食品安全监管**

根据《中华人民共和国食品安全法》、《中华人民共和国食品安全法实施条例》、《餐饮服务许可管理办法》和《餐饮服务食品安全监督管理办法》

---

① 《总局关于严厉查处餐饮服务环节违法添加罂粟壳等非食用物质的通知》（食药监食监二〔2016〕118号），食品伙伴网，http：//www.foodmate.net/law/shipin/189158.html，2016年9月20日。

② 《2016年中国十大食品安全事件》，中国食品代理网，http：//www.spdl.com/news/10617.html，2016年7月6日。

等相关规定，要进一步加强旅游餐饮服务食品安全监管，提高食品安全水平，保证为游客提供安全的饮食，推进旅游业健康开展。

要充分认识到加强旅游餐饮服务食品安全监管工作的重要意义，加强监管工作，对做好游客餐饮安全的保障工作起着重要作用。切实做好旅游餐饮食品的日常安全监管工作，地方各级餐饮食品的监管部门应严格按照《餐饮服务许可审查规范》进行餐饮服务许可认证工作。敦促餐饮服务提供者建立职员健康管理档案，落实职员年度健康检查制度；严格落实进货检验、索证索票、台账记实的要求；规范食品制作及餐饮器具的清洗消毒流程；切实完善餐饮服务环境的管理工作，加强防鼠、防蝇、防虫工作，及时处理干净餐厨的废弃物，按期检查、及时维修设施设备，保证饮用水源的安全。从2016年的餐饮卫生安全事件来看，多是发生于团餐中，伤亡严重。因此，在2017年的餐饮安全工作中要加强监管，除了加强政府部门对旅游企业的监管外，企业自身也要加大自检力度。在团餐等大型接待时，必须提前做好食品卫生安全的检查，避免各种安全事件的发生，从而保障消费者的就餐安全等合法权益。

**2. 高效解决旅游餐饮安全事件，保障旅游者的权益**

受季节因素影响，旅游淡旺季比较明显，旅游市场复杂多变，供需不均衡、服务价格纠纷、企业违规、服务质量无保障等现象频现。在游客的权益受到损害进行投诉或维权时，相关的政府职能部门要迅速行动，按照相关法规，高效解决餐饮纠纷，保障游客的权益，维护旅游业的形象，避免安全事件的再次出现。

**3. 积极开展旅游餐饮安全隐患排查和专项整治项目**

各相关政府部门、旅游餐饮行业和旅游从业人员应牢记安全发展的理念，在旅游重点时段、重点环节、重点领域的安全监管和指导工作要到位。除了相关政府管理部门对旅游餐饮企业的监管外，企业自身要做到安全隐患的及时排查，避免安全事件发生。根据旅游餐饮安全事故灾难危害较严重的特点，企业应加强对餐厅厨房的安全管理，及时排查更换老化的设施，完善安全管理办法，积极做好应急预案并定期开展应急演练，提升餐饮业自身的风险防范处置能力。

# B.4
# 2016～2017年中国旅游交通业的安全形势与展望

颜醒华　施亚岚*

摘　要：　2016年国内旅游交通安全发展态势持续向好，各项安全控制指标总体好于上年。首先，我国道路运输交通事故得到有效控制，但旅游巴士重特大交通事故引发关注；航空运输业严重事故征候和不安全事件时有发生，成重要隐患；景区内部交通事故频繁发生，成薄弱环节；水路和铁路交通安全形势总体好转。管理体制、行为主体和自然因素是2016年旅游交通安全事故的关键影响因素，2017年，可通过健全交通安全管理体制、提升城市公共交通吸引力、创新综合交通服务模式推动旅游交通安全良性发展。

关键词：　旅游交通业　安全形势　安全展望

## 一　2016年中国旅游交通业安全的总体形势

2016年，旅游经济的高速增长推动了旅游交通运输业的发展。交通运输部发布的统计数据显示，2016年1～11月，国内公路旅客客运量为1424271万人，为上年同期的95.3%；旅客周转量为94900150万人公里，

* 颜醒华，华侨大学旅游学院教授；施亚岚，华侨大学旅游学院讲师、博士。

为上年同期的95%。全年新增高速公路6000多公里，总里程突破13万公里。在水路方面，1～11月国内水路客运量为25332万人，为上年同期的100.2%；旅客周转量为671774万人公里，为上年同期的98.4%。[①] 在铁路方面，中国铁路总公司官网发布的统计数据显示，1～11月，国内铁路旅客发送量为256863万人，与上年同期相比增长10.9%；旅客周转量为11716.07亿人公里，与上年同期相比增长5.0%。2016年，新线投产里程达8000公里，有效缓解了部分热门线路的运输压力。[②] 在民航方面，中国民用航空局发布的统计数据显示，1～11月，全国民航旅客运输量达44735.4万人，与上年同期相比增长11.6%；旅客周转量达7647.6亿人公里，与上年同期相比增长14.6%。[③] 从上述数据可看出，相比公路和水路运输，铁路和航空运输的竞争力逐渐凸显，旅客运输量、周转量相比上年快速增长，成为旅游交通方式的重要选择。

总体而言，2016年国内旅游交通安全发展势头良好，各项安全控制指标好于上年。值得注意的是，我国道路运输交通事故起数和死亡人数与上年同期相比均实现了显著下降，但其事故起数和死亡人数仍居各类交通运输事故之首，部分地域、部分时段呈现重特大事故集中多发的趋势。道路交通共发生1起特别重大事故、4起重大事故，水路交通发生2起重大事故；1月、6月、8月是事故集中发生期。航空运输业虽未发生重大交通安全事故，但是由于天气影响、操作失误、机械故障等存在的安全风险，成为航空安全的重要隐患。

## 二　2016年旅游交通安全的概况与特点

### （一）2016年旅游交通安全基本概况

2016年，我国安全生产工作稳步推进，运输安全生产形势稳中趋好。

① 中华人民共和国交通运输部网站，http://www.moc.gov.cn。

② 中国铁路总公司网站，http://www.China-railway.com.cn/gkl/。

③ 中国民用航空局网站，http://www.caac.gov.cn/。

其中，交通运输安全体系建设全面推进，平安交通专项行动、“安全生产月”、“道路运输平安年”等活动持续开展；公路安全生命防护工程、危桥改造、公路地质灾害处治、国道路况检测、桥隧监测以及重要水运航道安全保障工程有序进行；“两会”、G20峰会等特殊时段交通安全保障工作顺利完成。根据国家安全生产监督管理总局统计，2016年1～11月，国内交通运输事故数和死亡或下落不明人数与上年同期相比分别下降了7.8%和26.1%。道路交通安全事故从量上得到了有效控制，铁路安全基础进一步夯实，民航运营安全持续稳定。

安全生产工作深入旅游行业内部，2016年4月，国家旅游局、交通运输部联合发文，规定旅游客运车辆需设置“导游专座”，并确保车内逃生通道顺畅，旅行社及旅游客运企业重视加强导游和司机的安全教育。9月，国家旅游局公布了《旅游安全管理办法》，有效提高了旅游突发事件的应对能力，促进旅游业持续健康发展。

### （二）旅游交通安全的基本特点

**1. 道路交通较大事故数及死亡人数显著下降，旅游客车特别重大事故引发关注**

国家安全生产监督管理总局发布的《安全生产简要情况》[①] 表明，2016年1～9月道路交通较大事故数、死亡或下落不明人数与上年同期相比均显著下降（见表1），但旅游巴士重特大交通事故起数及死亡人数略有上升，引发社会和业界关注。其中，6月26日，湖南郴州发生一起特别重大道路交通事故，事故起因是湖南省衡阳骏达旅游集团一辆旅游大巴车撞向高速公路中央护栏后起火，造成35人死亡。事后调查认定，引发该事故的因素众多，多个相关部门牵涉其中。首先，旅游客运公司对驾驶员的管理未落实到位，车辆监控和应急管理工作未按规定开展；其次，旅行社在承接业务时存在违规操作，包括出借旅行社业务经营许可证、未与游客签订旅游合同等；最后，交

① 中国国家安全生产监督管理总局网站，http：//www.chinasafety.gov.cn/newpage/。

通运输部门未能对旅游客运企业安全生产进行有效监管，对旅游包车等营运车辆的安全管控仍很薄弱。旅游客车交通安全事故屡见不鲜，不容忽视，例如，10月4日，吉林市一旅行团的客车在安图县境内遭遇车祸，致4人死亡；同日，一辆满载吉林市游客的旅游大客车与一辆对面行驶的货车相撞，致4人死亡、4人重伤、30多人轻伤。10月18日，一辆旅游大巴在辽宁本溪境内发生侧翻事故，致3人死亡、32人受伤。11月21日，一辆在五台山旅游的大巴车翻入路边沟中，致3人死亡。综观道路交通安全事故，驾驶员安全意识薄弱、疲劳驾驶、恶劣天气、旅游包车安全管理不到位等是造成事故的主要原因。因此，一方面，要加强旅游营运客车及旅游包车等重点营运车辆驾驶员的教育培训工作，增强驾驶员安全意识；另一方面，提升道路运输企业安全管理工作水平，着重针对日常安全监管盲区实行行之有效的各类安全监管措施，推进营运车辆动态监控联网联控工作，有效防范和遏制类似事故发生。

**表1　2016年1～9月国内道路交通较大事故数、死亡或下落不明人数与上年的比较**

| 月份 | 事故数(起) | 与上年同期相比(起) | 事故死亡或下落不明人数(人) | 与上年同期相比(人) |
|---|---|---|---|---|
| 1 | 39 | -3 | 154 | -14 |
| 2 | 18 | -21 | 68 | -78 |
| 3 | 16 | -22 | 75 | -78 |
| 4 | 29 | -10 | 111 | -31 |
| 5 | 19 | -32 | 77 | -129 |
| 6 | 35 | 1 | 126 | 9 |
| 7 | 24 | -13 | 99 | -37 |
| 8 | 25 | -17 | 95 | -80 |
| 9 | 22 | -10 | 81 | -37 |
| 总数 | 227 | -127 | 886 | -475 |

资料来源：国家安全生产监督管理总局《安全生产简要情况》。在与上年同期相比中，正数表示与上年同期相比数量增加，负数为减少，0为持平。

**2. 水路交通安全形势总体好转，游船风险预估能力有待提升**

近年来，我国水路运输蓬勃发展，港口数量和运力规模大幅增加，与之相伴的水路交通安全事故和沉船事故开始进入人们的视野。2015年6月，

“东方之星号”游轮的倾覆，至今让人唏嘘不已。2016 年，我国水路交通安全形势较上年总体好转，未发生重特大交通事故。但是，沉船事故仍无法杜绝，四川广元市轮船公司“双龙号”游船在广元市利州区白龙湖景区突遇强烈阵风而倾覆沉没，造成 14 人死亡、1 人失踪。经初步调查，除天气原因造成船体侧翻沉没外，日常安全管理不到位、隐患排查治理不彻底也是重要的潜在推手。相关部门需要进一步加强对旅游船舶的规范管理，着力推进预警预报极端恶劣天气信息共享机制建设。

**3. 民航运输业全年无重大安全事故，旅游需求巨大，存在安全挑战**

中国交通运输部统计数据显示，2016 年 1 ~ 11 月中国民航飞机日利用率与航班效率和上年同期相比，表现出一定的优势，1 ~ 12 月航班正常率达 76.46%，同比提高 9.16%。[①] 迄今为止，民航飞行安全性在各类交通工具中位居榜首，2016 年全年安全形势平稳。我国正处于民航运输业快速发展进程中，民航安全维护的高投入和监管的高要求，对其安全管理提出新的挑战。2016 年，严重事故征候和不安全事件时有发生。1 月 23 日，阿联酋航空公司一架飞机执行迪拜至北京航班中，在前两次降落过程中因低高度遇风复飞，在第三次降落时遇油量紧急情况，这是一起意外天气导致的严重事故征候。4 月 11 日，泰国东方航空公司一架飞机执行普吉至南宁航班中，落地后发现左前轮丢失。4 月 27 日，奥凯航空公司一架货机执行广州至西安航班中，起飞时因飞机方向发生偏转，加之机组处置不当，飞机侧滑偏出跑道，构成严重事故征候。5 月 1 日，东航四川分公司一架飞机执行成都至康定航班中，降落时跑道外接地，同样构成严重事故征候。尽管这些事故征候未转变为旅客人身安全事故，但仍定义为不安全事件，其中或多或少地折射出民航安全监管部门的监管缺失，如未能得到及时处理，将演变为交通安全事故。例如，7 月 20 日，幸福通航一架执行上海金山至浙江舟山航班的飞机发生撞桥事故，造成 5 人死亡。

---

① 中国交通运输部统计数据，http：//www. moc. gov. cn/tongjishuju/minhang/201602/P020160216380822714880。

**表 2 中国民航 2016 年 1～11 月份主要运输生产指标统计**

| 统计指标 | 实际完成数(%) | 比上年同期增长(个百分点) |
|---|---|---|
| 飞机日利用率 | | |
| 大中型飞机 | 9.6 | -0.1 |
| 小型飞机 | 6.7 | 0.0 |
| 航班效率 | | |
| 正班客座率 | 82.8 | 0.3 |
| 正班载运率 | 72.8 | 0.5 |

**4. 铁路交通业坚持守住安全底线，但相关参与者安全事故时有发生**

2016 年，铁路交通运输业守住安全底线，坚持把强化安全监管放在首位，成效显著，全年未发生特重大安全事故。值得一提的是，尽管铁路交通运输未直接造成人员伤亡，但是仍无法避免相关参与者的安全事故发生。例如，12 月 14 日，郑州铁路局瓦日线铁路职工在巡视线路时被邻线通过的单机撞上，造成 2 人死亡。12 月 21 日，温州市区新桥街道高翔铁路交叉口，一辆运载货物的小货车和一辆轿车撞上一列正在行驶当中的火车，导致小货车车头被撞变形，轿车全车变形，造成 4 人受伤。

**5. 景区内部交通安全事故频繁发生，基础设施薄弱，安全隐患排查仍不到位**

2016 年，景区内部交通事故频繁发生，是旅游交通安全的薄弱环节。首先，景区交通可进入性和通畅性是影响交通事故发生的关键因素；其次，安全隐患排查不够充分、司机安全防范意识薄弱更增加了景区安全事故的发生概率。3 月 4 日，某村民驾驶的三轮汽车行驶至京山县绿林镇绿林寨景区侧翻，造成 7 人死亡，5 人受伤，直接经济损失达 400 万元。7 月 30 日，15 名游客在乘坐漂流公司的接驳电瓶车前去漂流的山间小道上，由于司机超速驾驶，车行至半山拐弯处，载满游客的接驳车与该漂流公司一辆下山车辆相撞，下山车当场翻进山沟内，造成 15 名游客受伤。10 月 19 日，在海淀凤凰岭自然风景公园下山路上，一辆小轿车在拐弯盲区处与公交车相撞，造成 2 人死亡。此外，索道、缆车等内部交通工具引发的安全事故时有发生。5 月 2 日，麻城龟峰山景区索道因雷击发生机械故障，超过 100 名游客被滞留在索道上。前期对索道设施检查不够仔细，防范不够到位，是造成该类安全事故的直接原因。

## （三）旅游交通安全管理的主要进展

**1. 交通运输治理能力全面提升，综合法规体系日臻完善**

国内旅游交通安全形势得以保持在高位运行，与政府交通运输行业主管部门治理能力的全面提升，综合交通运输法规体系的日臻完善，有着密切的关系。2016 年，交通运输主管部门共发布 86 件行业规章，完成行政法规 27 件、部门规章 224 件以及清理政策性文件 1207 件；联合工信部、公安部等部门制定网约车规范管理部门规章。自 1 月 1 日起，《中华人民共和国反恐怖主义法》正式施行，根据规定，长途客运业务经营者和服务提供者需进行客户身份查验，否则不得进行业务经营或提供服务。8 月，中国民用航空局首次公布了中国民航安全管理失信人员“黑名单”，这是我国民航安全管理信用体系建设历程中一个重要的里程碑。10 月，交通运输部《水路旅客运输实名制管理规定》发布，明确了船票需实名购买、登船需实名查验的制度。此外，先后修订《出租汽车驾驶员从业资格管理规定》《巡游出租汽车经营服务管理规定》等法律法规，进一步规范了交通安全主体的责任。

**2. 交通安全监管有序推进，质量监督和执法检查双管齐下**

日常安全监管工作落实到位是杜绝交通安全事故发生的关键，2016 年交通运输相关部门在推进质量监管和执法检查方面做了大量的工作。从 2016 年 8 月起，全国人大常委会道路交通安全执法检查组分赴北京等 8 个省、自治区、直辖市开展道路交通安全检查工作，并委托其他省、自治区、直辖市人大常委会进行自查工作。国家铁路局制订 2016 年安全质量监督检查计划，全面部署了 2016 年铁路安全质量监督检查工作，尤其是加强特殊时期运输安全、重大风险源、设备质量与工程质量监管与执法工作。中国民用航空局始终坚守飞行安全底线，通过组织开展安全大检查、安全整改、安全隐患深入排查，不断提升安全管控能力；同时，安全监管采取多种手段并行，通过整合安全管理和经济管理、行政约见和纪律惩戒、行业管理和社会监督等多种方式加大安全监管力度。

**3. 交通管理服务模式创新，“互联网＋”提升服务质量与效率**

交通安全管理涉及多主体、多部门、多地区，呈现越发复杂的趋势，构建信息共享平台，创新交通管理服务模式，是提升安全管理工作效率的重要抓手。自2016年1月起，公安部部署在全国推进互联网平台建设与应用，各地公安交管部门积极响应，构建“互联网＋交通安全”的综合服务体系，提供包括手机、网页、短信在内的多种方式的在线服务。同时，将业务覆盖面扩大到农村地区，在事故多发且信息不畅的农村地区，完成互联网平台在农村地区试点工作，实现新能源汽车网上预约、事故快处快赔等功能，大大提升了业务办理效率。公安部、保监会通过开展公路和农村地区道路交通事故快处快赔改革试点工作，对事故现场不及时撤除引发交通拥堵或二次事故进行有效防范。截至2016年底，试点地区已建立快处快赔中心近千个，覆盖面广，及时处理近400万起事故，明显提升事故现场撤除效率。

## 三 2016年影响我国旅游交通安全的主要因素

**1. 管理体制因素**

我国交通运输业在传统的管理模式下存在多头管理的问题，多部门规划不统一形成的资源浪费和重复建设，阻碍了交通安全的发展。例如，我国道路交通安全的管理部门众多，包括公安部门、交通部门、国家安全生产监管部门、城建管理部门等均参与其中。公安部门负责道路安全立法、交通秩序维护、交通事故处理等工作，交通部门负责道路路政及安全设施的设置和监督管理等工作，国家安全生产监管部门负责安全监管工作，城建管理部门则负责城区道路发展规划设计、建设养护等工作。多部门参与其中，造成部门之间权责不明晰，权责配置不均，阻碍了管理效率与质量的提升。例如，部分地区的道路交通标志标线分属于交警部门、城管局、各镇公共事业服务中心等部门管理，甚至一些社区、乡镇的税务局也参与管理，暴露出了多头管理的弊端。

**2. 行为主体因素**

交通相关主体介入和参与交通活动，直接或间接导致了交通事故的发生。其中，驾驶员是多类交通事故发生的重要原因之一。首先，一些驾驶员养成超速、超载、疲劳驾驶的不良驾驶习惯，盲目开快车，无理超车，这是各类交通违法违章行为的直接诱因，驾驶员容易因判断失误酿成交通事故；驾驶员的交通法规意识淡薄，是安全事故的重要隐患。其次，社会经济持续发展激发了巨大的汽车消费潜力，汽车保有量快速增长。据公安部交管局统计，截至2016年9月，我国机动车保有量达2.8亿辆，其中汽车1.9亿辆；机动车驾驶人达3.5亿人，其中汽车驾驶人超过3亿人；驾驶人驾龄不满1年的有3441万人，占总数的9.8%。新领证机动车驾驶人的激增给道路交通安全也带来更大的挑战与压力。然而，除交通直接参与者外，因乘客和沿线行人的安全意识不足引发的交通事故开始引发关注，这也是不容忽视的因素。

**3. 自然因素**

交通运输活动受天气和气象因素影响巨大。交通事故通常与繁忙的运输业相伴而来，其中恶劣天气和气象条件是很大一部分交通事故的直接诱因，对现代交通运输的快速、高效、准时以及安全构成直接威胁，对公众的生命和财产安全构成巨大威胁。据调查，在飞机航班延误的各类构成因素中，天气因素所占比重由2015年的30%上升到2016年的近60%，成为影响航班正常运行的主要原因。由于天气因素是典型的不可抗力因素，因此，加强运输高峰期和恶劣气象条件下的运输安全监督检查，及时全面地排除安全隐患，是有效防范交通安全事故的重要手段。

## 四　2017年旅游交通业安全形势展望与对策研究

### （一）2017年旅游交通业安全形势展望

**1. 交通运输安全工作平稳推进，各项安全指标将顺利完成**

随着《“十三五”现代综合交通运输体系发展规划》的编制，以及《国家水上交通安全监管和救助系统布局规划》《中长期铁路网规划》等相继修订，“十三五”综合交通运输规划体系基本形成。2017年，交通安全设施将随着交通固定资产投资加大及交通运输供给侧结构性改革不断完善，安全监管能力将随着信息化进程和互联网技术发展不断增强，交通安全法律法规随着法制部门建设不断健全，人民对交通运输行业的满意度随着公共交通、智慧交通、绿色交通等综合交通发展进一步提升，安全生产形势将持续保持稳定，各项安全指标预期将顺利完成。

**2. 交通安全相关主体多元化，旅游交通事故向纵深拓展**

由于交通事故的复杂性和多样性，除驾驶员外，乘客、路人和作业工人均成为潜在受害对象。例如，2016年11月29日，一架载有巴西足球队员的包机在哥伦比亚坠毁并造成71人遇难，事故原因是来自玻利维亚LAMIA航空公司的机师未在飞行中途加油，且未及时通报燃料不足造成引擎故障。2016年1月2日，达喀尔拉力赛开赛，参加该赛事的中国女车手郭美玲在计时赛段中发生车祸，造成10余名路人受伤，其中2人伤势严重。同年1月27日，山东烟台莱州3名环卫工在台阶休息时被越野车撞倒，造成1死2伤。由此看出，交通安全事故的规避应从关注交通参与者向交通相关者转变，交通安全管理工作也应该有针对性地从规范交通直接参与者的行为向增强交通相关者安全意识转变，交通安全监管和排查工作需扩大其覆盖面。

## （二）2017年旅游交通业安全对策研究

**1. 健全交通安全管理体制，统筹运输方式协同发展**

管理是交通安全工作的重中之重。综观国内外交通发展历史，交通管理能够依靠的技术空间有限，更需要依靠其政策空间引导交通有序发展。由于旅游交通安全相关者呈现多元化趋势，旅游安全管理工作涉及多部门、多行业，建立科学健全和统一高效的交通安全管理体制是减少安全事故的必要条件。其中，《综合运输服务“十三五”发展规划》就是在交通运输“大部门制”改革后，从各部门合作协同的角度制定的第一个综合运输服务领域的专项规划。交通运输主管部门需以引领、统筹各种运输方式协同融合发展为出发点，以提升社会公众满意度为落脚点，努力推进行业标准化建设，提升交通综合运输业生产效率与服务水平。同时，管理手段、方法与措施也需要多管齐下，通过行政、法律、经济、技术手段共同协防推进，整合社会和行业力量，共同监督交通安全行为。

**2. 提升公共交通吸引力，破解旅游交通安全管理难题**

近年来，随着自驾游、自助游逐渐成为国内旅游方式的主流，城市旅游交通运输的承载力及其安全也备受业界和社会各界人士的关注。“十二五”时期，国家高度重视城市公共交通发展，全国城市公共汽电车、快速公交系统、公交专用车、轨道交通等多种城市公共交通方式齐头并进，构建了较完整的公共服务体系。全国城市公交年客运量超过900亿人次，已有25个城市开通了轨道交通线路，共有城市公共汽电车辆超过63万辆。发展公共交通是现代城市发展的方向，是完善公共交通网络、治理交通拥堵等突出问题的出路。“十三五”时期，应努力提升公共交通吸引力，深入落实公交优先战略，加快运输交通工具、装备提档升级，推进多元化、个性化的公共交通服务先试先行，通过公共交通的发展缓解城市交通和旅游交通压力，促进旅游交通业转型升级。

**3. 顺应“互联网+”发展趋势，创新综合运输安全服务模式**

信息化与“互联网+”的高速发展，推动了综合交通运输服务模式的创新，对提高服务效率和水平及减少交通安全事故的发生具有积极效应。首先，在已有交通管理平台的基础上继续推进交通安全管理平台建设，健全安全管理的相关功能，包括综合交通运行协同平台、应急指挥平台、网络风险监控平台等。其次，完善各类交通安全服务及管理系统，包括路网、治超、网约车、行政执法、信用体系、危险货物运输等管理信息系统建设，同时，提供线上及线下多种服务方式。最后，推进交通旅游服务大数据应用，建设数据资源开放共享平台，根据大数据分析挖掘不同群体服务需求，根据不同服务方式的优势适应群体需求，提供多样化、定制化、个性化的服务，支持鼓励“互联网+”新业态创新发展，创新发展各类服务模式。

**B**.5

# 2016 ~2017年旅游景区的安全形势与展望

黄安民　宋 景　肖 冰　白跚跚　刘丹丹*

摘　要：　景区作为旅游业的重要组成部分，是游客旅游的最终目的地和重要集散地；安全是旅游业的生命线，旅游景区安全对于保持旅游业的健康发展至关重要。本文基于对2016年度国内旅游景区发生的安全突发事件的统计调查，对事件的类型、特征、原因和景区安全管理的进展与特点进行分析，分析2016年国内旅游景区的安全形势，并对2017年国内旅游景区安全形势进行了展望，同时提出了有关旅游景区安全管理方面的对策建议。

关键词：　旅游景区　旅游安全　景区安全　安全形势

旅游安全是旅游业的生命线，旅游景区是旅游业的核心要素，加强旅游景区的安全工作对促进旅游业发展、维护游客权益具有重要意义。旅游景区是以旅游及其相关活动为主要功能或主要功能之一的空间或地域，是指具有参观游览、休闲度假、康乐健身等功能，具备相应旅游服务设施并提供相应旅游服务的独立管理区。该管理区应有统一的经营管理机构和明确的地域范

---

* 黄安民，华侨大学旅游规划与景区发展研究中心主任，教授、博士生导师，主要研究方向为旅游与休闲学、景区管理及旅游发展战略的理论和应用研究。宋景、肖冰、白跚跚、刘丹丹均为华侨大学旅游学院研究生。

围，包括风景区、文博院馆、寺庙观堂、旅游度假区、自然保护区、主题公园、森林公园、地质公园、游乐园、动物园、植物园及工业、农业、经贸、科教、军事、体育、文化艺术等各类旅游景区。[①] 本文数据来源于2016年国家旅游局官方网站（www. cnta. gov. cn）、国家安全生产监督管理总局官方网站（www. chinasafety. gov. cn）、新华网（www. xinhuanet. com）、人民网（www. people. com. cn）、凤凰网（www. ifeng. com）、百度网（www. baidu. com）、新浪网（www. sina. com. cn）、搜狐网（www. sohu. com）等各门户网站的旅游频道及各地区的新闻门户网站中所有关于旅游安全的新闻报道。本文资料来源的起止时间为2016年1月1日至12月31日，以中国大陆地区为主，不包括港澳台地区。

## 一　2016年旅游景区安全的总体形势

2016年9月，《旅游安全管理办法》（国家旅游局第41号令）于2016年12月1日起施行。《旅游安全管理办法》共分为总则、经营安全、风险提示、安全管理、罚则和附则六章，基本覆盖了旅游安全管理的各项工作。《旅游安全管理办法》有利于推动我国旅游安全管理迈向制度化、规范化发展的新阶段，有利于更好地守护旅游发展的“生命线”。

通过对国家旅游局网站、国家安全生产监督管理总局网站、新华网等各门户网站的旅游频道以及各地区的新闻门户网站的所有关于旅游景区安全的新闻报道进行统计，2016年旅游景区共发生安全突发事件116起，分布在25个省（自治区、直辖市），共造成92人死亡。根据景区的主体资源特征，本文将景区分为地文景观类、水域风光类、生物景观类、建筑与设施类及其他类型景区，2016年发生安全突发事件的景区类型涵盖地文景观类、水域风光类和建筑与设施类景区。其中，地文景观类景区的安全事故共72起，突发频率最高，占景区安全事故总数的62%；水域风光类景区的安全事故

① 国家标准《旅游景区质量等级的划分与评定》（修订）（GB/T17775－2003）[S]。

共33起，占景区安全事故总数的28%；建筑与设施类景区的安全事故共11起，占景区安全事故总数的10%。根据《国家突发公共事件总体应急预案》(2005年1月26日国务院第79次常务会议通过，2006年1月8日发布并实施）对突发公共事件的分类，本文将景区旅游突发事件分为四类：自然灾害、事故灾难、公共卫生事件和社会安全事件。2016年景区安全突发事件涵括了以上四类，但以事故灾难、自然灾害类事件为主，其中事故灾难类型突发事件发生的次数最多，共97起，占景区安全事故总数的84%。

## 二 2016年旅游景区安全的概况与特点

### （一）旅游景区安全突发事件的分布类型

**1. 时间分布**

2016年景区安全突发事件的总量较2015年略有增加，在各月份的集中分布情况略有变化，下半年旅游安全突发事件的发生频率略高于上半年。景区安全突发事件的发生率与旅游淡旺季的相关性较为明显，突发事件高发期为上半年的5月、6月和下半年的7月、8月、10月这两个旅游旺季。在2016年的旅游旺季中，特别是7月、8月、10月，由于游客数量较多、部分景区应急措施不充分以及部分游客旅游安全意识较为薄弱等原因，旅游安全事故发生频率增加（见图1）。

**2. 空间分布**

从突发事件分布的地域空间上看，2016年报道的景区安全突发事件发生在全国25个省（自治区、直辖市)，数量相比上年有所增加。其中，河南省位列第一，共发生了12起景区安全突发事件；四川省、山东省并列第二，各发生11起突发事件。三省较2015年旅游安全事件发生的起数都有所增加，占全国景区安全事故总数的29%。从整体上来看，各省（自治区、直辖市）景区安全事件数量各有增减，但分布空间仍较为广泛，应引起全国各景区管理人员的重视（见图2)。

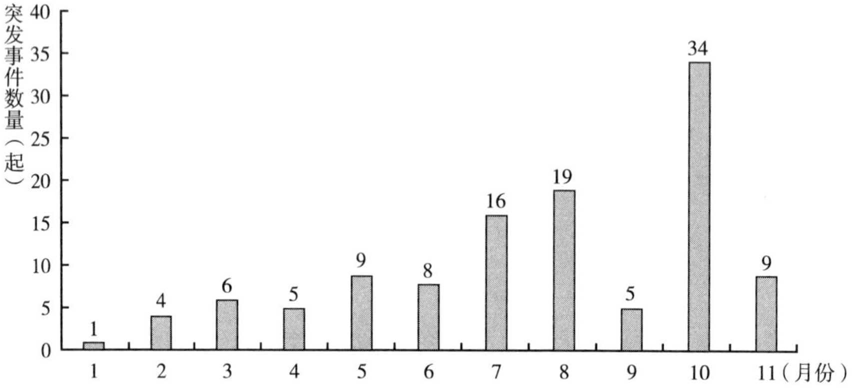


**图 1　2016 年景区安全突发事件在各个月份的分布**

注：本文数据来源于 2016 年国家旅游局官方网站（www. cnta. gov. cn）、国家安全生产监督管理总局官方网站（www. chinasafety. gov. cn）、新华网（www. xinhuanet. com）、人民网（www. people. com. cn）、凤凰网（www. ifeng. com）、百度网（www. baidu. com）、新浪网（www. sina. com. cn）、搜狐网（www. sohu. com）等各门户网站的旅游频道以及各地区的新闻门户网站中所有关于旅游安全的新闻报道（以下图表的资料来源如不做特殊说明均与此相同）。

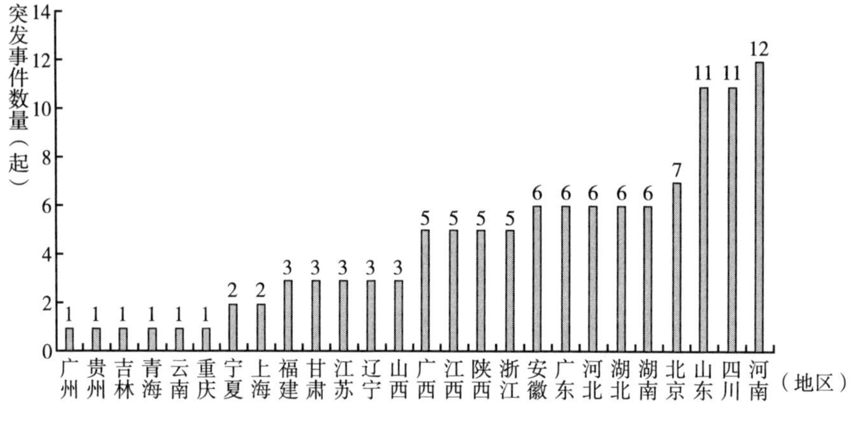


**图 2　2016 年景区安全突发事件在各省（自治区、直辖市）的分布**

### 3. 突发事件类型分布

从突发事件的类型分布上看，2016 年发生的景区安全突发事件与 2015 年相较有所变化，包括事故灾难、自然灾害和社会安全事件三种类型，其中事故灾难类型突发事件发生的次数最多，共 97 起，占景区安全事故总数的

84%；自然灾害类型突发事件发生16起，占景区安全事故总数的14%；社会安全事件发生3起，占景区安全事故总数的3%（见表1）。与前几年相比，2016年景区安全事故的类型基本保持不变，以事故灾害、自然灾害类型为主，社会安全事件较少。

从突发事件在不同类型的景区分布来看，2016年的景区安全突发事件中，有72起景区安全突发事件分布在地文景观类景区，33起分布在水域风光类景区，11起分布在建筑与设施类景区（见表1）。由此可见，地文景观类景区依旧是安全事故的多发景区，水域风光类景区和建筑与设施类景区位居其次。另外，景区类型不同，突发事件的类型分布也有所不同，景区安全事故多集中在地文景观类景区，且多为事故灾难类型。

**表1　2016年景区安全突发事件在各类型景区的分布情况一览**

单位：起

| 突发事件类型＼景区类型 | 地文景观类 | 水域风光类 | 建筑与设施类 | 其他类 | 合计 |
|---|---|---|---|---|---|
| 自然灾害 | 10 | 3 | 3 | — | 16 |
| 事故灾难 | 61 | 30 | 6 | — | 97 |
| 公共卫生事件 | 1 | — | 2 | — | 3 |
| 社会安全事件 | — | — | — | — | — |
| 合　计 | 72 | 33 | 11 | — | 116 |

## （二）旅游景区安全突发事件的发生特点

### 1. 事件的突发性和复杂性

随着国民休闲时代的到来，游客旅游需求日益多样化，追求更加多样化、个性化的旅游感受，出游过程中存在的不安全因素随之增多。通过对2016年我国旅游景区安全突发事件的统计分析，发现景区安全突发事件更容易发生在地文景观类景区，且以事故灾难为主。从突发事件的类型来看，事故灾难造成的旅游安全事件近年来一直居高不下，事故灾难类型也呈现多样化；自然灾害造成的旅游安全事件时有发生，不可预见性较大，人为可控性较小，极易造成较大损失；社会安全事件波及范围较大，社会影响恶劣，对景区发展造成严重的负面影响。

**2. 事件分布的集中性和分散性**

从事件发生的时间来看，旅游安全事件每个月都有发生，但集中在5月、6月、7月、8月、10月这几个月份，主要发生在劳动节、暑假、国庆节等时段。从事件发生的地域来讲，旅游安全事件在全国各个省份几乎都有分布，但在个别省份较为集中，在河南省、四川省和山东省发生相对较多。从旅游安全事件的类型来看，事故灾难造成的安全事件占事件总数的84%，自然灾害造成的安全事件占事件总数的14%，社会安全事件所占比例较小。从事件发生的景区类型来看，发生在地文景观类景区的安全事件占事件总数的62%，发生在水域风光类景区的安全事件占事件总数的28%，发生在建筑与设施类景区的安全事件约占事件总数的10%。

**3. 事件危害的严重性和恶劣性**

2016年，接连发生了多起涉旅重大事故，造成了严重的后果。2016年8月9日，青海省祁连县卓尔山旅游景区观光车发生翻车事故，造成3名游客死亡、20名游客受伤。10月4日，吉林省赴长白山旅游大客车相撞事故造成5人死亡、19人受伤，其中6人伤势严重。这些安全事件不仅造成游客重大的人身与财产损失，而且导致旅游目的地形象受损，给当地旅游业造成严重的负面影响。

## 三　影响2016年旅游景区安全的主要原因

旅游景区作为旅游业的核心要素，其安全问题易受多种因素的影响。通过对2016年旅游景区发生的各类旅游安全事件的分析，对事故发生的原因进行总结，以下将从旅游环境、景区、游客、政府四个方面进行说明。

## （一）旅游环境

### 1. 自然环境变幻莫测

自然环境因素是造成旅游安全事故的常见原因，暴雨、台风、地震、洪水、泥石流等自然灾害可以直接或间接导致旅游安全事故的发生。由于自然灾害的可预测性较低且人为可控性较小，自然灾害类型的旅游安全事故是最易发生、最难控制的旅游安全事故类型之一。同时，由于自然灾害具有突发性和渐发性、地区性、联系性及危害严重性等特点，该类型事件一旦发生极易威胁游客的安全，对景区发展造成恶劣的影响。2016 年 5 月 28 日，广东省台山市凤凰峡景区受大暴雨影响突发山洪，部分参加漂流活动的旅客被冲走，造成 8 人死亡、10 人受伤。①

### 2. 社会环境复杂多变

根据世界旅游组织和联合国统计委员会推荐的技术性的统计定义，旅游是指出于休闲、商务或其他目的离开他/她们惯常环境，到某些地方并停留在那里，但连续不超过一年的活动。游客来到相对不熟悉的环境，在游览过程中，游客与游客之间、游客与当地居民之间、游客与旅游从业者之间易发生口角或矛盾，继而有可能演变为一起旅游安全事件，给游客人身安全以及当地社会稳定带来挑战。2016 年 7 月 24 日，在河南省洛阳市栾川县重渡沟景区，游客因儿童票价问题与景区观光车驾驶员发生肢体冲突，该事件导致 4 人受伤，其中有 3 名游客。②

## （二）景区

### 1. 景区管理制度粗放

目前来看，国内部分景区仍处于粗放型管理阶段，缺少专业的安全管理

---

① 林晓彦：《广东台山景区突发山洪漂流游客 8 人死亡》，中国普法网，http：//www.legalinfo.gov.cn/index/content/2016－05/30/content_ 6651626.htm? node＝66689，2016 年 5 月 30 日。

② 陈绪厚：《河南景区游客持刀与当地人对峙　警方：4 人受伤》，腾讯新闻，http：//news.qq.com/a/20160725/045271.htm，2016 年 7 月 25 日。

部门，缺乏相应的安全处理应急预案，或者部分景区虽然有相应的规章制度和管理人员，但没有充分遵守和落实，制度形同虚设，没有发挥应有的作用。以上现象不仅不利于保障游客的合法权益，还会对景区的未来发展造成负面影响。同时，由于管理制度粗放，部分景区从业人员出现操作失误或景区设施设备安全检查不规范，也极易造成旅游安全事故。2016 年 10 月 14 日，上海市吴淞炮台湾湿地森林公园内游乐项目“勇攀珠峰”发生绳子断裂，致使 11 名学生不同程度受伤。①

**2. 景区管理手段落后**

一般来说，当景区发生旅游安全事故时，景区会积极采取应急处理措施，但景区现有的安全管理、监控手段仍以安保巡逻、定期巡查、坐等投诉等方式为主，落后的管理手段缺乏灵活性，不能在第一时间对事故进行处理，从而造成更大的损失或伤害。2016 年 5 月 28 日，一名 30 岁左右的山东籍男子在苍山迷路并受伤，15 个小时后发现他，他身上受了一点轻伤，伴有低血糖和高原反应。②

**3. 景区从业人员安全意识欠缺**

目前我国旅游景区的专业人才匮乏，且部分旅游从业人员的安全意识较为薄弱，景区对于规范和约束旅游从业人员行为不够重视，极易发生景区从业人员操作不当或安全意识薄弱而造成的旅游安全事故。因此，增强旅游从业人员的安全防范意识，加强对从业人员的安全培训，对于约束旅游者在旅游活动过程中的各种不当行为、更好应对处理旅游安全事件具有重要意义。

## （三）游客

**1. 游客安全意识薄弱**

安全意识就是人们在生产、生活中对各种各样有可能对自己或他人造

① 王萌萌：《沪吴淞炮台湾公园登高项目绳索断裂　11 名学生受伤送院》，新浪网，http：//sh. sina. com. cn/news/s/2016 - 10 - 14/detail - ifxwvpar8072876. shtml，2016 年 10 月 14 日。

② 赵艳娟：《云南苍山迷路游客被困 1 天 1 夜后获救　受伤被送医》，凤凰财经，http：//finance. ifeng. com/a/20160530/14440822_ 0. shtml，2016 年 5 月 30 日。

成伤害的外在环境条件的一种戒备和警觉的心理状态。游客具有较强的安全意识对于规避旅游安全事件至关重要，可以有效减少事故的发生。根据收集到的真实案例，很大一部分旅游景区安全事故是由于游客安全意识薄弱造成的。在主观因素上，游客必须重视景区的安全警示、温馨提示、游客须知等内容，增强安全意识，尽量避免安全事件的发生。2016 年 9 月 8 日，北京门头沟十八潭景区发生游客迷路事故，多支救援队伍和当地消防、公安部门动用了大量人力进行搜救，终于成功将被困两天两夜的游客找到。①

**2. 游客自救能力不足**

外出旅游，游客应掌握一定的安全自救常识，关键时刻可以救自己或他人一命。目前来说，我国游客在面对突发事件时容易惊慌失措，由于缺乏基本的自救常识，不但不能自救，反而因为救援知识的匮乏而给救援工作带来阻力。2016 年 8 月 13 日，大邑县西岭镇西岭雪山大飞水景区发生 4 人溺水死亡事件。②

### （四）政府

目前，政府应急救援体系尚不成熟。旅游安全救援是指在旅游活动过程中旅游者、旅游从业人员以及相关人员发生旅游安全问题时，为旅游安全当事人所提供的紧急救护和援助的总称。旅游安全救援机制是指为实施旅游救援而建立的、与旅游安全相关的各个层面的组织机构和旅游救援分工、协作的工作体制。目前，我国现有的旅游安全救援系统还不成体系，各相关部门之间的协调合作程度较低，缺乏对旅游安全急救工作进行统筹协调的主管部门，无法快速正确地解决问题。加快旅游紧急救援体系建设，是构筑我国旅游安全保障网的重要举措，对于提升我国旅游业的安全风险应对能力和旅游

① 王晓易：《游客门头沟登山迷路两天后获救》，网易新闻，http：//news. 163. com/16/0912/01/C0NO950Q00014AED. html，2016 年 9 月 12 日。

② 张肇婷、潘莉：《4 名游客在西岭雪山景区外发生溺水事故　不幸身亡》，广安在线，http：//www. gazx. org/content/2016 - 8/14/20168149544466361. htm，2016 年 8 月 14 日。

紧急救援保障能力、提升旅游业的安全管理水平具有重要意义。2016 年 8 月 7 日，陕西泾阳张家山自然风景区发生游客落水死亡事件。①

## 四　2016年旅游安全管理的主要特点

### （一）旅游安全法律法规进一步完善

2016 年旅游安全的相关法律法规进一步完善。具体法律法规如表 2 至表 4 所示。

**表 2　2016 年新出台的与景区安全管理相关的国家法律法规**

| 颁布时间 | 法律法规名称（颁布/公布单位） |
|---|---|
| 2016. 02. 04 | 《国务院办公厅关于加强旅游市场综合监管的通知》（国务院办公厅） |
| 2016. 05. 05 | 《导游自由执业试点管理办法（试行）》（国家旅游局） |
| 2016. 05. 26 | 《国家旅游局关于旅游不文明行为记录管理暂行办法》（国家旅游局） |
| 2016. 05. 05 | 《导游自由执业试点实施方案》（国家旅游局） |
| 2016. 09. 29 | 《旅游安全管理办法》（国家旅游局） |
| 2016. 11. 20 | 《国务院办公厅关于进一步扩大旅游文化体育健康养老教育培训等领域消费的意见》（国务院办公厅） |

**表 3　2016 年新出台的与景区安全管理相关的旅游行业标准**

| 行业标准编号 | 行业标准名称 | 实施日期 |
|---|---|---|
| LB/T 049 – 2016 | 《国家蓝色旅游示范基地》 | 2016 – 01 – 05 |
| LB/T 048 – 2016 | 《国家绿色旅游示范基地》 | 2016 – 01 – 05 |
| LB/T 051 – 2016 | 《国家康养旅游示范基地》 | 2016 – 01 – 05 |
| LB/T 050 – 2016 | 《国家人文旅游示范基地》 | 2016 – 01 – 05 |
| LB/T 053 – 2016 | 《港澳青少年内地游学接待服务规范》 | 2016 – 07 – 19 |
| LB/T 052 – 2016 | 《旅行社老年旅游服务规范》 | 2016 – 09 – 01 |

① 王晓易：《咸阳 19 岁男子在张家山景区游玩　不慎溺水身亡》，网易新闻，http：//news. 163. com/16/0808/15/BTV57K8100014AEE_ all. html，2016 年 8 月 8 日。

**表4　2016年新出台的与景区安全管理相关的地方法律法规**

| 省份 | 颁布时间 | 法律法规名称 |
|---|---|---|
| 海南 | 2016.01.19 | 《近海旅游船服务规范》 |
| | 2016.01.19 | 《三亚一日游服务规范》 |
| 河南 | 2016.10.11 | 《河南省公共消防设施管理规定》 |
| | 2016.12.01 | 《河南省自然灾害救助应急预案》 |
| 湖北 | 2016.05.18 | 《湖北省漂流景区旅游服务规范》 |
| | 2016.01.20 | 《飞行塔类游艺机安装通用规范》 |
| | 2016.07.28 | 《湖北省食品安全条例》 |
| 安徽 | 2016.04.01 | 《安徽省凌家滩遗址保护条例》 |
| | 2016.07.29 | 《宣城市敬亭山风景名胜区条例》 |
| | 2016.05.27 | 《安庆市菱湖风景区条例》 |
| | 2016.03.31 | 《蚌埠市龙子湖景区条例》 |
| | 2016.02.03 | 《安徽省消费者权益保护条例》 |
| 山东 | 2016.03.30 | 《山东省风景名胜区管理条例》 |
| | 2016.03.30 | 《泰山风景名胜区保护管理条例》 |
| | 2016.03.30 | 《山东省文物保护条例》 |
| 山东 | 2016.07.22 | 《山东省多元化解纠纷促进条例》 |
| | 2016.07.22 | 《山东省大气污染防治条例》 |
| | 2016.03.30 | 《山东省海洋环境保护条例》 |
| 内蒙古 | 2016.05.30 | 《内蒙古自治区文化市场管理条例》 |
| | 2016.05.30 | 《内蒙古自治区元上都遗址保护条例》 |
| | 2016.08.19 | 《内蒙古自治区旅游条例(修订草案)》 |
| 天津 | 2016.07.29 | 《天津市湿地保护条例》 |
| 青海 | 2016.05.20 | 《景区停车场(点)服务规范》 |
| | | 《景区游览车服务规范》 |
| | 2016.05.20 | 《特色旅游线路基本条件》 |
| 宁夏 | 2016.09.01 | 《银川市西夏陵保护条例》 |
| | 2016.09.01 | 《银川市智慧城市建设促进条例》 |
| 四川 | 2016.03.29 | 《旅游景区质量等级提升要求》 |
| | | 《游客高峰时段旅游景区应对要求》 |
| | | 《自驾游营地等级划分与评定》 |
| 广东 | 2016.09.30 | 《旅游景区高峰预警工作指引》 |
| | 2016.05.25 | 《广东省食品安全条例》 |
| 辽宁 | 2016.04.29 | 《大连市防震减灾条例》 |
| | 2016.03.17 | 《葫芦岛市旅游业管理办法》 |

续表

| 省份 | 颁布时间 | 法律法规名称 |
| --- | --- | --- |
| 江苏 | 2016. 01. 15 | 《红色旅游景区(点)服务规范》 |
| | 2016. 01. 15 | 《湿地公园旅游服务规范》 |
| | 2016. 03. 10 | 《乡村旅游区等级划分与评定》 |
| | 2016. 01. 08 | 《江苏省旅游条例》 |
| | 2016. 03. 30 | 《江苏省海洋环境保护条例》 |
| 新疆 | 2016. 03. 20 | 《旅游景区游览观光车管理运营规范》 |
| | 2016. 03. 20 | 《旅游景区森林防火管理规范》 |
| | 2016. 03. 20 | 《天池旅游景区应急指挥中心运行管理规范》 |
| | 2016. 03. 20 | 《天池旅游景区旅游团队服务规范》 |
| 黑龙江 | 2016. 08. 19 | 《黑龙江省森林防火条例》 |
| | 2016. 09. 19 | 《黑龙江省非物质文化遗产条例》 |
| 福建 | 2016. 07. 29 | 《福建省旅游条例》 |
| | 2016. 04. 01 | 《福建省海域使用管理条例》 |
| | 2016. 04. 01 | 《福建省海洋环境保护条例》 |
| 广西 | 2016. 07. 21 | 《广西壮族自治区森林防火条例》 |
| 浙江 | 2016. 07. 15 | 《购物场所旅游服务规范》 |

### （二）旅游景区的监督管理力度逐步加大

自 2016 年 9 月起，在国家旅游局的督促下，全国各地旅游管理部门对所辖地区的 4A 级及以下旅游景区进行了全面的复核。在监察中，发现多家景区存在服务缺失及不到位、安全隐患未得到重视、厕所革命未得到落实等诸多问题。如重庆神龙峡景区以漂流作为景区主要旅游项目，却未对游客进行漂流前的安全教育、安全设施佩戴讲解演示。[①] 随着监督管理力度的逐步加大，旅游景区的安全管理问题必将得到重视，在保障游客最基本权利的基础上，提升游客满意度，促使旅游景区可持续健康发展。

① 韩昊辰：《367 家景区被查处　史上最严景区“整肃风”是怎么刮起来的?》，中华人民共和国中央人民政府网站，http：//www. gov. cn/xinwen/2016 - 12/07/content_ 5144510. htm，2016 年 12 月 7 日。

## （三）旅游综合管理机制不断创新

近年来，在国家旅游局的引领下，各地以建立旅游发展委员会、旅游工商所、旅游警察、旅游巡回法庭为核心，推进旅游目的地的安全综合管理机制创新。旅游巡回法庭等的建立规范了旅游市场秩序，对旅游从业者的行为进行有力约束，能够及时有效预防、处理旅游纠纷及旅游安全事故，为旅游景区的发展提供了司法保障、制度保障，为游客的人身、财产安全加上一道“安全锁”。2016年，山西省推动重点旅游市县建立旅游警察、旅游工商分局和旅游巡回法庭，获得好评。

## （四）旅游景区安全管理向智慧化、科学化、网络化方向发展

互联网的普及、大数据的应用对旅游景区安全隐患的预测、控制、管理及消除起着日益重要的作用。如九寨沟景区将移动互联网应用引入景区的运营管理中，建立门票预售制度，从而能够从容应对节假日的瞬时高峰运营与管理。① 而青城山－都江堰景区将互联网技术运用到景区营销、景区管理、景区服务中，充分利用云计算、物联网、大数据、移动互联等技术对旅游的相关要素进行整合，从而使旅游服务、管理手段走向智慧化，为都江堰市开拓了广阔的营销平台和广阔的客源市场，最终助推都江堰市的旅游产业实现转型升级。②

## （五）旅游安全观念进一步加强

2016年9月，国家旅游局颁布《旅游安全管理办法》，意味着我国旅游安全管理制度化、规范化的进程迈向新的阶段。各省市旅游安全底线观念进

① 李晋平、冯超颖：《“互联网＋景区”九寨沟：用智慧的“芯”抓住游客的心》，新浪旅游，http：//travel. sina. com. cn/domestic/news/2016 － 12 － 19/detail － ifxytqav9835958. shtml，2016年12月19日。

② 冯栋：《青城山－都江堰景区如何发展“互联网＋景区”》，新华网，http：//news. xinhuanet. com/itown/2016－12/19/c_ 135915443. htm，2016年12月19日。

一步加强，一方面通过各种方式进行安全宣传活动，以增强游客的安全意识；另一方面，加强旅游行业安全教育培训，严格执行与旅游安全相关各项制度。如青海省西宁市通过发放宣传页，借助微信、微博等平台，不间断传播旅游安全知识，为广大市民及游客提供了安全、文明、和谐的旅游环境。①

## 五　2017年旅游景区安全形势展望与管理建议

### （一）形势展望

**1. 新常态下，旅游景区安全保障工作面临新挑战**

进入大众化旅游时代，旅游业成为全社会消费、全社会投资、全社会贡献、全世界交流、全要素全产业融合发展的产业，各类安全隐患进一步增多，旅游景区安全保障工作面临安全监管体制机制尚未适应新形势、旅游企业生产经营压力加大、自然灾害等传统安全因素和非传统安全因素等带来的新挑战。在新形势下，2017 年旅游景区安全管理工作需做出调整或进行改革。

**2. 全域旅游背景下，旅游业各部门沟通协作能力将不断提升**

在全域旅游背景下，整个区域内需编织一张旅游安全网，以保障游客的人身及财产安全。因此，旅游监督管理和公共服务将覆盖到旅游活动的每个环节、每个地点，而与旅游业相关的各部门力量将进一步得到整合，以规范旅游市场秩序，增强游客安全感。2016 年大批省市通过设立以“综合协调 + 专项保障”为特征的旅游发展委员会、旅游警察、旅游巡回法庭、工商旅游分局等，以增强旅游业发展的综合协调能力，解决综合产业和综合监管需求与原有体制之间的矛盾，最终营造公平优质的旅游环境。

---

① 文玲、春暮：《西宁多举措提高游客安全意识》，搜狐网，http：//mt. sohu. com/20160818/n464865897. shtml，2016 年 8 月 18 日。

**3. 旅游景区风险预警机制逐步建立**

2016 年 12 月所实施的《旅游安全管理办法》可操作性强，风险提示成为突出亮点。国家安全风险提示制度建立后，各地旅游主管部门可根据地域差异和旅游业发展的实际情况来完善自身的风险预警机制与体制，以应对突发事件频发的社会环境以及确保游客的人身财产安全。这将成为各级政府旅游相关部门以及相关行业管理部门的主要工作之一。

## （二）管理建议

**1. 加快完善旅游安全管理的法律法规体系**

2017 年，在旅游供给侧结构性改革的引导下，旅游产品日益丰富多样，旅游活动过程所面临的风险因素趋于多元化和复杂化。在此背景下，需对现有法律法规进行查漏补缺，并以更加细化、更有针对性、更有深度的要求来制定相关法律法规，构建更加完整、合理的法律法规体系，使旅游安全工作做到有法可循、有据可依。

**2. 探索形成适应景区发展需要的旅游安全工作机制**

旅游景区可根据景区的安全总体形势，广泛调查、深入研究，探索形成适应景区发展需要的旅游安全工作机制，建立健全责任分解机制、综合协调机制、监督检查机制、挂牌督办机制、约谈问责机制、工作目标考核机制、事故追责机制等，遏制重大旅游安全事故发生，积极营造安全和谐的旅游发展环境。

**3. 全面提升旅游安全与应急管理水平**

为提升旅游业现代化水平，贯彻落实全域旅游发展理念，各省市需建立旅游产业运行监测与应急指挥平台，实现上可对接国家旅游产业运行监测与应急指挥平台，下可监管省内旅游行业各主体，做到实时掌控、实时干预、实时管理处置，全面提升旅游景区的旅游安全与应急管理水平。

**4. 加强旅游安全教育和文明旅游宣传**

随着旅游人数的增加、旅游目的地的扩大，以及个性化、高风险旅游项目的发展，各种不可预见的潜在风险也在增加。游客与旅游从业人员安全及文明旅游意识的欠缺将会造成旅游活动危险指数成倍上升。旅游景区可借助现代传播手段与技术，开展内容新颖、形式多样、社会广泛参与的旅游宣传教育活动，增强游客的安全意识，提高自救互救能力，防范和化解旅游安全风险，并在此基础上提高旅游景区安全保障能力。

**5. 加强旅游景区安全规范化建设**

旅游景区应以保障游客及群众生命财产安全为底线，加大应急监管力度，加强旅游安全规范化和景区服务设施配套建设。如景区可加强安全基础设施的建设，引进先进的监控系统，以及时发布预警信号，采取应急措施；可利用大数据逐步建立电子地图、定位导航与移动智能终端技术信息系统，以方便游客在旅途中应用。通过硬件的建设与软件的规范，旅游景区可为游客织牢生命及财产的安全保障网。

# B.6
# 2016~2017年中国旅游购物的安全形势分析与展望

陈秋萍　刘东梅　聂玮琪*

摘　要：　2016年我国旅游购物投诉有增无减，国内游中购物欺诈、强制消费甚至威胁游客人身安全等事件层出不穷，出境的中国游客遭遇购物陷阱的问题也时有发生。整体而言，旅游购物陷阱呈现多元化趋势，境外旅游购物安全事件趋于增多，旅游购物投诉具有区域集中化、淡旺季明显、类型复合化等特征。展望2017年，旅游购物安全体系的建设应强调继续完善法律法规、加大执法力度、综合治理规范环境、增强游客的旅游购物风险意识、改革导游管理体制等。

关键词：　旅游购物　安全形势　管理对策

本文通过互联网搜索的方式，在人民网、中国新闻网、第一新闻网、中国旅游新闻网等门户网站，以及国家旅游局、各地市旅游局、中国消费者协会的官网上，以“旅游购物安全”“游客购物投诉”“旅游购物欺诈”等关键词搜集2016年旅游购物安全相关案例，分析本年度旅游购物安全事件的特点与发生原因，总结旅游购物安全监管方面的举措与进展，并针对2017年旅游购物安全的严峻局势提出对策建议。

---

* 陈秋萍，华侨大学旅游学院副教授，从事旅游人力资源管理研究；刘东梅，华侨大学旅游学院2014级研究生；聂玮琪，华侨大学旅游学院2016级研究生。

## 一　2016年旅游购物安全的总体形势

随着我国旅游业的迅速发展，一系列的管理问题日益凸显，其中旅游购物安全问题也成为关注的热点。2016 年，国内旅游和入境旅游稳步增长，出境旅游理性发展。全年国内旅游人数约为 44.4 亿人次，国内旅游总收入达 3.9 万亿元；入境旅游人数达 1.38 亿人次，国际旅游收入达 1200 亿美元；出境旅游人数达 1.22 亿人次。① 2016 年 1 月 1 日至 2016 年 12 月 31 日，共搜集国内旅游购物安全事件 268 起，出境旅游购物安全事件 43 起，入境旅游购物安全事件 25 起，分别占事件总数的 79.8%、12.8%、7.4%。旅游购物仍然是 2016 年旅游投诉的热点之一。人民网旅游“3·15”投诉平台的统计数据显示，导游强迫诱导购物、服务态度差等仍是旅游投诉的重灾区，27.9% 的投诉涉及旅游购物。不仅旅游合同不透明，旅行社违规安排的购物店存在诱导消费、强制购买、质次价高的现象，而且不少旅游商品存在以次充好、价格虚高、缺少卫生许可等问题，珠宝、玉器、珍珠、水晶、药材、保健品、工艺品等仍然是游客投诉的焦点。“不合理低价游”导致的旅游购物纠纷仍然存在，出境游购物安全事件的增多已引起旅游行政管理部门的重视。国内旅游购物安全事件高发期是在 7 月、8 月份以及国庆黄金周，而高发地则以云南、北京、四川、广东、西藏等为主。

## 二　2016年旅游购物安全的概况与特点

### （一）2016年旅游购物安全事件的类型

#### 1. 以购物安全事件造成的后果分类

旅游购物安全事件的危害包括财产损失和人身伤害两种类型，具体分类

① 《2016 旅游市场供需两旺　全年国内游或达 44.4 亿人次》，人民网，http://travel.people.com.cn/n1/2017/0109/c41570－29009765.html，2017 年 1 月 9 日。

如下。

（1）财产损失

①价格虚高

国内旅游购物投诉以价格虚高、质次价高为主要表现形式。购物点经营者与导游利用种种欺骗伎俩诱导、强迫甚至是使用药物致使游客以高于市场价数倍甚至数十倍的价格购买旅游产品，给游客带来巨大的财产损失。如云南旅游投诉的焦点以玉器、名贵药材等为主。游客在导游和购物点经营者的诱导合谋欺诈下，购买店内高价翡翠，事后发现价格明显虚高，游客要求退货经常被商家拒绝，只能向相关部门投诉。

②假冒伪劣

在云南赌石商家用普通廉价石头以次充好，并且通过专业手电照石误导游客花费高价购买。我国出境游客遭遇诱导性购物、欺客宰客等现象也很普遍，尤其以东南亚国家、中国香港、日本、韩国等地更为突出，其中以珠宝首饰、保健食品等出现假冒伪劣的比例较高。如出现给到韩国、日本购物的中国游客“专用”的“免税店”，不仅价高，而且产品质量没有保障，游客购买的第一酵素、万步力、6GF 等多为假货。游客在普吉岛佛光寺花高价请的佛牌其实是旅游牌，毫无价值。

③缺斤短两

旅游购物中缺斤短两的事件仍然时有发生，其中以药材、水果、海鲜等日常消费品以及土特产等最为常见。一些无良商家利用游客对重量单位的疏忽，误导游客认为标价为每斤售价，称重后迅速将药材碾碎，强制游客购买。螺旋藻、玛卡等不仅价格高昂，而且在重量上有所克扣，当游客质疑秤有问题后不但不承认欺诈，还态度嚣张地声称不怕投诉。

（2）人身伤害

①精神伤害

游客在旅游购物过程中受到的精神伤害包括语言攻击、人身威胁、中途被弃等形式。2016 年，出现多起因强迫购物伴随的导游对游客进行人身攻击或威胁的事件，给游客带来了严重的精神伤害。导游对未购物或购物金额少的游客出言不逊，肆意侮辱与谩骂，而且出现扣押证件或行李、胁迫退团、限制人身自由、不予安排住宿、抛弃游客甚至殴打游客等恶劣行为，更有导游只因未购物将六旬的大妈骂哭。①

②身体伤害

旅游购物场所时有出现导游或经营者武力威胁，甚至与游客发生肢体冲突的恶性事件。如游客因拒绝购物被云南导游留在室外淋雨长达一个多小时，又如四川赴港游客只因未购物被导购人员扣押身份证并殴打。不良导游对未购物游客或消费金额未达标的游客采取降低食宿标准、不予安排住宿等各种刁难，甚至冲到游客的房间吵闹，严重威胁游客的人身安全。

**2. 以购物安全事件发生的地点分类**

购物安全事件发生地有景区附近的购物场所、大型商场，旅游大巴以及酒店等。

（1）诱导购物常见于旅游景区或免税店

旅游景区内的购物点是游客被强迫购物的重灾区。导购与导游联合欺骗游客使游客始料未及、防不胜防。昆明著名景点如“云南民族村”、“云南茶乡”和“七彩云南”等，实为购物商城，充斥着各种购物欺诈行为，商品不仅价格高昂，而且质量无保证。苏州丝绸之路展览馆给予导游的丝绸制品回扣为50%，珍珠制品竟然高达60%。② 日本为中国游客专设的免税店内的商品价格数倍于市价，所售商品质量亦无保证。游客在新加坡被导游强制带往珠宝店内购买的上万元的戒指生锈。游客要求退款，不仅被商家拒绝，而且与旅行社沟通无果。

（2）辱骂与威胁多发于旅游大巴或酒店

导游对未购物游客的语言攻击、人身威胁或身体伤害多发生于旅游

---

① 张玲玉：《6旬大妈980元香港游7天，不愿购物被导游骂哭》，《钱江晚报》2016年12月13日。

② 史建磊：《央视曝苏州旅游购物黑幕：丝绸回扣50%　珍珠回扣60%》，中国新闻网，http://www.chinanews.com/cj/2016/05-10/7865533.shtml，2016年5月10日。

大巴。一旦游客购物金额少，导游往往在旅游大巴上出言不逊，对游客极尽能事地冷嘲热讽。多起云南导游、香港导游辱骂游客事件发生在旅游大巴上。另外，部分不良导游对未购物游客采取降低食宿标准、不予安排住宿等各种刁难，严重威胁着游客的人身安全。更有甚者，在酷热的夏季将拒绝参加购物的游客反锁在封闭且未开空调的大巴车内，致使游客出现中暑、胸闷等不良生理反应，给游客的身心带来难以估计的伤害。

（3）价格虚高常见于特产商店或连锁超市

购买当地特产是“一日游”导游获取回扣的重要来源。“饥饿营销”成为导游惯常的带团方式，在游客用餐被敷衍的情况下，以免费品尝小吃或当地特色为名，将游客带进特产商店或大型超市，促进其消费，且导游往往让游客早出晚归，未预留自行购物的时间，使其难以比对价格，购买的普通商品明显高于市价而浑然不知。

## （二）2016年旅游购物安全事件的特征

**1. 区域分布特征**

（1）出境游购物安全事件区域分布特点

随着我国出境旅游持续升温，旅游购物安全事件经常发生，对游客造成极大的不良影响。对比近三年的境外旅游购物安全事件，事件类型类似，发生地点具有集中性，如港澳游中的欺诈消费者、强制购物等，东南亚游中的地接社擅自增加购物环节或强制购物，欧洲游中的旅行社缩短游览时间、增加购物时间等问题趋于增多。中国香港、泰国、韩国、日本是近三年境外旅游购物投诉的高发地区（见表1、图1）。在港澳地区、韩国、日本等地，某些专门针对中国内地游客的购物场所的商品多为假冒伪劣产品。随着境外旅游热点从港澳地区向韩国、日本的转移，相应购物安全事件的高发地点也发生了转移。

（2）国内购物安全事件区域分布特点

对比近三年的国内购物安全事件，仍以热点旅游城市为高发区。如丽江、

**表1　2014～2016年境外旅游购物安全事件**

单位：起

| 年份 | 香港地区 | 澳门地区 | 日本 | 韩国 | 泰国 | 新西兰 | 印尼 | 澳大利亚 |
|---|---|---|---|---|---|---|---|---|
| 2014 | 8 | 3 | 1 | 2 | 4 | 1 | 0 | 0 |
| 2015 | 14 | 7 | 5 | 2 | 3 | 0 | 1 | 1 |
| 2016 | 6 | 3 | 9 | 5 | 12 | 0 | 0 | 1 |

| 年份 | 埃及 | 柬埔寨 | 新加坡 | 俄罗斯 | 意大利 | 法国 | 总计 |
|---|---|---|---|---|---|---|---|
| 2014 | 0 | 0 | 0 | 0 | 1 | 2 | 22 |
| 2015 | 0 | 0 | 0 | 0 | 1 | 1 | 35 |
| 2016 | 2 | 1 | 1 | 1 | 1 | 1 | 43 |

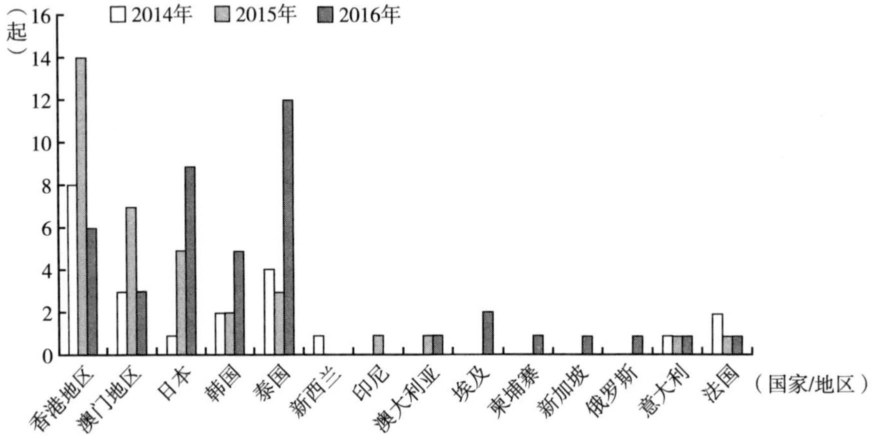


**图1　2014～2016年境外旅游购物安全事件**

昆明、西双版纳、珠海、三亚、九寨沟等地的购物安全事件逐年增加，发生在云南、广东、北京、四川等地的旅游购物投诉居高不下。以2016年为例，云南省为196起，占比为73.1%；北京为12起，占比为4.5%；四川为10起，占比为3.7%。在云南景区购买价格虚高的药材、玉器和在北京、四川九寨沟旅游时遭遇导游辱骂和强迫购物等是引发投诉的主要原因。云南、北京、广东仍然是旅游购物投诉的热点区域（见表2、图2）。

**表2　2014～2016年国内旅游购物安全事件分布**

单位：起

| 年份 | 云南 | 北京 | 四川 | 广东 | 上海 | 海南 | 湖南 | 福建 | 广西 |
|---|---|---|---|---|---|---|---|---|---|
| 2014 | 99 | 14 | 5 | 21 | 3 | 5 | 2 | 2 | 0 |
| 2015 | 194 | 11 | 6 | 14 | 2 | 1 | 2 | 1 | 4 |
| 2016 | 196 | 12 | 10 | 9 | 6 | 3 | 6 | 2 | 5 |
| 年份 | 新疆 | 山西 | 陕西 | 辽宁 | 西藏 | 重庆 | 山东 | 江苏 | 总计 |
| 2014 | 1 | 1 | 1 | 0 | 3 | 0 | 0 | 0 | 157 |
| 2015 | 1 | 0 | 2 | 0 | 3 | 0 | 2 | 3 | 246 |
| 2016 | 0 | 2 | 2 | 2 | 6 | 2 | 2 | 3 | 268 |

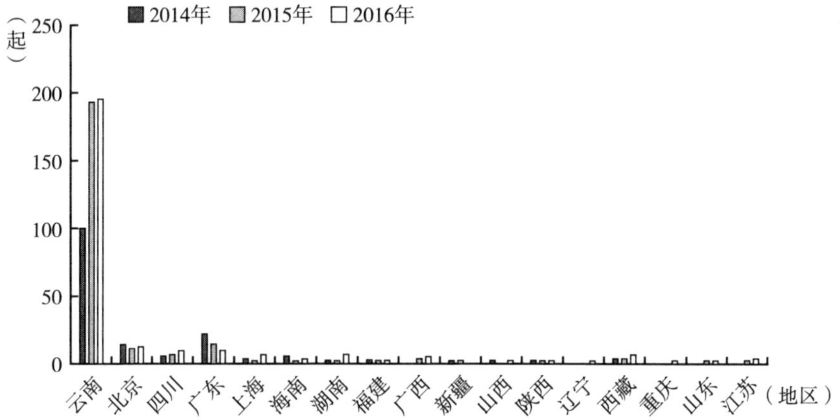


**图2　2014～2016年国内旅游购物安全事件分布**

（3）入境游购物安全事件区域分布特点

2016年，共搜集入境游购物安全事件25起，购物投诉数量有所下降，约占购物安全事件总数的7.4%。购物安全事件仍然集中在北京、上海、西安、昆明、杭州等地，这些地区均属于对外开放较早、旅游业发展较成熟的地区。在这些地区存在价格虚高、以次充好、缺斤短两等现象，投诉以茶叶、中药材等商品为主。

**2. 时间分布特征**

（1）购物安全事件集中在两个高峰时段

对比近三年旅游购物安全事件时间分布特征，可发现旅游购物投诉淡旺季差异明显。如2016年，5月、6月、7月、8月、10月5个月的案例共计187件，约占全年的55.65%。总体上，近三年旅游购物安全事件集中在7月、8月、10月3个月，低峰时期在1月、11月、12月3个月。高峰期的形成与暑假、国庆黄金周等旅游旺季密切相关（见表3、图3）。

**表3　2014～2016年各月旅游购物安全事件分布**

单位：起

| 年份＼月份 | 1 | 2 | 3 | 4 | 5 | 6 | 7 | 8 | 9 | 10 | 11 | 12 | 总计 |
|---|---|---|---|---|---|---|---|---|---|---|---|---|---|
| 2014 | 5 | 9 | 13 | 19 | 17 | 16 | 22 | 22 | 11 | 24 | 15 | 8 | 181 |
| 2015 | 24 | 23 | 21 | 25 | 25 | 20 | 38 | 35 | 26 | 33 | 16 | 24 | 310 |
| 2016 | 19 | 24 | 24 | 25 | 30 | 29 | 51 | 45 | 19 | 32 | 20 | 18 | 336 |

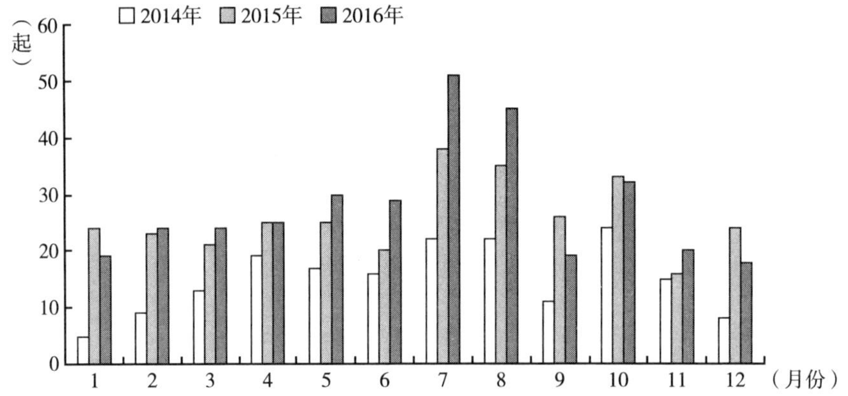


**图3　2014～2016年各月旅游购物安全事件分布**

（2）旅游购物安全事件逐年增长

《中华人民共和国旅游法》自2013年10月1日起施行，在一定程度上遏制了旅游购物安全事件的发生，2014年的旅游购物安全事件相对较少，但随着时间的推移，各种购物安全事件又逐渐涌现，2015年、2016年旅游购物安全事件呈现显著的增长。

**3. 投诉内容的特征**

游客在旅行中被骗最多的就是购买价格虚高的玉器，其次是银器，最后是药材、茶叶等。

（1）珠宝玉器、珍珠水晶等贵重商品占比最大

珠宝玉器、珍珠水晶、名贵药材是投诉比例最高的类型。这些贵重物品真假难辨，在旅游过程中，游客由于时间紧张，缺乏足够的鉴别能力与防范意识，加之受到环境的影响与导游胁迫，购买仓促，极易受骗上当，造成不小的经济损失。

（2）购物投诉商品类型趋于多元化

2016 年，旅游购物投诉商品的类型与品种趋于增多。从珠宝玉器、天价药材等贵重物品，到电子产品、工艺品等日常用品，不一而足。如赴日游客购物过程中遭遇购物陷阱，导游忽悠中国游客以高价购买特供中国游客的酵素、保健品等产品以牟取暴利。

（3）购物投诉内容趋于多样化

以往游客购物投诉主要指向旅游商品的质量与价格，如今游客购物投诉则涉及安全、价格、计量、合同、人格尊严、身体伤害等多个方面。导游从购物中获取提成的手段包括软磨硬泡、搭售、诱骗、威胁等，如今方式更为隐蔽温和，如境外游中的华人黑导游引导游客购买小礼品或土特产，博取中国游客的信任。

**4. 安全事件诱因的特征**

（1）非法“一日游”已成顽疾

北京非法“一日游”俨然已成为购物陷阱的代名词，多年来形成固定利益链条。非法“一日游”的“链条”包括前端的招徕人员、负责接送的司机、旅行社、导游、购物店等。“一日游”经停的各种购物店禁止游客拍照、摄影，讲解员、推销员往往软硬兼施，一言不合就对游客进行言语攻击或人身威胁，盛气凌人、有恃无恐的态度与招徕顾客时判若两人。①

① 方问禹、鲁畅：《“北京一日游”怎成“宰客”代名词?》，《经济参考报》2016 年 8 月 19 日。

（2）老年购物团诱导消费和强制购物增多

近两年来，针对老人的旅游陷阱屡见不鲜，以各种保健游、养生游、投资考察游、广场舞比赛等为包装的购物团，往往利用老人心理弱点，用各种方式吸引老人参团，并强迫其购物或诱导其消费。老年游客群体存在安全防范意识薄弱、商品鉴别能力有待提高等问题。

（3）不合理低价游根深蒂固

港澳、云南、四川等地的不合理低价游产品屡禁不止，究其原因是市场需求的存在，某些游客抱着侥幸、贪图便宜的心理报名。例如，2016 年 11 月，国家旅游局对云南“不合理低价游”开展专项督察，发现云南旅游投诉超过 85% 由低价游和诱导、强迫购物引发，逾 70% 为旅游购物退货诉求。[①] 又如云南游、东南亚游、港澳游等产品是杭州“不合理低价游”的重点整治对象。

## （三）旅游购物安全管理的主要进展与特点

**1. 国家旅游局贯彻执行旅游购物专项整治**

为遏制旅游市场乱象，国家旅游局在全国开展针对“不合理低价、虚假广告、购物点违法经营”的专项整治行动，取得一定的成效。2016 年 10 月，国家旅游局发布《关于组织开展整治“不合理低价游”专项行动的通知》，严厉打击旅行社以不合理的低价组织旅游活动，诱骗旅游者，通过安排购物或者额外付费旅游项目获取不正当利益等行为。国家旅游局与其他相关管理部门通力合作，定期随机对购物安全事件的高发地区进行重点抽查，通过舆情监测、到场巡查、组织暗访、举报、投诉等多种方式，及时发现问题并督促整改。同时，鼓励民众积极提供低价游的线索，重视媒体的舆论监督，曝光扰乱旅游市场秩序的典型事件，建立全方位、全员的购物安全监控体系。

① 余瀛波：《旅游投诉逾 70% 为旅游购物退货诉求》，《法制日报》2016 年 12 月 1 日。

**2. 旅游购物安全相关的法规相继出台**

国家与地方政府相继出台法律法规，对强制性旅游购物做出约束与处罚，在一定程度上有利于净化旅游市场、规范旅游秩序。湖北新法规规定：在机场、车站、高速公路服务区、景区、大型展馆等区域内售卖商品的价格应与市价大体相当，经营者需要明码标价，业主或管理单位则需将有关价格信息定期向民众公布。① 2016 年，云南逐步实行旅游年度计分管理，根据扣分情况采取相应的惩处和管理措施。对于存在欺骗、胁迫或变相强迫购物、消费等行为的旅行社、导游及购物企业，一次性扣除 10 分，并收回经营许可证、导游证以及等级认定证书。国家旅游局发布《旅行社条例（修订草案送审稿）》要求指定购物场所或付费旅游项目应在包价旅游合同中明列，在协商一致后游客签字确认，诱骗游客参加购物的旅行社将面临高达 3 万 ~30 万元的罚款。②

**3. 全国各地联动治理旅游购物乱象**

执法必严是治理旅游购物乱象的重要保障。全国旅游系统联动治理不合理低价游、强迫购物行为。北京市加大对“一日游”重点景区（如八达岭、十三陵）的检查力度，对景区周边的购物店实行“黑名单”公示制度。山西等地发布旅游消费与出行提示，提醒游客在线旅游消费谨防陷阱。海南等省通过明察暗访整顿旅游市场秩序。黑龙江省、辽宁省对旅游市场开展专项督察，彻查旅游购物问题。安徽省依法严厉打击乱涨价、强迫消费等失信行为。贵州省在 12 个 A 级景区设置旅游巡回法庭，第一时间立案、调解、裁判，及时处理游客维权案件。2016 年，昆明、大理、丽江、迪庆、西双版纳、腾冲、瑞丽等地设立旅游警察支队，先后有云南华斌国际旅行社等 9 家旅行社和 17 名导游被依法给予行政处罚。

**4. 构建旅游购物退赔机制**

游客购物退赔机制的构建与完善为旅游购物安全提供有力的保障。2016 年 11 月，云南省旅游购物退货监理中心推出旅游购物退货投诉受理电话，试

---

① 李建平：《湖北新法规：机场、景区等区域高价宰客行为将受约束》，新华网，http://news.xinhuanet.com/local/2016-06/01/c_1118971575.html，2016 年 6 月 1 日。

② 郭超：《国家旅游局：旅行社强迫游客购物最高可罚 30 万》，《新京报》2016 年 8 月 2 日。

行旅游购物30天内无理由退货，建立旅游购物退货“快处快赔”机制，公开、快速、有效办理旅游购物退货投诉，将游客的购物损失降到最低。①《武汉旅游条例》于2016年7月1日实施，规定游客到指定的旅游购物场所购物，如买到假货，由旅行社先行退赔，然后旅行社可向商品的销售者追偿。②

**5. 导游薪酬改革的推广**

导游的归属与底薪低是旅游购物冲突屡禁不止的原因之一。2015年6月1日，云南假日风光国际旅游集团率先实施了导游薪酬管理办法和景区景点门票、酒店住宿预付方案。2016年，《云南省导游公司管理体制改革方案》进一步实施，在“云南省无障碍旅游丽江共识”的推动下，旅行社越来越多正式员工的出现将有利于完善监管机制，确保旅游市场秩序保持平稳，旅游服务质量提升。

## 三　影响2016年旅游购物安全事件的主要原因

### （一）低价团仍是重要导火索

旅游法实施以来，强制购物仍屡禁不止，且有愈演愈烈之势。究其原因，根源还在于旅游法执行不到位、强制力不足，监管失之于宽，多数购物安全事件仅限于媒体曝光了才跟进查处，主管部门尚未对诱骗和强迫购物推行常态化的检查，仅有的惩处案例不足以震慑旅游市场的违法行为。旅游法的出台对购物安全事件有一定的遏制作用，但仍有一些旅行社冒险推出低价团，不少游客贪图便宜，屡试不止。旅游购物返还利润可观，而且旅游商品以次充好、以假充真的情况很普遍，为了高额回报铤而走险的从业者不在少数。因此，建立旅游购物长效监管机制，规范旅游购物是整治“不合理低价游”的重点环节。

① 宋雪：《云南成立旅游购物退货监理中心　30天内可无理由退货》，央广网，http://travel.cnr.cn/list/20161211/t20161211_523323119.shtml，2016年12月11日。

② 廖君：《带游客买了假货，旅行社先行退赔》，《三湘都市报》2016年5月16日。

### （二）整个利益链条和行业并未纳入监管

虽然各项法规不断推出，但是违规成本过低，以罚款为主要处罚措施，对于旅游企业或个人而言的威慑力不足，各种购物安全事件仍然屡禁不止。云南省多处出现强制购物、胁迫游客购物事件，如游客未骑马、未购物遭丽江导游牛某讽刺“一毛不拔”，牛某被处以2万元的罚款；强制游客买翡翠并要求实名登记的导游陈某被吊销导游证，云南美伦旅行社被罚款10万元；导游黄某因在大巴上训斥游客不购物被吊销导游证，其所在的康辉旅行社被罚款10万元。类似事件的不断重复上演说明仅仅处罚旅行社或导游是治标不治本，只有从源头上遏制低价团，将整个利益链条和行业纳入监管，禁止商家给予回扣，才能从根本上改变云南乃至全国旅游购物的乱象。

### （三）游客的不理性消费与缺乏鉴别力

旅游行程紧张，游客的购物决策仓促，往往使诱导购物一再得逞。一些游客出游前未有特定的购物计划，但在旅游过程中，经过导游一而再、再而三的游说与洗脑，可能逐步形成一张清晰的购物单：当地特产、美容化妆品、玉石珠宝等。尤其当团友涌进店里掀起购物热潮时，随之也加入抢购大军，在慌乱匆忙中花费不菲，当旅游结束返程时才意识到购买了许多不必要的商品。游客的冲动购物与有限的鉴别力，均使旅游购物欺诈行为层出不穷。

## 四　2017年旅游购物安全事件的趋势特点与建议

2016年旅游购物安全事件的数量与上年基本持平，但是类型更为多样，涉及区域更广，旅游购物安全事件涉及的商品与服务趋于增多，性质复杂。

### （一）趋势特点

**1. 旅游购物陷阱趋于隐蔽化、多元化**

2016年末距旅游法颁布已有3年多，旅游购物安全事件数量较前两年有所上升，2017 年旅游购物安全形势不容乐观，要警惕旅游购物安全事件出现增长态势。购物安全陷阱以更为隐蔽、多样的方式出现。如日韩邮轮游中，许多游客遭遇“健康食品”等假冒药品销售，免税店虽然在销售过程中夸大了产品的功效，有诱导和欺骗消费者的嫌疑，但是日本相关法律尚不健全，无权处理涉及投诉的相关旅行社及免税店，也不能办理强制退货。在日本商品的价格是由商家自由决定的，双方自愿买卖即可。中国游客在旅游购物受骗后，想要通过法律途径维权存在相当的难度。

**2. 出境购物安全事件数量继续上升**

2016 年，我国境外消费 1.8 万亿元人民币，过半数以上用于购物。国外旅游市场紧盯持续增长的中国出境游市场，随着签证政策的放宽、购物体验的不断提升，出境游的增长态势还将持续，中国游客境外购物安全事件数量较往年有所上升，且集中爆发在日本、韩国、中国港澳地区、泰国等旅游特点区域。购物陷阱指向仍然集中于珠宝、名贵药材、当地特产等。

**3. 购物方式的改变催生新的购物安全隐患**

在线旅游购物陷阱无处不在，如一些旅游网站、淘宝商家等虚标低价招揽消费者。游客浏览旅游服务网页信息时，容易被低价幌子所吸引而购买，陷入价格陷阱，游客在选购相关产品时应仔细注意看清经营者的“文字游戏”。如不良商家将细节部分忽略，将关键内容模糊化，结果线上线下产品存在一定的差异。

## （二）管理建议

**1. 规范旅游市场，为老年游客提供咨询**

依据旅行社信用情况设置黑名单，定期公布于众。在立法上，旅游法可出台相关细则把重心放在打击假冒伪劣和强制交易两方面。加大惩罚性赔偿的力度，提高赔偿金额，降低维权成本，增加维权收益，同时增加不良旅行社的违法成本，此外，政府部门应严格执法，加强企业自律。加大力度打击涉老年游客的各类诈骗行为，加强对老年人权益的保护，做到“事前防范重于事后打击”。主管部门可建立街道、居委会、生活小区、家庭四级联动的监管体系，社区成立相关老年人协会组织或老年法律援助中心，为老年人的出游提供法律咨询。

**2. 严格执法，切断旅游购物的利益链条**

只有严格执法，并从源头入手切断旅游购物的利益链条，才能从根本上遏制购物乱象。如12301全国旅游投诉平台手机版上线，游客权益如受到侵害可用手机直接投诉。建立相关数据库与旅游征信系统，将有违法行为的旅行社、景区或经营单位纳入“旅游黑名单”，多方共举，防患于未然。云南省采取“三严”措施，即严打低价产品、严查合同签订、严管购物场所，将整治“不合理低价游”专项行动作为一项长期任务坚持到底，值得学习与推广。

**3. 改善市场环境，推动导游管理体制改革**

改革管理机制，规范市场环境势在必行。如加强旅游综合执法体系建设，推进旅游综合管理和执法全域治理，建立行政执法与刑事司法衔接的工作机制。健全综合协调、联合执法、违法行为查处等信息共享和跨部门、跨区域联合执法机制，加大执法力度，维护旅游市场秩序，着力解决不合理低价游、强迫购物、旅游合同违约等热点问题。加强对旅游从业人员的教育、培训、管理，建立旅游从业人员的信用评价制度和“黑名单”公示制度，提升从业人员的素质能力和诚信水平。建立健全导游准入退出管理机制，推动导游管理体制改革，提高专业化的旅游服务水平。

# B.7 2016 ~2017年中国旅游娱乐场所安全形势分析与展望

林明珠　林美珍　罗忠恒　刘岩玲　钟丽蓉*

摘　要：　旅游安全是旅游娱乐场所发展的重要基石。和2015年相比，2016年旅游娱乐场所的安全事件数量有所增加，但伤亡人数相对下降，事故类型仍以事故灾难为主，儿童和青少年还是主要的伤害对象。2016年旅游娱乐场所呈现的事故多、分布广的特点给旅游者、旅游企业经营者、政府管理者带来了新的挑战，这需要社会全员安全意识先行、安全保障到位，以高度的责任心和强烈的社会责任意识来保障旅游娱乐活动的安全有序进行。

关键词：　旅游娱乐场所　旅游安全　事故　安全形势与展望

随着经济水平的提高、节假日制度的完善及闲暇时间的增多，旅游者外出旅游的机会增多，开展旅游休闲娱乐活动的机会也随之增多。2016年中国旅游研究院《中国休闲发展年度报告2015—2016》指出，"十二五"时期我国城镇居民的休闲空间范围不断扩大，居家休闲比重不断降低，户外休闲比重持续增加。在农村，旅游虽然不是农村居民的重要休闲活动，但越来越多的农村居民选择户外体育健身活动，农村居民休闲也在向"积极"方向

* 林明珠，华侨大学旅游学院讲师、硕士生导师；林美珍，华侨大学旅游学院副教授、硕士生导师；罗忠恒、刘岩玲、钟丽蓉，华侨大学旅游学院硕士研究生。

转化，散步、广场舞等体育健身活动受到青睐。因此，旅游娱乐逐渐成为居民休闲的重要方式。然而，由于旅游娱乐基础设施的复杂化、多元化，旅游娱乐设施市场制度的不完善及游客求新、求奇心理等因素，旅游娱乐场所的安全问题也随之出现。本文总结了2016年旅游娱乐场所的安全现状，分析了其特征及原因，并展望2017年旅游娱乐场所的安全形势。

## 一 2016年中国旅游娱乐场所安全总体形势

旅游娱乐场所指旅游企业为旅游者提供公开的旅游娱乐体验的合法经营场所，既包括为旅游者提供文娱康体项目的场所，也包括以游乐设备为基础的场所。与2015年相比，2016年旅游娱乐场所的安全事件数量有所增加，但伤亡人数有所减少；节假日仍是安全事件高发期，2016年节假日期间共发生17起安全事件，6月、7月和8月3个月旅游娱乐场所发生安全事件24起，占事件总数的48.98%；华东地区发生的安全事件仍居榜首；事故灾难为主要安全事件。

## 二 2016年中国旅游娱乐场所安全事件的概括与特点

本文通过网络搜索的方式，在百度等主流搜索引擎和新浪网、中国新闻网等知名门户网站，使用“旅游娱乐场所+安全/事故”“主题公园+安全/事故”“游乐场+安全/事故”“游乐设施+安全/事故”“索道/漂流+安全/事故”“滑雪+安全事故”“快艇游船+安全事故”等关键词，对2016年1~12月发生在我国境内旅游娱乐场所的安全突发事件进行广泛搜索，据不完全统计，共搜索和筛选49起旅游娱乐场所安全事件，本文以此为基础进行统计分析。

### （一）旅游娱乐场所安全突发事件的分布类型

根据2006年1月8日国务院发布并实施的《国家突发公共事件总体应

急预案》对突发事件的分类，旅游娱乐场所的事故类型分为自然灾害、事故灾难、社会安全事件和公共卫生事件四大类型。通过网络搜索，2016 年 1～12 月我国旅游娱乐场所突发事件如表 1 所示。

**表 1　2016 年 1～12 月我国旅游娱乐场所突发事件一览**

| 序号 | 发生场所 | 发生时间 | 事件过程 | 事件类型 |
|---|---|---|---|---|
| 1 | 广东省深圳市盐田区大梅沙 | 1 月 1 日(星期五) | 冬泳时遭游艇撞死 | 事故灾难 |
| 2 | 北京市平谷区渔阳国际滑雪场 | 1 月 2 日(星期六) | 渔阳滑雪场高级道缆车倒行 2 分钟,有乘坐者从缆车跳下骨折 | 事故灾难 |
| 3 | 河北省张家口崇礼云顶滑雪场 | 2 月 5 日(星期五) | 一小孩从缆车掉下,经救援无碍 | 事故灾难 |
| 4 | 四川省四姑娘山风景区 | 2 月 10 日(星期三) | 遇难者在攀冰过程中突发"冲坠",不幸身亡 | 事故灾难 |
| 5 | 浙江省兰溪中洲公园 | 2 月 12 日(星期五) | 公园草地发生火灾,无人伤亡 | 事故灾难 |
| 6 | 河北省容城县贾光村庙会 | 2 月 15 日(星期一) | 一游客饮酒后强行乘坐海盗船,从海盗船摔下,经抢救无效死亡 | 事故灾难 |
| 7 | 河南省渑池县仰韶广场庙会 | 2 月 22 日(星期一) | 一乘客在乘坐"高空揽月"时,因安全压杠根部焊缝断裂,坠落死亡 | 事故灾难 |
| 8 | 河南省三门峡市渑池县仰韶广场 | 2 月 23 日(星期二) | 一男子从正在运行中的"360 度大旋转"游乐设施上坠亡 | 事故灾难 |
| 9 | 河南三门峡某游乐场 | 2 月 25 日(星期四) | 游客体验"高空揽月"时,从 6 米高的高空掉下,不幸身亡 | 事故灾难 |
| 10 | 山东省东营市某商场游乐场 | 2 月 27 日(星期六) | 一男童在商场游乐场玩耍时不小心将一女童撞倒,一旁的黑衣男子起身猛踹男童一脚 | 社会安全事件 |
| 11 | 北京延庆八达岭野生动物园 | 3 月 3 日(星期四) | 园区动管部经理在给大象喂食、打扫象舍时,遭大象踩踏致死 | 事故灾难 |

续表

| 序号 | 发生场所 | 发生时间 | 事件过程 | 事件类型 |
|---|---|---|---|---|
| 12 | 北京欢乐谷“亚特兰蒂斯”主题区 | 3月19日(星期六) | 过山车项目出现高空悬停，事件导致26名游客滞留在过山车上长达18分钟 | 事故灾难 |
| 13 | 山东省临沂市罗庄区双月湖公园 | 3月26日(星期六) | 充气彩色城堡被风吹翻落水，致正在玩耍的9名儿童均不同程度受伤 | 事故灾难 |
| 14 | 江西省南昌市万达主题乐园 | 5月2日(星期一) | “云霄飞车”出现故障突然停止，16名游客被悬在70米高空中长达20分钟 | 事故灾难 |
| 15 | 湖北省黄冈市麻城龟峰山 | 5月2日(星期一) | 索道缆车风雨中停摆3小时，游客被吊半空 | 事故灾难 |
| 16 | 广东省惠州市大亚湾 | 5月5日(星期四) | 游艇与快艇相撞，致1人死亡 | 事故灾难 |
| 17 | 广东省江门台山市端芬镇凤凰峡风景区 | 5月28日(星期六) | 游客漂流遇山洪袭击，致8人不幸死亡，10人受伤 | 自然灾害 |
| 18 | 宁夏回族自治区贺兰县如意湖 | 5月29日(星期日) | 两名孩童在水池戏水时不慎落水，其中一名经抢救无效后死亡 | 事故灾难 |
| 19 | 四川省广元市三堆镇飞凤村三组水域 | 6月4日(星期六) | “双龙号”游船发生翻船事故，15人死亡，3人经抢救脱离生命危险 | 事故灾难 |
| 20 | 山东省威海市威海国际海水浴场 | 6月7日(星期二) | 大学生报团旅游，参加海上皮划艇游乐项目时，被大风吹散远离岸边失联，深夜不幸冻亡 | 事故灾难 |
| 21 | 广东江门 | 6月7日(星期二) | 漂流事故造成8亡10伤惨剧 | 事故灾难 |
| 22 | 湖南省桂阳县芭比伦水上乐园 | 6月15日(星期三) | 16岁少年被泳池底排水管吸住溺亡 | 事故灾难 |
| 23 | 河南省汝阳恐龙谷 | 6月18日(星期六) | 漂流船翻事故，多人受伤，无人死亡 | 事故灾难 |
| 24 | 四川省泸定县磨西镇海螺沟冰川 | 6月20日(星期一) | 8名游客坐索道，悬停半空1个多小时 | 事故灾难 |
| 25 | 陕西省咸阳市某游乐场 | 6月22日(星期三) | 15岁男孩在咸阳市一家游乐场游泳时溺水，溺水5分钟无人救援，经抢救无效死亡 | 事故灾难 |

**续表**

| 序号 | 发生场所 | 发生时间 | 事件过程 | 事件类型 |
|---|---|---|---|---|
| 26 | 江西省大同公园 | 6月23日(星期四) | 陈某因感情纠纷用随身携带的水果刀朝杨某的腹部猛捅数十刀,致杨某当场死亡 | 社会安全事件 |
| 27 | 湖南省永州市东安县3A级舜皇山国家森林公园 | 6月25日(星期六) | 邵阳籍游客旅游时坠亡 | 事故灾难 |
| 28 | 福建泉州游乐园 | 6月27日(星期一) | 由于飞行塔出现故障,5名游客被困在高空中。之后分两次先后将5名游客安全救下 | 事故灾难 |
| 29 | 重庆云阳龙缸景区 | 7月2日(星期六) | 暴雨后山体滑坡,造成索道下站工作人员1人死亡、2人受伤 | 自然灾害 |
| 30 | 浙江省嘉兴万达百万海洋球乐园 | 7月6日(星期三) | 一个孩子在滑梯位置玩耍被一个从天而降的特制配重和挂钩砸中,当场血流不止,经救治已无大碍 | 事故灾难 |
| 31 | 陕西西安某水上乐园 | 7月6日(星期三) | 26岁小伙水上乐园玩耍摔下致颈椎骨折 | 事故灾难 |
| 32 | 上海市奉贤区宝龙城市广场新开设的儿童游乐场 | 7月18日(星期一) | 游客从滑梯滑下时无工作人员接应,直接滑到海绵地板上,造成肋骨骨折 | 事故灾难 |
| 33 | 北京八达岭野生动物园 | 7月23日(星期六) | 老虎伤人致1死1伤 | 事故灾难 |
| 34 | 广西南宁灵水景区游泳区 | 7月25日(星期一) | 一名23岁左右的男子在游泳时溺水死亡 | 事故灾难 |
| 35 | 江苏省苏州市昆山某游乐场 | 7月28日(星期四) | 游乐场的玻璃门突然爆裂,碎片飞溅划伤一女孩额头 | 事故灾难 |
| 36 | 湖北省远安县横鼎漂流景区 | 7月31日(星期日) | 一名沈阳游客在远安横鼎漂流景区漂流时不慎落水受伤,在送往医院途中不幸死亡 | 事故灾难 |
| 37 | 海南省海口市海口湾海滩 | 8月4日(星期四) | 一名16岁男孩游泳时不幸溺水,经抢救无效不幸身亡 | 事故灾难 |

续表

| 序号 | 发生场所 | 发生时间 | 事件过程 | 事件类型 |
|---|---|---|---|---|
| 38 | 山东省大连市中山区解放路友嘉购物游乐场 | 8月14日(星期日) | 3岁男童在游乐场内玩蹦床，摔倒后脑袋被蹦床拦网磕破流血 | 事故灾难 |
| 39 | 吉林长春胜利公园游乐场 | 8月16日(星期二) | 高空游乐设施出现故障，游客被困时间长达半小时，造成了一定程度上的恐慌 | 事故灾难 |
| 40 | 上海金山嘴码头 | 8月17日(星期三) | 一群小孩在海边玩耍时遇到涨潮，两人被卷入海中，其中一人不知所踪 | 事故灾难 |
| 41 | 山东聊城山陕会馆 | 8月20日(星期六) | 聊城山陕会馆门外一辆轿车失控，冲进运河里，与停在河边的游艇相撞，未造成人员伤亡 | 事故灾难 |
| 42 | 江苏省扬州公园 | 8月28日(星期日) | 扬州公园摩天轮卡壳，138名游客被困半空40分钟 | 事故灾难 |
| 43 | 广州市越秀区麓湖儿童乐园 | 9月17日(星期六) | 4岁女孩在儿童乐园泳池深水区不幸溺亡 | 事故灾难 |
| 44 | 西安未央区和生国际崇华购物中心内的乐游游游乐场 | 9月25日(星期日) | 一女童从半米多高的气垫床上跌落，造成骨折 | 事故灾难 |
| 45 | 四川省遂宁市蓬溪县红海景区 | 10月1日(星期六) | 高空钢索表演时发生意外，致4名男性演职人员落水，造成2人死亡，1人失踪，另有1人获救 | 事故灾难 |
| 46 | 陕西西安乐华城 | 10月4日(星期二) | “闪电”过山车发生故障停滞在半空中，致使游客被困空中 | 事故灾难 |
| 47 | 上海吴淞炮台湾湿地森林公园 | 10月14日(星期五) | 森林公园内游乐项目“勇攀珠峰”绳子断裂，11名学生不同程度受伤 | 事故灾难 |
| 48 | 江西省鄱阳县桃花源记游乐场 | 10月23日(星期日) | 因固定氦气球的绳子断裂，载人氦气球坠落，球内游客不治身亡 | 事故灾难 |
| 49 | 江苏扬州仪征市红山体育公园 | 12月5日(星期一) | 一艘电动游船发生爆炸导致两死两伤 | 事故灾难 |

如表1所示，2016年1～12月我国旅游娱乐场所共发生突发事件49起，其中事故灾难共45起，社会安全事件2起，自然灾害2起，主要的事故类型为事故灾难。在这49起突发事件中，除自然灾害和社会安全事件是不可控的因素引起之外，其余45起安全事件均是游客安全意识缺乏、工作人员操作不当、检修人员问题遗留等可控因素引起的人身或心理伤害事件。根据旅游安全事故分级标准，2016年旅游娱乐场所发生1起重大事故，造成15人死亡；发生2起较大事故，共导致16人死亡；发生一般事故20起，造成25人死亡。与2015年相比，死亡人数有所减少，但是安全事故数量有所增加。

## （二）旅游娱乐场所安全突发事件的发生特点

**1. 时间分布特点**

在大尺度时间上，2016年发生的旅游娱乐场所安全突发事件数比2015年多，增加了15起。在中尺度时间上，2016年1～12月旅游娱乐场所安全突发事件主要集中在2月（8起）、6月（10起）、7月（8起）和8月（6起），4个月共发生32起，占事件总数的65.3%；节假日期间（仅包含国家法定节假日）发生17起，占事件总数的34.7%。在小时间尺度上，如图1所示，旅游娱乐场所安全突发事件在一周的分布中，星期一（9起）和星期六（13起）发生的安全突发事件最多，共22起，占突发事件总数的44.9%。

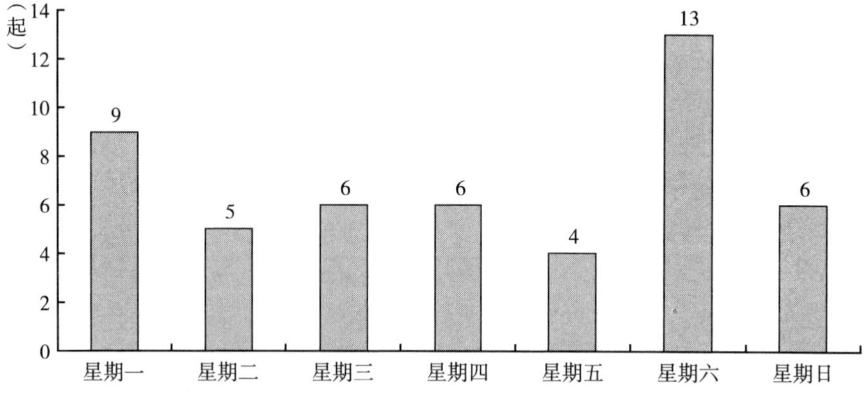


**图1　2016年1～12月旅游娱乐场所安全突发事件一周分布**

2. 空间分布特点

从事故发生的大区域范围来看，2016 年旅游娱乐场所安全突发事件主要集中在华东地区，共发生 16 起，占事件总数的 32.7%，其次是华北和华中地区，各发生 8 起，合计占事件总数的 32.7%（见图 2）。与 2015 年相比较，大多数区域的旅游安全突发事件都有所增加。2016 年的这些事故分布在全国的 17 个省（直辖市），事故发生最多的省份是广东（5 起）、北京（5 起）和山东（5 起），共 15 起，其次是四川、河南和陕西，各 4 起（见图 3）。

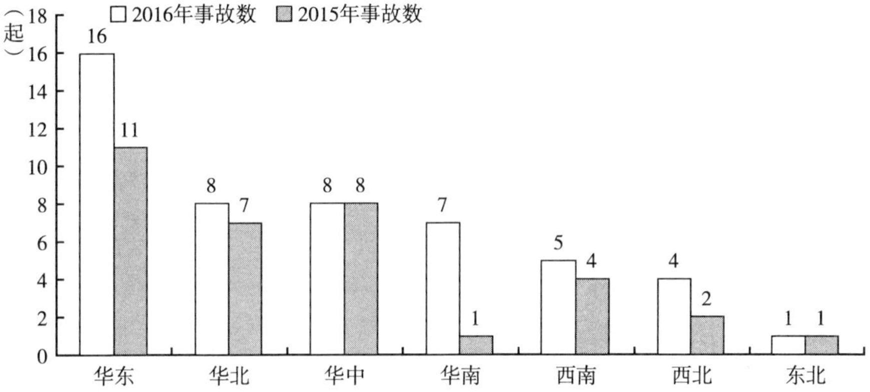


**图 2　2016 年与 2015 年旅游娱乐场所安全突发事件地区分布对比**

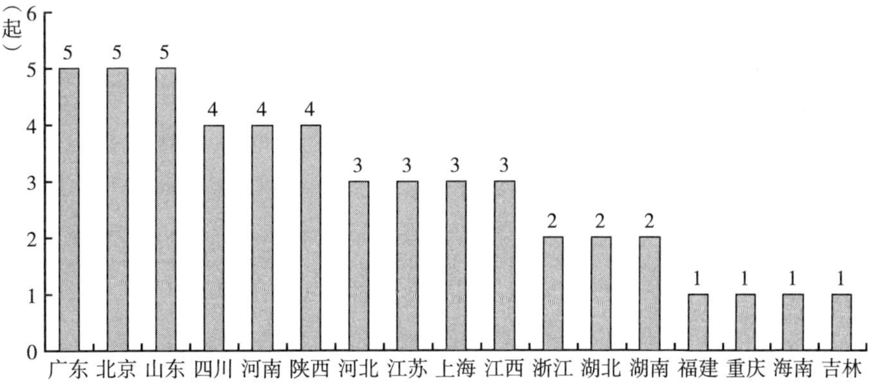


**图 3　2016 年 1～12 月旅游娱乐场所安全突发事件各省（直辖市）分布**

**3. 伤害主体特点**

作为游乐园、公园等旅游娱乐场所的主要消费群体，儿童、青少年因缺乏安全意识而成为旅游安全事件伤害的重要群体。在2016年发生的49起旅游娱乐场所安全突发事件中，明确提到的伤害主体为儿童和青少年的事件共14起，占安全事件总数的28.6%。

## 三 影响旅游娱乐场所的主要原因

### （一）自然灾害因素

导致旅游娱乐场所安全事故发生的原因除了主要的人为因素外，还有部分是不可控的外在因素。相应的规章制度和监管防范措施能有效预防人为事故的发生，但是突发自然灾害导致的意外事故却是不可控的。2016年3月26日，山东省临沂市罗庄区双月湖公园的充气彩色城堡被风吹翻落水，导致正在玩耍的9名儿童均不同程度受伤；5月28日，游客在广东省江门台山市端芬镇凤凰峡旅游区漂流时遇山洪袭击，致8人不幸死亡，10人受伤。由于自然灾害导致的意外事故往往会造成人员伤亡以及巨大的财产损失，因此娱乐场所更应该做好事前预防措施和事后处理工作。

### （二）游客自身安全意识缺乏

旅游者在体验旅游娱乐项目时，往往只顾体验项目的“趣味性”和“娱乐性”，安全意识很薄弱，而且缺乏基本的自救意识和技能，尤其是小孩和老人更无此意识。意外事故一旦发生往往导致不可逆的损失。例如，2016年7月23日发生在北京八达岭野生动物园的老虎伤人导致1死1伤的事件。不可否认动物园在监管方面存在漏洞，但是游客在自驾车过程中私自下车也说明其安全意识的缺乏。1月2日，平谷区渔阳国际滑雪场高级道缆车发生快速倒行事故，持续时间约2分钟，很多乘坐者在缆车倒行至出发地点时强行跳下。虽然没有造成人员伤亡，但是足以见得游客十分缺乏安全意识。

## （三）设施设备故障

在所有的娱乐场所安全事故中，设施设备故障是最常见的一种。项目设施设备不及时检查、维修以及人员的操作失误都会造成严重的后果。例如，2016年2月22日，河南省渑池县仰韶广场庙会上一乘客乘坐“高空揽月”时，因安全压杠根部焊缝断裂，坠落死亡；3月19日，北京欢乐谷“亚特兰蒂斯”主题区过山车项目出现高空悬停，事件导致26名游客滞留在过山车上长达18分钟；7月6日，在浙江省嘉兴万达百万海洋球乐园，一个孩子在滑梯位置玩耍被一个从天而降的特制配重和挂钩砸中，当场血流不止，经救治已无大碍。

## （四）旅游景区安全管理预警系统建设不足

游客在旅游景区内发生安全事故，景区得担负很大的责任，其中一个原因就是景区在安全提示方面存在不足。有些景区没有在景区网站、景区门票、景区宣传单或者景区活动场所作任何危险标注和行为规范提醒。这使得游客在游玩过程中很容易忽视自身的安全，造成不可挽救的意外事故。良好的安全管理预警系统对游客的人身安全和景区的管理运营都有着积极的作用。

## （五）安全人员的工作疏忽以及救援技能缺乏

安全工作人员由于缺乏专业素养和急救措施的培训，在操作上很可能出现失误，从而导致安全事故的发生，并且无法及时、正确地实施救援措施，造成人员伤亡的惨剧。2016年7月18日，在上海市奉贤区宝龙城市广场新开设的儿童游乐场，一名游客带着小孩从滑梯滑下时无工作人员接应，直接滑到海绵地板上，造成大人肋骨骨折；6月22日，一名15岁男孩在咸阳市一家游乐场游泳时溺水，溺水5分钟无人救援，经抢救无效死亡。

## （六）职能部门监管缺失

景区违法经营以及职能部门监管缺失也是造成安全事故发生的重要原因

之一。有的景区在试营业期间，各项设施设备还处于建设中时，未经严格安全审核就私自向游客提供各种娱乐项目，从而导致安全事故的发生。并且，在事故发生后职能部门没有进行责任追究，各方“踢皮球”推卸责任，从而导致类似事件不能根治。

## 四 2017年旅游娱乐场所安全形势展望与管理建议

### （一）形势展望

**1. 高空游乐项目的安全把控是预防娱乐场所安全事故的一个重点**

在2016年的事故案例中，有10多起事故都是源于高空游乐设施的故障问题。但是，游客在主题公园和游乐场最易选择的也是这些能带来新鲜感和刺激的娱乐项目，高空游乐项目对设施设备的安全要求极高，因此，设施设备的不完善和游客的选择倾向之间形成了一个矛盾。

**2. 除了事前预防措施，事后的权责落实、总结工作将是日后的重点**

从2016年的事故中可以看出相关部门在监管和权责落实上面仍有所缺失。除了在事前做好防范和预防工作，景区相关部门的工作重点也要放在事后的处理、总结上。“吃一堑，长一智”也说明了这个道理。若能严格落实事故的责任，并要求相关责任方就已有的事故做出经验教训的总结并加强防范，相信对以后类似事故的预防具有实际的指导意义。

**3. 针对儿童和青少年的旅游娱乐场所安全知识宣传仍需加强**

儿童和青少年是旅游娱乐场所的客源主体，也是旅游娱乐场所安全事故的主要集中群体。2015年和2016年儿童和青少年事故发生率仍较高，一定程度上说明虽然年年在呼吁关注这个群体的旅游娱乐安全，但是仍未引起社会的高度关注。若不积极采取相应的措施和行动，该现象有很大可能会持续存在。

### （二）管理建议

针对2016年我国娱乐场所安全事故的固有问题和特点，以及结合新形势下娱乐场所的经营方式，对娱乐场所的安全管理提出以下几点建议。

1. 安全意识先行

综观2016年我国旅游安全事故，较多安全事故缘于游客安全意识的缺乏和淡薄。游客遇到游乐安全事故时，没有警觉性，因此出现慌乱等情况，造成人员伤亡，同时游乐这一休闲娱乐活动本身能够给予游客快乐的憧憬、刺激的体验等，会使游客在游玩过程中放松对安全问题的警惕。因此，游乐场所的安全管理需要做到安全意识先行。①游客安全意识先行。通过多种手段和方式，增强游客游玩前的安全意识和对游乐安全问题的警觉性，做到防患于未然。②游乐企业安全意识先行。游乐企业以安全作为企业产品的生命线，对游乐产品进行供给侧改革，提供高质量、高安全性的让游客安全放心的游乐产品，同时对内部员工要强调安全意识疏导和提升，提升游乐场所工作人员的安全工作意识。③政府监管部门安全意识先行。政府监管部门要增强安全监管意识，做到安全监管自律，提升安全监管技能，落实安全责任。

2. 安全保障到位

游乐场所的安全问题具有发展的偶然性和不可预见性，导致游乐场所安全事故的发生具有不可避免性，因此要减轻游乐场所安全事故造成的损失，这对旅游者、游乐企业等都提出新的安全保障要求。因此，游乐场所的安全保障需要做到全方位、全过程、全方法、全员性，安全保障要落实到位。①全方位保障。需要对不同的游乐设施设备以及对娱乐设施的分布场所进行无死角监管，做到空间监管保障。②全过程保障。娱乐场所的经营具有一定的时间连续性，需要对游乐场所进行工作前的排查、工作时的保障、工作后的维护，进行全时间的安全保障，做到全过程保障。③全方法保障。不仅需要应用传统的保障方法，同时还要利用现代化的保障方法进行安全保障，双管齐下，做到技术保障。④全员性保障。事故的受害者不仅有游客，还有游乐场所的工作人员，因此，做好安全保障工作既要求游客加强自身安全保障，学习多种安全救援方法，又要求游乐场所工作人员进行岗前培训，安全考核上岗，提升对安全事故的预警、识别、控制和救援能力，加强自救和他救保障。

**3. 安全责任落实**

法无责不行。政府和执法部门需要以旅游法和其他安全法律为基础，对游乐安全事故进行责任落实和惩处，对于不符合安全法规的游乐企业进行整顿，要求安全涉事企业落实安全责任，强化责任意识，促进娱乐活动安全有序进行。

**4. 智慧安全对接**

在“互联网+”时代的今天，云计算、移动智能已经进入游客的视野，智慧安全对于识别、保障、救援等起到重要的作用。游乐企业需要充分利用移动智能及先进的互联网技术对游乐场所的安全问题进行智慧识别、排查，对存在的安全问题，利用智能识别拟订合理的整改方案，对安全事故科学提供救援路径和方法，同时，依托互联网、大数据和云计算等途径，科学有效地预警游乐场所安全问题。

## 结束语

2016年旅游娱乐场所安全事故具有数量多、分布广、影响深和危害大等特点，给居民的生产生活带来深刻的影响，同时给2017年旅游娱乐企业的经营管理提出了更高的要求。本文通过对2016年旅游娱乐安全的回顾和总结，展望2017年旅游娱乐企业的经营前景，娱乐场所的经营面临着更多的不确定性因素，安全形势依旧不容乐观。因此，旅游娱乐企业经营者需要有“壮士断腕”的决心和勇气，以高度的责任心和强烈的社会责任意识保障旅游娱乐活动的安全有序进行。

# B.8 2016～2017年旅行社业的安全形势与展望

侯志强　王 祥*

摘　要：　2016年，我国旅行社业稳健前进，其安全形势保持平稳状态。主要特征表现为：旅游质量事故和旅游纠纷是旅行社业安全突发事件的重要组成部分；安全突发事件主要集中发生在节假日期间；线上旅行社业安全管理薄弱，突发事件数量骤增，安全形势不容乐观。展望2017年，线上与线下旅行社业朝着互利共赢、互相融合的方向发展；旅行社产品将实现多样化；旅游质量事故与旅游纠纷是影响旅行社安全的重要因素，政府与企业将加强对其的管理；出境旅游的安全管理将得到更多的关注；对旅行社市场需加大监管力度，法律法规需进一步完善、落实；旅行社从业人员素质培训需加强。

关键词：　旅行社业　安全形势　安全展望

旅行社业作为旅游业的三大支柱之一，是旅游者和旅游目的地之间的纽带，贯穿了旅游者在游览过程中的“食、住、行、游、购、娱”六大环节，是旅游者安全的重要保障，在整个旅游安全系统中尤为重要。根据国家旅游

* 侯志强，华侨大学社科处副处长，旅游学院副教授、博士，研究方向为区域旅游发展与旅游目的地管理；王祥，华侨大学旅游学院硕士研究生。

局统计数据，全国旅行社总数为28097家[①]，在“互联网+旅游”的旅游发展背景下，旅行社业安全问题越来越受到人们的关注。

## 一 2016年旅行社安全的总体形势

根据国家旅游局统计，全国旅行社组织国内旅游4242.86万人次，同比增长0.58%；组织出境旅游共1448.91万人次，同比增长4.49%；入境旅游外联438.23万人次，同比下降1.70%。[②] 2016年，我国旅行社业发展趋势为稳健前进，其安全形势主要具有如下特点。

### （一）节假日为旅行社安全事件突发期

受国内节假日制度与旅游资源分布及季节适宜度的影响，民众选择出游时间和目的地较为集中，旅游安全事件在节假日（如春节、清明节、劳动节、国庆节及学生寒暑假等）集中爆发。旅游投诉以旅游纠纷与旅游质量事故等类型为主，受基础设施不完善，景区管理落后、服务水平低等方面因素的影响，如交通堵塞、景区超载、欺诈消费者等，旅游质量事故在安全事件中所占比例最大。

### （二）线上旅游安全事件突增，旅游安全隐患增加

中国旅游业逐步跨入大众旅游、散客化的新阶段，人们不满足于传统形式的跟团游，对自主化、多样化的旅游产品的需求日益凸显。随着我国信息技术的快速发展，互联网的影响力不断扩大，在线旅游将成为主流的消费方式。互联网与旅游业的融合适应了我国“互联网+”时代背景，同时加速了旅游新业态的不断出现，线上旅游作为我国旅游业的新生力量，市场影响

① 国家旅游局官方网站，http：//www.cnta.gov.cn/zwgk/tzggnew/gztz/201701/t20170104_811431.shtml，2017年1月4日。

② 国家旅游局官方网站，http：//www.cnta.gov.cn/zwgk/tzggnew/gztz/201701/t20170104_811431.shtml，2017年1月4日。

力日益显著。2016 年第三季度中国在线旅游市场交易规模达到 1627.6 亿元，环比增长 11.8%，同比增长 28.4%。在线旅游市场营收规模为 81.9 亿元，同比增长 38.7%。① 但由于在线旅游的交易、售后服务等无法实现无缝对接，旅游营销多次涉及虚假宣传，导致大量的旅游投诉事件的出现，游客发生纠纷无法及时沟通，维权周期长且较难处理。

### （三）旅游业安全规章制度不断完善

2016 年 11 月 7 日我国对《中华人民共和国旅游法》进行了修订，降低了从事领队业务的门槛等，顺应了我国旅游业新形势的要求。《旅游安全管理办法》自 2016 年 12 月 1 日起施行，将进一步规范我国旅游市场秩序。法规、条例的完善引导旅游行业走向法制化与标准化，增强了旅游者的维权意识，有利于我国旅游产业的健康发展，对旅行社业安全的管理及旅游者人身财产安全的保障具有重要意义。

## 二 2016年旅行社业的概况与特点

本文的分析对象以官方数据、样本案例为主，通过百度、谷歌、搜狐等搜索引擎及人民网、中国新闻网等官方门户网站，以“旅行社投诉”“旅游事故”“旅行社安全”等相关关键词进行搜索，对 2016 年 1～12 月全国出现的旅行社业安全事件及投诉事件共 872 起进行检索并整理，作为本次分析的样本数据，从而对 2016 年中国旅行社业安全形势进行分析。

### （一）旅行社业安全突发事件的分布类型

**1. 时间分布分析**

2016 年旅行社业安全突发事件在时间分布上主要集中在节假日，共

① 《2016 年 Q3 中国在线旅游市场规模 1627.6 亿元》，艾瑞咨询，http：//www.199it.com/archives/541051.html，2016 年 11 月 17 日。

数量呈现曲折式上升的趋势，旅游安全事件数量与国内出游流量成正比关系。如图1所示，2016年2月，受春节假期返乡、旅游高峰期、冬季恶劣天气等影响，旅游者的大幅增加导致旅游服务人员态度差、服务水平下降，旅游质量事故有所增加。受劳动节的影响，旅游者在5月份集中出游，出现旅游高峰。7～8月暑假期间消费者闲暇时间大幅度增加，很多居民举家一同度假旅游，导致这一阶段出游人数明显增加，旅游安全事件数量随之上升，8月份旅游安全突发事件数量徒增并达到全年最高峰。

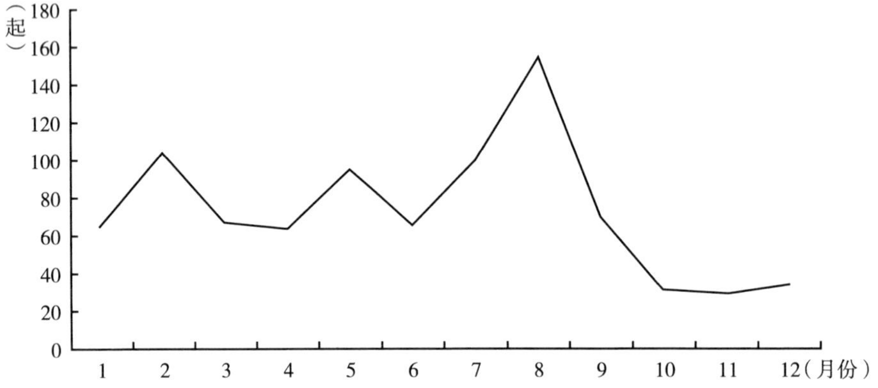


**图1　2016年1～12月旅行社业安全突发事件的发生数量**

2.空间分布分析

根据样本数据，我国旅行社业安全突发事件空间分布呈以下特征：在我国旅游安全突发事件中境内旅游安全事件所占比例较大，为82%，与上年相比有所上升；境外安全突发事件所占比例为18%，与上年相比有所下降。2016年境内旅游安全突发事件集中发生在云南、北京、广东、上海等地，其中最突出的是云南和北京，游客对“低价旅游、强制消费、欺诈消费”的投诉最多，旅游质量事故居多。除此以外，在线旅行社作为全国性旅游中间商，为消费者提供旅游产品与服务，可将其作为特殊情况加以分析，在线旅游安全事件数量相对较多，投诉类型主要为旅游纠纷，主要集中在酒店、机票、景区门票等方面产生的旅游纠纷。境外旅游安全突发事件波动较小，旅游安全突发事件分布与我国出境旅游人次呈正相关，主要集中在东亚、东南亚地区。

3. 安全事件类型分析

根据样本案例分析（见图2），旅游安全突发事件主要集中在旅游质量事故与旅游纠纷这两大方面。其中，旅游质量事故主要由“产品质价不符，服务人员态度差，强制及欺诈性消费”等引发，所占比例为49%。从图3、图4可知，我国线下旅游安全投诉事件以“旅游质量事故”为主，而线上旅游安全投诉事件以“旅游纠纷”为主。从总体来看，旅游纠纷与2015年相比所占比例小幅度上升，为48%，旅游纠纷安全事件集中在在线旅游预订旅游产品的环节，主要包括“旅游欺诈、虚假宣传、拒绝退费”等。旅游交通事故、旅游人身安全事故无论从数量还是所占比例等方面相比较均有大幅度下降。

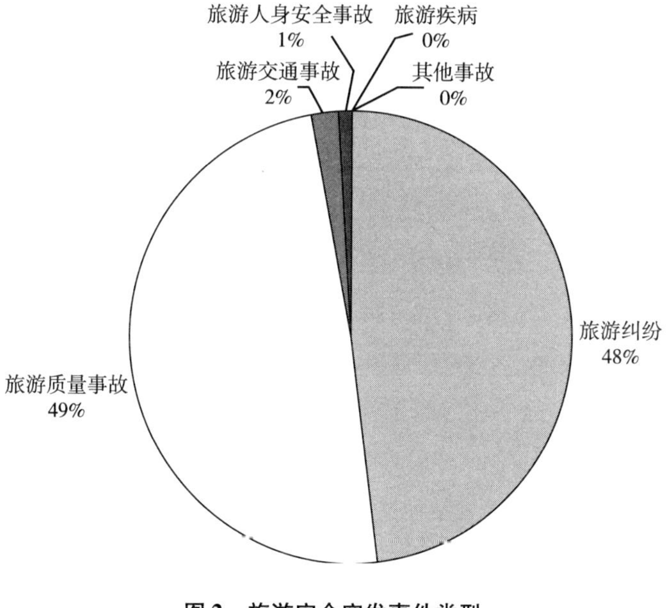


图2　旅游安全突发事件类型

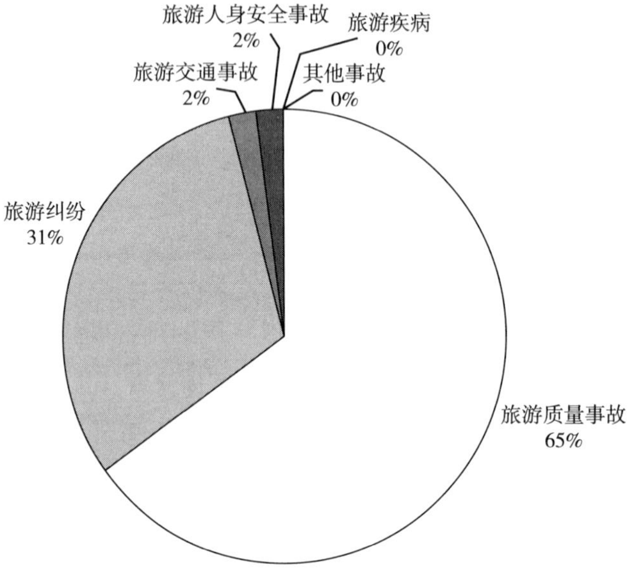


**图3　旅游安全突发事件类型（线下样本）**

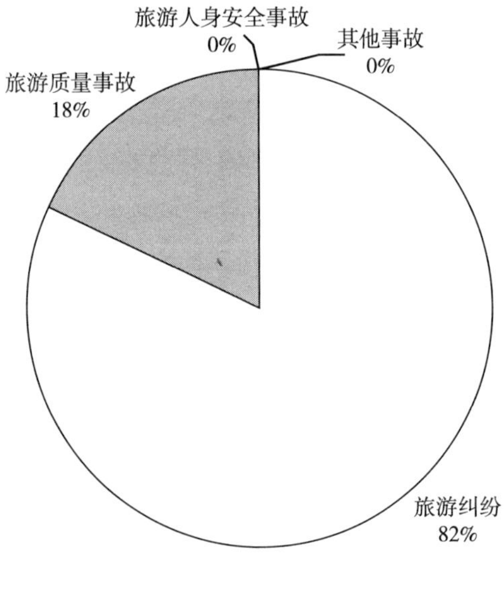


**图4　旅游安全突发事件类型（线上样本）**

## （二）旅行社业突发事件的发生特点

**1. 旅行社业安全突发事件数量总体呈上升趋势**

在国民经济的快速发展、民众闲暇时间增多与可支配收入不断提高的背景下，民众出游的意愿加强，旅游业与互联网的高度融合促使出现新业态，在线旅游市场影响力越来越大。然而，旅游业中的法规、条例未能与互联网时代背景相契合，导致在线旅游管理混乱，旅游纠纷安全事件不断增多。同时由于旅游工作人员在服务过程中态度恶劣，导游人员坑蒙拐骗游客现象屡禁不止，旅游者旅游体验差，促使旅游质量事故增多。

**2. 旅行社业从业人员服务质量差引发的旅游安全问题较为严重**

由2016年旅游质量事故所占比例最大可以看出，旅行社业相关人员，如导游、景区工作人员、商店服务人员、餐饮住宿工作人员等，其服务质量与职业道德对旅游活动质量与游客安全有很大的影响，引发事件原因主要体现在质价不符、强制购物、态度恶劣、坑蒙拐骗等方面。随着在线旅游的兴起，消费者选择在线上订购旅游产品的比例不断增大，但由于在线旅行社工作人员服务培训不到位、信息交流不够畅通，降低了旅游者的满意度。

**3. 旅行社业安全突发事件发生时间较为集中**

2016年1～6月的突发事件占旅行社业安全突发事件的55%，7～12月的突发事件则占45%，上半年和下半年差距较小，然而2016年8月旅行社业安全突发事件占比达19%，呈现安全突发事件时间集中的特征。旅行社业安全突发事件数量与民众闲暇时间呈正相关，主要集中在寒暑假、节假日（如春节、劳动节、国庆节）等。闲暇时间的集中一方面推动了旅游业的发展，另一方面民众的集中出游给旅游全行业带来较大的压力，增大了安全管理难度系数。

## 三　影响旅行社业安全的主要因素

### （一）旅行社业外部宏观环境因素的影响

**1. 自然灾害等不可抗力因素的影响**

在自然灾害等不可抗力因素方面，我国旅行社业安全主要受地震、台风、泥石流、滑坡、森林火灾、水灾、突发性公共卫生事件等因素影响。如2016年2月6日，台湾发生了6.7级地震。2016年9月12日，我国东南部地区遭遇超强台风“莫兰蒂”等，灾情的扩散严重威胁到旅游者的人身财产安全。民众因担心自身的人身安全等问题向在线旅游商提出取消旅游产品，要求在线旅游商退团退费等，易引起旅游者与旅行社之间诸如人身安全权、财产权等的权益争执，诱导旅游安全事件的发生，降低游客对旅游目的地的满意度。

**2. 国内的政治、社会因素的影响**

旅行社业具有关联性、开放性、综合性等特点，国内政治、经济、社会、文化等因素均会对我国旅行社业的发展产生影响。互联网的发展速度日新月异，互联网与旅游的高度融合是未来旅游业发展的大势所趋。各大电商对旅游市场的影响力不断增大，交易量逐年增加，大大加快了我国旅行社业的发展速度，但同时也对我国传统旅行社带来了冲击与挑战。旅游法实施后，有效地整顿了旅游行业和旅游市场，但对在线旅游的管控力度不够，因此在未来发展中需加强对在线旅游商的管理，避免出现“不合理低价”“欺骗、强制购物”等违法行为。2016年我国在杭州召开了G20峰会，大大提升了我国的国际地位，同时增强了我国国民的民族自信心。2016年各国为促进经济增长，吸引中国游客赴本国旅游而出台了新的签证政策，这些都有利于我国出境旅游业的健康发展。

**3. 国际政治形势因素的影响**

2016年我国出境旅游处于快速上升的趋势，但是游客在境外旅游过程中不可控因素较多，旅游安全容易受到各方面因素的威胁。例如，旅游目的地国家的政治局势动荡、恐怖袭击事件、暴力事件、社会治安问题等都会导致旅行社安全突发事件，这些因素都不利于旅游活动的开展，并对旅游者人身财产安全造成一定的威胁。2016 年 6 月 29 日晚，在土耳其伊斯坦布尔机场发生连环自杀式爆炸袭击，造成 41 人死亡、239 人受伤。事件发生后，国家旅游局发布旅游安全提醒，中国公民近期谨慎前往土耳其，提醒中国游客保持高度警惕，加强安全防范和应急准备，避免前往敏感或人员密集区域。① 2016 年 7 月 19 日中午，台湾桃园机场联络道发生自撞车祸。一辆游览车因不明原因撞上护栏，整辆车起火燃烧，导致 26 人死亡。国家旅游局对此高度重视，7 月 19 日下午立即启动突发事件应急机制，迅速成立了事故应急处理工作组，并督促台湾旅游主管部门协调相关机构全力做好事故处置等工作，并指导辽宁省旅游发展委员会及组团社做好善后工作。② 目前，随着我国出境旅游的快速发展，进一步加强出境旅游安全保障体系建设乃重中之重。

### （二）旅行社业及相关行业内部因素的影响

**1. 旅游从业人员服务质量有待提高**

旅行社及相关行业从业人员是旅行社工作安全运行的重要保障。而在我国旅游行业及相关行业一线员工综合素质偏低的大环境下，旅行社及相关行业从业人员服务质量差引起的投诉、纠纷事件数量显著上升。从我国旅行社业安全突发事件案例中可发现旅游质量事故所占比例最大，投诉主要与旅游从业人员服务态度差、服务过程监管不到位、各服务环节衔接度差、旅行社采购产品对各安全环节把控不到位有显著关联。

**2. 旅行社及相关服务部门衔接整合度差**

旅行社作为连接旅游者与旅游目的地的纽带，是旅游活动的组织者

① 《外交部提醒中国公民近期谨慎前往土耳其》，人民网，http：//travel. people. com. cn/n1/2016/1212/c41570 -28943538. html，2016 年 12 月 12 日。

② 《国家旅游局五措施应对大陆游客台湾桃园重大交通事故》，中国法院网，http：//www. chinacourt. org/article/detail/2016/07/id/2024805. shtml，2016 年 7 月 20 日。

与经营者。在游客的旅游过程中，任何一个相关部门的服务出现问题都会在不同程度上降低旅游者的体验。2016 年旅行社业安全突发事件案例中有很大一部分投诉虽与旅行社自身原因无关，但由于相关工作人员处理不当，亦造成旅游者的不满，降低了其对旅行社的满意度。如导游、领队、司机等工作人员的职业道德素养与服务质量、组团社与地接社的费用纠纷、组团社与交通部门的业务纠纷及航空、餐饮、酒店等自身的业务问题均可导致旅游者不满情绪的滋长。针对此类问题，各行政主管部门及监督部门应携手合作，完善法律、法规、条例，加强监督，提升预警能力。

**3. 旅行社业管理力度有待加大**

旅行社服务过程的监管不到位，则容易埋下威胁旅行社及旅游者安全的隐患。如政府部门监管不到位导致的在线旅游企业出现经营混乱、恶性竞争、虚假宣传等问题，导致旅游纠纷投诉事件数量大量增加。随着在线旅游的兴起，在线旅游商与相关旅游部门交接契合度低，对员工的培训不到位，员工专业技能、职业素质无法充分满足旅游者的需求，对旅游相关部门（如餐饮部门卫生问题、旅游商品的价格管控等）的监督力度不够，售后服务办事效率低，导致游客与在线旅游商的纠纷不断增多。由于政府部门法治体系不完善，对在线旅游商的管理不畅通，因此需要政府部门督促旅行社提高员工素质、完善管理制度，加强对旅行社各服务环节的监督，提高旅行社的工作效率，降低旅行社安全风险。

## （三）旅行者及旅行社从业人员的安全素质因素

**1. 旅游者的安全意识薄弱，应急能力较低**

旅游者在开展旅游活动前未能掌握基本旅游安全常识，安全意识不到位，导致在游览过程中对自身安全疏忽大意，预警意识薄弱，发生威胁到自身人身安全及财产安全的突发事件，同时又因为应急能力较弱，导致无法有效减弱突发事件带来的破坏力。如 2016 年 2 月 24 日，在泰国罗勇府塔鲁岛海域，一名中国女子与朋友租船出海潜水时，因在潜水过程中突发抽筋情况，无法自救酿成悲剧。[①] 近年来，我国旅行社业安全事件案例中旅游欺诈、购物被骗引发的投诉事件所占比例不断增加。一方面，旅游欺诈投诉事件的发生与旅游地区购物商店的欺诈行为有直接联系；另一方面，旅游者在购物过程中若能加强自身的预警能力，对购物商品进行详细了解，减少冲动型消费行为，则会极大减少此类事件的发生。

**2. 旅游从业人员的安全意识及应急能力欠缺**

旅游从业人员的安全意识及事故发生后的应急能力与旅游者的安全保障有直接关系。在旅游者开展旅游活动之前，旅行社从业人员有义务提醒旅游者注意安全，增强旅游者的安全预警能力。在我国旅行社业安全突发事件案例中，旅游从业人员（如导游、领队、司机）引发的威胁旅游者人身财产安全的事件不断发生，如司机疲劳驾驶、安全意识薄弱导致交通事故的发生等。在突发事件发生后，导游采取应急处理措施不当，安抚游客、协调旅行社等措施不到位现象也时常出现。因此，旅行社从业人员安全意识的增强、应急能力的提升，可以有效地遏制事态的恶化，避免或者减少突发事件所带来的损失。

## 四　2017年旅行社业安全趋势展望与管理建议

### （一）趋势展望

**1. 线上旅游与线下旅游相融合，实现互补共赢**

在“互联网＋”的影响下，传统产业互联网化的趋势日益明显。在线旅游作为旅游行业互联网化的先锋队，近年来保持着强劲的发展势头。但线上旅游的稳定性较差，我国因在线旅游商的服务问题、合同纠纷、虚假宣传、售后不到位而引发的投诉事件所占比例不断增大。因此，在未来旅行社业的发展过程

① 《中国游客赴泰旅游发生溺亡事故　或因抽筋酿悲剧》，中国侨网，http：//www. chinaqw. com/hqly/2016/02－25/80773. shtml，2016 年 2 月 25 日。

中，将出现在线旅游与线下旅游相融合的趋势，旅游产品不断丰富，消费者人群不断拓宽，服务质量得到提高，从而实现线上线下双向融合，实现互利共赢。因此，旅行社应抓住“互联网+”的大潮流，扩宽线上线下的沟通渠道，在未来实现两者互利共赢。

**2. 旅游安全因旅游产品的丰富迎来新挑战**

近年来，旅游消费已经成为居民常态化的生活选择，传统的跟团旅游已无法满足旅游者对旅游线路多样化的需求，因此旅游产品日渐丰富，自由行、私人订制游、自助游、自驾游、主题旅游等逐渐成为旅游市场发展的主流。在“互联网+旅游”的大趋势下，旅游者对旅游产品的多样化需求导致了我国旅游市场呈现碎片化发展趋势。旅游者通过旅游商订购机票、酒店、景区门票的次数越来越多，从而导致了我国旅行社业安全事件中旅游纠纷所占比例大幅增加，给我国旅行社业安全带来了新的挑战，亟须加强对市场的规范，提高安全监管的及时性、预见性和有效性。

**3. 旅游质量事故将持续影响旅行社安全**

通过对旅行社业安全事件案例分析发现，旅游质量事故所占比重越来越大。随着旅游行业内法律法规的逐步健全、维权渠道的增多、旅游者维权意识的不断加强，负面网络口碑的骤增给旅行社的客源市场带来新的挑战。客源地与目的地及连接两者之间的纽带上任一环节出现问题均可能导致旅游质量事故的发生，如旅行社工作人员态度恶劣、虚假宣传，目的地旅游商店强制或欺骗消费，基础设施不健全，餐饮、住宿等卫生条件不达标等。因此，政府部门应加大对旅游业的管理力度，增强公民法律意识，规范市场秩序。旅行社应积极作为，从旅游者角度考虑，建立预防和高效处理机制，从而减轻事故的危害。

**4. 出境游安全事件将引起人们的重视**

2016 年各国为吸引中国游客出台了新的签证政策，人民币在 10 月 1 日正式加入国际货币基金组织特别提款权（SDR）。在内外环境条件皆好的情况下，我国出境旅游延续 2015 年火热态势，境外长线旅游人数不断增长，呈现大幅增长趋势。境外长线旅游活动持续时间长、距离远，威胁旅游安全的因素较多。2016 年我国出境游突发事件主要表现为旅游纠纷、旅游人身安全事故及质量事故，原因主要为政局不稳定、恐怖袭击、交通事故等。出境旅游的不稳定性要求旅行社业多方主体加强协调共建旅游安全保障体系。

## （二）管理建议

**1. 加大相关法规的执行力度**

为促进旅行社业稳定发展，减少旅游安全突发事件的发生，政府应加大对旅行社业的管理力度。针对旅游过程中虚假宣传、质价不符、强买强卖及在线旅游大量存在的旅游纠纷等投诉事件，在旅游法指导下，相关部门协作共同监管，加大对旅游市场的管理力度。同时政府应根据市场的变化，在节假日加强对旅游业的监管，对旅游市场实现弹性管制，减少节假日旅游给旅游目的地带来的社会、环境等各方面的压力。按照《旅游安全管理办法》认真履行职责，加大执行力度，强化旅游安全检查、旅游风险监测评估、高风险项目和特殊群体的安全保障、旅游安全生产教育和培训、游客安全管理、突发事件应急处置和报告等任务职责，从源头落实安全管理责任。

**2. 完善各旅游部门协作机制**

旅游者的旅游活动包括食、住、行、游、购、娱等环节，涉及客源地与目的地之间各个方面的利益主体，旅游业的综合性决定了旅游业管理部门需要实现各部门（如交通、卫生、餐饮、医疗等）合作，因此为减少旅游安全突发事件的发生，客源地与目的地各旅游部门及利益主体需加大协作力度，实现信息共享、资源共享、客源互推，实现各旅游主体间合作的无缝对接，提高旅游者体验满意度。

**3. 完善出境旅游突发事件沟通协调机制**

出境旅游的不断火热及安全突发事件的增多要求各方完善信息沟通协调机制。从政府的角度来看，政府应及时通报出境旅游所遇到的危险情况，通过网络、电视、报纸等媒体，做好旅游安全知识的宣传普及工作，加强旅游者出游的危险预警能力，并加大对旅行社的管控力度，通过旅行社告知旅游者旅游安全常识及提高其应急能力。当突发事件发生后各方主体（如国家、非政府组织、旅行社、旅游者等）需加强沟通协调，实现信息交流无障碍，携手渡过难关，及时遏制突发事件的恶化。

**4. 加强从业人员培训，增强从业人员安全意识**

互联网的发展对旅游业的发展极为有利，但是也对旅游业提出了挑战。旅游业的综合性决定了旅游从业人员素质分层明显，通过分析我国旅行社业安全突发事件投诉案例可发现，从业人员的办事效率、从业素质、职业道德、服务态度等因素引发的投诉还处于上升趋势。因此，对旅行社业相关从业人员应加强专业技能、服务态度等方面的培训，有效地促进旅行社业的健康发展。与此同时，各旅游企业需拓宽旅游业人才的晋升空间，完善薪酬结构，改善职工工作环境，提高其工作积极性，稳定高素质人才队伍，进而增强旅行社业经济活力，为旅游业的健康可持续发展做出更多贡献。

·安全事件篇·

# B.9

# 2016～2017年中国自然灾害涉旅安全的形势分析与展望

叶新才　吴智钊　张　儒　鲁开莉*

**摘　要：** 随着全球生态环境的变化和旅游进入大众化时代，突发性自然灾害涉旅安全问题越来越引起各界关注。本文对自然灾害涉旅安全事件进行了案例分析，数据表明2016年我国自然灾害的灾情较2015年明显偏重，但自然灾害对旅游业的影响较小，自然灾害涉旅安全事件及其造成的游客死伤人数均有所减少。展望2017年，我国自然灾害涉旅安全呈现三个态势：一是局地自然灾害涉旅安全风险突出；二是全域旅游增加灾害应对困难；三是非传统类灾害对旅游业的影响呈不确定性。为有效应对2017年自然灾害涉旅安全形势，本文提出全民做好防灾减灾工作、全面完善安全管理体系和全力创新安全防治举措三方面措施。

**关键词：** 自然灾害　旅游安全　形势与展望

随着全球环境问题日益加剧，各种类型的自然灾害频繁发生对迅猛发展

* 叶新才，华侨大学旅游学院副教授、博士，华侨大学旅游科学研究所所长，主要研究方向为旅游规划与景区管理；吴智钊、张儒、鲁开莉，华侨大学旅游学院人文地理学硕士研究生。

的旅游业带来种种不利影响，自然灾害涉旅安全问题成为旅游行业永续发展必须面对的痛点。本文通过比较 2012 ~ 2016 年我国自然灾害涉旅安全事件的案例资料，归纳总结 2016 年自然灾害对我国旅游业的影响、特征和成因，对 2017 年我国自然灾害涉旅安全的形势进行预判，并提出自然灾害涉旅安全问题的应对举措，为旅游相关部门应对突发性自然灾害涉旅安全问题提供参考。

## 一　2016年自然灾害涉旅安全的总体情况

根据民政部国家减灾办发布 2016 年 1 ~ 11 月份全国灾情可知，2016 年我国自然灾害以洪涝、台风、风雹及地质灾害为主，旱灾、地震、低温冷冻、雪灾、森林火灾等也均有不同程度发生。自然灾害共造成全国 1.905 亿人次受灾、1339 人死亡、321 人失踪，直接经济损失达 4817.9 亿元。与 2015 年同期相比，受灾人次增加 111.8 万人次，增长 0.59%；失踪人数增加 153 人，增长 91.07%；直接经济损失增加 2391 亿元，增长 98.52%。总体而言，2016 年我国自然灾害情况较 2015 年明显偏重。

对从网络收集的 2016 年 1 ~ 11 月我国自然灾害涉旅安全事件（见表 1）进行分析可知，2016 年我国自然灾害涉旅安全突发事件为 53 起，较 2015 年同期减少 4 起；死亡人数为 19 人，较 2015 年同期减少 21 人；失踪人数为 5 人，较 2015 年同期增加 3 人；旅游安全事故受伤人数为 40 人，较 2015 年同期减少 11 人。

**表 1　2016 年 1 ~ 11 月全国自然灾害涉旅安全突发事件一览**

| 序号 | 发生时间 | 发生地点 | 自然灾害与旅游安全突发事件 | 灾害类型 |
|---|---|---|---|---|
| 1 | 1月4日 | 新疆喀纳斯山区 | 暴雪,400 名游客被困 | 气象灾害 |
| 2 | 1月6日 | 四川省龙池景区 | 大雾,1 人失联 | |
| 3 | 1月25日 | 陕西华山景区 | 暴雪,1 人失联 | |
| 4 | 1月31日 | 安徽省池州市九华山风景区 | 暴雪,上山游客被困 | |
| 5 | 3月13日 | 浙江省台州仙居 | 大雾,57 名“驴友”被困 | |

续表

| 序号 | 发生时间 | 发生地点 | 自然灾害与旅游安全突发事件 | 灾害类型 |
|---|---|---|---|---|
| 6 | 4月17日 | 湖南省资兴东江湖景区 | 暴雨,1000余人被困 | 气象灾害 |
| 7 | 4月30日 | 福建省泉州市德化九仙山风景区 | 大雾,1人失联 | |
| 8 | 5月6日 | 四川省遂宁市龙凤古镇景区 | 暴雨,24人被困 | |
| 9 | 5月8日 | 广西金秀瑶族自治县圣堂山杜鹃花景区及圣堂湖景区 | 暴雨,171名游客滞留 | |
| 10 | 6月9日 | 陕西省宝鸡市大水川景区 | 暴雨加冰雹,数千名游客滞留山上 | |
| 11 | 7月10日 | 广东省珠海市一景区 | 暴雨,50名游客被困 | |
| 12 | 7月12日 | 陕西省渭南市华山景区 | 暴雨,2名游客被砸伤 | |
| 13 | 7月13日 | 贵州湄潭县新南乡天门峡景区 | 暴雨,28名游客被困 | |
| 14 | 7月17日 | 湖南省湘西古丈县默戎镇苗寨景区 | 暴雨,70余人被困景区 | |
| 15 | 7月18日 | 湖南省武陵源区十里画廊景区 | 暴雨,55名游客被困 | |
| 16 | 7月19日 | 重庆丰都雪玉洞景区 | 暴雨,100余名游客和景区职工被困 | |
| 17 | 7月30日 | 陕西省商洛市商南县金丝峡景区 | 暴雨,300多名游客滞留景区 | |
| 18 | 7月31日 | 陕西省商洛市商南县金丝峡景区 | 暴雨,1251名游客被困,2人死亡 | |
| 19 | 8月1日 | 山东省青岛崂山风景区 | 缆车遭遇雷电,200多位游客被困 | |
| 20 | 8月4日 | 四川省德阳市九顶山 | 大雾,1人死亡 | |
| 21 | 8月12日 | 北京密云某景区 | 暴雨,1200名游客滞留 | |
| 22 | 9月13日 | 新疆伊犁察布查尔县一景区 | 暴雨,12名游客被困 | |
| 23 | 9月17日 | 云南省昆明青龙峡水神桥景区 | 暴雨,29名游客被困 | |
| 24 | 10月4日 | 陕西华山风景名胜区 | 大风,部分游客滞留 | |
| 25 | 11月26日 | 新疆风景区玛依塔斯 | 大风,81名旅客被困 | |
| 26 | 4月23日 | 安徽省泾县水墨汀溪景区 | 山洪,8名游客被困 | 洪水灾害 |
| 27 | 5月6日 | 江西省宜春明月山景区 | 山洪,40名游客被困 | |
| 28 | 5月7日 | 湖南省怀化芷江三道坑景区 | 山洪,3名游客被困 | |
| 29 | 5月28日 | 广东省台山市凤凰峡景区 | 山洪,8人死亡,10人受伤 | |
| 30 | 6月5日 | 福建省福州市永泰景区 | 山洪,6名游客被困 | |
| 31 | 6月5日 | 福建省十八重溪老爷洞景区 | 山洪,1名游客被困山中 | |
| 32 | 7月12日 | 广东省端州风景名胜区鼎湖山 | 山洪,8名游客被困 | |
| 33 | 7月17日 | 福建省永泰天门山景区 | 洪水,30名游客翻船落水 | |
| 34 | 7月19日 | 重庆市黔江区小南海景区 | 山洪,3名游客被困 | |

续表

| 序号 | 发生时间 | 发生地点 | 自然灾害与旅游安全突发事件 | 灾害类型 |
|---|---|---|---|---|
| 35 | 7月19日 | 河南省新乡市万仙山景区 | 山洪,7名游客被困 | 洪水灾害 |
| 36 | 7月29日 | 四川省宜宾市珙县石碑乡 | 山洪,2人死亡,1人受伤,1人失踪 | |
| 37 | 7月30日 | 北京密云云岫谷风景区 | 山洪,4人被困 | |
| 38 | 8月1日 | 新疆伊犁恰西景区 | 山洪,23名游客被困 | |
| 39 | 8月3日 | 甘肃省张掖山丹县焉支山景区 | 山洪,1189名游客被困 | |
| 40 | 8月4日 | 湖北省远安县鸣凤山风景区 | 山洪,1名风景区员工被困 | |
| 41 | 8月4日 | 四川省青城山都江堰景区 | 山洪,20余名游客被困 | |
| 42 | 8月7日 | 福建省泉州市东溪大峡谷景区 | 山洪,15名游客被困 | |
| 43 | 8月9日 | 广东省饶平县青岚地质公园 | 山洪,3人死亡,2人受伤,1人失踪 | |
| 44 | 7月6日 | 福建省泉州市石狮永宁红塔湾 | 大风巨浪,7人获救,1人遇难 | 海洋灾害 |
| 45 | 6月10日 | 新疆乌鲁木齐后峡 | 泥石流,6名自驾游游客被困 | 地质灾害 |
| 46 | 6月11日 | 陕西省西安九龙潭景区 | 滑坡,4名游客被困 | |
| 47 | 7月1日 | 重庆云阳龙缸景区 | 滑坡,工作人员1人死亡,2人受伤 | |
| 48 | 7月8日 | 新疆伊犁琼博乐森林公园 | 泥石流,16名游客被困 | |
| 49 | 7月19日 | 河北仙台山景区 | 泥石流,70多名游客被困 | |
| 50 | 7月24日 | 四川省成都市峨眉山景区 | 塌方,1人受伤 | |
| 51 | 7月26日 | 四川省九寨沟县双河乡下甘座村 | 泥石流,19名游客被困 | |
| 52 | 8月1日 | 四川省眉山市青神县中岩景区 | 滑坡,7名游客被困 | |
| 53 | 8月13日 | 福建省龙岩市永定区 | 泥石流,1名游客遇难,22人受伤 | |

因此，2016年我国自然灾害的灾情较2015年明显偏重，但自然灾害对旅游业的影响趋缓，自然灾害涉旅安全事件及其造成的游客死伤人数均有所减少。

## 二　2016年自然灾害涉旅安全突发事件的概况与特点

### （一）2016年自然灾害涉旅安全突发事件的概况

#### 1. 自然灾害涉旅安全突发事件的类型

根据表1案例分析，据不完全统计，2012～2016年我国自然灾害涉旅安全突发事件合计204起，年均40.8起，总体呈现增长趋势（见图1）。

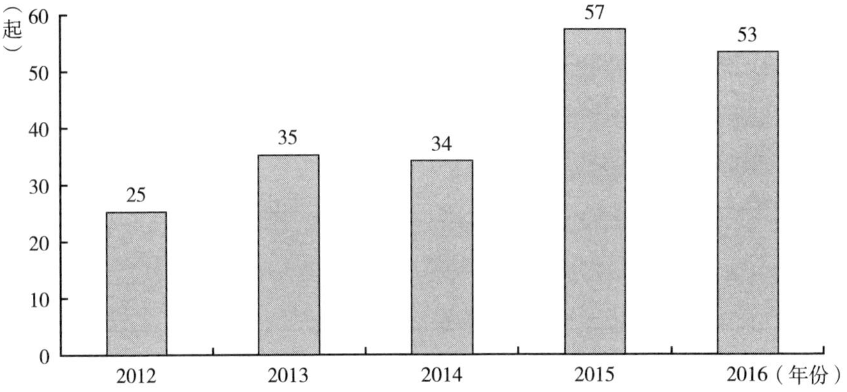


**图1　2012～2016年全国自然灾害涉旅安全突发事件数量**

根据2012～2016年自然灾害的类型统计分析可知，气象灾害和洪水灾害是影响旅游业最主要的自然灾害类型，其中气象灾害涉旅安全突发事件73起、洪水灾害涉旅安全突发事件69起、地质灾害涉旅安全突发事件37起、海洋灾害涉旅安全突发事件25起，各类自然灾害涉旅安全突发事件的变化规律见图2。2016年我国自然灾害涉旅安全突发事件共53起，较2015年减少4起，高于近5年的平均值，其中，气象灾害涉旅安全突发事件至少有25起，洪水灾害涉旅安全突发事件至少18起，地质灾害涉旅安全突发事件至少9起，海洋灾害涉旅安全突发事件至少1起。按照旅游安全事故等级划分，自然灾害造成的较大事故至少2起，一般事故至少7起。

**2. 自然灾害涉旅安全突发事件的影响**

近5年来，我国自然灾害涉旅安全突发事件的影响程度波动起伏。2012～2016年，自然灾害涉旅安全突发事件共造成至少104人死亡、188人受伤、22人失踪（见表2）。从伤亡人数变化上看，2013年、2015年和2016年自然灾害涉旅安全突发事件造成死亡人数和受伤人数较多，2012年和2014年较少。其中，2016年自然灾害涉旅安全突发事件造成至少19人死亡、40人受伤、5人失踪。

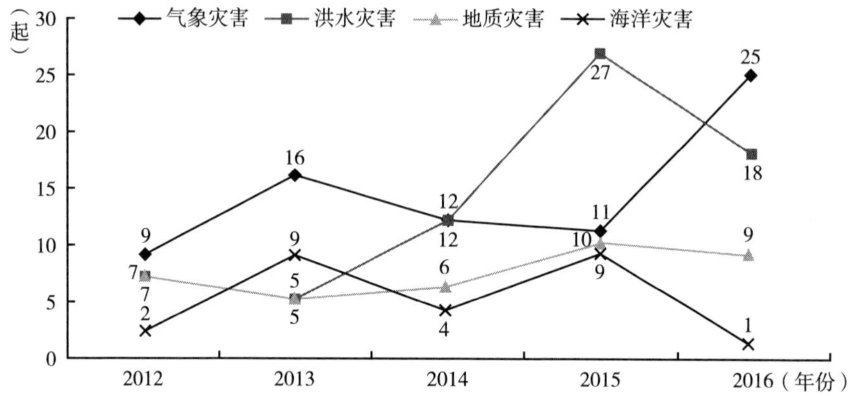


图2　2012～2016年全国自然灾害涉旅安全突发事件变化情况

表2　2012～2016年全国自然灾害涉旅安全突发事件伤亡人数统计

单位：人

| 年份 | 死亡人数 | 受伤人数 | 失踪人数 | 合计 |
| --- | --- | --- | --- | --- |
| 2012 | 9 | 21 | 11 | 41 |
| 2013 | 25 | 69 | 4 | 98 |
| 2014 | 11 | 7 | 0 | 18 |
| 2015 | 40 | 51 | 2 | 93 |
| 2016 | 19 | 40 | 5 | 64 |
| 共计 | 104 | 188 | 22 | 314 |

## （二）2016年自然灾害涉旅安全突发事件的特点

**1. 时空分布不均**

从时间分布上看，2012～2016年我国自然灾害涉旅安全突发事件在四季都有发生，但以夏季为高发季节，春季次之，秋季和冬季相对较少。2016年夏季（6月至8月）我国自然灾害造成的旅游安全突发事件高达36起，春季达9起，秋季和冬季较少，均为4起（见图3）。

从空间分布上看，2012～2016年我国自然灾害造成的旅游安全突发事件分布广泛，七大地理区均有发生，自然灾害涉旅安全突发事件的高发区集

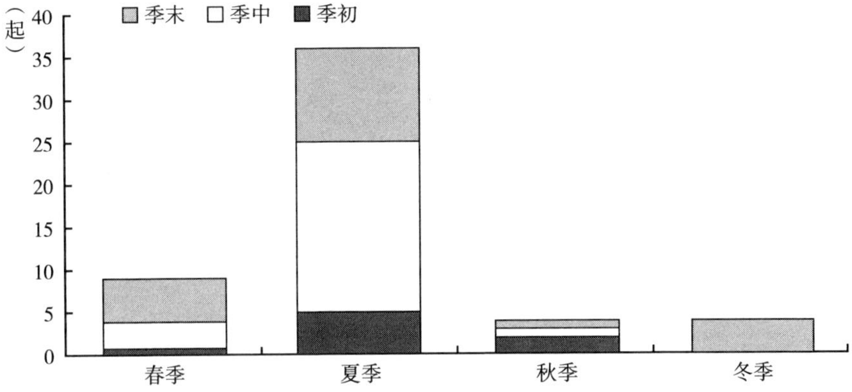


**图3　2016年不同的季节自然灾害涉旅安全突发事件统计**

中在华东地区和西南地区。据统计，2012～2016年华东地区的自然灾害涉旅安全突发事件发生率高达34%，西南地区为24%，西北地区为12%，华北地区为11%，华中和华南地区均为9%，东北地区为1%。2016年我国自然灾害引发的旅游安全突发事件在我国七大地理区除东北地区外均有分布，尤其是在新疆、陕西、甘肃等西北地区和四川、重庆等西南地区以及福建为主的华东地区最为突出，其次为华南、华中地区，华北地区涉旅自然灾害发生数量较少。

2. 灾害类型多样

对表1中的灾害类型进行分析可知，2016年我国涉旅安全突发事件涉及气象灾害、洪水灾害、海洋灾害、地质灾害四大类自然灾害。气象灾害包括暴雨、暴雪、大雾、大风，尤以暴雨最为突出；25起气象灾害涉旅突发事件中，暴雨灾害事件高达15起，暴雪事件3起，大雾事件4起，大风事件2起，雷电事件1起。洪水涉旅突发事件共18起，对旅游业影响最为明显，是导致旅游资源、旅游设施破坏，游客被困或者伤亡的主要灾害种类。海洋灾害引发1起致人伤亡的涉旅突发事件。引发涉旅安全突发事件的地质灾害包括泥石流5起、滑坡3起、塌方1起。

3. 灾害破坏性强

因突降暴雨而引起的次生灾害（如山洪、泥石流、山体滑坡）造成的伤亡率较高，对旅游安全造成了极大的危害。我国季风气候明显，降水量分布不均，而灾害发生景区多处于依山傍水地带，抵御洪水、山体滑坡等自然灾害能力偏弱。2016 年我国因暴雨、暴雪、大雾引起的旅游安全事故至少造成 3 人死亡。2016 年 7 月 31 日，陕西省商洛市商南县金丝峡景区普降暴雨，造成金丝峡景区 1251 名游客被困，2 人死亡；[①] 2016 年，洪水灾害、地质灾害引起的旅游安全事故至少造成 15 人死亡，38 人受伤，1000 余人被困。其中，2016 年 5 月 28 日，广东省台山市凤凰峡景区遇山洪导致 8 人死亡、10 人受伤。[②] 次生灾害发生范围虽小，但破坏性大，加上短时强降雨发生频率较高，景区抵御自然灾害的能力不足，导致游客在景区遇到短时强降雨时遇险的可能性加大。

## 三　2016年自然灾害涉旅安全管理的主要进展

2016 年在自然灾害灾情较 2015 年明显偏重的情况下，自然灾害对旅游业的影响得到有效控制，旅游安全工作取得较好成效，这与各级政府和各部门高度重视旅游安全管理工作密切相关。2016 年我国自然灾害涉旅安全管理工作取得以下进展。

### （一）自然灾害涉旅安全管理体制日趋完善

随着灾害管理法律体系建设的不断推进，防灾减灾救灾体制建设已成为我国公共安全体系建设的重要内容，自然灾害涉旅安全管理工作的法制化和规范化水平显著提升，灾害管理体制进一步完善。2016 年 10 月 11 日中央深改组审议通过《关于推进防灾减灾救灾体制机制改革的意见》，同年，我国还编制了《国家综合防灾减灾规划（2016—2020 年）》，

① 曾春：《商南暴雨丨金丝峡景区设施遭毁灭性损坏　商南损失超 2 亿》，华商网，http：//shangluo. hsw. cn/system/2016/0802/15053. shtml? rand = oLxYNEPu，2016 年 8 月 2 日。

② 王晓易：《广东江门遇山洪致 8 死景区曾收到过台风预警，负责人已被控制》，网易财经，http：//money. 163. com/16/0530/08/BOA5ABC500253B0H. html，2016 年 5 月 30 日。

以提升全社会抵御自然灾害的综合防范能力。2016 年 9 月 7 日国家旅游局第 11 次局长办公会议审议通过《旅游安全管理办法》并于 12 月 1 日起施行，从旅游经营者的角度提出了管理的措施，为加强自然灾害涉旅安全管理提供法制保障。国内新出台的法律法规与政策制度有效推进了减灾防灾和旅游安全管理工作的科学化、规范化，大大提高了标准化管理水平。

## （二）涉旅自然灾害防治体系建设不断完善

2016 年，各景区不断加强旅游安全应急系统建设，主要包括突发事件监测预警体系建设工程、防灾减灾救灾体系建设工程、地质环境保护与防治体系建设工程、卫生应急核心能力建设工程等。2016 年，气象部门出台了《旅游景区雷电灾害防御技术规范》，为景区科学应对雷电灾害和减少雷电对旅游设施和游客的危害提供了参考依据。2016 年 3 月携程旅行网成立国内首家“重大自然灾害旅游预警中心”，可为游客及时发布旅游预警和提示。2016 年 12 月 26 日，雅安雪雁自驾游管理服务有限公司与四川省营地与自驾旅游协会联合宣布启动打造“百亿级自驾游安全保障平台”。旅游安全应急系统完善，使更多景区具备应对突发自然灾害的能力，有效地保障了游客的生命财产安全。

## （三）旅游安全日常管理工作日趋规范

2016 年，国家旅游局采用多种举措，确保旅游安全管理日常工作规范化和常态化进行，如组织开展“旅游安全生产月”和“旅游安全生产万里行”活动，举办旅游安全培训班，以及推动各地开展旅游安全宣传。国家旅游局还与国家防汛抗旱总指挥部联合下发《关于加强汛期旅游安全工作的通知》，严密部署汛期旅游安全防范工作，积极推动了假日和汛期景区专项检查和整治工作，为减灾防灾和旅游安全管理提供指导。2016 年 8 月 1 日国家旅游产业运行监测与应急指挥平台运行以来，实现了与许多省（区、市）、景区和视频监控对接，提升了灾害防治、预警和预报及应急处置效率。通过建立旅游安全风险提示制度、定期检查各旅游目的地的安全措施的具体安排，切实做好旅游安全管理日常工作，提高防灾减灾能力。

### （四）灾后全民参与救灾自救程度提高

2016年，我国大多数景区在遭受暴雨、台风、泥石流、山洪等自然灾害的袭击后，第一时间核对灾情、上报灾情，并自发组织安排生产自救工作，把损失降到最低。政府与景区合作，加大资金投入，昼夜施工，确保以最短的时间恢复旅游景区的运营。例如2016年7月19日，河北省遭受特大暴雨，景区基础服务设施不同程度受损，受灾景区与地方政府积极开展生产自救和灾后重建工作，景区灾后自救、重建的自主性意识不断增强。又如，2016年9月15日，第14号台风“莫兰蒂”在福建厦门登陆对当地造成重创，一时间树倒房损，道路受阻。军民合力救灾，通过修建设施、扶正阻碍交通的歪倒的树木，打通应急救灾通道，使厦门市快速回到正常的运行轨道中。

## 四　影响自然灾害涉旅安全问题的主要原因

### （一）涉旅安全自然灾害多发

受全球气候恶化影响，气象灾害呈现高发频发态势，增加了地质灾害发生的频次和旅游安全风险。2016年，全国大部分地区遭受了不同程度的暴雨袭击，不少河流出现超历史洪水情况，如长江流域和太湖都发生了特大洪水，海河流域还发生了近20年来范围最广和强度最大的降雨现象。全国共发生大范围的强对流天气53次，为近6年以来同期最多，如2016年6月23日，江苏盐城龙卷风冰雹特大灾害造成重大人员伤亡。2016年有8个台风登陆中国大陆地区，以第14号台风“莫兰蒂”最为强劲。另外，还不同程度地出现冷冻、雪灾、干旱、地震、雷电及森林火灾。我国高发、频发的自然灾害具有不确定性、突发性、破坏性强及不可抗拒等特性，旅游安全隐患进一步增多，旅游安全保障工作面临新的挑战。

### （二）旅游安全管理体制不畅

旅游业是一个新兴产业，又是一个对自然环境和基础设施高度依赖的行业。我国旅游安全管理体制创新起步较晚，部门协调联动机制还不顺畅，灾害监测、预报、预警、信息传输及传播能力有待进一步加强；信息畅通、协调有力、联动联防、运转高效的常态化自然灾害应急管理决策和协调机制尚未完善，遭遇突发险情的应急宣传、指挥调度能力依旧有限。

### （三）安全保障体系建设滞后

在大众化和散客化时代背景下，旅游安全保障工作面临复杂的形势与挑战。不少景区对外开放时间较长，基础设施老化现象较为严重，加上景区旅游规划在旅游承载力的预测方面有所偏差，使得景区旅游安全的硬件保障不足。同时，基于旅游安全监管的基础设施建设状况与景区安全管理要求不相吻合，造成景区安全保障能力建设不足，成为我国自然灾害涉旅安全突发事件的另一重要致因。

### （四）游客防灾自救能力不足

随着自驾游的兴起，散客群体占游客群体的比重逐年增加。此类游客在进行户外旅游时遭遇到各种突发自然灾害事件的可能性增大。散客安全意识淡薄，救护专业性不强，缺乏基本的生存技巧和自救方法的培训，导致其户外生存能力不足。如2016年6月10日，新疆乌鲁木齐后峡持续强降雨导致局部山体滑坡，形成泥石流灾害，6名游客因缺乏经验和自救技巧，不能进行自救，导致被困。①

① 赵雅敏、杨俊辉：《乌鲁木齐后峡突发泥石流6名自驾游游客被困》，凤凰财经，http：//finance. ifeng. com/a/20160612/14478595_ 0. shtml，2016年6月12日。

## 五　2017年自然灾害涉旅安全形势与对策

### （一）形势预判

全球气候变化所导致的自然灾害日益严重，同时，随着我国全域旅游的发展和旅游的大众化，各类安全隐患进一步增多。2017 年，我国自然灾害涉旅安全形势依然严峻，将呈现三大态势。

**1. 局地自然灾害频发，旅游安全风险较为突出**

我国地域辽阔，地理环境复杂，在全球气候变化的影响下，自然灾害可能与2016 年相似，有些地区自然灾害高发频发的概率依然较大，存在较高的旅游安全风险，将对自然灾害涉旅安全管理工作带来严峻的挑战。

**2. 全域旅游纵深推进，涉旅自然灾害应对困难**

随着景点旅游向全域旅游的发展，旅游业开发的广度和深度都不断拓展，旅游开发的地域空间、资源类型、产品类型及旅游环境等日益多样化、复杂化，自然灾害涉旅安全问题成因也将复杂化，各类安全隐患进一步增多，涉旅自然灾害应对难度不断增加，对旅游安全提出了新的、更高的要求。

**3. 非传统类灾害存在隐患，灾害影响呈不确定态势**

按对旅游业产生影响的致因，自然灾害划分为气象灾害、洪水灾害、海洋灾害、地质灾害等，但是近年来风雹、雷电、雾霾、疫情等非传统类灾害也时有发生，对旅游业产生不利的影响，这些非传统类灾害对旅游业的影响呈不确定态势，给旅游安全管理工作带来挑战。

### （二）管理建议

为有效应对 2017 年自然灾害涉旅安全形势，需要全社会积极采取措施，合力应对涉旅自然灾害，做好旅游安全管理工作。

**1. 全民做好防灾减灾工作**

整合政府各部门、企业、中介组织、社会团体、个人与非人要素，通过行动者网络的互动作用，形成一张旅游安全保障社会网络，夯实旅游安全日常管理基础，加强气象气候和自然灾害监测、预警和预报，采用现代信息技术及时把相关信息传递到行动者网络各环节，积极开展景区灾害风险排查与专项整治，做好自然灾害与旅游安全宣传教育工作，有序开展防灾减灾宣传活动以及灾前监测预报、灾害发生时的避灾救灾与灾后恢复各环节的工作，减缓自然灾害对旅游业的影响，减少自然灾害涉旅安全突发事件及其造成的人员伤亡数量。

**2. 全面完善安全管理体系**

旅游目的地各类行动者协作，加大旅游安全检查工作力度，提高检查频率，扩大旅游安全管理体系的覆盖面，结合旅游行业实际，定期组织开展景区防洪、防滑坡、防泥石流等专项安全检查活动，调动一切力量，完善各个环节和各个节点的旅游安全监督管理及旅游公共服务；积极探索适应大众旅游和体验经济背景下的旅游安全工作机制，进一步建立健全旅游安全管理机制，提高自然灾害涉旅安全管理绩效，有效防范自然灾害对旅游业的不利影响。

**3. 全力创新安全防治举措**

为应对非传统类灾害威胁，迫切需要完善旅游地应急设施配置，大力推进自然灾害涉旅安全应急处置平台建设、自然灾害涉旅安全监督员配备和建立自然灾害涉旅安全保障机制等工作，并通过一定的奖励、培训机制，发挥旅游地各行动者的作用，共同做好自然灾害涉旅安全监督、防治和应急工作。

# B.10
# 2016 ~2017年中国涉旅事故灾难的形势分析与展望

殷凌燕　王新建*

**摘　要：**　本文采用案例分析法分析了2016年发生在我国境内（不含港澳台地区）的涉旅事故灾难的主要现状、特征、影响因素。研究表明，2016年我国涉旅事故灾难总体形势好转，事故次数和伤亡人数大幅下降。旅游交通事故、漂流事故、登山户外运动事故是主要事故类型，登山事故有偿救援、漂流旅游安全管理受到广泛关注，低空旅游安全事故凸显。文章最后探讨了2017年涉旅事故灾难发展动态，提出了四点管理建议。

**关键词：**　旅游事故灾难　旅游安全

涉旅事故灾难，是指主要因人为原因造成的，造成游客或旅游从业人员伤亡或重大财产损失的各类紧急事件，包括人类活动或者人类发展所导致的计划之外事件或者事故，如旅游交通事故、登山户外运动事故、娱乐项目事故、酒店安全事故、低空旅游事故，以及漂流、游船、游艇事故等。本文对2016年发生在我国境内（不含港澳台地区），造成至少1名游客或旅游从业人员死亡或2人及以上重伤，或重大财产损失的涉旅事故灾难进行了研究。通过百度、360搜索等搜索引擎，分别以代表旅游活动内容的关键词——旅

---

* 殷凌燕，华侨大学华文学院讲师；王新建，华侨大学旅游学院副教授，主要研究方向为旅游安全与应急管理。

游、交通、漂流、游船、游艇、登山、探险、滑雪、索道、娱乐，代表游客、旅游地或旅游企业名称的关键词——旅游者、游客、驴友、酒店、宾馆、景区、旅游地、游乐场，以及代表事故类型及损失的关键词——事故、火灾、倾覆、雷击、死亡、伤、失踪等三类关键词，进行联合搜索，经逐一鉴别和去重，最终共获得涉旅事故灾难案例 87 起。

## 一 2016年涉旅事故灾难的总体形势

### （一）涉旅事故灾难总体形势好转，事故伤亡人数大幅下降

2016 年涉旅事故灾难总体形势好转，事故次数和事故伤亡人数均大幅下降（见表 1）。据不完全统计，全国共发生涉旅事故灾难 87 起，较上年下降 11.2%；共造成 200 人死亡，较上年下降 70.8%。即使不计 2014 年一次造成 36 人死亡的“12·31”上海外滩踩踏事件和 2015 年一次造成 442 人遇难的“6·1”长江翻船事故，2016 年涉旅事故灾难造成的死亡人数也大幅低于 2014 年与 2015 年。

**表 1 2013～2016 年涉旅事故灾难统计**

| 事故类型 | 2013 年 | | 2014 年 | | 2015 年 | | 2016 年 | |
|---|---|---|---|---|---|---|---|---|
| | 事故数量（起） | 死亡或失踪人数（人） | 事故数量（起） | 死亡或失踪人数（人） | 事故数量（起） | 死亡或失踪人数（人） | 事故数量（起） | 死亡或失踪人数（人） |
| 旅游交通事故[a] | 11 | 72 | 12 | 106 | 16 | 566 | 10 | 70 |
| 登山户外运动事故[b] | 55 | 48 | 55 | 70 | 38 | 44 | 40 | 47 |
| 漂流、游船、游艇等事故 | 19 | 35 | 14 | 31 | 17 | 30 | 11 | 39 |
| 娱乐项目事故 | 1 | 0 | 5 | 6 | 11 | 16 | 6 | 7 |
| 低空旅游事故 | — | — | — | — | 4 | 5 | 9 | 18 |
| 酒店安全事故 | 4 | 22 | 5 | 5 | 7 | 11 | 5 | 7 |

续表

| 事故类型 | 2013 年 | | 2014 年 | | 2015 年 | | 2016 年 | |
|---|---|---|---|---|---|---|---|---|
| | 事故数量（起） | 死亡或失踪人数（人） | 事故数量（起） | 死亡或失踪人数（人） | 事故数量（起） | 死亡或失踪人数（人） | 事故数量（起） | 死亡或失踪人数（人） |
| 其他 | 2 | 2 | 4 | 39 | 5 | 13 | 6 | 12（含失踪） |
| 合计 | 92 | 179 | 95 | 257 | 98 | 685 | 87 | 200 |

注：a，每年发生的一般交通事故（死亡人数小于 3 人）数以万计，难以鉴别与统计，本项目仅采用国家安监总局网站事故查询系统数据，统计了死亡人数 3 人及以上的旅游交通事故；b，本项目数据来源于中国登山协会登山户外运动事故调查研究小组编写的《2014 中国大陆登山户外运动事故报告书》、《2015 中国大陆登山户外运动事故报告书》和《2016 中国大陆登山户外运动事故报告书》。

### （二）三类安全事故数量较多，重特大事故灾难大幅降低

与往年相比，事故灾难仍以旅游交通事故，登山户外运动事故，漂流、游船、游艇事故等三类事故为主，共占事故总数的 70.1%，死亡人数占死亡总人数的 78.0%。重大事故灾难次数大幅降低，2016 年发生超过 30 人死亡的特大事故灾难 1 起，死亡 35 人；重大事故灾难 2 起，分别为交通事故 1 起，死亡 11 人，沉船事故 1 起，死亡 15 人。特大和重大事故灾难发生次数均大幅低于 2014 年和 2015 年。

## 二　2016年涉旅事故灾难特征分析

### （一）旅游交通事故灾难特征分析

#### 1. 事故灾难概况

2016 年我国发生的旅游交通事故灾难次数与事故死亡人数较上年大幅降低。据不完全统计，全年共发生 3 人及以上死亡的旅游交通事故 10 起，造成 70 人死亡，事故总量和死亡人数较上年分别减少 37.5% 与 87.6%。其

中，特大事故灾难1起，死亡35人；重大事故灾难1起，共造成11人死亡；较大事故灾难8起，死亡24人。

**2. 事故灾难特征**

旅游交通事故灾难一直是我国涉旅事故灾难中发生次数最大、游客致死最多的类型。从可得的数据看，10起事故中，有6起事故为旅游大巴司机打电话、超速、急拐弯处置不当等原因而导致的。

## （二）漂流、游船、游艇等事故灾难特征分析

**1. 事故灾难概况**

2016年发生漂流、游船、水上快艇、脚踏船等事故灾难11起，造成39人死亡，事故总量较上年降低35.3%，死亡人数较上年增加30.0%。其中，漂流事故7起，共造成21人死亡；游船事故1起，造成15人死亡；游艇事故2起，致死2人；脚踏船事故1起，死亡1人。5月28日，台风带来强降雨，江门台山市凤凰峡旅游区内暴发山洪，数十名漂流游客被洪水冲走，事故最终造成8死10伤，并引起巨大的舆情危机；6月8日，四川广元白龙湖突遇强烈阵风，游船翻沉，造成15名游客溺水死亡。

**2. 事故灾难特征**

从事故发生时间看，上述7起漂流事故主要发生在5～9月，其中6月、7月各发生2起，5月、8月、9月各发生1起。游船和游艇事故发生时间较为分散，没有规律。

从事故产生的直接原因看，主要有：突发山洪或狂风导致游船倾覆、水急坡陡致使漂流船侧翻、游客意外落水、快艇撞上泳客等。其中，突发山洪或狂风导致游船倾覆事故伤亡最重，2起事故共致23人死亡；水急坡陡致使漂流船侧翻导致的事故灾难最多，共发生4起，致11人死亡；快艇是水面娱乐项目不容忽视的安全隐患，共发生2起快艇撞上游艇或泳客事故，致2人死亡。

## （三）登山户外运动事故灾难特征分析

**1. 事故灾难概况**

登山户外运动事故是指在登山、探险、穿越、攀岩、溯溪等山地户外运动中发生的事故灾难。据中国登山协会登山户外运动事故调查研究小组统计，2016 年共发生 40 起登山户外运动事故，共造成 47 人死亡，事故灾难次数和致死人数分别较上年增加 5.3% 和 6.8%。

**2. 事故灾难特征**

从事故发生时间看，夏季是事故高发的时间段，占发生死亡事故次数的 45%；其次为冬季，占发生死亡事故次数的 25%。夏季参与户外运动的人流大，参与高风险的登山、探险、攀岩和穿越运动的驴友多，发生事故次数自然多；冬季野外寒冷，容易发生意外事故。

从事故产生的直接原因看，主要有滑坠和高坠、突发急症、山洪暴发、溺亡等。其中，滑坠和高坠是造成死亡事故的首要原因，60% 的死亡事故是滑坠和高坠导致的。突发急症是造成死亡事故原因中不容忽视的重要因素，2016 年先后发生 7 起突发疾病导致游客死亡事故。此外，登山途中，突遇山洪常常导致多人死亡，如 6 月 14 日，广东韶关 5 名驴友前往芦溪天池山登山时，遇山洪暴发，全部罹难。

## （四）娱乐项目事故灾难特征分析

**1. 事故灾难概况**

旅游娱乐项目事故包括高速游乐项目事故、水上娱乐项目事故等。2016 年，共发生娱乐项目事故灾难 6 起，占涉旅事故灾难总量的 6.9%，共造成 7 人死亡。其中，陆上游乐设施事故 4 起，共造成 5 人死亡；水上娱乐项目事故 2 起，共造成 2 人死亡。

**2. 事故灾难特征**

上述 6 起娱乐项目事故发生的时间分散，没有规律。从事故发生的直接原因看，主要包括：安全绳断裂、安全压杠断裂、保险带未扣上的情况下机器提前运行、溺水等。从管理因素看，包括：大型游乐设施为无生产单位、无制造许可的个人自制产品，使用前未办理安装告知、监督检验和使用登记，娱乐场没有营业执照和相关证件，事故发生时没有救生员及时救援等。

## （五）低空旅游事故灾难特征分析

**1. 事故灾难概况**

低空旅游事故是指在私用航空器旅游、租赁类低空旅游、飞行背包类航空器旅游和利用动力伞、三角翼、热气球等航空器进行低空旅游活动中发生的事故灾难。近年来我国低空旅游发展迅猛，产生的事故灾难快速增加。据不完全统计，2016 年我国低空旅游共发生致死坠机事故 9 起，致死人数达 18 人，事故次数与致死人数分别较 2015 年增加 125% 与 260% 。

**2. 事故灾难特征**

上述 9 起低空旅游事故发生时间分散，没有规律。从事故灾难的类型看，滑翔伞、动力伞事故次数最多，共发生 4 起事故，其次为水上飞机事故 2 次、飞行表演活动事故 2 次、氦气球事故 1 次。

## （六）酒店安全事故灾难特征分析

酒店安全事故包括酒店火灾、电梯故障、食物中毒、猝死、溺水等。据不完全统计，2016 年共发生酒店事故灾难 5 起，共造成 7 人死亡，酒店事故灾难总量和死亡人数较 2015 年有所下降。

## （七）其他事故灾难特征分析

其他事故包括突发山洪、雷击、动物袭击、滑雪事故等，共发生 6 起，致 12 人死亡或失踪。其中，突发山洪事故 2 起，造成 5 人死亡、3 人失踪；游客受雷击、被动物袭击、滑雪摔倒、树木倒落被压死等事故各 1 起，共造成 4 人死亡。2016 年 7 月 23 日，北京八达岭野生动物园，发生了一起老虎伤人事件，致 1 死 1 伤。

## 三　涉旅事故灾难管理的主要进展

### （一）相关法规相继出台或完善，旅游安全管理水平不断提升

继2013年我国颁布《中华人民共和国旅游法》专设“旅游安全”一章后，2014年修订颁布《中华人民共和国安全生产法》，以及相关部门相继在车辆、驾驶人、道路管理以及交通事故处理、执法规范化等方面制定了一系列部门规章、工作规范和技术标准，我国旅游安全管理相关法规不断完善，安全管理受到了广泛的关注与重视，管理水平不断提升。2016年国家旅游局依据《中华人民共和国旅游法》制定并公布《旅游安全管理办法》，对推动我国旅游安全管理走向制度化、规范化具有重要意义。

### （二）漂流安全引起广泛关注，各地强化管理措施

漂流是一项高风险的旅游项目，漂流安全事故是我国三大旅游安全事故灾难之一，每年因漂流导致的游客死伤人数仅次于旅游交通事故和登山户外运动安全事故。“5·28”广东江门漂流事故灾难，不仅造成了8人死亡、10人受伤的惨重损失，还引发了社会对漂流安全管理的广泛热议，引起了全国各地政府及相关部门的高度重视。全国开展了水上漂流运动大检查，并就完善漂流管理相关法规、明确监管部门责任、制定统一的技术安全规范与标准、构建完善的监管体系等进行了部署。如湖北省旅游委联合相关部门，对全省漂流旅游景区进行了地质灾害的安全监管及防患工作专题部署和联合督察，省领导作出了严格监管，落实责任制，确保全省不出危险事故的批示。

### （三）低空旅游发展迅速，低空旅游安全管理受到关注

自2010年8月国务院、中央军委印发《关于深化我国低空空域管理改革的意见》以来，沈阳、广州、海南、长春、唐山、西安、青岛、杭

州、宁波、昆明、重庆也开展了真高1000米以下空域管理改革试点，我国通用航空快速发展，通航企业近200家，各型通航飞机近2000架。低空旅游作为一项新兴的旅游项目，导致的事故灾难剧增，引起各地对低空旅游安全的关注。2016年5月国务院办公厅印发《关于促进通用航空业发展的指导意见》，将我国低空空域管理改革由真高1000米推广到3000米，并提出“坚持安全第一，放管结合”的发展思路；国务院办公厅印发《安全生产“十三五”规划》，提出规范通用航空作业管理，完善安全管理机制。

### （四）登山户外运动事故有偿搜救得到广泛的认同

登山户外运动事故是涉旅事故灾难的第二大类型，我国每年发生的登山户外运动事故次数和致死人数都仅次于旅游交通事故。为了强化登山户外运动管理，有关省份在《中国登山协会登山户外运动俱乐部管理办法》《国内登山管理办法》等规章基础上，进一步修订地方法规，强化登山管理。如四川省修订出台《四川省登山管理办法》，对违反管理办法的行为进行处罚；有关旅游景区依据旅游法第八十二条有关规定，采取救援“事后追偿”和“有偿救援”模式。2016年10月4日，九寨沟要求12名违规穿越遇险被救的驴友补票，并承担救援所产生的费用；10月7日，亚丁景区在有偿救援试点基础上，发布《关于禁止在四川省甘孜州稻城亚丁国家级自然保护区进行非法穿越活动的公告》，实施有偿救援，有偿救援得到了较为广泛的社会认同。

## 四　2017年涉旅事故灾难趋势展望与管理建议

### （一）趋势展望

**1. 旅游交通事故仍是涉旅事故灾难的主要类型，自驾游、包车旅游是高发区**

我国私家车规模大，增长速度快，截至2016年底，全国机动车保有量达2.9亿辆，其中私家车1.46亿辆，与2015年相比，私家车增加2208万辆，平均每百户家庭拥有36辆私家车。尽管2013年“史上最严交规”123号令出台后，近两年我国因超速、酒驾、醉驾导致的交通事故起数、死亡人数快速下降，道路交通文化的积淀和汽车化进程尚不相匹配，道路交通陋习普遍，事故率比较高，作为中短程主要旅游模式的自驾游、包车旅游仍为旅游安全事故高发区。

**2. 各类新兴高风险旅游项目涌现，低空旅游安全值得关注**

随着我国对低空空域管制的进一步放开和通用航空业务的发展，特别是通用航空机场建设的加快，开展低空旅游业务的地区越来越多。2015年6月18日，大兴安岭正式开启“低空旅游”模式，中外游客可乘坐直升机在大兴安岭林区上空360°立体观景；2015年6月11日四川省内第一个低空旅游项目剑门关低空旅游正式签约；2016年7月16日，宜昌举行空中游三峡首航仪式；海南三亚提出建设“国际水上飞机中心”的战略构想。然而，我国对低空旅游等高风险项目的管理机制还不健全，相关管理制度尚待完善，游客的安全防范意识尚待提升，由此引发的安全事故仍将是近年来安全管理的重要挑战，低空旅游安全尤其值得关注。

**3. 大型节庆活动安全不容忽视，安全管控仍具挑战**

“十三五”是我国节庆活动快速发展时期，挖掘传统节庆文化、打造节庆品牌成为全国各地开发旅游的重要手段，许多具有时代气息、深受城镇居民喜爱的现代节庆活动在商业发展的驱动下也纷纷呈现。尽管2016年全国没有发生大型节庆活动事故，但我国节庆活动管理经验不足，加之国际恐怖活动频发，国内处于转型时期，各种社会矛盾导致的节庆活动安全隐患也不容忽视，大型节庆活动安全管控仍具挑战。

## （二）管理建议

**1. 大力提倡文明交通，强化自驾游、包车旅游安全管理**

2017年，结合近年来不断强化的道路交通安全管理法规，大力提倡文明交通，进一步强化道路交通安全管理，降低道路交通安全事故比重。同时，强化自驾游、包车旅游安全管理，通过现代科技手段，加强对自驾游和包车旅游的安全引导，严厉打击黑车、超载、超速、酒驾等非法行为，大力减少旅游交通安全事故灾难。

**2. 制定完善相关体制机制，加强低空旅游安全管理**

针对快速发展的低空旅游项目和频繁发生的低空旅游事故灾难，2017年，低空旅游安全将进一步受到各界关注，从国家层面，民航、体育、旅游等有关部门应健全低空旅游管理法制、体制与机制，制定市场准入制度和安全管理规范，强化低空旅游安全培训，提高低空旅游安全管理水平，保障低空旅游快速发展。

**3. 进一步推进有偿援助及提高商业救援保险覆盖率，强化登山户外运动管理**

针对登山户外运动参与者多，许多违规登山户外运动屡禁不止，安全事故频发且事故救援成本高等问题，2017 年应以《中华人民共和国旅游法》有关条款为基础，借鉴亚丁国家级自然保护区有偿救援经验，进一步推动全国各景区制定实施有偿援助制度，强化有偿救援宣传，同时，推动提高商业救援保险覆盖率，降低登山户外运动事故比重及损失。

**4. 强化涉旅事故灾难风险分析，提高旅游安全预警能力**

继 2013 年颁布实施的《中华人民共和国旅游法》提出建立旅游目的地安全风险提示制度，将旅游安全作为突发事件监测和评估的重要内容之后，《国务院关于促进旅游业改革发展的若干意见》（国发〔2014〕31 号）进一步提出各景区建立旅游安全预警信息发布制度，但我国旅游突发事件预警能力仍较弱，预警效果仍不明显，预警不及时、预警缺乏针对性、旅游经营者和游客对预警信息认可度不高、预警信息执行力不强等导致的旅游安全事故灾难仍十分突出。如导致 8 死 10 伤的“5・28”广东江门漂流事故灾难、导致 15 人死亡的“6・8”四川广元游船翻沉事故皆与预警水平不高相关。2017 年，应以相关法规为基础，进一步完善预警机制，强化涉旅事故灾难风险分析，提高旅游安全预警能力，杜绝各类自然灾害引发的安全事故灾难。

## 参考文献


[1] 谢朝武:《旅游应急管理》，中国旅游出版社，2013。

[2] 王新建:《2014～2015 年我国事故灾难与旅游安全形势分析与展望》，《中国旅游安全报告（2015）》，社会科学文献出版社，2015。

[3] 王新建:《2015～2016 年我国事故灾难与旅游安全形势分析与展望》，《中国旅游安全报告（2016）》，社会科学文献出版社，2016。

# B.11
# 2016～2017年涉旅公共卫生事件的形势分析与展望

王 芳　郁敏超*

摘　要：2016年，我国涉旅公共卫生安全总体形势相对稳定，涉旅公共卫生事件防范意识整体增强。同比2015年，涉旅食物中毒事件数量和等级程度有所降低，涉旅新型传染病疫情较为突出，涉旅其他公共卫生事件发生频繁，涉旅公共卫生安全形势依然严峻。具体表现在：国家旅游政策大力推进，群体游客公共卫生事件数量明显有所降低；大众旅游背景下自由行盛行，个体游客公共卫生事件急剧增加；跨国跨境旅游活动日趋频繁，国际公共卫生突发事件难以管控；重度雾霾席卷多地，逃避雾霾成为游客关注热点；游客公共卫生防范意识有待增强，突发性事件防不胜防。2017年涉旅公共卫生安全形势主要包括：网络自媒体时代，多渠道预警预防提高游客公共卫生安全意识；旅游新业态不断涌现，旅游保险加强公共卫生事件安全保障；“互联网+”强劲驱动，智慧旅游降低公共卫生事件风险；国际多层次旅游交流格局形成，国际涉旅公共卫生安全深度协作。2017年涉旅公共卫生的发展建议：旅游大众化，大众游客公共卫生安全教育有待进一步普及；旅游全域化，个体游客公共卫生安全保障有待进一步加强；旅游国际化，国际旅游

* 王芳，华侨大学旅游学院博士研究生，讲师，主要研究方向为旅游规划与景观设计；郁敏超，华侨大学旅游学院硕士研究生。

公共卫生安全合作亟待进一步深化；游客逃避雾霾，旅游目的地雾霾治理任重而道远。

关键词： 旅游业 公共卫生事件 旅游安全 形势展望

突发公共卫生事件，是指“突然发生、造成或可能造成社会公众健康严重损害的重大传染疫情、群体性不明原因疾病、重大食物中毒和职业中毒以及其他影响公众健康的事件”。[①] 突发公共卫生事件具有成因多样性、分布差异性、传播广泛性、危害复杂性、治理综合性、国际互动性等特点，这些突发公共卫生事件对社会造成巨大影响与伤害，往往直接或间接干扰旅游业发展进程。旅游业突发公共卫生事件存在可预见与不可预见、传统与非传统的不安全因素，而同时旅游活动具有异域性和流动性的特点，又导致公共卫生事件频繁发生、恶性循环，危害严重，防不胜防。

## 一 2016年涉旅公共卫生事件的总体形势

涉旅突发公共卫生事件造成的重大游客伤亡事件包括突发性重大传染性疾病疫情、群体性不明原因疾病、重大食物中毒，以及其他严重影响公众健康的事件等，按旅游者伤亡程度分为重大（Ⅰ级）、较大（Ⅱ级）、一般（Ⅲ级）三级。[②] 截至2016年12月31日，据不完全统计，2016年涉旅公共卫生事件共56起，发病人数共203人，死亡11人。游客重大食物中毒事件6起，发病118人，无死亡人数；游客重大传染性疾病疫情6起，发病40人，无死亡人数；其他事件44起，发病45人，其中死亡11人；无群体性不明原因疾病发生。在涉旅公共卫生事件等级中，较大事件14起，发病人

① 中华人民共和国国务院令第376号：《突发公共卫生事件应急条例》，2003年5月9日发布。
② 国家旅游局：《旅游突发公共事件应急预案》，2008年3月8日发布。

数102人，死亡11人；一般事件42起，发病人数101人，无死亡人数；无重大事件发生（见表1）。同比2015年，2016年涉旅公共卫生事件发生起数增长14.3%，发病人数降低51.3%，死亡人数持平，涉旅公共卫生重大事件发生等级程度大幅度下降。2016年涉旅公共卫生安全总体态势相对稳定，社会各界对涉旅公共卫生事件应对防范意识整体加强，突发事件未对旅游企业和旅游目的地造成严重危害和冲击，但涉旅突发公共卫生事件仍防不胜防，对旅游者人身安全及旅游业仍存在显性和潜在的威胁，相关部门需不断加大防控力度，丝毫不能懈怠。

**表1　2016年涉旅公共卫生事件统计概况**

| 类型<br>等级 | 重大食物中毒 | | | 重大传染性疾病疫情 | | | 其他公共卫生事件 | | | 合计 | | |
|---|---|---|---|---|---|---|---|---|---|---|---|---|
| | 起数（起） | 发病人数（人） | 死亡人数（人） | 起数（起） | 发病人数（人） | 死亡人数（人） | 起数（起） | 发病人数（人） | 死亡人数（人） | 起数（起） | 发病人数（人） | 死亡人数（人） |
| 重大 | 0 | 0 | 0 | 0 | 0 | 0 | 0 | 0 | 0 | 0 | 0 | 0 |
| 较大 | 2 | 57 | 0 | 1 | 33 | 0 | 11 | 12 | 11 | 14 | 102 | 11 |
| 一般 | 4 | 61 | 0 | 5 | 7 | 0 | 33 | 33 | 0 | 42 | 101 | 0 |
| 合计 | 6 | 118 | 0 | 6 | 40 | 0 | 44 | 45 | 11 | 56 | 203 | 11 |

注：本次统计的案例样本中无群体性不明原因疾病发生。

## 二　2016年涉旅公共卫生事件的概况与特点

### （一）涉旅食物中毒事件

**1. 涉旅食物中毒事件概况**

根据国家卫生部最新数据统计，2016年全国食物中毒公共卫生事件共报告169起，涉及5926人，其中死亡121人，与2015年同期相比分别增加5.6%、4.8%和10.0%。食物安全问题依旧突出，近三年来呈不断上升趋势，这主要是由旅游餐饮业的游客流动性强、参与程度高、季节性较强等特点导致。互联网相关统计数据显示，2016 年游客食物中毒事件共发生 6 起，占涉旅公共卫生事件总数的 10.7%；食物中毒者达 118 人，占发病总人数的 58.1%；无游客食物中毒死亡事件。从事件等级程度分析，较大事件 2 起，涉及游客食物中毒 57 人，无死亡人数；一般事件 4 起，涉及游客食物中毒 61 人，无死亡人数；无重大食物中毒事件发生。同比 2015 年，2016 年我国涉旅食物中毒事件起数减少 40.0%，游客食物中毒人数减少 44.8%；重大食物中毒事件由 3 起涉及 239 人减至为零；较大事件发生频数未变，但涉及人数减少 12 人；一般事件减少 1 起，涉及人数减少 8 人。总之，虽然食物中毒事件数量有所上升，但 2016 年涉旅食物中毒公共卫生事件发生频率却有所降低，食物中毒人数也大幅度降低，且并未出现游客因食物中毒而死亡状况，涉旅食物中毒公共卫生事件同比上年总体上呈现较大幅度降低态势。

**2. 涉旅食物中毒事件特点**

在时间分布上，2016 年涉旅食物中毒事件集中发生于 9 月份以前的春夏季节，其中 3 月份和 8 月份各 2 起，4 月份和 6 月份各 1 起；在空间分布上，2016 年涉旅食物中毒事件地域涉及境外和境内，分布较为广泛，境外分布在热门旅游目的地泰国和中国台湾各 1 起，境内分别分布于西安、东莞、长春和日照等旅游城市。涉旅食物中毒事件发生场所大多集中在酒店、餐馆，部分事件发生于酒店团餐自助餐厅，游客多呈现海鲜、鱼肉不熟等导致的腹泻、腹痛、发烧及呕吐等病征。

## （二）涉旅传染性疾病疫情事件

**1. 涉旅传染性疾病疫情概况**

据国家卫生部最新数据统计，2016 年全年境内共报告法定传染性疾病 7491514 例，同比 2015 年上升 7.7%；死亡 17879 人，同比上升 8.4%。2016 年全国传染性疾病疫情同比上年增长幅度较大，呈明显扩散现象，应当引起足够重视。统计数据显示，2016 年游客传染性疾病疫情事件共发生 6 起，占涉旅公共卫生事件总起数的 10.7%，确诊发病人数 40 人，占涉旅公共卫生事件总人数的 19.7%，未发现死亡病例。从事件等级程度来分析，较大事件有1起，涉及游客33人；一般事件5起，涉及游客7人。同比2015年，涉旅公共卫生事件中游客传染性疾病疫情事件起数上升200%，确诊发病人数增加1900%，均无死亡人数。可以看出，2016年涉旅传染性疾病疫情事件数量大幅增加，呈现爆发式增长，涉旅传染性疾病疫情事件类型多样化，传统传染性疾病疫情仍未得到有效控制，新型传染性疾病疫情层出不穷，干扰旅游业正常发展。此外，2016年性旅游所带来的艾滋病等传染病形势严峻，尤其热衷于旅游的青年学生群体是此类涉旅公共卫生事件中的高危人群。

**2. 全球涉旅传染性疾病疫情形势严峻**

2016年全球传染性疾病疫情较严重，德国Mecklenburg-Vorpommern地区暴发H5N8型禽流感①，美洲地区25个国家和地区报告出现寨卡热病例，2016年奥运会主办地巴西成为寨卡病毒重灾区②，马尔代夫和新喀里多尼亚被列为寨卡病疫区③，新加坡的寨卡病毒也持续蔓延④……2016年我国涉旅传染性疾病疫情急速蔓延，发生大规模诺如病毒传染病疫情，33名来自天津游客在华东九日游过程中出现呕吐、腹泻等症状，以为是食物中毒，实为感染诺如病毒；⑤ 寨卡病毒感染成为我国涉旅传染性疾病疫情重点，共发生4例输入性寨卡病毒感染病例，涉及5名具有国外寨卡病毒区旅行经历的游客；此外，传统传染性疾病疫情登革热病例在重庆连续检出，涉及2人均为旅行归来的游客；⑥ 临近2016年底感染禽流感病毒的病例也时有检出。

---

① 吴合琴：《德国一地区爆禽流感　香港禁止从该地进口禽类食品》，中国新闻网，http://www.chinanews.com/ga/2016/11-17/8065900.shtml，2016年11月17日。

② 陈海峰：《寨卡病毒“警报”升级　巴西：孕妇尽量别来看奥运会》，中国新闻网，http://www.chinanews.com/gj/2016/02-03/7745412.shtml，2016年2月3日

③ 陈鸿燕：《马尔代夫列寨卡病疫区名单　质检总局警示旅行风险》，中国新闻网，http://finance.chinanews.com/cj/2016/11-01/8049689.shtml，2016年11月1日。

④ 何路曼：《新加坡又发现14起寨卡感染病例　感染者达318人》，中国新闻网，http://www.chinanews.com/gj/2016/09-11/8000824.shtml，2016年9月11日。

⑤ 郑东红：《33名天津游客以为食物中毒　实为感染诺如病毒》，天津网，http://www.tianjinwe.com/tianjin/jsbb/201604/t20160406_980064.html，2016年4月6日。

⑥ 陈鹏：《重庆口岸连续检出输入性登革热病例》，央广网，http://news.cnr.cn/native/city/20161130/t20161130_523296784.shtml，2016年11月30日。

## （三）涉旅其他公共卫生事件

涉旅其他公共卫生事件一般包括游客猝死、突发疾病、高原反应等严重影响游客身体健康的事件，近年来随着避霾游的兴起，一直成为人们关注重点的雾霾也被视为引发公共卫生事件的因素之一。这类事件涉及面较广，因素众多，因此虽然多为个人事件，但数量较多，致死率较高，事态往往会比较严重，从而受到公众的关注，因此不容忽视。据互联网相关数据统计，2016年涉旅其他公共卫生事件共发生44起，占涉旅公共卫生事件总起数的78.6%；发病45人，占涉旅公共卫生事件发病总人数的22.2%；死亡11人，涵盖了涉旅公共卫生事件所有的死亡人数。其中，猝死事件发生6起，6人死亡；突发疾病27起，重伤27人，无死亡人数；高原反应11起，重伤12人，死亡5人。从事件等级来分析，较大事件11起，涉及人数12人，死亡11人；一般等级事件33起，重伤33人，无重大事件发生（见表2）。同比2015年，涉旅其他公共卫生事件伤亡人数显著增加，尤其是高原反应事件死亡人数由零增加为8人，说明游客在高原地带旅游时对高原反应亟待加强预防。但突发疾病导致死亡人数降低为零，说明针对公共卫生事件的急救措施有显著改进。

**表2　2016年涉旅其他公共卫生事件统计概况**

| 等级＼类型 | 猝死 | | | 突发疾病 | | | 高原反应 | | | 合计 | | |
|---|---|---|---|---|---|---|---|---|---|---|---|---|
| | 起数（起） | 发病人数（人） | 死亡人数（人） | 发生起数（起） | 发病人数（人） | 死亡人数（人） | 起数（起） | 发病人数（人） | 死亡人数（人） | 起数（起） | 发病人数（人） | 死亡人数（人） |
| 重大 | 0 | 0 | 0 | 0 | 0 | 0 | 0 | 0 | 0 | 0 | 0 | 0 |
| 较大 | 6 | 6 | 6 | 0 | 0 | 0 | 5 | 6 | 5 | 11 | 12 | 11 |
| 一般 | 0 | 0 | 0 | 27 | 27 | 0 | 6 | 6 | 0 | 33 | 33 | 0 |
| 合计 | 6 | 6 | 6 | 27 | 27 | 0 | 11 | 12 | 5 | 44 | 45 | 11 |

统计结果显示，突发疾病事件发生频率最高，主要集中于国庆长假期间，共9起，占突发疾病事件总起数的33.3%，涉及9人，占突发疾病总人数的33.3%。其中，10月共发生突发疾病事件9起，其次是8月、11月

各发生4起，2月、5月、6月、9月各2起，3月、7月各1起；突发疾病事件发生地域较为广阔，涉及较多城市和景区，其中有3起为境外游客在境内突发疾病，1起为报团“北欧15日游”的境内游客因突发疾病取消旅程。

猝死事件发生时间较为分散，5月和9月各2起，2月、12月各1起；猝死事件发生场所类型较多，包括景区、沙滩、购物店、火车站等不同场所，涉及境外游3起，包括马来西亚、中国香港地区以及港澳游返程途中。

高原反应事件发生时间主要集中在5月和10月，共发生7起，占高原反应事件总起数的63.6%，其中5月发生3起，涉及4人，死亡1人；10月发生4起，涉及4人，死亡2人；另外，9月发生2起，春节和12月各1起。发生高原反应事件地点多集中于四川省，比如稻城亚丁自然保护区、九寨沟、贡嘎等地，共发生7起，占高原反应事件总起数的63.6%；其他高原反应事件在巴丹吉林沙漠、云南玉龙雪山、新藏线各发生1起，在国外坦桑尼亚乞力马扎罗山发生1起。其中，女性游客高原反应事件发生5起，涉及5人。

另外，2016年冬季全国雾霾成为新闻头条，范围不断扩大，污染程度不断加深，已经严重影响到旅游业发展和游客身心健康，引起公众与游客的热点关注，逃避雾霾成为雾霾发生地居民不得已的选择。在各大旅游网站发现，“避霾”、“洗肺”和“森林”等关键词成为网友搜索热门。事实上，“避霾游”已成为近两年热点，也逐渐成为冬季旅游的“刚需”，冬季国内雾霾天气是旅游需求激增的主要刺激因素。①

## 三 2016年涉旅公共卫生事件安全的进展与特点

### （一）国家旅游政策大力推进，群体游客公共卫生事件数量明显有所降低

2016年，《关于加强旅游市场综合监管的通知》的发布、《“十三五”

① 张程：《外媒关注中国雾霾：民众渐习惯兴起“避霾游”》，中国新闻网，http://www.chinanews.com/cj/2017/01-16/8125271.shtml，2017年1月16日。

旅游业发展规划》纳入国家“十三五”重点专项规划、旅游法的修订和《旅游安全管理办法》的实施等，在促进旅游业发展的同时，也促使涉旅公共卫生安全更加规范发展，尤其是群体性公共卫生事件发生的数量和等级明显降低，如 2016 年我国游客食物中毒事件起数和涉及人数同比 2015 年分别降低 40.0% 和 44.8%，重大事件发生率减至为零。这与国家旅游政策大力推进，涉旅群体游客对公共卫生事件的预防和管控意识随之增强密不可分，例如“去宁海游玩可以放心吃喝，旅游者食品中毒首次被纳入公益保险范围”。①

### （二）大众旅游背景下自由行盛行，个体游客公共卫生事件急剧增加

2016 年 3 月，李克强总理第一次提出将旅游产业作为拉动内需的重要基础，一个“大众旅游时代”悄然而至。2016 年中国自由行市场的增长、短途旅行次数的增加、日趋理性的旅行方式、对品质要求的提升、分享与互助的意愿增长等特点，均体现出自由行“刚需化”的趋势。② 有数据显示，2016 年我国共有 1.22 亿人次的出境游客，其中自由行超过 7000 万人次，约占出境旅游总人次的六成。③ 可见我国游客自由行愈发“常态化”。值得注意的是，游客自由行活动具有较大的自主性和随意性，个体游客自我安全防范意识存在差异，一旦游客发生公共卫生事件，游客应急救援就非常重要。统计数据中，2016 年其他公共卫生事件中游客猝死、突发疾病和高原反应等部分由自由行所导致，尤其是自由行中猝死、突发疾病等突发事件因其不可预见性更易发生，致死率高，个体游客公共卫生事件急剧增加，保障自由行个体游客安全势在必行。

---

① 殷聪：《去宁海玩可以放心吃喝　旅游者食品中毒首次被纳入公益保险范围》，浙江在线，http：//cs. zjol. com. cn/system/2016/12/20/021402695. shtml，2016 年 12 月 20 日。

② 《蚂蜂窝：2016 全球自由行报告》，http：//www. 199it. com/archives/549331. html，2017 年 1 月 25 日。

③ 国家旅游局：《2016 中国出境旅游大数据：1.22 亿人次花了 1098 亿美元》，http：//www. cnta. gov. cn/xxfb/hydt/201701/t20170124_ 813152. shtml，2017 年 1 月 25 日。

### （三）跨国跨境旅游活动日趋频繁，国际公共卫生突发事件难以管控

据统计，2016 年我国入出境旅游 2.6 亿人次，同比增长 4.05%；国际旅游收入 1200 亿美元，同比增长 5.6%；[①] 2016 年国庆黄金周出境游跟团游客约为 139.9 万人，同比增长 11.9%。多个热门旅游国家放宽对华签证限制，促进我国出境旅游人数持续增长，游客跨国跨境旅游活动更加频繁，国际公共卫生突发事件也不断攀升，2016 年涉及境外的涉旅公共卫生事件共 18 起，占涉旅公共卫生事件总起数的 32.1%，涉及游客 63 人，占涉旅公共卫生事件总人数的 31.0%。其中，我国游客出境发生公共卫生事件 13 起，涉及 47 人；国外游客在境内发生公共卫生事件 5 起，涉及 16 人。此外，传统和新型传染性疾病疫情跨国跨境传播频繁，2016 年除 1 起境内群体诺如病毒感染外，其余 5 起涉及 7 名游客的传染性疾病疫情均确诊为输入性感染病例，感染者均有国外传染性疾病疫情区的旅行经历，国际公共卫生突发事件更难管控。

### （四）重度雾霾席卷多地，逃避雾霾成为游客关注热点

2016 年重度雾霾席卷多地，出境游躲雾霾成旅游热点。北京元旦雾霾严重，游客戴口罩游览天安门；[②] 受雾霾影响游轮无法进港，两千多名游客被迫在船上多待两天；[③] 北方雾霾指数“爆表”，大批游客赴海南“躲霾”。[④] 雾霾严重影响到人们的正常生活，避霾游成为游客迫不得已的选择。

---

① 张樵苏：《2016 旅游市场供需两旺　全年国内游或达 44.4 亿人次》，新华网，http：//news.xinhuanet.com/local/2017－01/10/c_1120276253.htm，2017 年 1 月 10 日。

② 张飞：《北京元旦雾霾严重　游客戴口罩游览天安门》，网易新闻，http：//news.163.com/16/0103/11/BCDBBEN9000146BE.html，2016 年 1 月 13 日。

③ 李环宇：《受雾霾影响游轮无法进港　两千多游客船上多待两天》，环球网，http：//society.huanqiu.com/shrd/2017－01/9898602.html，2017 年 1 月 3 日。

④ 王海蓝：《北方雾霾指数“爆表”，大批游客海南“躲霾”》，海网宽频，http：//v.hinews.cn/page－1171235.html，2016 年 12 月 20 日。

### （五）游客公共卫生防范意识有待增强，突发性事件防不胜防

近几年来，随着多方持续宣传，游客公共卫生防范意识普遍有所增强，但2016年同比2015年涉旅公共卫生事件并不乐观，其中传染性疾病疫情涉及游客40人，包括1起大规模诺如病毒传染性疾病疫情、4起寨卡病毒疫情与1起登革热疫情，虽无死亡人数，但涉旅传染性疾病疫情防控效果不太理想。游客到高原地区旅游致死率有所上升，11起高原反应事件涉及12人，其中5人死亡，对高原反应的预防有所弱化。游客预防食物中毒的意识有所提高，致死率为零。但由于旅游大众化、自由行热和出境游热、老龄游客骤增等，涉旅公共卫生事件防不胜防，尤其是不可预见性的突发事件，例如猝死、突发疾病、食物中毒等，仍需要多方合力共同防范。

## 四　2017年涉旅公共卫生安全的形势与建议

### （一）2017年涉旅公共卫生安全的形势

**1. 网络自媒体时代，多渠道预警预防提高游客公共卫生安全意识**

当今互联网科技发展迅速，智慧旅游被普遍推广，网络新兴自媒体盛行。截至2016年底，中国网民规模已经达到7.31亿人。[①] 网络自媒体时代已经到来，互联网已在人们日常生活中扮演不可或缺的角色，它开始更多地承担起公共事件对外宣传发布的平台功能。网络自媒体采用的各种即时通信工具给媒体人带来巨大的方便，包括百度和维基等各种百科、微博、各大视频网站、行业论坛在内的众多自媒体真正实现了立体传播。渠道的多样性、参与的广泛性与虚拟网络的快速传播为涉旅公共卫生事件的预警预防营造便利条件，这使公众提高对突发公共卫生事件的防控意识和自我防护能力成为

① 达达：《中国互联网络信息中心：我国网民数量已达7.31亿》，IT之家，http：//www.ithome.com/html/it/290090.htm，2017年1月22日。

可能，科学的进步终会惠及民生，这在应对突发公共卫生事件上得到了体现。

**2. 旅游新业态不断涌现，旅游保险加强公共卫生事件安全保障**

近年来，各种户外俱乐部、“驴友”社团，各种休闲广场、生态农庄、美丽乡镇，各种民宿、度假村、疗养院层出不穷，游客旅游方式和消费模式也越来越多样化，自驾游、境外游、民宿等发展势头强劲，旅游新业态不断涌现，其安全保障问题亟待解决，旅游保险的兴起为旅游公共卫生事件提供了较好的安全保障，例如浙江省遂昌县以“政府＋保险公司＋经营主体”的乡村旅游保险模式，创新推出农家乐（民宿）游客意外伤害保险。① 购买旅游保险能够有效降低公共卫生事件的伤害，2016 年出国旅游保险市场规模约达到 90 亿元人民币②，但中国旅游保险渗透率仍有待提高，例如驻泰使馆提醒中国游客购买旅游保险应对泰国潜在传染性疾病威胁。③

**3. “互联网＋”强劲驱动，智慧旅游降低公共卫生事件风险**

近年来，伴随着“互联网＋”的强劲驱动，“旅游＋互联网”行动计划提出未来 5 年创造 3 万亿元红利④，在诸多经济利益刺激下，越来越多景区及企业推行高新技术发展智慧旅游，智慧旅游应用到公共卫生事件的预防预警、应急救援和监督管理等多方面，收到显著成效。例如，朱德故里景区开启“智慧旅游”模式，春节期间，一成都的大爷在朱德故里景区参观时突发疾病，家人及时按下智慧软件上的“一键求救”，“120”急救车 3 分钟赶到现场进行救治⑤，“智慧旅游”为景区降低了公共卫生事件风险，有效保

---

① 浙江省旅游局：《遂昌县创新推出农家乐（民宿）游客意外伤害保险》，http://www.tourzj.gov.cn/lyzl_article.aspx?LeftType=3&TypeID=60&NewsID=43749，2016 年 9 月 20 日。

② 孙子清：《小长假催生旅游保险热　境外旅游险紧急救援不可缺》，东方网，http://sh.eastday.com/m/20160603/u1a9414267.html，2016 年 6 月 3 日。

③ 范云波：《驻泰使馆提醒中国游客购买旅游保险应对潜在传染病威胁》，新华网，http://news.xinhuanet.com/world/2016-01/25/c_1117889927.htm，2016 年 1 月 25 日。

④ 伍第、元月：《“旅游＋互联网”：未来五年创造“3 个 1 万亿红利”》，中国网，http://news.china.com.cn/2015-09/20/content_36634107.htm，2015 年 9 月 20 日。

⑤ 欣欣旅游：《朱德故里景区开启“智慧旅游”模式》，欣欣旅游网，http://news.cncn.com/230616.html，2016 年 5 月 10 日。

障了旅游安全。

**4. 国际多层次旅游交流格局形成，国际涉旅公共卫生安全深度协作**

近年来，国家旅游局坚持“以旅游合作充实和丰富外交关系，以外交关系保障和推动旅游合作”，推动“元首外交为旅游铺路，旅游为元首外交搭建舞台”，国家元首在国事访问中纷纷将旅游作为重要内容。[①] 2016 年 1 月 14 日，印度“中国旅游年”在印度举办；1 月 20 日，2016 年中国“韩国旅游年”开幕式在北京举行；2 月，2016 年“中美旅游年”活动正式开幕；2017 年哈萨克斯坦“中国旅游年”与 2017 年中国和瑞士联合举办的“中瑞旅游年”也在筹备之中。随着旅游外交从边缘走向中心，国际多层次旅游交流格局逐渐形成，涉旅公共卫生安全跨国跨境跨区域多部门深度协作越来越显著，如中国首个跨国医疗救助品牌“1369 生命直通车”于 2016 年 8 月 19 日在广西东兴口岸开通，为急需医疗救助的中越边民及出入境旅客提供便捷高效的救助服务。[②]

## （二）2017年涉旅公共卫生安全的发展建议

**1. 旅游大众化，大众游客公共卫生安全教育有待进一步普及**

随着大众旅游时代的到来，旅游休闲度假已进入消费者刚性需求范畴。据统计，2016 年国内旅游达到 44.4 亿人次，同比增长 11%；出境旅游人数 1.22 亿人次，同比增长 4.3%。[③] 2016 年，中国蝉联全球出境旅游人次和消费额的双料世界冠军。旅游已成为人们休闲娱乐的必然方式之一。2017 年旅游将更加大众化和普及化，旅游公共卫生安全亟须关注，旅游相关行业必须有效推广大众公共卫生宣传教育，提高游客公共卫生安全意识，促进旅游

① 徐万佳：《主动融入发展大局　大力推动旅游外交》，新华网，http://www.nx.xinhuanet.com/2016-09/01/c_1119488533.htm，2016 年 9 月 1 日。

② 李敏军、吴龙燕、廖汝瑞：《中国首个跨国医疗救助品牌启用　为中越民众架“生命桥梁”》，中国新闻网，http://www.chinanews.com/gn/2016/08-19/7978410.shtml，2016 年 8 月 19 日。

③ 张樵苏：《2016 旅游市场供需两旺　全年国内游或达 44.4 亿人次》，新华网，http://news.xinhuanet.com/local/2017-01/10/c_1120276253.htm，2017 年 1 月 10 日。

企业公共卫生环境达标，保障旅游业公共卫生安全。

**2. 旅游全域化，个体游客公共卫生安全保障有待进一步加强**

2016 年，全域旅游迎来快速发展，建设了 262 个首批国家全域旅游示范区，积极将整个区域作为旅游目的地来建设，真正实现景点内外一体化、空间全景化的系统旅游。在全域旅游视野下，游客个人卫生安全保障难度加大，管控难度也前所未有，各地全域旅游示范区必须大力完善支撑体系，在政府部门联动基础上，加强行业监控，建立应急联动机制，保障游客安全，对存在的安全隐患及时发布预警，跟踪监测。伴随着全域旅游的兴起，全域旅游区对个体游客的公共卫生安全保障有待进一步加强。

**3. 旅游国际化，国际旅游公共卫生安全合作亟待进一步深化**

2016 年，出境旅游空前火爆，1. 22 亿人次游客走出国门体验异域风情。而近些年来，多个国家暴发多种传染病疫情，2016 年世卫组织发布了第四个国际关注的突发公共卫生事件——“寨卡病毒”（继甲型 H1N1 流感、脊髓灰质炎及埃博拉疫情后）。2016 年 11 月 21 日，李克强总理在第九届全球健康促进大会上提出，“促进包容联动，构建全球公共卫生安全防控体系，进一步提高全球应对突发公共卫生事件的能力”，公共卫生安全国际合作迫在眉睫，各国应积极倡导和促进全球旅游公共卫生安全合作，承担相应的责任和义务，为建设美好而健康的公共卫生环境不懈努力。

**4. 游客逃避雾霾，旅游目的地雾霾治理任重而道远**

据新加坡《联合早报》2016 年 1 月 9 日报道，“避霾游”成为中国旅游市场热点，逐渐成为冬季旅游的“刚需”，部分市民甚至远赴海外避霾。过去影响我国华北地区的雾霾如今范围不断扩大，雾霾在严重影响人们身体健康的同时，也影响着人们的旅游出行，“避霾游”越来越成为游客无奈的选择。对于我国旅游目的地形象而言，“避霾游”更像是对旅游环境的一种反讽，环境污染对我国旅游目的地的负面影响不容忽视。随着人们对环境质量要求越来越高，旅游目的地治理雾霾污染刻不容缓，任重而道远，需要大家共同努力，还地球一片蓝天。

**B.12**

# 2016~2017年中国涉旅社会安全事件的形势分析与展望

张慧　殷杰*

摘　要：本文采用案例分析法，归纳得出2016年我国涉旅社会安全事件的发展形势：总体形势不容乐观，管控工作依然严峻；安全事件类型繁多，防控工作依旧困难；安全事件易于发酵，社会关注与日俱增；政府部门多头管理，管控机构尚不明晰。搜集涉旅社会安全事件的相关案例并对其进行分解、编码，研究发现涉旅社会安全事件具有一定的时空分布规律。进一步研究发现，人员因素、设施设备因素、环境因素和管理因素等四大因素是导致涉旅社会安全事件发生的主要因素。结合2016年涉旅社会安全事件的发展态势，提出2017年涉旅社会安全事件的发展趋势，并有针对性地提出涉旅社会安全事件的管理建议：以区域管理为重点，强化因时因地管理；以跨界融合为理念，融合多方管理力量；以信息管理为抓手，强化新媒体社会功能；以社会组织为基础，构建公众参与机制；以安全生产为导向，强化市场安全生产。

关键词：涉旅社会安全事件　旅游安全　形势分析　管理建议

* 张慧，华侨大学旅游学院副教授，主要研究方向为旅游企业管理与旅游产业发展；殷杰，华侨大学旅游学院博士研究生。

旅游业产业链长，涉及行业部门众多，旅游活动具有休闲性、娱乐性特点，游客醉心于娱乐休闲、安全意识薄弱等诸多原因致使旅游业成为全球最易受风险侵袭的行业之一[①]，旅游与风险相互交织，旅游与安全事故同伴。社会安全事件是突发事件中的一个常见类型。社会安全事件一般是指涉及社会秩序、公共生活、政权稳定等社会安全领域，由于人为因素而在短时间内对众多社会成员利益造成严重威胁或损害并需要采取紧急措施应对的重大突发性事件。[②] 社会安全事件会危害社会稳定、干扰社会秩序[③]，而涉旅社会安全事件则会危及旅游的主体（游客）、客体（旅游资源与设施设备）和媒体（食、住、行、游、购、娱等相关产业），严重影响旅游产业健康发展。

涉旅社会安全事件指在一定区域内，由于人为因素造成或者可能造成严重社会危害，并产生重大社会影响，需要采取应急处置措施的突发事件，主要事件类型包括针对旅游者的刑事犯罪事件和恐怖袭击事件。[④] 因此，分析涉旅社会安全事件的总体形势，识别涉旅社会安全事件的发生特征和发生规律，探究其诱发因素，这有助于研判涉旅社会安全事件发展形势并有针对性地提出管理建议，以此营造旅游产业的发展环境，保障旅游产业的安全健康发展。

## 一　涉旅社会安全事件的总体形势分析

旅游安全研究的难点之一便是相关数据的采集与获取：一方面，很难调研足够数量的事故亲历者；另一方面，问卷调查等传统研究方法很难对真实发生的事故进行全面信息模拟和反馈。[⑤] 基于此，基于案例统计的方法是一

① Brent W. Ritchi, “Chaos, Crises and Disasters: A Strategic Approach to Crisis Management in the Tourism Industry”, *Tourism Management*, 2004 (25): 669 - 683.

② 李照雨：《国外社会安全事件行政问责的经验及启示》，《北华大学学报》（社会科学版）2014 年第 3 期。

③ 程锦：《国家治理视域下的社会安全事件及其应对策略》，《理论导刊》2014 年第 9 期。

④ 国家旅游局主编《旅游安全知识总论》，中国旅游出版社，2011。

⑤ 谢朝武：《我国酒店业盗窃案件的发生特征及其管理体系研究》，《华侨大学学报》（哲学社会科学版）2010 年第 3 期。

种可行的选择。[①] 此外，网络资源作为学术研究的数据来源，已大量应用于旅游研究。[②] 随着我国逐渐进入网络时代，社会热点事件均会通过微博、微信等新媒体传播、反馈。因此，涉旅社会安全事件也可以通过网络搜集具有典型意义的案例进行相关研究。

本文选择百度新闻（http://news.baidu.com/）作为搜索工具，进行涉旅社会安全事件的筛选。百度新闻是目前世界上最大的中文新闻搜索平台，每天发布多条新闻，新闻源包括500多个权威网站，真实反映每时每刻的新闻热点。

通过百度新闻的高级搜索功能，将搜索时间限定为2016年进行涉旅社会安全事件搜索、遴选。据不完全统计，2016年共发生115起社会安全事件，涉及30个省级行政单位，事件涉及的地域范围十分广泛，给当地旅游业的发展带来了较大的影响。本文将近7年我国涉旅社会安全事件按照事件类型、发生年份进行统计、对比分析，具体结果如图1所示。由图1可知，我国2016年涉旅社会安全事件呈现以下态势。

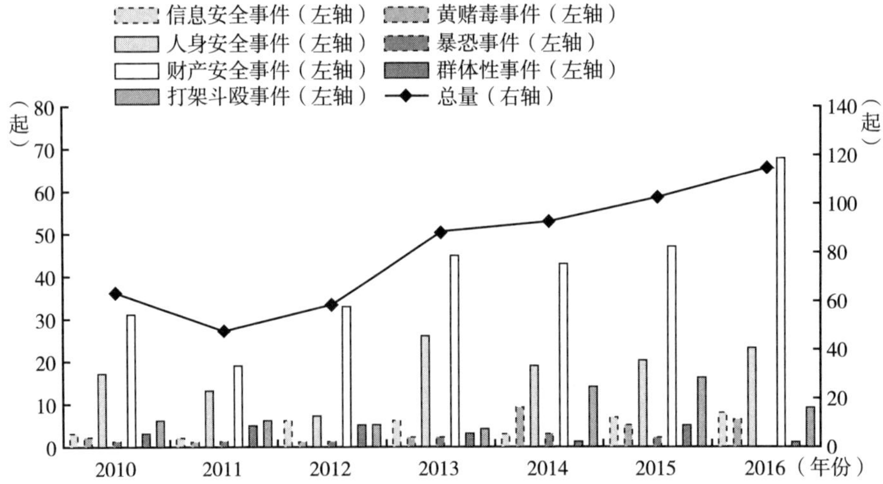


**图1　我国近7年涉旅社会安全事件概况**

① 胡晓娟、吴超：《人的安全心理特性研究方法的综述研究》，《中国安全科学学报》2009年第7期。

② 于海波：《网络话题作为定性数据来源的研究方法探讨——以旅游动机研究为例》，《旅游科学》2011年第1期。

## （一）总体形势不容乐观，管控工作依然严峻

从近年来涉旅安全事件的总体发展态势来看，自 2011 年之后涉旅社会安全事件呈现上涨趋势。其中，2011 ~ 2013 年涨幅较大，2014 ~ 2016 年涉旅社会安全事件呈现逐年增长趋势。从近 7 年总体发展态势来看，我国涉旅社会安全事件发生量总体上呈现逐年增长趋势，总体形势不容乐观。从发生的空间范围来看，截至 2016 年，我国已有 30 个省级行政单位发生涉旅社会安全事件，涉旅社会安全事件发生的地域范围呈现拓展趋势。我国正处于大众旅游发展阶段，旅游活动已常态化，出游人数屡创新高，各地在旅游开发、旅游市场秩序维护、旅游安全管理等方面均存在较多安全隐患，相应的旅游安全管控工作依然严峻。此外，在风险社会环境下，风险结构复杂，风险来源多样，这都增加了涉旅社会安全事件的管理难度。

## （二）安全事件类型繁多，防控工作依然困难

涉旅社会安全事件近年来主要表现为盗窃、抢劫、敲诈勒索、诈骗、网络非法言论、群体性事件、恐怖袭击等形态，安全事件表现形式多样化、固定化，且事件涉及的地域十分广泛。涉旅社会安全事件具有突发、形态多样、发生地域分散以及影响严重等特性，很难对其进行有效的预防、监测与预警，事故发生后，相关部门也很难快速反应。由此可见，涉旅社会安全事件的安全防控工作依旧困难。

## （三）安全事件易于发酵，社会关注与日俱增

按照可控性、严重程度和影响范围等因素，将社会安全事件分为特别重大、重大、较大和一般四级。[①] 分析近年来的涉旅社会安全事件发现，涉旅

① 《中华人民共和国突发事件应对法》，2007 年 8 月 30 日由第十届全国人民代表大会常务委员会第二十九次会议通过。

社会安全事件容易产生“网络发酵”效应，倍增其社会关注度，这给旅游业发展和社会秩序造成严重影响。2016 年 4 月 3 日晚，一名叫“弯弯”的女子在北京和颐酒店遇袭。该事件经网络传播发酵后，引起了社会广泛关注。此次遇袭事件也对整个酒店业造成了巨大的影响，牵扯出“酒店小卡片”等一系列问题。由于涉旅社会安全事件波及范围的广泛性以及对社会秩序危害的严重性，其与“网络发酵”效应叠加，使涉旅社会安全事件的社会关注度空前提高。如何对涉旅社会安全事件进行有效的预防与管控已经成为旅游发展过程中面临的重要话题。

### （四）政府部门多头管理，管控机构仍不明晰

按照旅游法的要求，县级以上人民政府应当将旅游应急管理纳入政府应急管理体系，制定应急预案，建立旅游突发事件应对机制。然而，旅游法的相关规定并没有明确指出旅游安全管理的主管部门，也没有明确规定相应的安全管理机构。在旅游法实施的过程中，仍未有相应的实施细则进行详细说明，目前对于涉旅社会安全事件乃至旅游安全的管控机构仍不明晰。从目前来看，地方政府在涉旅社会安全事件处理上尚未设立涉旅社会安全事件应急管理机构与统一的领导机构，也未确立相应的领导机制。从涉旅社会安全事件的管理实践来看，目前存在应急办、综治办、维稳办等相关部门共同领导协调涉旅社会安全事件应急处置工作的问题。这种多部门共同领导协调进行应急处置的工作机制不但影响了涉旅社会安全事件处置效率，同样还会导致相关工作和职能重叠等情况。因此，政府应精简机构、提高效率，完善应急处置机制、明确领导权责，成立以某一相关部门为核心、多部门共同参与的应急处置中心，形成涉旅社会安全事件管理的圈套结构，即如果涉旅社会安全事件涉及哪个专业部门就将该部门纳入其中。

## 二　涉旅社会安全事件的特征分析

本文将通过百度新闻搜索获得的 2016 年我国涉旅社会安全事件作为研

究样本，建立案例库，对案例进行逐一查阅，剔除重复、不完整的报道，共得到115个有效案例。本文对案例进行分解、编码，从时间、空间两个维度来探究涉旅社会安全事件的发生规律和特征。

## （一）我国涉旅社会安全事件的时间分布特征

将115起涉旅社会安全事件（截止到2016年12月31日）逐一分解、编码，并对其进行统计分析，结果如图2所示。由图2可知，我国涉旅社会安全事件具有以下时间分布特征。

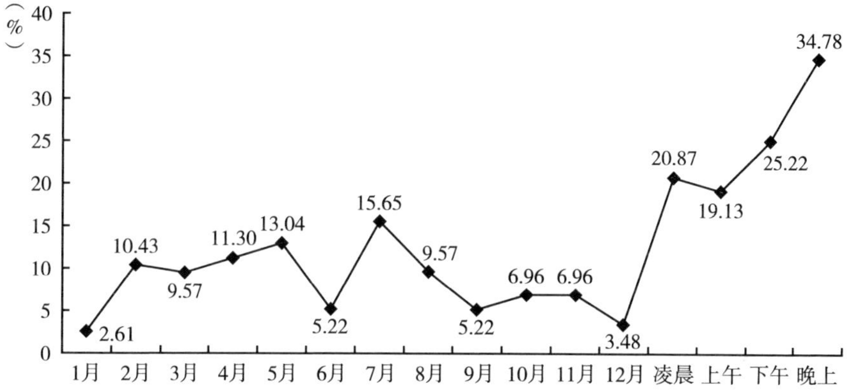


**图2　2016年涉旅社会安全事件时间分布特征**

（1）从涉旅社会安全事件的月份分布来看，涉旅社会安全事件在2月、5月、7月以及10月处于事件发生曲线的峰值位置，事件呈现多发趋势，其中7月达到极大值，占比达到15.65%。而在4~10月发生的涉旅社会安全事件占比达66.96%，此阶段恰好与我国旅游旺季的时间吻合，由此说明旅游旺季是涉旅社会安全事件的高发期，相关部门应针对这一时段加强涉旅社会安全事件的防控工作。

（2）从季度分布来看，各季度涉旅社会安全事件的发生比例分别为22.61%、29.56%、30.44%和17.40%。第二季度、第三季度涉旅社会安全事件的事故发生率明显高于其他两个季度。因此，在这两个季度需要加强涉旅社会安全事件的预防与应对。

（3）从发生时段来看，晚上和下午发生的比例明显高于其他两个时间段，其中晚上发生涉旅社会安全事件的比例最高，达34.78%。这主要是因为经过长时间的营运后，下午和晚上员工安全意识较为薄弱，风险识别与察觉能力有所下降。因此，在下午和晚上时段游客和经营者需增强安全意识，从多途径入手，强化涉旅社会安全事件管理。

## （二）我国涉旅社会安全事件的空间分布特征

本文对搜集到的115起涉旅社会安全事故进行空间分布特征分析，统计结果如图3所示。

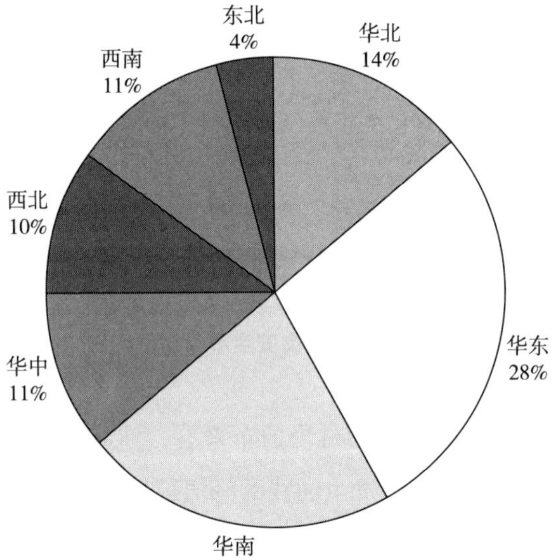


**图3　2016年涉旅社会安全事件空间分布**

（1）从地区分布来看，华东地区的涉旅社会安全事件发生数“遥遥领先”于其他地区，而华南地区也是涉旅社会安全事件的“重灾区”。从图3可以直观地发现，这两大区域发生的涉旅社会安全事件占据了我国涉旅社会安全事件的半壁江山。

（2）从发生涉旅社会安全事件的省域来看，涉旅社会安全事件具有明显的地域分散性。涉旅社会安全事件发生区域涉及30个省级行政单位，发生地域范围广泛。其中，海南省发生11起涉旅社会安全事件，山东省发生10起，广东、湖北、四川各发生8起。与2015年涉旅社会安全事件的省域分布对比发现，2016年涉旅社会安全事件呈现明显的“西进”趋势，涉旅社会安全事件的高发省份不再集中在东部地区，而是向西扩散，湖北、四川也成为涉旅社会安全事件的高发省份。

（3）从涉旅社会事件发生的具体空间场所来看，涉旅社会安全事件呈现一定的发生场所聚集性，具体分布情况如图4所示。其中，发生在酒店的安全事件占比达66.96%，占据绝大比例。酒店是面向公众的综合性场所，风险错综复杂，且类型多样。因此，酒店应制定相应的涉旅社会安全事件应急预案，加强相关风险预防与应急处置工作。

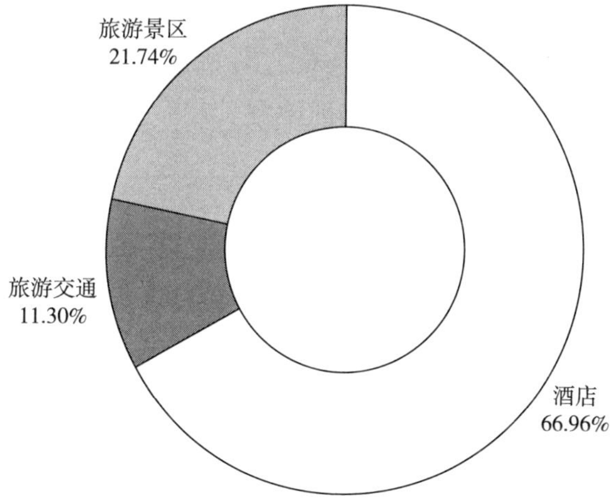


**图4　2016年涉旅社会安全事件场所分布**

## 三　涉旅社会安全事件的诱发因素分析

涉旅社会安全事件具有复杂性，安全隐患众多，错综复杂。本文对115

起涉旅社会安全事件逐一进行分析，对事件引致因素进行提炼归纳，认为涉旅社会安全事件的引致因素包括以下几方面。

## （一）人员因素

涉旅社会安全事件多数由人员因素诱发。本文认为，涉旅社会安全事件的人员因素主要包括旅游者因素、旅游从业人员因素。

**1. 旅游者因素**

由于旅游活动的异地性，旅游者要前往异地完成旅游活动。旅游者对目的地的风险、环境等认知水平不足，且其自身的安全意识较为薄弱。旅游者外出旅游往往将精力集中在美景观赏与旅游体验上而忽视潜在旅游风险。此外，旅游者对旅游风险和安全事故存在一定的认知误区与局限，部分旅游者认为景区、酒店等是风险的高发区，其他旅游环境不存在旅游风险。2016 年 10 月 20 日上午，合肥市开福寺景区内发生火灾，过火面积达 50 多平方米，景区火灾系个别香客用香烛后未及时熄灭所致。[①] 多数游客安全意识淡薄，忽略风险源，最后造成安全事故。旅游者安全认知不足与安全意识薄弱是造成涉旅社会安全事件多发的一个重要原因。

**2. 旅游从业人员因素**

由旅游从业人员因素诱发的涉旅社会安全事件主要表现在两个方面。

一是旅游从业人员疏忽。许多旅游企业从业者缺乏风险意识，往往自视甚高。这会导致旅游从业人员忽视日常安全操作风险，不将安全作为工作过程中的主要准则。2016 年 5 月 8 日 7 时许，东方市男子符某到酒店，以入住 502 号房的顾客是其朋友为由，让服务员拿钥匙打开该房门。符某进入房间后，发现赵某等人正在睡觉，遂将赵某的摩托车钥匙拿走，然后启动赵某

---

① 吴洋：《开福寺围墙内冒出滚滚黑烟》，安徽商报，http：//epaper. anhuinews. com/html/ahsb/20161021/article_ 3504904. shtml，2016 年 10 月 21 日。

停放在酒店大门前的一辆价值 12817 元的摩托车，开走卖掉。[①] 酒店工作人员疏于职守、缺乏安全防范意识直接导致盗窃事件发生。

二是旅游从业人员故意为之。本文所研究的企业员工既包括在职员工，也包括离职员工。由于这些员工对旅游企业环境较为熟悉，个别人利用职务之便进行偷窃，从而导致游客财产损失。谢朝武通过研究酒店业盗窃事件发现与酒店员工相关的盗窃事件比例达 26.8%。[②] 2016 年 5 月 18 日 20 时许，王某利用其作为客房服务员打扫客房卫生之机，持房卡进入所在酒店 1421 号房间内，趁被害人狄某不在房间，翻看狄某双肩包，发现人民币 1500 元并盗走。[③]

## （二）设施设备因素

设施设备是各项旅游活动项目正常运营的重要基础。许多旅游企业往往在设施设备维护、更新、保养以及相关工作人员的培训等工作方面存在缺失，甚至一些旅游企业连基本安全保障设施设备都未配备。此外，一些旅游活动的支持性设备构成了潜在的风险源，如电梯、电线电缆、照明灯具、扬声器等设备。2016 年 2 月下旬，州城一酒店内，10 多名顾客正围着餐桌吃饭。突然桌上的卡式炉燃气罐发生爆炸，在场数名顾客被不同程度烧伤。[④] 同时，由于旅游活动的大众化与常态化，加之游客出游的集中性，多数旅游场所的设施设备均处于高负荷、超负荷运作状态，安全隐患众多。此外，一些旅游活动开展的辅助性设施设备同样存在隐患，一旦发生问题，将对旅游活动造成严重影响。

---

① 罗凤灵：《东方男子自称是宾馆房客的朋友　让服务员拿钥匙开门行窃》，南海网，http：//www.hinews.cn/news/system/2016/12/01/030857517.shtml，2016 年 12 月 1 日。

② 谢朝武：《我国酒店业盗窃案件的发生特征及其管理体系研究》，《华侨大学学报》（哲学社会科学版）2010 年第 3 期。

③ 刘麦、梁依：《海口一酒店客服人员盗房客 1500 元获刑　罚金 1000 元》，南海网，http：//news.hainan.net/hainan/shixian/qb/haikou/2016/11/09/3225943.shtml，2016 年 11 月 9 日。

④ 杨扬：《州城一酒店卡式炉爆炸伤人　多部门展开抽样调查》，腾讯·大楚网，http：//hb.qq.com/a/20160315/037479.htm，2016 年 3 月 15 日。

## （三）环境因素

涉旅社会安全事件的诱发因素不仅要考虑场所自身的因素，还要顾及周围环境隐藏的诱发要素。涉旅社会安全事件的环境因素主要包括周边交通状况、周边建筑情况以及周边社会状态等。如印度时常发生踩踏事故，现场环境混乱，很多不法分子趁乱盗抢附近商店。

## （四）管理因素

不管是涉旅社会安全事件的基层管理还是上层管理，目前仍存在较多缺陷。

第一，就基层管理而言，旅游企业安全认知不高，缺少预防和应急预案，在现场游客管理方面工作不到位，甚至存在无序管理现象。在节假日期间，热门景区往往出现游客“井喷”现象，游客大大超过景区容量，景区往往应对不及、现场管理不善，容易发生打架、拥挤等事故。如 2016 年 5 月 29 日上午，渭南少华山景区因索道饱和进行限流。景区未能及时排解游客不满情绪，导致部分游客围堵景区摆渡车、堵住景区道路。[①]

第二，就上层管理而言，政府管控措施成效不佳。从涉旅社会安全事件的管理实践来看，我国各级政府均未设立相关常设机构来应对突发事件，而针对旅游突发事件设立安全机构更是“遥遥无期”。目前，突发社会安全事件后，相关部门往往是仓促赶到现场指挥或组建临时应急工作小组，单凭经验决策。这样的突发事件应对模式使得信息和资源很可能在短时间内无法发挥最大效用，这样极有可能延误救援的黄金时机，甚至导致事态扩大。涉旅社会安全事件是一种典型的突发事件，形态多样，单凭经验决策不一定能将问题解决。如何就涉旅社会安全事件的发生特征、引致因素以及发生机理来构建科学有效的预防预备、监测预警、处置救援以及善后恢复机制需要政府部门重点考虑。

---

① 佚名：《网曝少华山景区临时关闭索道　游客受阻不满堵路》，华商网，http：//weinan.hsw.cn/system/2016/0601/25232.shtml，2016 年 6 月 1 日。

## 四 2017年涉旅社会安全事件的发展趋势与管理建议

### （一）2017年涉旅社会安全事件的发展趋势

**1. 发生区域扩大化**

2012～2015年，发生涉旅社会安全事件的省份明显增加，2016年则增至30个。涉旅社会安全事件的发生区域存在明显的扩大趋势。广东、海南和山东是历年涉旅社会安全事件的高发区域，2016年，四川、湖北两省加入高发区域行列。综上，可预判2017年涉旅社会安全事件的发生区域仍存在扩大的可能。此外，涉旅社会安全事件的高发区域仍可能进一步扩大，且可能会有“西进”的趋势，即涉旅社会安全事件的高发区域可能向中西部省份扩展。

**2. 管理工作融合化**

旅游是涉及食、住、行、游、购、娱等多种要素的综合性产业。产业的综合性要求相应的安全管理工作实现多部门融合。涉旅社会安全事件涉及游客、普通大众以及社会等多个主体，因此，涉旅社会安全事件的安全管理工作需要借助旅游部门、公安、安监等多方力量。近年来，旅游安全管理工作不断推陈出新，旅游警察、巡回旅游法庭、工商旅游分局等合作管理模式不断推出，这标志着旅游安全管理工作的多元管理主体实现跨界融合协作。2017年，多元管理主体间跨界融合会进一步加强，以此强化涉旅社会安全事件管理工作。

**3. 事件传播网络化**

近年来，微博、微信、贴吧等成为诸多旅游突发事件、涉旅社会安全事件传播、扩散的主要渠道。2015年“青岛天价大虾事件”、2016年“和颐酒店女子遇袭事件”在微博、微信朋友圈“刷屏”，社会空前关注。2017年，涉旅社会安全事件的网络化传播趋势会进一步加强。如何做好涉旅社会安全事件的网络舆情管控，保证信息的真实性，是管理部门亟待重视的问题。

**4. 参与主体多元化**

促进非政府组织和公民积极参与，坚持依靠群众、发动群众、群防群治、专群结合，通过“政府与公民关系平等化”，筑起预防和遏制社会安全事件的“铜墙铁壁”。[①] 涉旅社会安全事件的预防和遏制同样需要非政府组织和公民的力量。相关部门应建设信息公开渠道，公众、非政府组织民意表达平台等，加强社会对涉旅社会安全事件的认知与共同管理。

**5. 安全管理法制化**

相关法律体系的建设与完善是构建涉旅社会安全事件防控体系的基础。近年来，随着旅游法、反恐怖主义法实施与细化贯彻，涉旅社会安全事件的管理也正逐步完善。相关主管部门应借旅游安全法制建设逐步完善之机，不断强化涉旅社会安全事件的应急法制建设，完善各类生产经营安全规范，逐步实现涉旅社会安全事件管理的法制化、体系化与系统化。

### （二）管理建议

**1. 以区域管理为重点，强化因时因地管理**

涉旅社会安全事件的发生具有一定的时空特征与规律。据此，涉旅社会安全事件的预防与管理应以行政区域为单位，各主管部门应充分分析本区域内涉旅社会安全事件的发生特征与引致因素，从时间和空间两大角度出发，因时因地地建立相应的安全管理体系。此外，酒店是涉旅社会安全事件的高发场所，应对其进行全面风险排查，强化员工安全意识，提升员工安全技能，构建涉旅社会安全事件保障网。

**2. 以跨界融合为理念，整合多方管理力量**

涉旅社会安全事件对游客、大众和社会均会产生重大影响，强化涉旅社会安全事件的管理需要依靠多部门的协调合作。因此，涉旅社会安全事件的管理需要引入公共管理力量。政府相关部门应以跨界融合为理念，融合旅

① 杨海坤、马迅：《总体国家安全观下的应急法治新视野——以社会安全事件为视角》，《行政法学研究》2014 年第 4 期。

游、公安、安监、消防等多方管理主体，形成协作机制，共同治理涉旅社会安全事件。

**3. 以信息管理为抓手，强化新媒体社会功能**

涉旅社会安全事件管理应以新媒体为基础，进行信息管理，正确引导舆情，规避夸大、虚假信息。一是实现传统媒体与新媒体的融合互动，从传统和新兴媒体两大方面入手提升涉旅社会安全事件的舆情管控效果；二是加强信息监管，规避虚假信息，加强网络舆情控制，杜绝非法虚假言论，正确传播涉旅社会安全事件的相关信息；三是构建信息化平台，建立旅游投诉处理机制，政府牵头协调处理旅游活动过程中的各方矛盾，降低冲突发生的可能性。

**4. 以社会组织为基础，建设公众参与机制**

公众参与已成为涉旅社会安全事件应急管理体系中的重要组成部分，因此应建立科学的公众参与机制：一是强化信息公开机制，及时、详细、快速、正确披露事件进展情况，帮助公众认清事件真相；二是发挥社会组织的专业优势。发挥非政府组织在事件应急管理中的作用，协助相关部门共同处置涉旅社会安全事件。

**5. 以安全生产为导向，强化市场安全生产**

相关经营单位的违规生产经营是引致涉旅社会安全事件的重要原因。基于此，旅游主管部门应以安全生产为准则，规范市场安全生产、经营行为。首先，旅游主管部门应督促旅游经营单位以安全生产为准则，规范经营行为。其次，旅游主管部门制定食、住、行、游、购、娱等方面的安全生产规范，督促经营单位严格执行规范，从严治理违规经营单位。最后，旅游主管部门应继续加强“一案一台三制”的涉旅社会安全事件管控体系建设。

## 五　结束语

旅游正逐步实现大众化与常态化，旅游安全问题受到各界关注。由于涉旅社会安全事件影响的综合性和广泛性，如何妥善处理复杂多变的涉旅社会安全事件成为各界关注的重要问题。相关管理部门应结合涉旅社会安全事件的发生特征与引致因素，以区域管理为重点、以跨界融合为管理理念，结合多方力量进行防控与管理，建立健全涉旅社会安全事件的应对体系。

· 安全管理篇 ·

# B.13

# 2016～2017年中国旅游安全行政管理工作分析与展望*

谢朝武　林佳青　王　静**

摘　要：　本文按照旅游安全行政管理的层级序列，对国家旅游局和相关部委的年度旅游安全工作进行了整理、述评与总结，并对全国省级（含直辖市）旅游行政管理部门和港澳台地区的2016年度旅游安全行政管理工作进行了较为系统的梳理、总结和分析，同时对2017年我国旅游安全的行政管理工作进行了趋势展望并提出相关建议。2016年，各级旅游行政主管部门从规范指导、检查监督、风险警示、通报批评、安全培训、突发事件处置等方面继续强化旅游安全领域的行政管理工作。2017年，各级旅游行政管理部门应积极响应《"十三五"旅游业发展规划》，构筑旅游安全保障网，继续加大出境旅游安全工作投入并增强国家与地区间的安全合作。同时，应完善及优化重特大旅游突发事件的预防与处置程序及手段，突出各级旅游行政管理部门在旅游安全管理工作中的角色与作用，加强智慧旅游安全工作的规划与落实。

---

* 基金项目：福建社科重点项目"'一带一路'战略下中国出境旅游安全风险的形成机制及治理研究"。

** 谢朝武，华侨大学旅游学院副院长、教授、博士生导师，主要研究方向为旅游安全与风险管理；林佳青、王静，华侨大学旅游学院研究生。

关键词： 旅游安全 行政管理 工作总结与展望 2016～2017 年

2016 年，我国《旅游安全管理办法》开始施行，标志着我国的旅游安全管理进一步迈向了制度化、规范化发展的新阶段，更有利于我国旅游安全行政管理工作的有效开展。旅游行政管理部门在旅游产业安全生产中扮演调控者角色，在我国旅游安全发展领域中发挥着重要作用。

## 一 2016年我国旅游安全行政管理工作的总体形势

### （一）加大旅游景区安全管理力度

旅游景区是旅游活动的重要场所，是旅游产品的主体。国家旅游局在 2016 年开启景区最严格的“整肃”管理。2016 年 9 月，国家旅游局下发通知要求各地按照相关规定对 A 级旅游景区进行全面的检查评估，对 A 级景区存在的各类安全管理问题进行严肃的处理。截至 2016 年 12 月，全国 31 个省、区、市（港澳台除外，下同）都完成了对辖区 4A 级及以下景区的综合检查，总计有 367 家 4A 级景区因为各种问题的存在而受到不同程度的处理。其中，共有 107 家 A 级景区、55 家 4A 级景区因为问题严重被予以摘牌处理。

### （二）深入开展重点领域专项治理

2016 年，我国继续开展“不合理低价游”专项整治行动。2016 年 2 月，国务院办公室出台《关于加强旅游市场综合监管的通知》，国家旅游局联合发改委、公安部、财政部等 12 个部门组成 40 个工作组，对 31 个省、区、市开展专项督察，联合最高人民法院加强旅游景区等游客相对集中区域派出法庭建设和巡回审判工作，联合中央网信办开展“旅游网站严重违规失信”专项整治行动。加大旅游质监执法力度，以严刑峻法打击组织“不合理低价游”的旅游企业，密集开展抵制“不合理低价游”宣传活动，广泛开展“不合理低价游”游客事迹征集活动，以案说法、以案施教。除此之外，国家旅游局联合公安、交通运输、安监等部门持续开展“旅游包车”专项治理行动，进一步规范旅游包车市场的经营行为，及时消除安全隐患，维护游客合法权益，保障旅游包车市场健康的有序运行。

### （三）积极推行《旅游安全管理办法》

2016 年 9 月，国家旅游局正式发布《旅游安全管理办法》，并从 12 月 1 日起开始正式施行。《旅游安全管理办法》的推出符合旅游安全发展的新形势，是我国在旅游法的基础上对原有《旅游安全管理暂行办法》的修订，也是适应当前旅游安全管理工作的重要法制依据，对于推动旅游安全工作的有序开展具有重要作用。《旅游安全管理办法》出台后，各省市旅游局相继贯彻落实办法精神，积极推动《旅游安全管理办法》的实施。

### （四）旅游安全风险提示实现机制化

我国不断完善的旅游风险提示机制，对于推动旅游安全工作向主动预防转变起到了积极作用。2016 年，国家旅游局大力推动旅游目的地安全风险提示制度的建立、积极开展旅游安全预警信息发布、大力拓展文明旅游的工作方式，并不断利用微博、微信、手机短信等新的技术手段，扩大旅游安全风险提示的受众面，增强其时效性。建立 24 小时全领域涉旅舆情监测平台和全国涉旅负面舆情通报制度，在“台湾 7・19 游览车事故”、“新西兰地震”等突发事件的应急处置中第一时间予以应对，正面引导，有效消除负面影响。其中，《旅游安全管理办法》正式提出建立旅游目的地安全风险提示制度，对旅游安全风险提示信息的级别，风险提示信息的内容，风险提示的法律后果，风险提示信息的发布主体、程序和方式等进行了全面规定。

## 二　2016年国家旅游局与相关部委的旅游安全行政管理工作

### （一）旅游安全法制建设与规范指导工作

2016 年，国务院印发《“十三五”旅游业发展规划》，这是旅游业发展五年规划历史上第一次成为国家重点专项规划。2 月，国务院发布《关于加强旅游市场综合监管的通知》。5 月，国家旅游局修订形成了《国家旅游局关于旅游不文明行为记录管理暂行办法》；国家旅游局印发《2016 年旅游安全工作行动方案》。7 月，国家旅游局会同国家防汛办向各地发布了《关于加强汛期旅游安全工作的通知》。9 月，国家旅游局正式出台《旅游安全管理办法》，基本覆盖了旅游安全管理的各项工作；国家旅游局与中央网信办联合发布了《关于开展“旅游网站严重违规失信”专项整治的通知》，在全国范围内启动为期 3 个月的旅游网站严重违规失信专项整治工作；国家旅游局办公室发布《开展“十一”假期旅游市场秩序专项整治工作的通知》。10 月，国家旅游局向各地下发《国家旅游局关于组织开展整治“不合理低价游”专项行动的通知》，从而启动了在全国开展的为期半年的“不合理低价游”整治专项行动。

### （二）旅游安全的监督检查工作

旅游安全监督检查是旅游安全工作中的例行工作方式，有利于及时发现旅游安全隐患，妥善解决安全问题。2016 年 2 月，国家旅游局开展“旅游网站严重违规失信”专项整治工作，对象包括综合旅游网站、旅行社网站、旅游在线预订服务网站、旅游景点网站以及门户网站旅游频道、旅游网站 App 等。11 月，国家旅游局在全国范围内开展“不合理低价游”专项整治行动，中国旅游集团、中国青年旅行社、凯撒国际旅行社等一批传统旅行社和途牛、飞猪等一批在线旅行社集中下架了涉及不合理低价的行程，并加强审核环节。2016 年国家旅游局在黑龙江、云南、广西、浙江、山东、辽宁等地督办了多起扰乱旅游市场秩序以及危及游客人身财产安全的典型事件。

## （三）旅游安全的风险警示工作

2016 年国家旅游局发布风险警示主要从以下几个方面进行。

第一，关于出境旅游的风险警示。1 月，国家旅游局提醒广大游客出境旅游注意防范寨卡病毒疫情；3 月、7 月、12 月土耳其局势发生剧烈动荡，国家旅游局、外交部和中国驻土耳其大使馆提醒中国公民近期暂勿前往土耳其；3 月，比利时布鲁塞尔机场及地铁站等接连发生恐怖袭击事件，造成人员伤亡，国家旅游局、外交部和中国驻比利时大使馆提醒中国公民近期谨慎前往比利时；4 月，日本九州地区发生地震，国家旅游局、外交部和中国驻福冈总领馆提醒中国公民谨慎前往日本九州地区；6 月，国家旅游局发布信息再次提醒中国游客赴泰南旅游提高涉水安全意识；7 月，国家旅游局提醒中国公民在瑞典旅游注意财产安全；8 月，国家旅游局和中国驻日本大使馆紧急提醒中国公民注意安全，防范第 18 号台风；10 月，国家旅游局提醒赴泰游客遵守泰国国王治丧期间的相关规定与习俗；11 月，埃及北西奈地区连续发生多起政府军队与恐怖分子激战事件，国家旅游局提醒中国公民暂勿前往埃及北西奈地区。

第二，关于气象变化的预警。1 月，国家旅游局发布大范围雨雪冰冻天气预警，提示出游者关注天气状况谨慎出行；10 月，国家旅游局提醒广大游客注意假日旅游安全，合理安排出行计划，及时关注天气信息和出行提示。

## （四）旅游安全的通报批评工作

2016 年，国家旅游局启动了全国性的整治 A 级景区的检查工作，全国 31 个省、区、市的 367 家 4A 级及以下景区受到不同程度处理，其中包括 107 家 A 级景区、55 家 4A 级景区被摘牌，黑龙江 5 家，吉林、广西各 4 家，辽宁、江苏、广东各 3 家。同时，2016 年国家旅游局加大对不文明行为记录惩戒力度，建立健全旅游失信“黑名单”定期发布制度，已公示76条旅游经营服务不良信息记录，25人被记入旅游不文明行为记录。5月，国家旅游局对北京、天津部分旅行社安全生产工作进行检查，通报了安全生产主体责任落实不到位、旅游应急预案演练未能有效组织实施、旅游突发事件信息报送制度没有修订完善等问题。

### （五）旅游安全的宣传培训工作

旅游安全的宣传培训是旅游行政主管部门的工作重点。2016年3月，国家旅游局在官网发布《游客安全乘车温馨提示》宣传片。7月1日，全国旅游质监执法人员培训在常州举办。7月，国家旅游局信息中心与中国气象局气象报社联合开展“暑期气候与旅行安全”微博访谈，此次访谈开始后1小时即获70余万阅读量，位列同时段政务排行榜第三名。

### （六）旅游突发事件的应急处置工作

旅游活动中的不文明行为将危及旅游者自身与他人安全，国家旅游局高度重视旅游活动中的文明行为规范。2016年11月发生了中国游客在澳大利亚皇家植物园因不文明行为被澳大利亚警方拘捕事件，引发广泛关注。国家旅游局对此高度重视，责成相关驻外办事处和游客所在地旅游部门核查事实经过和游客相关信息，并将依照《国家旅游局关于旅游不文明行为记录管理暂行办法》的规定进行处理，并再次提醒广大游客要自觉遵守目的地国家和地区的法律规定，尊重当地的风俗习惯，爱护环境，自尊自爱，做自信、文明、有礼的中国游客。

客运包车的安全监管一直是旅游行业管理的重点项目。2016年6月26日，湖南省衡阳骏达旅游集团一辆车牌号为湘D 94396的旅游大巴撞向隔离护栏，造成导致35人死亡、13人受伤的特别重大道路交通事故。党中央、国务院高度重视，其中李克强总理，刘延东、马凯副总理和杨晶、郭声琨、王勇国务委员等领导同志都作出重要批示，推动救援救治和事故的善后处理。

**表1　2016年旅游突发事件基本情况**

单位：起，%

| | 合计 | | 特别重大 | | 重大 | | 较大 | | 一般 | |
|---|---|---|---|---|---|---|---|---|---|---|
| | 数量 | 死亡 | 数量 | 死亡 | 数量 | 死亡 | 数量 | 死亡 | 数量 | 死亡 |
| 本期 | 28 | 119 | 1 | 35 | 2 | 39 | 7 | 30 | 18 | 15 |
| 上年同期 | 30 | 580 | 2 | 477 | 2 | 39 | 12 | 56 | 14 | 8 |
| 较上年同期增减数量 | -2 | -461 | -1 | -442 | 0 | 0 | -5 | -26 | 4 | 7 |
| 较上年同期增减比例 | -7 | -79 | -50 | -93 | 0 | 0 | -42 | -46 | 29 | 88 |

注：分级标准按照《生产安全事故报告和调查处理条例》。

## 三　2016年我国省级旅游行政管理部门的安全管理工作

我国各省级旅游行政主管部门是开展旅游安全工作的重要主体，其旅游安全行政管理工作主要包括文件转发、规范指导、监督检查、风险警示、事件处置和安全培训等方面。

**1. 文件转发**

国家旅游局及相关部门针对旅游安全工作下发了大量政策文件，各地旅游行政管理部门应及时转发和贯彻落实，保证全国上下旅游安全工作的协调开展。2016年，各省级旅游局及时转发国家旅游局及相关行政管理部门发布的《旅游安全管理办法》《关于加强旅游市场综合监管的通知》《2016年旅游安全保障工作指导意见》《国家旅游局关于组织开展整治“不合理低价游”专项行动的通知》《关于实施遏制重特大事故工作指南构建双重预防机制的意见》《关于切实做好景点景区防灾避险和受灾游客转移安置工作的紧急通知》《关于做好汛期及旅游旺季安全工作的紧急通知》《关于加强旅游诚信建设实施失信联合惩戒的通知》《关于开展“十一”假期旅游市场秩序专项整治工作的通知》等相关文件，积极落实国家旅游政策，并结合本省的实际开展专项整治行动，指导本省旅游安全行政管理工作。

**2. 规范指导**

2016年2月宁夏回族自治区旅游局结合实际，制定了《2016年度全区旅游行业安全生产专项整治行动方案》。3 月，湖南省印发《2016 年全省旅游安全保障工作指导意见》《2016 年全省旅游市场秩序治理工作行动方案》；湖北省印发《湖北省旅游市场秩序专项治理行动方案》。4 月，山东省旅游局、省文明办组织有关专家起草制定了《山东省文明旅游 100 条》《山东省文明待客 100 条》等行为规范；湖北省印发《2016 年全省文明旅游工作行动方案》。5 月，浙江省旅游局印发《平安护航 G20 旅游安全生产专项整治大行动方案》。6 月，安徽省旅游局印发《安徽省旅游标准化工作管理办法(试行)》。7 月，湖南省旅游局制定了《全省旅游安全大排查大管控大整治专项行动工作方案》；河北省旅游发展委员会下发了《关于进一步加强暑期旅游安全生产工作的通知》；山东省发布《关于进一步深化全省安全生产隐患大排查快整治严执法集中行动严厉打击安全生产违法行为的通知》。10 月，湖南省下发《湖南省旅游局整治“不合理低价游”专项行动工作方案》。11 月，山东省人民政府安委会发布《关于用好〈中国安全生产报〉加强安全生产宣教工作的通知》，《山东省旅游条例》修订通过，自 2017 年 1 月 1 日起施行；湖北省下发《2016 年全省旅游行业今冬明春火灾防控工作方案》。12 月，黑龙江下发《全省旅游行业全面开展旅游安全生产大检查大整治工作实施方案》。

此外，2016 年度，各省旅游局普遍针对春节、劳动节、端午节、国庆节等节假日旅游安全工作下发了相关工作通知，明确旅游安全治理重点，提出旅游安全工作措施，并要求各级市县旅游部门加强节假日旅游安全生产、旅游景区设备安全、旅游车辆安全等重点环节的专项检查，推动旅游市场秩序的维护。

**3. 监督检查**

监督检查是旅游安全行政管理工作中的重点。2016 年，福建、广东、山东、新疆、河北、河南、辽宁、湖北、甘肃、山西等省区对旅游违法违规行为保持“严打”态势，对“不合理低价”实施线上、线下双重打击，发挥社会监督作用，大力营造诚信经营、公平安全、文明有序的旅游市场环境。江苏、山东等省份的多个县（市、区）设立“旅游工商分局”“旅游警察大队”“旅游巡回法庭”，旅游综合协调职能进一步强化。贵州、山西、黑龙江、河北、江苏、浙江、湖北、宁夏等省区旅游部门全面开展旅游安全生产大检查大整治工作。2016 年 1 月，安徽省旅游局赴淮南、黄山、池州等城市开展旅游安全督察工作；山东省旅游局开展旅游饭店（餐馆）卫生和食品安全监督检查。3 月，山东省旅游局按照“属地管理”、“谁主管、谁负责”、“谁审批、谁负责”和“管行业必须管安全、管业务必须管安全”的要求签订旅游安全责任书。5 月，江西省旅游局召开 2016 年全省旅游行业服务监管工作会议；湖北省旅游委开展全省漂流项目联合督导检查。6 月，黑龙江省旅游局开展全省重点自驾游路线踏查工作。9 月，吉林省旅游局联合交通运输厅、安监局等部门开展导游专座、旅游包车联合督导检查。11 月，黑龙江省旅游局发布《关于做好今冬明春旅游消防安全工作的通知》，并且接受了国家旅游局交通运输部联合督察；湖北省旅游委在全省旅游行业开展夏季消防检查工作；内蒙古在全区展开针对旅游行业内餐饮场所燃气使用安全的联合大检查。12 月，山西、河南、江苏、浙江、吉林扎实深入开展“双节”期间旅游安全生产大检查；黑龙江省旅游局建立风险管控和隐患排查治理双重预防机制。

**4. 风险警示**

2016 年各省市旅游行政主管部门都积极关注国家旅游局发布的旅游风险警示信息并积极转发提醒游客。各省份根据实际情况，及时发布风险预警信息并在必要时启动应急响应。3 月，甘肃省旅游委发布停止游客进入迭部林区火灾区及周边旅游的紧急通知。4 月，湖北省旅游委发布了对流灾害天气提醒；山西省旅游委发布地质灾害预警。7 月，山东省、河北省、江苏省、湖北省针对汛期发布了预防信息，湖北省旅游委启动了气象灾害Ⅳ级应急响应，广西旅游委启动防御台风Ⅳ级应急响应，四川省旅游局发布暴雨蓝色预警。8 月，福建省、广东省旅游局针对台风天气发布一系列台风预警信息及相关紧急通知，强调地区政府密切关注台风动向、及时发布台风信息，组织游客安全旅行；国土部发布云贵湘局地地质灾害黄色预警。10 月，广西、海南旅游委发布台风“莎莉嘉”黄色预警。12 月，辽宁省旅游局发布冬季温泉旅游安全提示。此外，2016年度，各省旅游相关部门普遍在春节、劳动节、端午节、国庆节等节假日发布了旅游安全风险提示信息。

5. 事件处置

各地普遍重视旅游突发事件的应急处置工作。2016年7月，河北省连续强降雨，造成河北省多家旅游景区和在建旅游项目受灾，8月1日河北省召开旅游景区防汛安全工作电视电话会议，要求在全省范围内迅速开展景区防汛抗洪专项检查工作。9月，湖南省针对第14号台风“莫兰蒂”可能造成的影响，依据《湖南省防汛应急预案》，启动防汛Ⅳ级应急响应，迅速落实相关工作措施。11月21日，京昆高速平阳段发生多车先后相撞交通事故，造成17人死亡、37人受伤、56辆车辆损毁，山西省政府召开了全省道路交通安全工作紧急视频会议，省旅游委高度重视此次涉旅交通事故，进行了专题部署。

6. 安全培训

各级旅游行政管理部门越来越重视旅游安全培训工作。2016年福建省、辽宁省旅游局举办“12301全国旅游投诉举报平台应用”培训。3月，甘肃省旅游委组织开展旅游安全教育培训工作。4月，河北省旅游委举行全省旅游监管工作培训；湖北省旅游委举办全省旅游监管、文明旅游及质监执法培训；四川省旅游局召开出境游旅行社传染病防控应急培训会。5月，湖北省等多个省市旅游委组织观看全国“安全生产月”系列宣教片。6月，湖南省旅游局进行了旅行社旅游安全培训工作；广东省旅游局举办“水上安全知识”专题讲座；宁夏回族自治区旅游局举行旅游安全生产管理培训。8月，湖南省旅游局举办海外旅游规范标准培训，确保安全生产。9月，江苏省旅游局在苏州举办2016年全省旅游安全培训暨观摩专项旅游安全应急演练活动，切实做好当前全省旅游安全工作，有效确保中秋、国庆两节江苏旅游市场安全。11月，山东省旅游局举办全省旅游安全培训；湖北省旅游委举办全省旅游安全与保险工作培训班。12月，辽宁省旅游局组织举办全省整治“不合理低价”专项行动巡视督察培训。12月，贵州省旅游委举办首期旅游安全应急救护培训。

## 四　2016年我国直辖市的旅游安全行政工作

### （一）北京市旅游安全行政工作

北京市作为我国首都，各类旅游资源丰富，游客量大，旅游安全工作对旅游业的发展具有较大影响，北京市旅游发展委员会一直非常重视旅游安全工作的开展与推进，积极响应国务院及国家旅游局发布的各类涉及旅游安全的政策文件，如转发《国家旅游局关于旅游不文明行为记录管理暂行办法》及在全行业内贯彻执行《旅游安全管理办法》等。在日常工作开展中，北京市旅游委在风险提示、制度规范、监督管理等方面均进行了大量投入，特别是在遇到大型节庆日时，能够在第一时间进行安全工作通知及相应的风险信息发布。2016年1月，北京市旅游委下达“春运”期间做好“文明旅游安全出行”保障工作的通知；3月，北京市旅游委下达2016年做好清明节旅游安全工作的通知；6月，旅游委进行汛期旅游安全提示；7月，恰逢巴西里约奥运会进行中，旅游委针对奥运会期间的旅游安全工作下发通知；12月下旬，北京市旅游委又分别对2017年元旦及春节期间的旅游安全工作作出通知并积极部署。此外，北京市及其辖区内各区旅游行政部门对各级旅游市场的监督管理力度也在不断加大。6月，北京市旅游委主持举办了旅游安全宣传咨询日活动；8月，旅游委组织召开全市A级景区十一假日旅游安全检查工作部署会；12月，旅游委动员各部门备战春节旅游市场秩序保障，同期，顺义区旅游委采取措施确保第二届冰雪温泉狂欢季活动期间旅游市场的安全性，朝阳区则分别对辖区内的A级景区及其他相关场所进行了元旦节前安全大检查。除在辖区内进行风险提示、对旅游市场进行到位的监管外，北京市旅游委还注重加强对旅游从业人员的安全培训。11月，石城镇食药所联合镇旅游办组织召开冬季民俗旅游接待安全培训会；12月，北京市旅游委举办旅游安全管理培训班，同时旅游委质监所与市食药局分别组织召开了旅游行业质监管理人员培训会及餐饮单位食品安全培训会。在市旅游委如火如荼地进行着旅游安全的各项保障工作时，朝阳区旅游委则于2017年初成立了法制科，这将使其辖区内的旅游安全行政工作的开展更具保障。

## （二）天津市旅游安全行政工作

继2015年天津港发生爆炸事件以来，天津市在安全保障工作上的投入力度不断加大。2016年3月，天津市成立了旅游安全生产和应急处置工作委员会，专门负责指导、督促和检查旅游企事业单位对安全生产责任制和防范措施的落实情况；同时还负责各类安全隐患的排查、应急预案的编制、旅游安全预警的提示与发布、突发事件的报告及相关的处置工作等。在此基础上，天津市旅游局还积极响应国家的相关政策与规定，并主动转发各类文件。6月，市旅游局转发国家旅游局关于做好端午节旅游安全工作并及时发布预警信息的通知；7月，市旅游局又联合市防汛抗旱指挥部转发国家旅游局《关于加强汛期旅游安全工作的通知》。在旅游风险提示方面，天津市旅游局也做了较多工作，凡遇大型节庆或特殊时期，市旅游局均会进行相应的风险提示，如2016年2月，市旅游局质监所发布旅游安全提示，从食、住、行、游、购五个方面对游客进行出游提醒；6月，市旅游局发布2016年暑期旅游安全提示；10月，天津市旅游局质监所发布秋季旅游安全须知；12月，市旅游局发布了冬季旅游安全小常识。在整个旅游安全工作的推进中，对行业的监督与管理成为天津市旅游局工作的重点，2016年天津市旅游局及其辖区内的各级旅游行政部门对各自所辖旅游市场均进行了较为深入的管理与监督。1~2月，在市旅游局的带动下，各区旅游局积极配合对各旅游场所进行了元旦、春节两节节前的安全大检查；3月，市旅游局组织全市旅游企业签订了旅游安全生产责任书，以推动将旅游安全责任明确与落实至企业层面；而在其他大型节庆期间及特殊气候时期，天津市旅游局也均对旅游场所及整个行业进行了不同程度的检查，特别是在端午、中秋、国庆、圣诞及元旦等节前进行了联合检查，并在夏季、秋季、冬季等特殊气候时期进行安全隐患排查等。在对行业加强监管的基础上，加强对旅游管理人员的培训则是天津市旅游局工作的又一重要方面。2016年4月，天津市西青区举办了旅游管理人员培训班并举行了旅游安全责任书递交仪式，而类似的安全培训活动早在2015年天津市旅游局就曾举办过，可见这一工作方式在天津市旅游安全工作的开展中起到了一定的推动作用。

## （三）上海市旅游安全行政工作

2015年跨年夜发生在上海市的恶性踩踏事件曾在我国引起轰动，上海市也因此处于风口浪尖，安全保障工作的加强与落实再次成为行业讨论的焦点，也成为政府工作的重点。2016年又逢二十国集团（G20）领导人会议第十一次峰会在杭州市召开，上海与杭州地理距离较近，故加强上海的安保工作是配合杭州保证G20峰会顺利召开的重要举措。2016年，上海市旅游局积极响应国家旅游局的各类政策要求，及时转发旅游安全相关的各类通知，9月，上海市旅游局转发国家旅游局《关于做好2016年国庆节假日旅游工作的通知》及《关于开展“十一”假期旅游市场秩序专项整治工作的通知》，同时安排部署G20峰会期间的旅游安全工作并对国庆节前的旅游安全工作进行专项检查。随着游轮旅游方式的兴起，上海市旅游局也对其进行了相应的管理，并在10月出台了《上海市游轮旅游经营规范》。此外，上海市旅游局还在重大节庆日、不同季节对游客分别进行风险信息提示与开展专项检查行动，例如在2月上海市旅游局进行春节黄金周出游提示，6月进行端午节假期出游提示，9月进行国庆黄金周出游提示等，并且其辖区内各地区均在不同时段召开了旅游安全工作会议。同时，上海市旅游局也注重对本市的旅游企事业单位进行安全培训，培训单位涉及饭店、景区、旅行社、旅游交通及医疗等部门，这对上海市旅游安全工作的深入开展具有重要影响。在加大旅游安全工作投入的同时，上海市旅游局也使旅游政务不断透明化、公开化，2月，市旅游局发布了2016年春节黄金周旅游质监动态，其中包括整个黄金周期间旅游局质监所接到各类旅游投诉案件并成功处理，详细公布了每类投诉案件的处理方式及其结果，这一举措成功展示了上海市旅游行政部门的工作能力与效率，也增强了广大民众及游客对旅游行政部门的好感与信任。

## （四）重庆市旅游安全行政工作

重庆市作为我国西南地区的中心城市，资源丰富，在经济、交通及金融等方面均发挥着重要的衔接与汇聚作用。近年来，随着旅游业的迅速发展，该地在旅游安全工作中的投入也不断加大。2016 年，重庆市积极配合执行国家旅游局有关旅游安全的相关政策，转发并执行《国家旅游局　交通运输部关于进一步规范导游专座等有关事宜的通知》及《国家旅游局办公室关于开展导游专座督查工作的通知》等有关通知，同时配合重庆市政府发布了《重庆市人民政府办公厅关于加强旅游市场综合监管工作的通知》、《重庆市人民政府安全生产委员会办公室关于进一步加强旅游客运道路交通安全工作的通知》和《重庆市旅游局　重庆市交委关于进一步贯彻导游专座工作的通知》等相关文件，并对相关的旅游市场检查情况及时进行通报，如发布《重庆市旅游局关于全市夏季旅游安全交叉检查工作开展情况的通报》等。在此基础上，重庆市旅游局在 2016 年 9 月还举办了针对旅游质监执法人员的专项培训，以此提高执法人员的整体素质与工作能力，同时其对旅游行业及市场的管控也进一步加强，通过旅游监察执法总队走上街头开展游客维权咨询活动等方式，不断推进旅游安全保障工作的落地实施。而在大型节庆、特殊时期开展旅游安全检查工作等则更是重庆市旅游局日常工作中的重点，4 月，重庆市旅游局联合四川省旅游行政部门开创了区域旅游联合执法检查的新模式，继 10 月 31 日永川区一煤矿发生瓦斯爆炸事件后，安全保障工作再次引起了重庆市政府部门的重视。2016 年 11 月，重庆市旅游局联合交通运输部门对旅游客运车辆及“导游专座”进行专项监督检查；12 月，市旅游局监察执法总队采取四项措施推进“不合理低价游”专项整治行动，同期重庆市旅游局召开出境游旅行社管理工作会议与 2017 年旅游安全与稳定工作会议，对本市在元旦、春节及元宵节等节庆期间的旅游安全工作进行了详细安排与部署。重庆市旅游行政部门通过严格执行、定期检查与方式创新等步骤完成了 2016 年本市的旅游安全保障工作，对其旅游业的进一步发展具有重要影响与推动作用。

## 五　2016年港澳台的旅游安全行政工作

### （一）香港地区的旅游行政工作

近两年来，“反水货客”、“占中”、“暴力赶客”及“旺角暴乱”等恶性事件严重损害了香港地区的旅游形象，给香港旅游业带来了持续的负面影响。为此，香港旅游行政部门不断采取措施为游客创造安全、稳定的出游环境，塑造好客的旅游形象。2016 年，香港旅游事务署积极响应国家的各项政策措施，结合“十三五”规划中的“港澳专章”，明确了香港地区在“一带一路”战略中的重要作用，并在6 月举办“2016 国际旅游新商机论坛”。同时，香港旅游行政部门对游轮旅游的发展作出规划并进行管理，还通过“美食车先导计划”的活动对该地区的食品安全进行监管与把控。2016 年12 月，《旅游业条例草案》出台并广泛征求意见，草案对旅游行业、从业人员及游客等分别进行了明确的责任界定并制定了相关工作规范，这对香港地区未来旅游业的整体发展及旅游安全工作的推进具有重要影响。

### （二）澳门地区的旅游行政工作

澳门地区的旅游业一直发展势头良好。2016 年澳门特别行政区旅游局进一步加强对其旅游业的管理，特别是在旅游安全提示信息的发布方面，旅游局尤为积极，凡遇国际突发事件发生时，旅游局均会在第一时间进行旅游安全提示信息的发布，并配合开展相应的安全检查工作，并在此期间对存在违法、违规经营等行为，对游客安全构成威胁的旅游企业进行处置。此外，澳门旅游警察设立一年半以来表现出的良好效果得到了公众的普遍认可，这为旅游安全工作的开展提供了保障，值得其他地区学习与借鉴。

### （三）台湾地区的旅游行政工作

台湾地区丰富的自然旅游资源与底蕴深厚的人文氛围吸引了众多游

客，为了更好地对旅游业进行管理，台湾交通观光部门在 2016 年对旅游行业的相关规定进行了重新修订，例如，1 月对《观光旅馆业管理规则》进行修订，3 月对《水域游憩活动管理办法》进行修订等。而随着 2016 年 4 月 25 日与 7 月 19 日两起大陆游客在台旅游交通事故的发生，大陆游客赴台旅游的风险不断飙升。对此，台湾交通观光部门通过修订与出台相应的政策文件确保大陆游客在台出游的安全性。11 月修订《旅行业接待大陆地区人民来台直航客船旅游团专案处理原则》，12 月修订《旅行业接待大陆地区人民来台观光旅游团品质注意事项》并颁布《大陆地区人民来台从事观光活动投保旅游伤害及突发疾病医疗保险在台协助单位处理原则》。大陆游客是台湾地区旅游接待业中的重要客源群体，确保大陆游客的人身及财产安全是保证台湾地区旅游业安全工作顺利开展的重要举措。

## 六　2017年我国旅游安全行政工作展望与建议

### （一）积极响应《“十三五”旅游业发展规划》，构筑旅游安全保障网

2016 年 12 月，国务院发布了《“十三五”旅游业发展规划》，对未来 5 年旅游业的发展做了详细规划，其中第七章第五节内容就旅游安全工作任务做了详尽说明，并要求各旅游行政管理部门从制度建立、环节把控、救援建设、保险合作等方面构建旅游安全保障网络。故 2017 年，我国各级旅游行政管理部门应积极响应国家要求，以《“十三五”旅游业发展规划》内容为基本要求，着力构建国家及各地区的旅游安全保障网络，为我国旅游业的安全发展保驾护航，不断促进我国旅游业的健康发展。

### （二）大力加强对《旅游安全管理办法》的贯彻实施

《旅游安全管理办法》对旅游行政主管部门的旅游安全职责进行了较为

明确的界定，提出了更具可操作性的管理内容和管理方式，对于推动我国旅游行政主管部门的旅游安全工作开展具有重要的制度保障作用。2017 年，全国各地旅游行政主管部门应该大力加强《旅游安全管理办法》的宣传贯彻工作，加强对《旅游安全管理办法》中各项职责内容的督促督导，既要对下级旅游行政主管部门进行督促检查，也要对旅行社等旅游经营者对该办法最新要求的贯彻进行重点检查。

### （三）加强中国与出境国家及地区间的旅游安全合作

近年来，人民日益增长的旅游需求同复杂多变的国际旅游环境逐渐形成了新的矛盾，我国游客出游境外时面临的安全挑战不断增多，安全形势更加严峻。2017 年，我国旅游行政管理部门应通过完善制度、措施保障、安全监督等有效手段提高我国游客在境外旅游的安全性。同时，应加强同其他国家与地区的安全合作，建立小范围内的安全合作保障机制，明确相邻相近地区的旅游安全责任，从而实现从多方位保证不同地区游客的境外出游安全。

### （四）突出各级旅游行政管理部门在旅游安全管理工作中的角色与作用

在我国，旅游行政管理部门在旅游安全管理与处置工作中常常处于被动位置，往往造成安全责任界限不清、安全责任落实无法深入到位等问题。2017 年，我国在旅游安全管理工作中应积极强化各级旅游行政管理部门的能动作用，按照《旅游安全管理办法》对旅游行政管理部门的要求开展旅游安全工作，把“该做”“能做”的旅游安全行政工作做足、做到位，使旅游安全管理工作开展更为有序、使旅游安全责任落实更加到位、使旅游安全保障更为体系化。

### （五）强化智慧技术在旅游安全工作中的基础作用

智慧旅游作为一种新兴的旅游业态，拥有较大的发展潜力，在旅游安全预警、风险监测、应急救援等各个环节都具有较强的技术支撑作用。同时，旅游电子合同、电子身份认证等技术在旅游行业的应用也将推动旅游交易模式的变革，对于保障游客的综合安全也具有重要作用。因此，各地旅游行政主管部门应该进一步引入智慧技术，推动智慧技术在旅游安全工作中的推广和应用，引导旅游经营者合理使用智慧旅游安全技术，推动智慧旅游安全工作的有序发展。

## 参考文献

[1] 国家旅游局通知公告，国家旅游局官网，http：//www. cnta. gov. cn/，2016。
[2] 各省市旅游局官网政务公开信息，2016。

# B.14 2016~2017年节假日旅游安全的年度形势分析

周灵飞*

摘　要：　2016年节假日期间旅游安全形势总体良好，但导游与游客的矛盾愈演愈烈，旅游设施设备安全问题令人担忧，游客的不文明、不理性行为导致的旅游安全问题层出不穷。各级政府旅游安全管理工作在部门联动综合监管、舆情监控以及缓解景区拥堵等方面颇有成效，预期2017年节假日旅游平稳有序，但网络经营、出境旅游和旅游设施设备安全三个方面需要重点关注。

关键词：　节假日　旅游安全　年度形势

2016年节假日期间，我国国内旅游和出境旅游都实现快速增长，在既定的法定调休形成长假的休假制度下，旅游市场供不应求的基本态势不变，虽然在成效日益显著的旅游监管体系下旅游安全形势总体良好，但各种旅游安全事故形式多样，涉及范围广，严重影响人们的旅游安全和旅游体验。

## 一　2016年节假日旅游安全的总体形势

### （一）节假日旅游安全形势总体良好

2016年节假日期间没有发生重大旅游安全事故，通过网络搜索和反复

---

* 周灵飞，华侨大学旅游学院讲师，主要研究方向为旅游经济。

核对，确认2016年节假日期间旅游安全事件共108起，绝大多数都是没有人员伤亡和金钱损失较小的矛盾和投诉。其中，够得上国家旅游局关于旅游突发事件界定标准的旅游安全事件一共只有19起，共导致29人死亡。19起旅游突发事件中有重大事件1起（为青藏线上5名自驾游游客全部死亡的交通事故①）、一般旅游安全事件2起（为2起没有造成游客死亡的交通事故），余下16起均为造成1~4人死亡的较大旅游安全事件。不管从旅游安全事故的数量还是死亡人数来看，跟往年比都明显减少。

## （二）导游与游客的矛盾愈演愈烈

2016年节假日期间与导游领队直接相关的旅游安全事件有15起，其中，国庆节7天长假中就有9起导游与游客发生矛盾的案例。除了这15起矛盾冲突之外，劳动节和国庆节期间黑导游非法揽客更是猖獗。2016年劳动节期间国家旅游局通报天安门地区非法揽客等5起典型案件，其中1起就是处理4月30日监控探头中实时记录的天安门广场多次追逐纠缠游客被控制的几名男子。② 国庆期间杭州西湖边黑导游活跃，警察称其中很多都是“老熟人”③，这些人一到节假日旅游高峰就出动，到处引诱纠缠游客。

2016年导游与游客的矛盾中，历年来备受关注的导游强迫购物和推荐自费项目问题依然突出，在这个问题上云南导游高居丑陋导游榜首，仅2016年节假日期间就有4起云南导游辱骂游客、强迫购物的案例引起网络舆论大哗。导游对游客不仅侮辱痛骂，堵在购物点门口验小票，不购物不告诉集合地点，不让游客上车等，而且还有追打、扇耳光、掐脖子等各种肢体冲突，更有“聪明”的导游开始攻心战，对游客“温和”劝购，使游客买

① 《青藏线自驾游车祸5人死亡 网友传递消息“通知家属”》，旅新网，http://www.cntour2.com/viewnews/2016/10/08/yyZ585fLdMmID8lWbQ680.shtml，2016年10月8日。

② 《国家旅游局通报天安门地区非法揽客等5起典型案件》，http://www.cntour2.com/viewnews/2016/05/03/Y35wWEmcbNjTrOPX8Abm0.shtml，2016年5月3日。

③ 《杭州西湖边活跃多名黑导游 警察称包括不少“熟面孔”》，旅新网，http://www.cntour2.com/viewnews/2016/10/08/ulo9ZrXyumL84Eyxkvtb0.shtml，2016年10月8日。

了一堆昂贵的假冒伪劣产品。①

导游与游客的矛盾愈演愈烈的另一个表现是游客对导游行为高度怀疑和戒备，充满敌意和对抗。2016 年端午节游客怀疑导游指错路而对导游大打出手；国庆节期间女游客因为耳机遗失等问题与导游发生矛盾，三天给导游发 20 多条辱骂短信；还有武汉 3 位游客因为返程发车等候的问题与导游不能达成一致意见竟然围殴女导游。

## （三）游客素质是节假日旅游安全的重要影响因素

散客时代自驾自助游是主体，脱离了旅行社的旅游保姆式服务，安全旅游对游客的旅游观念、安全意识和文明自觉有了更高的要求。2016 年节假日期间游客不文明行为导致的旅游安全事件多达 10 起，如逃票、违法野炊、违规给动物喂食、违规穿越、摘花、辱骂和殴打导游、因为一点小事大闹机场、在境外非法捕鱼和盗采活体珊瑚等，不一而足。

2016 年节假日期间一共有 16 起游客突发疾病的旅游安全事件，其中 3 起游客突发疾病死亡。节假日期间游客规模大，旅游点人口密度大，空气质量、环境卫生、饮食方式、作息规律、情绪状态都有较大变化，游客非常容易突发疾病。所以，游客如果没有较高的旅游安全意识，旅游前不能检查自己的身体状况，旅游中不能量力而行，那么旅游中环境的变化和身体的疲累交织，非常容易引发疾病，导致旅游安全事件。

层出不穷的低价旅游团问题和五花八门的黑车、黑店、黑导、黑点、黑网、黑社问题也对游客的旅游价值观和旅游智慧提出了更高的要求。如果游客能抛弃贪图小利的侥幸心理，对低价诱惑具备相应的戒备心理，同时保持理性消费和理性维权观念，防止过度维权和暴力维权，那么将会减少更多旅游安全隐患，获得更好的旅游体验。

---

① 《650 元云南四地 5 日游：导游攻心劝购　称钱不够可打借条》，旅新网，http：//www.cntour2.com/viewnews/2016/10/08/zgya6n8E7NL4bmX6ClnR0.shtml，2016 年 10 月 8 日。

### （四）旅游设施设备存在重大安全隐患

2016年节假日期间7起旅游安全事件与旅游设施设备相关，其中3起一共导致9人死亡，也就是说19起旅游突发事件中有3起与设施设备有关，占比为16%，设施设备事故导致的死亡人数占死亡总人数（29人）的31%，仅次于交通事故导致的死亡人数（10人）。

旅游设施设备安全管理体制不完善，节假日期间超负荷运转增加了节假日期间和节假日后期的旅游安全风险。另外，游客对旅游体验的追求、对惊险刺激的追求提高了高风险旅游项目的危险系数。这3起导致9人死亡的设施设备事故都是高空项目，2起飞机坠落事故分别造成2人和4人死亡，另有1起高空钢索表演事故造成3人死亡。余下4起没有造成人员死亡的一般性事故分别是河北景区索道故障、西安过山车接近制高点时故障、长沙滑翔伞失控坠落和万达广场游乐设施爆炸事故。

## 二　2016年节假日旅游安全的特点与原因

### （一）节假日旅游安全事件的分布类型（见表1）

**表1　2016年节假日旅游突发事件和一般旅游安全事件的类型分布**

| 安全事件类型 | 数量(起) | | 比例(%) | | 备注 |
|---|---|---|---|---|---|
| | 旅游突发事件 | 一般旅游安全事件 | 旅游突发事件 | 一般旅游安全事件 | |
| 自然灾害 | 1 | 3 | 5.3 | 3.4 | |
| 事故灾难 | 18 | 36 | 94.7 | 40.4 | |
| 公共卫生事件 | 0 | 0 | 0.0 | 0.0 | |
| 社会安全事件 | 0 | 15 | 0.0 | 16.9 | |
| 业务安全事件 | — | 35 | — | 39.3 | |
| 总计 | 19 | 89 | 100.0 | 100.0 | |

**1. 自然灾害**

恶劣剧变的天气及其引发的地质灾害一直都是引发旅游安全事故的重要原因，但随着天气预报技术的进步和旅游与气象部门的紧密合作，自然灾害对旅游安全的影响和危害有望降低和可控。2016 年自然灾害引发的节假日旅游安全事故共 4 起，其中 1 起因为天气原因引发滚石伤人，造成 1 死 2 伤，剩下 3 起表现为天气突变使游客较长时间被困和滞留。

**2. 事故灾难**

在节假日期间，旅游突发事件和一般旅游安全事件都以事故灾难居多。在旅游突发事件中，造成重大影响的公共卫生事件和社会安全事件基本没有，除了 1 起自然灾害之外，其他 18 起都是事故灾难。89 起一般旅游安全事件中事故灾难共 36 起，占比最高，达 40.4%。也就是说，108 起旅游安全事件中事故灾难共 54 起，正好占 50%。

**3. 公共卫生事件**

2016 年节假日期间没有发生大型食物中毒和传染性疾病疫情等涉旅公共安全卫生事件。但每逢节假日结束之后各地医院都会增加很多肠胃不适或者皮肤过敏类的病例，说明涉旅公共安全卫生隐患还是存在的，各旅游目的地对此并不能掉以轻心。

**4. 社会安全事件**

2016 年没有发生造成人员伤亡的社会安全事件，但诈骗、人为冲突、偷窃、在景区违规烧火野炊、女游客在酒店遭陌生男子拖曳等各类型一般旅游安全事件多达 15 起。其中，影响最大的是两起大额的旅游诈骗案件。一起是腾讯员工遭遇旅游骗局共损失 11 万元[①]，这是一起熟人诈骗案件。另一起是亲朋好友 17 人在易游天下灯市口门市部的朋友王某处报国庆节日本 6 日游，缴纳 65 万元保证金后没有了任何消息。[②] 这两起旅游诈骗有几个共

① 《腾讯员工遭旅游骗局共损失 11 万元：阿里、百度、华为也有人中招》，西部网，http://www.west.cn/info/html/xingyezixun/yejiedongtai/20161004/3480936.html，2016 年 10 月 4 日。

② 《17 人报 3000 元日本 6 日游未成行　65 万保证金难退》，腾讯新网，http://news.qq.com/a/20161010/012951.htm，2016 年 10 月 10 日。

同特征：熟人关系、低价诱惑、出境旅游、涉案金额较大。

**5. 业务安全事件**

2016 年节假日期间旅游业务安全事件共 35 起，全面覆盖酒店、餐饮、交通、景区、旅行社等各大旅游经营行业，事件类型包括了价格纠纷、缺斤少两、取消航班、行程因堵车泡汤、游客与导游矛盾、高价停车、网络甩单、商家拒绝履行承诺等。其中，网络经营成为游客吐槽和投诉的重灾区，网络经营业务安全事件共 10 起，占比达 28.6%。消费者通过美团网等团购网站和第三方在线旅游平台订购酒店、旅游娱乐项目、景区门票、机票等遭甩单，景区拒票，客房名不副实或加价等问题十分突出。

2016 年节假日期间旅游业务安全事件的另一个热点是“哈尔滨万元鱼”事件。该事件在短短几天内迅速发酵，成为舆论热点，充分暴露了消费者对旅游消费的价格、消费金额和政府执法态度等的关注和怀疑。宰客门、天价菜一直是中国节假日旅游消费的敏感区和舆论热点，非常考验政府旅游管理的智慧。

## （二）2016年节假日旅游安全事件的时间分布特点

2016 年旅游突发事件在元旦之外各节假日的分布基本均衡，说明小长假的旅游需求在交通技术高速发展的推动下充分释放。元旦假期因为跨年人们工作相对繁忙，又有 2015 年跨年夜上海踩踏事件的教训，政府对城市大型社会活动监管更加到位，所以旅游安全表现相对较好。2016 年一般旅游安全事件的时间分布与旅游高峰期基本重叠。春节、劳动节和国庆节旅游规模大，旅游安全事件多。国庆节旅游安全事件占全年节假日旅游安全事件总量的 46.3%（见表 2）。

**表 2　2016 年节假日旅游安全事件时间分布**

单位：起

| 节假日名称 | 元旦 | 春节 | 清明节 | 劳动节 | 端午节 | 中秋节 | 国庆节 | 合计 |
|---|---|---|---|---|---|---|---|---|
| 一般旅游安全事件 | 1 | 10 | 5 | 10 | 6 | 11 | 46 | 89 |
| 旅游突发事件 | 0 | 4 | 2 | 4 | 3 | 2 | 4 | 19 |
| 合　计 | 1 | 14 | 7 | 14 | 9 | 13 | 50 | 108 |

## （三）2016年节假日出境旅游安全事件的特点与原因

出境旅游人数大幅度增长，旅游安全事件发生的地理区域也扩展到境外，境外旅游安全事件逐年增加。从网络共搜索到2016年节假日期间出境旅游安全事件17起，包括3起旅游交通事故和14起一般旅游安全事件。

**1. 出境旅游安全事件的时间分布特征**

2016年节假日期间出境旅游安全事件的时间分布特征与旅游安全事件总体的时间分布特征基本一致，旅游安全事件分布集中在春节、劳动节和国庆节三个旅游高峰期。国庆节旅游安全事件共8起，占比为47.1%（见表3）。

**表3　2016年节假日出境旅游安全事件时间分布**

单位：起

| 节假日名称 | 元旦 | 春节 | 清明节 | 劳动节 | 端午节 | 中秋节 | 国庆节 | 合计 |
|---|---|---|---|---|---|---|---|---|
| 旅游安全事件 | 0 | 5 | 1 | 3 | 0 | 0 | 8 | 17 |

**2. 出境旅游安全事件的类型**

大额的旅游诈骗往往发生在出境旅游中，因为出境旅游价格高，一般是亲友或熟人组团，所以涉案金额大。2016年出境旅游安全事件中2起旅游诈骗案件涉案金额高达100多万元。此外，发生了大陆游客在台湾盗采珊瑚和在泰国涉嫌非法捕鱼的事件，说明大陆游客对境外相关法律法规不熟悉，从而产生不文明旅游行为，给自己带来麻烦。2016年节假日出境旅游安全事件中业务安全事件所占比例高达47.1%（见表4），其中东南亚国家的小费纠纷最为典型。这说明出境旅游中旅游目的地治安直接影响出境旅游安全。

**表4　2016年节假日出境旅游安全事件类型分布**

| 序号 | 安全事件类型 | 数量(起) | 比例(%) | 备　　注 |
|---|---|---|---|---|
| 1 | 自然灾害 | 0 | | |
| 2 | 事故灾难 | 4 | 23.5 | 交通事故3起,中国游客在马来西亚失联1起 |
| 3 | 公共卫生事件 | 0 | | |

续表

| 序号 | 安全事件类型 | 数量(起) | 比例(%) | 备　注 |
|---|---|---|---|---|
| 4 | 社会安全事件 | 5 | 29.4 | 诈骗2起,被偷窃1起,大陆游客在台湾盗采珊瑚1起,涉嫌在泰国非法捕鱼1起 |
| 5 | 业务安全事件 | 8 | 47.1 | 泰国航班取消1起,东南亚小费纠纷2起,韩国导游强迫购物1起,济州游变机场游1起,领队堵车迟到导致前往泰国的旅游泡汤1起,中国游客在泰国普吉岛遭遇价格欺诈1起,网订普吉岛自由行套餐,下了飞机无人接待1起 |
| | 总　计 | 17 | 100.0 | |

**3. 出境旅游安全事件的空间特点**

2016年节假日期间，出境旅游安全事件涉及目的地次数最多的是泰国，有5起旅游安全事件与之有关。其次是韩国和美国，各有2起。还有2起旅游安全事件涉及的旅游目的地不确定。除此以外，日本、澳大利亚、马来西亚、老挝、越南和中国台湾各有1起旅游安全事件。出境旅游安全事件的空间分布反映了中国居民出境旅游的客源主要流向东南亚地区。

## 三　节假日旅游安全管理的主要进展与特点

### （一）部门联动更加高效

景区旅游向全域旅游转化的过程中，旅游环节更多、问题涉及面更广，可能超出旅游行政管理部门的权责范围。为了避免各个部门面对旅游问题互相推诿、拖延扯皮，各地纷纷成立旅游市场综合治理机构负责统一协调安排。尤其在春节、劳动节和国庆节旅游高峰时期协调各涉旅部门节前明察暗访，严管重罚；节中多部门联合对重点旅游消费场所和领域进行整治，携手解决旅游纠纷。旅游工作委员会、旅游警察、工商、交通运管等部门联动调查、处理旅游投诉，高速有效地保证旅游市场秩序和良好的旅游体验。部门高效联动处理旅游问题由国庆节期间湖南张家界的团体宰客事件的处理可见一斑。2016年9月30日中午，媒体暗访记者以游客身份投诉至张家界旅游和外事侨务委员会。接到投诉后，案件迅速引起张家界市委、市政府重视，湖南省旅游局对案件也高度关注。当地公安部门对涉事人员采取了强制措施，拘留3人并关闭了涉事的门市部。①

## （二）舆情监管更加透明

短期活动在陌生环境的游客遇到问题时咨询难、投诉难，维权更难。为了方便游客咨询、投诉和维护权益，2016年中国通过三个方面的努力来加强对旅游消费的监管。第一，多个城市成立旅游警察，劳动节杭州西湖推出首支女子巡逻队②，为游客提供咨询服务和各种帮助。第二，加强对网络舆情的监测，以网帖、微博、微信等各种途径的游客吐槽为线索，主动关注和介入游客投诉和纠纷，及时调查和处置。第三，在国庆节推出全国统一的12301旅游投诉平台。该平台整合了电话、信函、网络、微信、微博等8种投诉方式，PC端、手机端无缝对接，全域畅通，24小时监控旅游市场秩序。③ 国家旅游局还在国庆节推出假日旅游“红黑榜”，对管理混乱、服务恶劣的旅游经营单位和从业人员、不文明游客进行曝光，集中表扬优秀旅行社和文明游客，舆情监管更加透明。

## （三）大数据监管旅游客流缓解拥堵问题

拥堵多年来已成节假日旅游常态，是节假日旅游安全的重要隐患。为了疏解景区接待压力，改善游客的旅游体验，各级旅游部门积极关注、多措并举缓解重点景区拥堵问题。2016年10月1日，国家旅游局启用国家旅游产业运行监测与应急指挥平台，实时动态监控重点景区节假日期间人流密度，指导景区分流和应急救援准备工作。各级旅游部门针对

① 《张家界被曝宰客团伙追客赶客　官方：3人被拘》，观察者网，http：//www.guancha.cn/society/2016_10_04_376181.shtml，2017年10月4日。

② 《杭州西湖亮相首支女子巡逻队　游客：太拉风了》，网易新闻，http：//news.163.com/16/0501/09/BLVJR8QF00011229.html，2016年5月1日。

③ 《12301全国旅游投诉举报平台正式上线》，国家旅游局网站，http：//www.cnta.gov.cn/xxfb/jdxwnew2/201609/t20160927_784813.shtml，2016年9月27日。

景区接待压力，积极增加旅游供给迎合人们节假日旅游需求。同时，积极引导旅游企业和景区创新旅游模式，推行预约机制。各地景区应用大数据，针对客流高峰制定客流管控措施和分流应急预案，完善旅游高峰时段的旅游服务。

## 四　2017年节假日旅游安全形势展望

### （一）节假日旅游平稳有序，旅游安全形势预期良好

近年来陆续发生的重点景区游客大面积滞留事件和2015年跨年夜上海踩踏事件，对旅游行政管理部门的节假日旅游安全工作敲响了警钟，这要求节假日旅游安全管理工作更加到位，技术进步为旅游市场秩序和旅游安全保驾护航。可以预期2017年旅游安全形势良好，旅游安全事故数量和造成人员伤亡数量能够控制在可接受范围内。

### （二）不合理低价旅游问题有望缓和

2016年节假日期间不合理低价旅游导致的服务承诺不兑现、中途加价、强制消费等问题以及由此引发的矛盾纠纷甚至冲突层出不穷，导致多个旅游城市和景点深陷舆论泥潭。各级旅游管理部门积极联合其他相关部门，多管齐下监管和整治包括黑一日游在内的不合理低价游。预期2017年该问题和该问题引发的旅游纠纷和旅游安全事件数量会减少。

### （三）网络经营将成旅游安全重灾区

一些没有资质的社会组织、中介机构、社会自然人借助微博、人人网、豆瓣等互联网社区，以及QQ、微信等社交媒体工具售卖旅游产品或组织旅游活动。调查表明，大部分网络代理不具有旅行社的运营资质，交易基础非常脆弱，服务质量缺乏保障，极易发生旅游纠纷，且一旦发生纠纷，游客维权非常困难。即使是携程、途牛、同程等具备旅行社资质的正规网站，在

2016年节假日旅游高峰期间也投诉不断，网订酒店、门票实际与宣传不符甚至甩单，成节假日投诉热点。[①] 网络经营是大势所趋，网络消费已经深入消费者消费（包括旅游消费）的方方面面。网络经营天然的虚拟性、跨区性和隐匿性等特点无疑提高了监管难度，预期2017年网络经营仍然是旅游安全重灾区。

### （四）出境旅游安全形势持续严峻

随着出境旅游的快速发展，我国出境旅游服务体系不适应日益增长的需求，中国公民对国外的语言、法律法规、文化特征、风俗习惯还不太解，出境旅游安全意识不足，这些多方面的原因使出境旅游风险显著增加。2017年出境旅游安全形势依然严峻。

## 五　2017年节假日旅游安全管理建议

### （一）积极探索出境旅游安全管理途径

出境旅游需求旺盛与出境旅游服务管理体系滞后形成强烈反差，出境旅游安全事件呈现逐年递增趋势。旅游主管部门应该积极探索出境旅游安全管理的方式方法，强化游客出境安全教育、规范组团社管理，有针对性地发布旅游风险提示，并积极与出境旅游目的地政府联动解决出境旅游安全问题，切实保障国人出境旅游安全、开心、放心。

### （二）旅游设施设备安全管理迫在眉睫

近年来高空娱乐设施设备事故不断，在节假日期间流动经营的小型娱乐设施设备也事故频发。这些小型旅游设施设备的生产质量通常没有标准，经

---

① 《实际与宣传不符　网订酒店门票成国庆投诉热点》，旅新网，http://www.cntour2.com/viewnews/2016/10/10/UywedVFBqxK9adJ8Tw7R0.shtml，2016年10月10日。

营和服务也缺乏相应的规范，甚至没有直接对口的行政管理部门负责监管工作，给游客的旅游安全带来极大的威胁。旅游行政管理部门应该高度关注这个问题，积极协调相关部门制定质量标准和监管程序，充分保障游客安全。

### （三）专项整治旅游网络经营

网络经营和网络消费已是大势所趋，旅游主管部门应仔细审核各种网络经营主体经营代理旅游产品的资质，与公安机关等相关部门联动，创新网络安全监管模式，全面规范旅游网络经营，提升旅游网络经营社会治理能力。

# B.15

# 2016～2017年中国自助旅游安全形势分析与展望

曾武英*

摘　要：　自助旅游已日益成为人们旅游的重要方式，但自助旅游安全事件时有发生，从总体上来看，2016 年全国自助旅游安全形势较为稳定，在自助游人数不断增多的情况下安全事件与往年相比基本持平，事故中涉及人数和伤亡人数比 2015 年均有所减少。展望 2017 年，自助游人数将持续增多，安全形势依然严峻。因此，加强对自助游安全问题的综合治理，加强对节假日期间旅游沿线道路交通的监管，不断推进与完善自助游保险业务等是自助旅游安全问题基本治理之策。

关键词：　自助旅游　安全形势　管理建议

所谓自助旅游是指由旅游者凭着自身情况（包括财力、身体健康状况、时间安排等）和兴趣爱好，自由地安排旅游活动的一种新兴旅游方式。随着国家经济社会的持续健康发展、人民生活水平的不断提高，近几年来人们对自助旅游的热情不断高涨，国内自助游持续“升温”，自助游人数不断增加；同时，自助旅游安全事件也时有发生，受到了社会的广泛关注。

---

* 曾武英，华侨大学旅游学院副教授，主要研究方向为旅游企业服务与管理。

## 一　2016年中国自助旅游安全的总体形势

在自助旅游过程中，人们在没有导游带领的情况下，自行到一些自然景区进行徒步旅游、登山、探险等一系列活动，追求独特的旅游快乐体验，因此自助旅游的安全问题也时有发生，如在黄金周在热点地带安全问题频繁产生，有的还造成了恶劣的负面影响。对国家旅游局网站、人民网旅游频道等各大门户网站及相关报纸报道的有关自助旅游安全事件进行搜索与统计，2016 年 1 ~12 月国内发生了 142 起自助旅游安全事故（2015 年 136 起），分布于 27 个省（自治区、直辖市），涉及 791 人（2015 年涉及 982 人），其中死亡 41 人（2015 年 42 人）；从发生的事故类型看，可以分为事故灾难（如由景区安全设施、景区安全管理、自组团组织等原因造成的安全事故）、自然灾害、公共卫生安全事件以及社会安全事件等四大类，其中，事故灾难发生频率最高。从有关的数据分析看，2016 年全国自助旅游安全形势较为稳定，在总体自助游人数不断增多的情况下安全事件与往年基本持平，事故中涉及人数和伤亡人数比上年均有所减少。

## 二　2016年中国自助旅游安全事件的概况与分析

### （一）自助旅游安全事件的分布特征

**1. 时间分布**

从时间分布看，2016 年自助旅游安全事件每个月都有发生。如图 1 所示，总体上看，7 ~12 月安全事件比 1 ~6 月多，这是因为 2016 年全年气候虽然基本上相对稳定，但下半年气候变化较大，下半年台风较多，雨水多，对地貌影响较大，自然环境的变化易引发安全事件。5 月份安全事件数达到上半年的最高峰，10 月份安全事件数则达到全年的最高峰，这个月内全国发生了28起安全事件，平均每天就有一起安全事件发生，也是近几年来发生自助旅游安全事件最为严重的月份，这充分说明了旅游黄金周也是自助游安全事件的高发期。

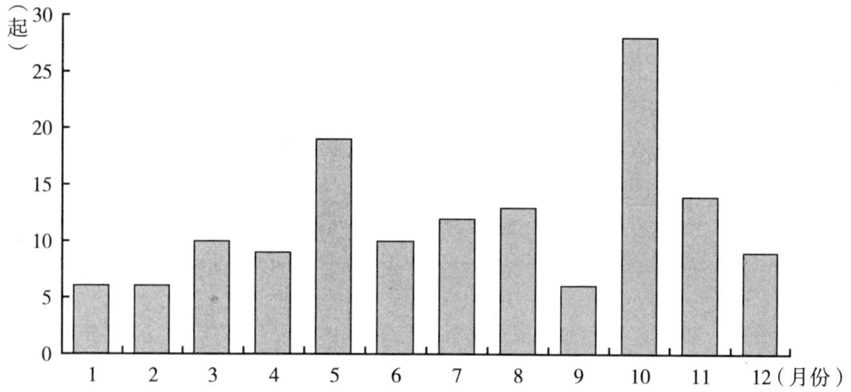


**图1　2016年自助旅游安全事件月份分布**

**2. 空间分布**

经过收集与统计分析，2016年142起自助旅游安全事件分布于27个省（自治区、直辖市）（见图2），其中，较多地集中分布在四川、广东、浙江和湖北4个省份，四川省居首位，广东省次之；从发生的景区类型来看，比较多地发生在地文景观类景区和水域风光类景区，如2016年3月29日发生的“5名武汉驴友被困天堂寨深山”①、2016年3月22日在广东发生的“9名驴友遇山洪被困”② 等事件。

**3. 事故类型分布**

从自助旅游安全事件的类型分布上看（见图3），2016年发生的自助旅游安全事件也主要体现在四种类型上，其中事故灾难90起，自然灾害11

① 黄欢：《5名武汉籍“驴友”被困深山　罗田消防全力营救》，网易新闻，http：//news.163．com/16/0329/12/BJAT6JTK00014AEE.html，2016年3月29日。

② 周伟龙、黄凯辉：《9名驴友遇山洪被困》，凤凰网，http：//news.ifeng.com/a/20160322/48060626_0.shtml，2016年3月22日。

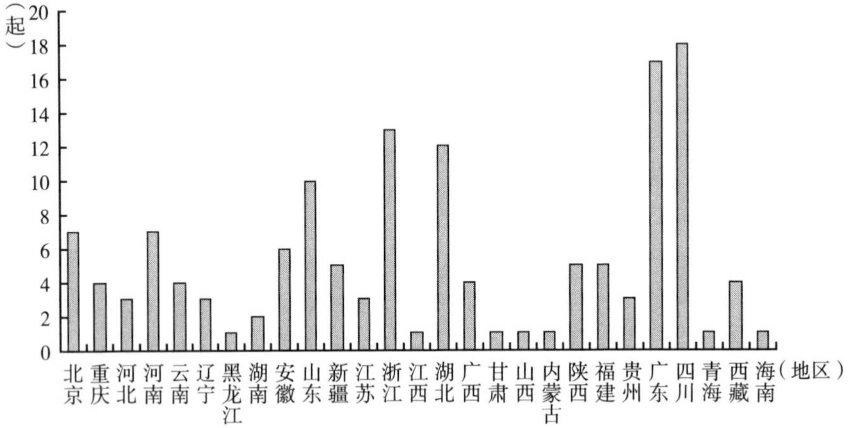


**图 2　2016 年自助旅游安全事件在各省（自治区、直辖市）的分布**

起，公共卫生安全事件 22 起，社会安全事件 19 起；事故涉及 791 人，其中死亡 41 人。事件发生率最高的类型是事故灾难，而其中，自助游因迷路或天气原因受困等造成的安全事件最多。

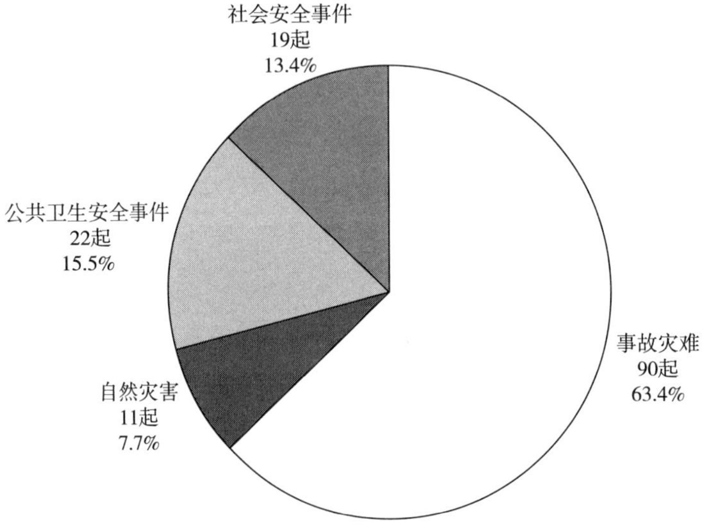


**图 3　2016 年自助旅游安全事件类型**

## （二）自助旅游安全事件发生的特点

**1. 事件发生的突发性**

安全事件常常是在极短的时间内发生的，其显著的特点就是突发性。同样，自助旅游安全事件也具有这个特点，如旅游者因身体不适、不留神突然掉进悬崖或掉入水中等突发事件，也都往往在瞬间发生。如 2016 年 7 月中旬，65 岁的老肖等 8 人从湖南长沙出发骑自行车去四川稻城亚丁旅行，5 天后，老肖在巴朗山上不幸猝死。① 自助游中因过劳猝死的在近年来的新闻报道中并不少见。

**2. 事件发生的集中性**

受自然气候和假期因素的影响，事件发生日期具有相对集中性，从日期分布来看，春夏之交的 5 月及夏秋之交的 10 月是发生安全事件的集中时期，这主要是因为在这两个时期人们更集中出游，很多景区往往是人满为患，存在的安全隐患骤然增加。同时，这两个时期季节变化，雨水较多，增加了自然环境的风险性。

**3. 事件影响的广泛性**

自助旅游安全事件常常会综合导致人员伤亡和财产损失，有的甚至还造成公共设施受损；而在事件的紧急救援、善后处理过程中，还不同程度地消耗社会公共资源等；并且，有些事件一经媒体报道、网络转载，迅速在社会上造成很大轰动。如 2016 年 8 月 27 日下午南宁市的 4 名驴友前往金秀瑶族自治县，准备露营看日出，岂料在上山过程中因迷路被困在一处石崖上，结果动用了当地公安、乡镇干部群众共 70 余人，历经大半夜的搜救才将他们营救出来。②

---

① 杨雪、张艳丽：《65 岁骑游老人猝死巴朗山　老人骑游最好不去高原区》，中国新闻网，http：//www. chinanews. com/sh/2016/07 –19/7943982. shtml，2016 年 7 月 19 日。

② 王小丁：《4 驴友被困悬崖获救各罚两千　当地组织 70 多人援救》，人民网，http：//gx. people. com. cn/GB/n2/2016/0829/c179430 –28907906. html，2016 年 8 月 29 日。

**4. 社会安全事件呈上升趋势**

2016年共发生了安全事件142起，其中社会安全事件有19起，占13.4%，19起社会安全事件中包括了抢劫、诈骗等。而回顾2013年、2014年、2015年，社会安全事件仅占事件总数的1%左右。显然，随着自助游的升温，特别是伴随着人们自助游的时间、空间分布的分散化，加之自助游人群中老年人、妇女、儿童的增多，社会安全事件发生率也在提升，须引起有关部门的重视。

## 三　影响自助旅游安全的主要因素

### （一）旅游者自身因素

**1. 安全防范意识缺失**

安全意识的缺失就是最大的危险，这已成为越来越多的人的共识。自助旅游与旅行社组团旅游相比，旅游者的自主选择性很强，整个旅游活动行程都由旅游者自行安排，因此随意性比较大。从众多的安全事件来看，许多驴友对“自由、刺激”过于追求，在思想上放松了安全防范这根弦，对旅游活动中存在的各类风险缺乏足够的认识和警惕，甚至在游玩中不遵守景区相关的安全规定或安全警示，擅自跨越安全栏、随意攀爬、接近危险水源等，在游玩的过程中不知不觉酿成了安全事件。据有关调查资料，有半数以上的驴友对于旅游中遭遇山洪、暴雨、暴雪等自然灾害该如何展开自救竟然一无所知。而且，驴友还偏向选择一些比较偏僻、人迹罕至甚至是未知未开发地带进行探险旅游，这也正是自助旅游安全事件频发的重要诱因。

**2. 出游前准备不够充分**

自助游有多种多样，一类是以家庭为单位的休闲自助游，一般偏向去距离自己常住地不远的周边景区，这一类发生的安全事件较少；另一类则是由非家庭成员组成的以探险为目的的自助游，旅游者为追求新奇的刺激，体验不一样的风景，偏好还没开发或是未完全开发的自然景区。如去这些较为偏僻的未开发的景区旅游，客观上就要求旅游者出发前必须做好充分准备，即出行前要对活动时间、地点、乘车工具、活动强度、人员限定和潜在风险级别等有个全面的把握，特别是组织规模较大的登山、涉水等探险活动的，行前还要实地考察地形，对当地的天气状况、队员的身体状况和所要配备的装备了如指掌。可现实中常常是通过网络发布一个公告或者关于出游计划的帖子，便把素不相识的爱好者组织起来，这些驴友凭着一腔热情在没有充分准备下就出行，由此酿成的惨痛的安全事件时有发生。例如，2016 年 10 月 4 日发生的“12 名驴友违规穿越九寨沟”① 就是一个典型的事例。事后调查了解到，这些驴友都是看到网上的攻略后，通过网络邀约贸然前往的。

## （二）自然环境因素

自助游安全问题的产生，除上述游客个人主观方面的原因外，客观上也受自然环境因素的影响，自然环境因素包括旅游目的地的地形、地貌、公共旅游设施、人流密度、天气变化等。据有关统计，旅游安全与旅游季节存在一定的联系，高达 92.1% 的旅游安全问题发生在旅游旺季，而淡季发生的仅占 7.9%。② 另外，气候多变、复杂的地形与地貌也是安全事件产生的重要原因。据统计，2016 年发生的 90 起事故灾害中，迷路（因找不到出去路线、体力不支）30 起，受困（因天气、地势等原因）39 起，坠落悬崖 16 起，坠入水中 5 起。显然这些事件的发生，除了当事人个人原因外，与事发地的自然环境也有密切的关系，而且，自然环境因素在旅游安全事件诱因中所占的比例较高。

---

① 王名扬：《12 名驴友违规穿越九寨沟　救援费每人交两百元》，中国网，http：//news. china. com. cn/2016 - 10/07/content_ 39435593. htm，2016 年 10 月 7 日。

② 李凤霞、伏洋、杨琼等：《环青海湖地区气候变化及其环境效应》，《资源科学》2008 年第 3 期。

## （三）景区管理方面因素

**1. 景区配套设施不完善**

正所谓无限风光在险峰，许多高山、峡谷、湖泊等险要地带（区）往往是人们自助旅游的好去处。而这些地方设施往往不够完善。首先，与景区相关联的道路交通安全设施较差，主要包括安全护栏、防撞缓冲设施、交通标志与标线、隔离封闭设施、道路照明等，而一些偏僻的景区往往沿途是崎岖的环山道路，甚至有的路旁边便是危险的山沟，也没有配置安全防护栏。此外，随着自驾车旅游人数的增加，景区停车场车位紧张问题日显突出，旅游旺季景区交通拥堵、停车困难问题普遍。其次，景区无线通信网络缺失，容易造成人员走失后联络不上而引发迷路事件。最后，就是医疗场所及救护设备配置缺失，一旦发生人员伤害事件，伤员难以得到专业的救护。

**2. 景区安全管理薄弱**

很多景区对旅游安全问题管理薄弱也是发生安全事件的重要原因。一方面，一些危险区域的安全警示标识缺失，一些防护栏、缆车、索道、电力设施等定期维护不够，监控和预防的手段仍然比较落后等；另一方面，从日常管理工作看，景区缺乏对可能引发安全事件的各种潜在风险进行有效管理，如未定期排查安全风险点，未采取安全事件的防范措施以及事件发生后的应急处置措施。

## （四）政府及管理部门因素

**1. 对自助旅游监管不够**

面对不断升温的自助旅游，各级政府及管理部门对自助旅游安全问题分析研究不够，日常实际管理与监督跟不上不断变化的形势，特别是对那些带普遍性（如反复发生的）、探险性的自助旅游活动，还存在管理上的空白与缺失。首先，与自助游相关的法律法规还没有建立起来。目前仍然缺乏相关的法律法规来规范这种既没有签署合同也无明确责任承担方的自助旅游方式，若游玩活动中出现意外的伤亡事件，往往死者家属会与有关组织者展开一场官司。如10月11日网络上发表的《青岛驴友探险罹难谁之过　网络约游已危机重重?》① 一文报道了网上“约游”安全事件的法律纠纷问题，值得人们深思。其次，有效的人身伤害事件责任认定机制还没有建立起来，在处理事件过程中一旦需要认定人身伤害责任，往往无章可循，也往往给善后处理带来困难。目前对于进入成熟景区的自助旅游者，如果突发事件造成人身伤害，就参照正规旅游团队处理。最后，自助游的保险产品也极少，一旦出现伤亡事件，相关人员无法得到赔偿及妥善处理。

**2. 公共救援体系不够完善**

自助旅游中遇到突发事件，人们常常是拨打110报警，或向当地消防部队求救，虽然这些部门在人民财产和生命安全遭受威胁的紧要关头有义务参与或协助救援，但诸如深山、沙漠、江河湖海等特殊环境的救援任务，还必须依靠专业救援组织来完成。因为部队官兵或消防战士在设施条件上往往难以满足救援工作的需要，容易出现救援不及时、不到位等情况。因此，抓紧建立健全旅游救援体系势在必行。旅游安全事故救援方式一般应包括公共救援、公益救援和商业救援等三种，通常公共救援和公益救援以提供旅游搜救服务为主，商业救援则以提供范围广泛的旅行援助服务为主。目前，我国旅游搜救任务的执行主体主要是公安、消防等部门，而民间搜救机构在数量规模、救援能力上还只是处于起步阶段，国内从事旅行援助业务的商业机构还是为数很少，这种状况与我国越来越庞大的旅游队伍极不相称。而现在国外，户外救援任务大多是由救援志愿者或商业性的救援公司承担。

**3. 旅游公共服务信息网络亟待建立完善**

人们一般可以在网络上搜集到有关旅游景区（点）的一些信息，主要包括景区介绍、景点介绍、风景展示等简单的文字与图片信息，而对于景区（点）的气象、交通网络、路况、风土民情等详细的信息介绍很少，有的还很不准确，并且信息更新普遍较慢。正是景区（点）信息资料的缺失，导致了自助旅游者出发前准备不充分，从而埋下安全隐患。最常见的是游客赶

① 《青岛驴友探险罹难谁之过　网络约游已危机重重?》，新浪网，http：//sports. sina. com. cn/outdoor/2016－10－11/doc－ifxwrhpm2913519. shtml，2016年10月11日。

到目的地时因准备不足而在景区受困于暴雨、暴雪，或因手机没信号走失而造成事故等。目前，旅游公共服务信息网还处在发展阶段，多数旅游公共服务信息网所提供的信息远不能满足公众的需要，而景区管理方也苦于不能为公众提供更多、更细致的旅游服务信息。显然，政府及相关部门有必要联合发力，整合各方资源，加大投入，建立起完善的旅游公共服务信息网络系统。

## 四　2017年自助旅游安全形势的展望与管理建议

### （一）2017年自助旅游安全形势的展望

**1. 自助游人数将持续增多，安全形势依然严峻**

随着人们生活水平的提高，人们追求旅游的个性化，自助游已成为大众主要的旅游方式。目前国内自助旅游市场正处在快速增长阶段。根据有关调查资料，在我国相对发达的城市居民中有94%喜欢自驾出游；有70%的白领都选择自助旅游，而不愿意参加旅游团出游。另外，每年旅游黄金周各个旅游景区的游客接待情况已经证实了自助旅游队伍在不断壮大。①

**2. 家庭自助游持续升温，安全问题总体可控**

家庭自助游是指以家庭成员集体进行户外休闲活动为主的一种自助旅游活动。家庭成员通过这样的户外休闲旅游活动，一方面可以增长见识，开阔视野；另一方面家庭成员也可共享天伦之乐，还能增强大家的家庭观念和增进彼此间的亲密关系。据我国2016年国民经济和社会发展统计公报，2016年我国城镇居民人均可支配收入已达到33616元，比上年增长7.8%，城镇居民对休闲旅游的需要日益增加，特别是家庭式的自助休闲旅游可以达到教育小孩的目的，还有利于弘扬尊老爱幼的传统美德，更多的家庭将目光转向了家庭自助旅游。而家庭自助游常常是以家庭成员集体进行户外休闲活动为主，所到之处大都是家庭周边的成熟景区，旅游中出现的安全问题较少，总体可控。

---

① 杨丽：《浅析自助游的现状及存在问题研究》，《旅游纵览》（下半月）2014年第1期。

**3. 私家车自驾游显著增多，节假日道路安全隐患增多**

随着城镇居民人均可支配收入不断提高，私家车的拥有量大幅度增加，据国家统计局最新统计，2016年我国私人汽车拥有量达16559万辆，增长15.0%。其中，私人轿车10152万辆，增长15.5%。在城镇居民特别是中青年人中拥有私家车者越来越多，自助旅游群体中中青年人是主力军。如今这些主力军拥有了私家车，而自驾游极大避免了旅途中转车所带来的麻烦及时间的浪费，自驾游的便利性显而易见。根据携程网的调查数据，在自驾游中近八成为男性开车驾驶，女性中近九成为乘坐私家车旅游，年龄在25～40岁的居民更愿意自驾游。① 由于这些自助旅游者无论自驾游还是非自驾游大多选择节假日，因此，每逢节假日旅游景区道路交通非常拥挤，事故隐患增多已成必然。

## （二）2017年自助旅游安全管理建议

**1. 加强对自助游安全问题的综合治理**

综上所述，自助旅游安全事件的发生具有多方面的原因，也有一些规律及特点，自助游安全问题必须针对这些规律与特点进行综合整治。一是要强化安全意识的宣传教育，通过报刊、网站及手机短信广泛宣传旅游安全常识和安全法规，宣传景区（点）的自然环境、气候等与旅游安全有关的信息；二是要加强事故易发多发地带的安全设施建设，如道路加固、安装安全防护栏、设置安全警示牌等；三是应建立由旅游行政管理部门牵头，公安、消防、卫生部门及社会救援机构等参与的安全应急工作机制，建立健全事前、事中和事后安全管理工作协作机制，其中包括旅游安全基础运行、旅游安全日常治理、旅游安全应急反应等不同层面的工作体制机制。

**2. 加强对节假日期间旅游沿线道路交通的监管**

节假日通常也是交通安全事件的高发期，假日旅游高峰期间（诸如春节、劳动节、国庆节）旅游沿线交通安全问题有待进一步加强管理。首先，假日旅游高峰来临之前，做好旅游沿线道路安全设施排查与修复工作，同时，还

① 何旭：《分析中国自助游的发展以及相应解决对策》，《旅游纵览》（下半月）2014年第11期。

要科学预测景区停车场泊位数，合理规划停车场所，满足停车需求；其次，假日旅游期间，景区（点）应加强交通安全管理人员值勤，现场指挥车辆往来及停靠；最后，要持续开展旅游道路安全专项整治，以“降事故、保安全、保畅通”为目标，治理超速、超载、疲劳驾驶等交通违法行为。

**3. 不断推进与完善自助游保险业务**

根据国家旅游局的预测，2020 年我国将成为世界第一旅游市场，但在旅游业蓬勃发展的同时，如何规避风险将成为旅游者需要考虑的一个重要因素。① 那么，如何建立健全自助旅游安全保险体系是个重大课题。因此，必须做好以下三方面的工作。

首先，大力开发旅游保险市场。保险部门在旅游部门的支持配合下积极引导消费者的消费，规范旅游保险市场，而旅游企业也要提升自身对旅游保险的认知并规范具体事务操作，促进旅游保险产品推向市场。其次，积极拓展旅游保险产品。旅行社和保险公司应通力合作，加强对旅游市场的调查研究，针对旅游市场的新需求、新特点推出满足旅游者吃、住、游等各方面需求的保险产品，为游客研发出更多个性化的旅游保险产品和保单。最后，大力拓展旅游保险销售渠道。可以和各大商场、邮政、电信部门建立合作关系，由它们代理销售旅游保险产品，也可以推出通过网络或手机短信进行投保等简单快捷的投保方式，促进旅游保险新产品占领市场。

## 参考文献

[1] 韩一武：《家庭自助游：培育国内自助旅游新产品》，《太原大学学报》2013 年第 4 期。

[2] 杭华：《旅游安全问题的成因分析及应对策略》，《旅游纵览》（下半月）2014 年第 1 期。

① 王聃醒：《我国开展旅游保险存在的问题及对策分析》，《现代经济信息》2016 年第 3 期。

# B.16
# 2016～2017年中国高风险旅游安全形势分析与展望*

曾 怡**

摘　要：　本文在对2016年我国高风险旅游安全事件相关信息进行系统梳理的基础上，分析了2016年我国高风险旅游安全的总体形势。2016年度我国参与高风险旅游的游客规模进一步扩大，整体安全形势较2015年稍有好转，安全事件数及伤亡人数有所下降。户外探险类、水上类高风险旅游项目事故仍然是事故高发类别；高风险旅游安全事件发生区域分布广泛，境外安全事件发生频次有显著提高；中青年男性旅游者为高风险旅游活动主要参与人群。尽管高风险旅游安全管理工作得到进一步重视、高风险旅游安全救援体系进一步完善，但参与者的安全意识待加强，旅游安全教育和宣传工作不足，安全监管与管理工作不到位，应在2017年形成跨境旅游安全合作机制，保障出境高风险旅游安全；鼓励地方制定高风险旅游安全管理条例，进一步规范高风险旅游市场；构建多层次多类别的高风险旅游安全综合保障体系。

关键词：　高风险旅游　高空　高速　水域　户外探险

---

* 基金项目：福建省中青年教师教育科研项目（JAS150088）。

** 曾怡，华侨大学旅游学院讲师、博士，主要研究方向为旅游安全、火灾安全。

2016年两会上，国务院总理李克强在政府工作报告中阐述2016年重点工作时明确提出，“要落实带薪休假制度，加强旅游交通、景区景点、自驾车营地等设施建设，规范旅游市场秩序，迎接正在兴起的大众旅游时代”。2016年，我国旅游业经历了一系列变化，在政府的多项政策举措大力推动之下，旅游消费热潮不断，旅游者对旅游产品的品质和体验有了更高的要求，越来越多的人选择参与富有挑战性和刺激性的高风险旅游活动；但与此同时，高风险旅游安全事件也频频发生，对旅游者人身安全、高风险旅游项目健康发展造成了负面影响。为此，本文梳理了2016年1～12月我国高风险旅游安全事件的相关资料，对我国2016年高风险旅游安全形势进行了系统回顾、总结和分析，并对2017年高风险旅游安全工作进行了展望。

## 一　2016年高风险旅游安全的总体形势

总体而言，2016年我国参与高风险旅游活动的旅游者数量依旧保持稳步增长的态势，新一代的旅游消费群体尤其青睐户外探险、高速、高空等旅游项目。2016年整体安全形势较之2015年有所好转，安全事件类型和分布范围较为广泛，高风险旅游活动产品呈现细分化、年轻化、个性化特征，旅游市场更为规范和有序，旅游管理监督较为到位，应急救援体系进一步改进，事故损失得到了有效控制，人员伤亡有所减少。但同时，随着我国成为世界第一大出境旅游客源国，境外高风险旅游活动风险增加，旅游者安全意识不足和当地经营者管理不善引起的事故比例大为增加。本文通过百度、谷歌等主流搜索引擎，人民网、凤凰网等主流媒体网站，国家旅游局及各地市旅游管理机构官方网站，以及登山协会、田径协会、漂流协会等高风险旅游相关网站进行了不完全统计分析，遴选出我国2016年1～12月的高风险旅游活动安全事件103起。这些高风险旅游安全事件广泛分布在28个省、自治区、直辖市以及境外区域，发生地域范围广泛、社会影响大，给我国经济与旅游业发展带来了一定的负面影响。

## 二　2016年高风险旅游安全事件的特征与管理问题

根据统计分析，2016 年共发生 103 起高风险旅游安全事件，造成 106 人死亡，超过 114 人受伤，以及 7 人失踪至今。与 2015 年相比较（见表 1），2016 年我国高风险旅游安全事件数量明显下降，事件导致的伤亡（含失踪）人数有所降低，事件损失有所减少。

**表 1　2014 ~2016 年高风险旅游安全事件数量及人员伤亡（含失踪）数量统计**

| 年份 | 事件数(起) | 死亡人数(人) | 受伤人数(人) | 失踪人数(人) |
|---|---|---|---|---|
| 2014 | 110 | 150 | 81 | 8 |
| 2015 | 145 | 108 | 281 | 10 |
| 2016 | 103 | 106 | 114 | 7 |

### （一）安全事件类型分布特征

参考文献资料与统计结果，本文将 2016 年我国高风险旅游活动中发生的安全事件分为以下五类：高空项目（如滑翔伞、热气球等空中项目）、高速项目（如滑雪、过山车、海盗船等速度类项目）、水上项目（如漂流、水上摩托、快艇等水域类项目）、户外探险项目（如登山、攀岩等探险项目）以及其他项目（包括潜水、极限运动等典型高风险项目）（见表 2）。

**表 2　高风险旅游项目分类**

| 项目分类 | 项目内容 |
|---|---|
| 高空 | 高空游乐设施(摩天轮等)、热气球、滑翔伞、缆车等 |
| 高速 | 高速游乐设施(过山车、海盗船等)、赛车、滑雪、轮滑、高速骑行等 |
| 水上 | 激流回旋、快艇、野泳、漂流、游船等 |
| 户外探险 | 洞穴探险、穿越沙漠、登山、瀑降、攀岩、溯溪、自驾游等 |
| 其他 | 马拉松、浮潜等 |

其类型分布特征如图 1 所示。

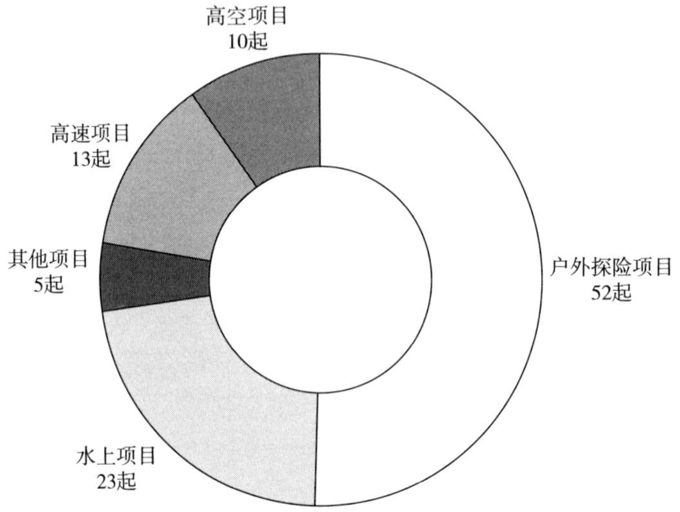


**图 1　2016 年我国高风险旅游安全事件类型结构**

户外探险类高风险旅游安全事件一直都是最主要的类别，2016 年共发生了 52 起户外探险安全事件，占总体高风险安全事件数量的 50.5%，包括 34 起登山安全事件、10 起徒步旅游及穿越危险区域安全事件、4 起自驾游事件、2 起溯溪和瀑降事件与 2 起攀岩安全事件，共造成 38 人死亡、18 人受伤以及 2 人失踪，是 2016 年高风险旅游活动中事件数量最多且造成严重损失的类别。其次为水上高风险项目，发生了 23 起安全事件，占事件总数的 22.3%，包括发生了 10 起危险水域伤亡事件，如冬泳、野游和戏水等，9 起摩托艇风险事件、2 起漂流安全事件、2 起游船倾翻事件，合计造成 51 人死亡、85 人受伤、5 人失踪，事件后果严重。而高速项目、高空项目与其他项目分别发生了 13 起、10 起和 5 起安全事件，占事件总数的 12.6%、9.7% 和 4.9%，合计造成 17 人死亡、11 人受伤，事故损失较 2015 年明显减少。

通过与 2014 年和 2015 年统计数据对比（见图 2），可以发现，2016 年高风险旅游安全事件呈现如下特点。

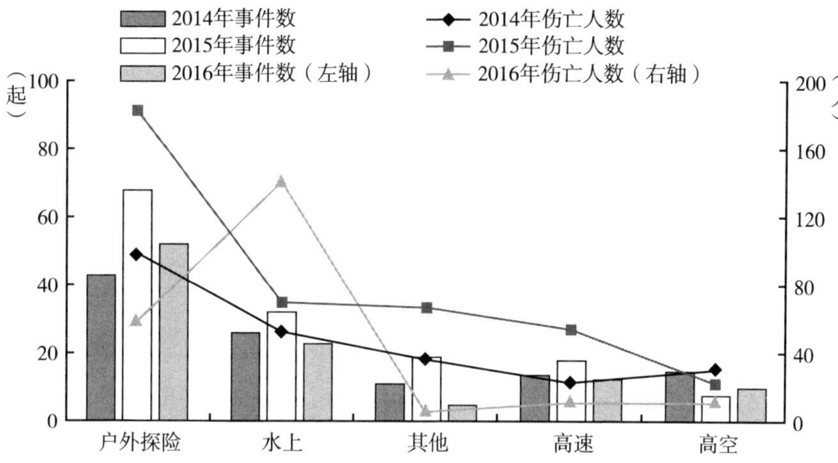


**图2　2014～2016年我国高风险旅游安全事件数与伤亡人数统计**

**1. 户外探险类项目风险依然显著**

户外探险是兼具挑战性与刺激性的旅游活动，同时又是一项非常专业、复杂的运动，是我国年轻人群体最为青睐的高风险旅游活动。随着户外项目的普及和推广，越来越多的人参与到登山、徒步旅游、溯溪、自驾游等活动中，但目前绝大多数的参与者没有任何户外探险经验，也没有安全预案和专业设备，甚至在没有申请活动组织资格、没有专业领队带领的情况下自发组织出行体验，遇险并造成了多次伤亡惨重的风险事件，同时也加重了当地相关机构的应急救援负担。尽管我国部分地区和户外运动协会已经出台了相关的管理标准和规范，但我国户外探险旅游市场缺乏监管，从业人员参差不齐，应急救援能力不足的现状短时间内仍难以改变。

**2. 传统高风险项目风险得到有效控制，水上项目安全隐患增加**

近年来，我国部分省区（如四川、辽宁、河北、贵州、宁夏等）交通运输部门出台了水上漂流安全管理规定，作为部门规范性文件，加强对水上漂流经营活动的管理，效果较为显著，2016年事故高发的漂流安全事件明显减少。同时，各省、区、市在2016年继续加大对娱乐场所特种设备的监管力度，高速项目安全事件与前两年相比也有所下降。但水上项目安全事件造成的事故后果较为严重，这主要是由于2016年各地发生局部极端气候灾害，发生了较大规模的游船倾覆和快艇相撞事件，造成较多人员伤亡。

**3. 境外高风险旅游安全事件大幅增加**

2016 年我国出境游规模达到 1.22 亿人次，收入增加、旅游消费升级、签证便利、航班增加等有利因素推动中国游客选择风光秀丽的海外度假胜地休闲旅游。当地也提供了多样的高风险旅游项目，如摩托艇、浮潜、海上马拉松、丛林飞跃、越野跑等项目，但也存在市场混乱、从业人员没有专业资质等问题，造成多起中国游客浮潜溺亡、摩托艇相撞受伤的事件，必须引起重视。

## （二）安全事件时空分布特征

**1. 我国高风险旅游安全事件的时间分布特征**

根据统计分析（见图 3），与 2014 年、2015 年类似，2016 年我国高风险旅游安全事件数量从 1 月递增至 7 月达到峰值，该月发生了 17 起安全事件，占事件总数的 16.5%，造成 37 人伤亡（含失踪）。但在 6 月，伤亡人数达到了峰值 71 人，这是由于该月高风险旅游活动多为水上活动，事故损失较为严重，如 6 月 8 日在泰国甲米府皮皮岛附近发生了一起快艇相撞事故，造成 2 名中国游客死亡、34 人不同程度受伤的恶劣后果。但与前两年相比较，2016 年高风险旅游安全事件主要集中在夏季（6 ~ 8 月）和冬季（11 月 ~ 次年 2 月），具有比较典型的季节性特征，如水上项目（漂流、摩托艇、野游等）大多发生在夏季，而滑雪、登山、冬泳等项目在冬季参与者较多。

**2. 我国高风险旅游安全事件的空间分布特征**

2016 年我国高风险旅游安全事件发生区域广泛（涉及 28 个省、自治区和直辖市以及境外地区），社会影响大。与往年相比，华东地区仍为高风险旅游安全事件的高发区（见图 4），但该地区的伤亡人数同比大幅度下降，这与该地区注重旅游安全监管、加强预防与救援工作有关。与此相反，西南地区的旅游安全事件数相较前两年有了显著的增长，这主要是四川户外登山探险的安全事件增加引起的。同时，随着我国出境游规模快速扩大，境外高风险旅游安全事件数量也明显增加，其中以东南亚地区（如泰国、菲律宾等）发生的中国游客高风险旅游安全事件为主。

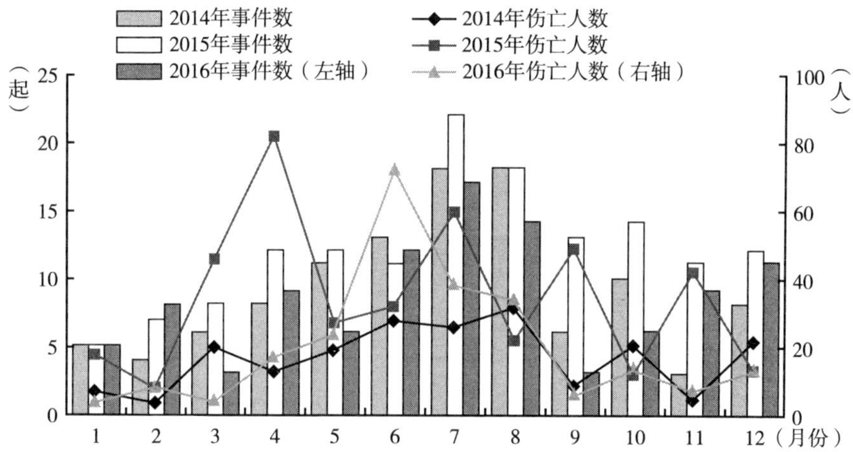


**图3　2014～2016年我国高风险旅游安全事件数和伤亡人数的时间分布**

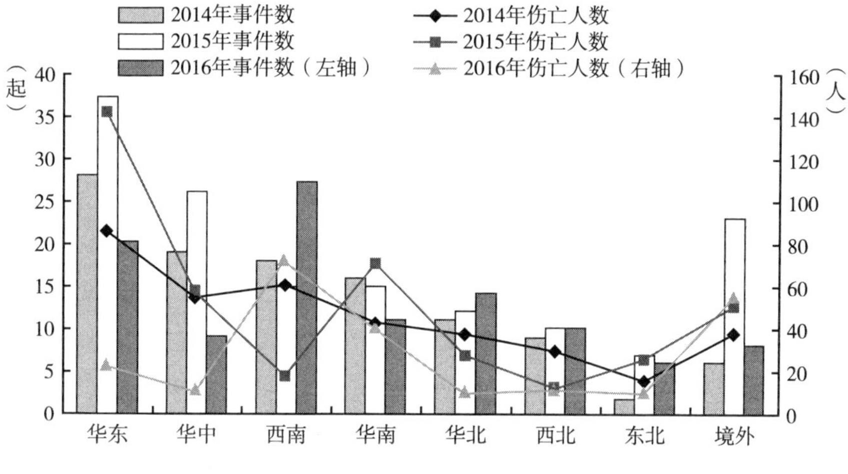


**图4　2016年我国高风险旅游安全事件空间分布**

## （三）高风险旅游活动遇难者特征

统计结果表明（见图5），在高风险旅游活动中，在已知性别与年龄的98名遇难人员中男性为71人，女性为27人，男女比例约为2.6∶1，高于2015年的2∶1；而中青年遇难者有81人之多，占可统计的遇难总人数的82.6%。这显示了在2016年中青年男性群体依旧是高风险旅游活动的主要参与群体，但具体分析遇难原因发现，中年男性游客伤亡主要是因为不了解自己的身体状况，环境突变导致身体不适、心脏骤停甚至猝死。如 2016 年 12 月 21 日，包头一中年男性驴友在登山时突发心梗，等救援队伍赶到时已经死亡。而青年男性游客伤亡的主要原因是安全意识不足，贸然探险或者不按规定路线旅行以至于滑坠或者失足伤亡。如 2016 年 7 月 29 日，两名青年男子违规攀登四姑娘山，在攀山时二人遭遇险情，致一人当场身亡，另一人受伤严重。值得注意的是，2016 年未成年人参与高风险旅游活动的死亡人数有所上升，应尽快制定高风险旅游项目针对未成年人的保护条款与准入条件。

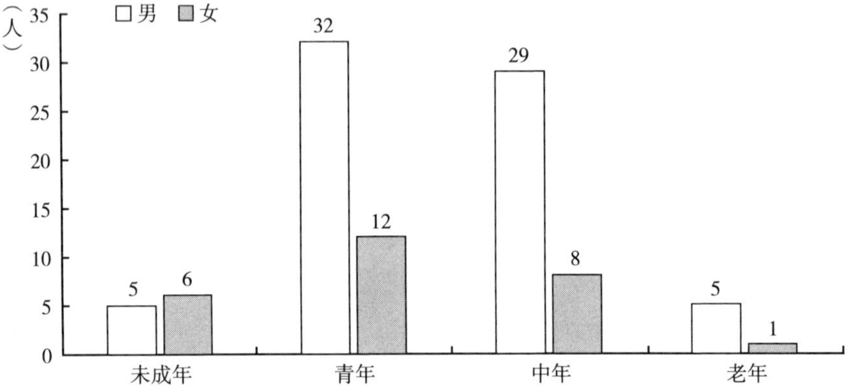


**图 5　2016 年我国高风险旅游安全事件遇难者特征**

## （四）高风险旅游发展现状

### 1. 高风险旅游参与人群年轻化，“互联网 + 旅游”产品增加

随着旅游产业的转型升级，2016 年我国全面进入了大数据背景下的“互联网 + 旅游”时代，在线旅游服务的蓬勃兴起，为习惯于通过手机和电脑搜索旅游信息、订购旅游服务的年轻人提供了更多元的旅游产品体验。2016 年参与高风险旅游活动的群体更加年轻化，城市年轻白领和大学生成为高风险旅游活动的主要参与者，他们对于高风险旅游产品的品质和旅游体验有更高的要求，并且习惯使用在线旅游服务，但对于旅游风险不敏感，缺

乏必要的专业技能和自救能力。同时，由于在线旅游产品设计更加个性化，定制活动与定制产品陆续出现，因此规范与监管难度增加。

**2. 高风险旅游安全管理工作进一步加强**

2016年，高风险旅游安全事件的发生对游客人身财产安全和行业健康发展造成了严重影响。为了进一步推动高风险旅游活动持续有序发展，保障游客安全，推动我国旅游安全管理的制度化、规范化进程，国家旅游局颁布了《旅游安全管理办法》。该办法基本覆盖了旅游安全管理的各项工作，高风险旅游经营活动得到有效监管与约束。2016年，高风险旅游各项经营活动都得到了较为有效的监管，经营单位主体多数按照要求制定了旅游安全应急预案，积极开展高风险旅游应急演练，初步取得成效，旅游安全事件数量有所下降，事故损失有所减少。

**3. 高风险旅游安全救援体系初步形成**

旅游应急救援体系是具有明确的救援职责与任务，或以从事紧急救援为主要业务的组织和个人，为在旅游活动中发生安全事故的当事人提供紧急救援服务、开展救援工作的活动，以及这些活动中所结成的关系的总和。2016年我国进一步加强综合应急救援队伍建设，旅游主管部门与旅游经营单位大多依法依规配备了应急救援力量，一些开展国家基础性业务安全风险较大的国家控股企业也建设了与其行业相对应的应急救援队；同时公益性民间救援组织也陆续兴起并发展，一些具有一定专业救援能力和较好救援成效的民间组织被纳入了当地政府相应的应急救援中心指挥范围中的辅助政府救援力量，形成了较好的联动救援体系。另外，国外成熟的商业救援力量，如优普旅行援助公司和安盛旅行援助公司，也为中国游客出境游提供以医疗救援和旅行支援为主的商业救援服务产品。

## 三　影响高风险旅游安全的土要因素

根据对103起案例进行统计分析的结果，高风险旅游安全事件的引致因素主要包括四类（见图6）。第一，人的因素，如旅游者的心理与生理准备不足、安全知识与技能缺乏引起的不安全行为；第二，物的因素，一般包括旅游设施设备故障、安全设计不足、运行维护不当等原因；第三，环境因素，通常指自然环境、社会环境中存在的各类风险因素；第四，管理因素，如对高风险旅游市场的监管不足、对现场旅游秩序的维护与控制不力、法律规范缺失等。

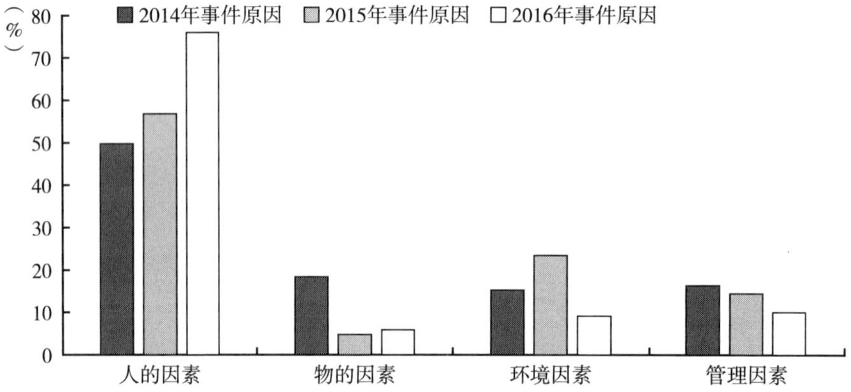


**图 6　2014～2016 年我国高风险旅游安全事件直接原因分布**

## （一）参与者安全意识薄弱，缺乏专业技能与自救能力

统计结果表明，2016 年，高风险旅游安全事件中有 78 起事件为人的因素（即游客与从业人员安全意识不足，自救与救援能力低下）引起的，占事件总数的 75.7%，相较于 2014 年和 2015 年大幅提高。根据前文分析，中青年群体为参与高风险旅游活动的主要人群，该群体风险偏好度高，但基本没有受过专业技能培训，对于风险的评估与应对准备不足，存在侥幸心理，自救能力低下。而高风险旅游活动的从业者，如水上摩托艇的经营者和驾驶员，多数没有经营牌照或者驾驶证，也没有资质认证，无序经营，操作能力低下，埋下了严重的事故隐患。如 2016 年 12 月 19 日，一名 21 岁杭州男子无视“请勿攀爬”的警示牌，在没有任何护具保护的情况下，尝试爬上宝石山最高的蛤蟆峰看风景不慎摔下，右小腿骨折。

### （二）高风险旅游安全教育和宣传工作不足，安全监管与管理工作不到位

相较于2014年，2016年由物的因素和环境因素直接造成的高风险旅游安全事件数量显著下降，说明我国在高风险旅游项目的基础设施与相关安全保障设施的建设上取得了一定进展。但由于高风险旅游行业仍处于持续发展阶段，新业态、新产品层出不穷，在线旅游和出境旅游安全管理难度极大，旅游安全主管部门尚未能适应新形态的旅游方式与特点，缺乏有效的在线风险管控机制与跨境应急管理方法，难以形成完备的高风险旅游安全综合管理体系，存在一定风险。并且，目前我国对于旅游安全的教育和宣传工作仍然相对落后，仅靠“严禁”和“禁止”等标志是无法对冒险者形成有效的风险约束的。

## 四　2017年我国高风险旅游活动安全的趋势展望及对策建议

### （一）趋势展望

**1. 境外高风险旅游快速发展，定制高风险旅游项目持续增加**

随着我国经济实力的增强，中国公民护照含金量的提高，以及出行条件日益便利，越来越多的中国游客会选择到国外参与新颖的高风险旅游活动，体验极具挑战性和刺激性的旅游产品，并且年轻的旅游者对于旅游项目的需求趋向于多元化、个性化和高端化，这对2017年高风险旅游业的发展提出了更高的要求，伴随而来的是更为复杂多变的风险，如何应对新颖的旅游活动、年轻化的旅游群体、跨境的风险并做好安全防范工作，应是2017年高风险旅游安全管理工作的重点。

**2. 户外探险类高风险旅游项目仍是主流，冬季活动增加，旅游安全事件分布广泛**

由于参与高风险旅游活动的人群以中青年男性为主，并且近年来我国户

外运动项目得到了较好的宣传和推广，项目多元，组织方便，因此，2017年户外探险类项目仍将是高风险旅游活动的最主要类别。并且，在我国成功申办2022年冬奥会后，冰雪项目（如滑冰、滑雪、冬泳）逐渐进入旅游者的视野，同时冬季赴南半球休闲度假，选择潜水、冲浪、越野跑的人数也将持续增加。因此，2017年的旅游安全事件将会在时间和空间分布上更为广泛和平均。

## （二）对策建议

**1. 形成跨境旅游安全合作机制，保障出境高风险旅游安全**

目前我国游客主要的出境游目的地集中在“21世纪海上丝绸之路”沿线国家，如泰国、印尼、菲律宾等，在我国积极推动“海丝”国家旅游联盟的时代背景下，关注“海丝”旅游活动中呈现的跨区域安全风险，构建“海丝”旅游跨区域安全联动保障体系，对于优化“海丝”旅游合作模式，提升境外高风险旅游活动安全系数，保障出境游客人身财产安全，促进经济全球化发展具有重要意义。

**2. 鼓励地方制定高风险旅游相关管理条例，规范与维护旅游市场秩序**

近年来，我国部分省、区、市陆续推出相关管理条例，如户外登山运动开展较早且较为发达的四川省自2016年1月1日起开始施行《四川省登山管理办法》，并加强对高山探险活动的管理和对群众性登山健身活动的指导与服务，提出“攀登海拔3500米以上公布山峰需提前10日申请”“未经批准发生登山事故求援，救援单位可追偿”“攀登山峰所需信息，政府无偿提供”等规定，以规范四川高山探险旅游市场。广西也于2016年10月1日开始施行新修订的《广西壮族自治区旅游条例》，对高风险旅游项目的安全实现分部门监管，如规定由民用航空管理部门监管直升机、滑翔机等航空旅游项目，由海事部门监管游船、排筏等水上旅游活动。明确相关部门的责任，有效提高了对高风险旅游活动的监管成效，避免发生事故后出现责任不清、相互推诿的情况。此类举措应鼓励并推广，各级政府可按照本地区高风险旅游活动特点制定相对应的管理条例，加大市场监管力度，引导高风险旅游项目合理规范发展。

**3. 整合政府、民间、商业资源，构建高风险旅游综合保障体系**

应积极开展旅游应急救援多层次体系的建设，形成从多类专业救援队到多类救援指挥中心的综合应急救援模式，联合民间救援力量，同时也应进一步健全商业救援体系与保险体系，鼓励专业救援机构和保险公司根据高风险旅游活动的特点，开发针对性强、细化程度高的高风险“救援+保险”专项服务产品，全程保障高风险旅游安全，减轻地方应急救援负担。

## 参考文献


[1] 谢朝武：《我国高风险旅游项目的安全管理体系研究》，《人文地理》2011年第2期。

[2] 陶宇平：《体育休闲与体育旅游风险管理研究》，《重庆大学学报》（社会科学版）2012年第3期。

[3]《中华人民共和国旅游法》，中央政府门户网站，http://www.gov.cn/flfg/2013-04/25/content_2390945.htm。

[4]《旅游安全管理办法》，中央政府门户网站，http://www.cnta.gov.cn/zwgk/fgwj/bmfg/201609/t20160929_785054.shtml。

[5]《广西壮族自治区旅游条例》，广西壮族自治区旅游发展委员会网站，http://www.gxta.gov.cn/home/detail/33494。

[6]《四川省登山管理办法》，四川省人民政府政务网，http://www.sc.gov.cn/10462/10778/10876/2011/11/9/10188938.shtml。

# B.17

# 2016～2017年中国旅游安全法律规制的形势分析与展望

郭志平 *

摘　要：　2016年，中共中央和国务院《法治政府建设实施纲要（2015—2020年）》、国家旅游局《〈法治政府建设实施纲要（2015—2020年）〉实施方案》、《"十三五"旅游业发展规划》和《国务院办公厅关于加强旅游市场综合监管的通知》都对安全管理提出了要求。国家旅游局规章《旅游安全管理办法》于2016年9月27日公布，自2016年12月1日起施行；国家旅游局全年共印发了10个涉及旅游安全方面的通知（含2015年底1个），发布了21条关于自然灾害、天气、卫生、社会治安和财物安全等方面的旅游出行提示。河北、贵州、广西、福建、重庆、山东、青海、湖南等8个省（区、市）修订颁布了地方旅游条例。2017年，各地将会继续根据旅游法的规定，对旅游法有关安全制度进行细化和完善，对现有一些不合适的制度进行调整。

关键词：　旅游　安全　法律　规制

2016年，"放管服"① 工作全面开展，国务院印发《2016年推进简政放权放管结合优化服务改革工作要点》，国家旅游局印发《关于简化优化公共

* 郭志平，国家旅游局法规处干部，法律硕士，主要研究方向为旅游法律法规、旅游行政和民事法及旅游安全。

① "放管服"，就是简政放权、放管结合、优化服务的简称。

服务流程方便基层群众办事创业的工作方案》。依法治国深入推进，中共中央、国务院印发《法治政府建设实施纲要（2015—2020年）》，提出“完善立体化社会治安防控体系，有效防范管控影响社会安定的问题，保护人民生命财产安全”、“提高公共突发事件防范处置和防灾救灾减灾能力”、“全方位强化安全生产，全过程保障食品药品安全”、“重点在食品药品安全、工商质检、公共卫生、安全生产……领域内推行综合执法”和“依法加强对影响或危害食品药品安全、安全生产、生态环境、网络安全、社会安全等方面重点问题的治理”等要求；国家旅游局印发《〈法治政府建设实施纲要（2015—2020年）〉实施方案》，提出“提高涉旅突发事件防范处置和防灾救灾减灾能力，协助强化旅游安全生产”、“加快旅游安全保障体系建设，全面实施‘安全旅游目的地’战略”等要求。《“十三五”旅游业发展规划》经国务院批准发布，提出加强旅游安全制度建设、强化重点领域和环节监管、加快旅游紧急救援体系建设和深化旅游保险合作机制等构筑旅游安全保障网的举措。《国务院办公厅关于加强旅游市场综合监管的通知》提出，“质检部门：依法对旅游场所大型游乐设施、客运索道等特种设备实施安全监察，对涉及特种设备安全的投诉举报及违法违规行为进行调查处理等”，“饭店、景区、交通、餐饮等企业要保障旅游者出游安全，提高服务品质”。由此可见，旅游安全的规范和要求，越来越多地进入国家规制的视野。

## 一　2016年旅游安全法律规制的总体情况

2016年，国务院法制办就《旅行社条例（修订草案送审稿）》公开征求意见，该草案第五十九条至第六十五条对旅行社安全主体责任、订购产品要求、安全评估内容、安全信息卡制作和携带、说明和警示义务、突发事件应急救助和处置、旅游保险等作出了规定。《旅游安全管理办法》[①] 于2016

① 《国家旅游局第41号令：〈旅游安全管理办法〉自2016年12月1日起施行》，国家旅游局网站，http：//www. cnta. com/zwgk/fgwj/bmfg/201609/t20160929_ 785054. shtml，2016年9月29日。

年9月7日经国家旅游局第11次局长办公会议审议通过，2016年9月27日以国家旅游局第41号令公布，自2016年12月1日起施行，国家旅游局1990年2月20日发布的《旅游安全管理暂行办法》同时废止。根据2016年3月1日《国家旅游局关于规范性文件清理结果的公告》（国家旅游局公告2016年8号）①，国家旅游局1993年4月15日发布施行的《关于实施〈重大旅游安全事故报告制度试行办法〉和〈重大旅游安全事故处理程序试行办法〉的通知》（旅综发〔1993〕009号），1994年1月22日发布、1994年3月1日施行的《关于下发〈旅游安全管理暂行办法实施细则〉的通知》（旅政法发〔1994〕004号）和2003年6月20日发布施行的《关于发布施行〈旅游服务健康安全工作基本要求〉的通知》（旅发〔2003〕44号）废止。为贯彻实施旅游法，河北、贵州、广西、福建、重庆、山东、青海、湖南等8个省（区、市）修订颁布了地方旅游条例。

据统计，2016年国家旅游局全年共印发了10个涉及旅游安全方面的通知（含2015年底1个）②，发布了21条关于自然灾害、天气、卫生、社会治安和财物安全等方面的旅游出行提示。③ 2015年12月28日印发的《关于做好2016年元旦春节假日旅游工作的通知》（旅游明电〔2015〕126号）要求高度重视旅游安全工作，将旅游安全工作摆在首位，认清假日旅游安全面临的严峻形势，深化红线意识和底线思维，切实落实安全责任，加大旅游安全管理和监督检查力度，制定完善安全应急预案，健全自然灾害预警机制，关注海外安全形势对旅游活动的影响。2016年4月26日印发的《国家旅游局关于做好“五一”假日旅游工作的通知》（旅发〔2016〕55号）要求高度重视旅游安全，认真做好应急值守工作，把握旅游安全形势，提升安全意识，落实安全措施，确保假期旅游安全平稳，并强调特别要加强“导游专座”有关

① 《国家旅游局关于规范性文件清理结果的公告》（国家旅游局公告2016年8号），国家旅游局网站，http：//www. cnta. com/zwgk/fgwj/gfxwj _ 2120/201603/t20160302 _ 761975. shtml，2016年3月2日。

② 国家旅游局通知公告，http：//www. cnta. com/zwgk/tzggnew/gztz/。

③ 国家旅游局出行提示，http：//www. cnta. gov. cn/zwgk/cxts/。

工作督导，消除一切安全隐患。5月17日印发的《国家旅游局办公室关于开展2016年“旅游安全生产月”和“旅游安全生产万里行”活动的通知》（旅办发〔2016〕136号）提出，“旅游安全生产月”活动的主要内容包括开展安全发展主题宣讲活动、旅游安全宣传咨询日活动、旅游安全培训教育活动、旅游安全文化塑造活动，“旅游安全生产万里行”活动的主要内容包括旅游安全明察暗访活动、旅游安全隐患曝光活动和旅游应急预案演练活动，通知同时提出加强保障、强化宣传报道、认真做好总结等要求。6月7日印发的《国家旅游局办公室关于做好端午节及旅游旺季安全工作的通知》（旅办发〔2016〕149号）要求，强化红线意识和风险意识，狠抓旅游安全责任和防范措施落实；主动协同配合，在职责范围内加强重点环节安全监管；周密安排、一线检查，深入排查旅游安全生产各种隐患；加强安全宣传，主动发布旅游安全等服务信息；严格值班制度，做好应急值守工作，提高应急处置能力。7月5日，为防止中东呼吸综合征传入我国，巩固并提升中东呼吸综合征防控能力，《质检总局　国家卫生计生委　国家旅游局关于防止中东呼吸综合征传入我国的公告》（2016年第64号）发布，对来自和前往中东呼吸综合征疫情发生国家/地区的入境人员，提出了申报、开展医学排查、保持良好的个人卫生习惯等要求。7月5日印发的《关于加强汛期旅游安全工作的通知》（办汛四〔2016〕27号）要求，高度重视旅游安全度汛工作，强化责任落实，加强安全监管，细化落实预案，完善安全措施，加强防汛检查和隐患防控，强化应急机制，加强处置能力，加强应急值守，强化公共服务。7月21日印发的《国家旅游局办公室关于做好汛期及旅游旺季安全工作的紧急通知》（旅办发〔2016〕195号）提出高度重视、落实责任，把握重点、加强监管，强化检查、消除隐患，加强预警、引导出行，强化值班、做好应急等要求。9月8日印发的《国家旅游局关于做好2016年国庆节假日旅游工作的通知》（旅发〔2016〕115号）提出强化安全意识、落实安全责任、确保国庆假日旅游安全有序的要求，特别提出各级旅游管理部门要协调相关机构加强旅游道路特别是桥梁、隧道、旅游大巴等交通安全和食品安全监督检查，对客运索道、大型游乐设施等旅游场所特种设备开展安全检测。12月印发的《国家旅游局办公室关于贯彻落实全国安全生产电视电话会议精神扎实深入开展旅游安全生产大检查工作的通知》（旅办发〔2016〕320号），就开展旅游安全生产大检查提出了工作要求。12月30日印发的《国家旅游局关于做好2017年元旦春节假日旅游工作的通知》要求扎实抓好旅游安全。

## 二 《旅游安全管理办法》有关情况

《旅游安全管理办法》（以下简称《办法》）分为总则、经营安全、风险提示、安全管理、罚则和附则6章共45条。《办法》将现行国家旅游局制定的旅游安全规章和规范性文件的内容进行了合并，是对《旅游安全管理暂行办法》的全面修订，基本涵盖了旅游安全管理各项工作。

### （一）修订目的

《旅游安全管理暂行办法》于1990年2月20日发布，至今已历20多年。2013年《中华人民共和国旅游法》颁布实施，2014年《中华人民共和国安全生产法》修订颁布，包括2007年发布的《中华人民共和国突发事件应对法》等都对旅游安全提出了统领性的要求，《旅游安全管理暂行办法》的上位法依据发生较大变化。同时，《旅游安全管理暂行办法》的规定，明显超出旅游部门的职责权限，与职权法定原则不相符；而近年来涉旅安全事故频发，旅游安全形势依然严峻，进一步加强对旅游安全的规范实属必要。

### （二）适用范围

《办法》第二条明确了本办法的适用范围，即调整和规范“旅游经营者的安全生产、旅游主管部门的安全监督管理，以及旅游突发事件的应对”工作，这与法律、法规的规定和旅游部门的安全管理职权相符。因为从全国的情况看，旅游部门直接负责的主要为旅行社，部分地方还包括景区和饭店，而大部分地方依靠评定标准对星级饭店和A级景区的相关工作实施指导。因此，《办法》第二条第二款特别明确，“本办法所称旅游经营者，是指旅行社及地方性法规规定旅游主管部门负有行业监管职责的景区和饭店等单位”；第二十二条明确，“旅游主管部门应当加强对星级饭店和A级景区旅游安全和应急管理工作的指导”。对于旅游部门不负有行业监管职责的经营者，则不受《办法》的调整，使旅游部门的安全监管职权与责任相适应。

## （三）经营安全规范

为了切实保证旅游经营安全，落实经营者的旅游安全责任，《办法》从各环节对经营者设定了一系列具体安全要求，如服务经营安全总体要求，隐患排查、安全评估、风险监测和提示要求，安全教育和培训要求，旅游突发事件的应急预案制定和应急救援、处置、报告要求，等等。鉴于旅行社提供服务具有流动性和异地性，《办法》要求旅行社除了履行旅游经营者的一般义务之外，还针对旅行社服务的特殊性提出订购合格产品、制作并发放安全信息卡等要求。同时，也赋予了经营者要求旅游者配合采取安全防范措施的权利。

## （四）风险提示制度

我国近年来各类旅游突发事件频频发生，境外旅游突发事件也呈增长态势，这些事件的发生会对旅游者出行带来综合性的影响，由此导致的各类合同纠纷不断，严重影响旅游者的人身财产安全。为落实《中华人民共和国旅游法》第七十七条的规定，国家旅游局不断通过官方网站转发外交等相关部门的安全预警和提示信息，并以此来履行风险提示的相关职责。为进一步落实法律要求，使该项制度发挥最大的安全防范作用，根据《中华人民共和国突发事件应对法》和《中华人民共和国旅游法》以及相关部门的有关法律法规，《旅游安全管理办法》的第三章明确了旅游目的地安全风险的提示级别及其划分标准，并对旅游风险提示信息的内容，旅游风险提示的法律后果，旅游风险提示信息的发布主体、程序和方式等进行了相应规范。

## （五）监督管理要求

《办法》第三条对旅游部门的安全监管职责作出原则规定，即“在同级人民政府的领导和上级旅游主管部门及有关部门的指导下，在职责范围内，依法对旅游安全工作进行指导、防范、监管、培训、统计分析和应急处理”。同时，在第四章分别从旅游安全的日常管理职责，预案制定和演练，景区流量控制，旅游突发事件的应急处置、调查处理、报告、通报、总结、备案和统计分析等方面，作出了具体规定。

## 三　地方性旅游法规修订中涉及旅游安全的相关情况

2016 年修订颁布的 8 个省市的旅游条例中，重庆、青海、福建、贵州、河北 5 个省市的旅游条例单独设立了“旅游安全”章节，其中贵州的章节名称为“旅游安全与保险”，河北的章节名称为“安全和监督”。各个旅游条例基本都从细化旅游法的角度对旅游安全作出了相关规定，涉及安全预警、安全管理和应急处理等方面内容，其中，广西、重庆、青海关于旅游安全的要求规定得相对较为完善，主要内容和亮点包括以下几个方面。

### （一）旅游安全监管职责

7 个省（区、市）的旅游条例明确了政府及其相关部门的安全监管责任，主要包括：一是安全监督检查的职责；二是安全资金、设施和服务的保障职责；三是旅游突发事件的报告职责；四是旅游突发事件的救援处置职责。其中，贵州规定旅游部门应当会同安监、质监、体育、公安、卫生、交通运输等部门督促旅游经营者落实旅游安全制度和安全防范措施；湖南明确乡（镇）、街道办事处对乡村旅游经营者的旅游安全教育和监督检查职责；广西明确乡（镇）人民政府和街道办事处协助做好本行政区域旅游安全监督的职责，并明确对景区安全保障、环境卫生等配套设施建设给予支持；重庆提出对涉及旅游的安全保障、环境卫生等配套设施的建设资金给予支持；青海要求为旅游者提供医疗救助、安全救援等方面的服务。

### （二）旅游安全风险提示制度

7 个省（区、市）的旅游条例对旅游安全风险提示的相关要求进行了明确。其中，福建、广西、青海、云南和海南等省区提出，旅游行政部门在必要时可以要求旅游经营者提出“调整、暂停或者终止旅游活动”的要求；青海要求旅游主管部门应当在重大节庆活动期间，通过大众传播媒介向社会和公众发布主要旅游景区的旅游接待信息，以落实景区最大承载量的管理工作。

### （三）旅游安全经营主体责任

地方旅游条例关于旅游经营者安全主体责任的内容主要包括旅游安全规范和应急预案制定义务、安全风险防范和警示说明义务、安全投入义务、安全培训义务、安全演练义务、安全建设三同时义务、提供安全旅游产品和服务义务等。同时，对景区也特别提出了安全管理要求。其中，河北提出，政府相关部门已作出高风险安全警示并存在安全隐患的旅游景区，不得对旅游者开放，而广西则要求停止接待旅游者；青海则要求，旅游景区管理机构应对在景区范围内的商品销售、住宿、餐饮、演艺等各类经营活动实行统一的管理，加强对环境卫生、食品安全、公共安全的监督管理；广西要求旅游经营者对不适合参与其所提供的游览游乐服务的情形进行明示，并对明显不适合参加该类项目的游客进行劝阻。

### （四）高风险旅游项目管理

7个省（区、市）的旅游条例对高风险旅游项目的安全管理提出要求。广西和湖南都对高风险旅游项目的监管部门进行了明确和细化。例如，广西明确攀岩、潜水等涉旅项目为体育旅游项目，湖南将蹦极、攀岩、潜水等涉旅项目列为体育旅游项目。广西规定，利用实行通用航空经营许可的直升机、载客自由气球、滑翔机、载客飞艇等进行航空旅游的项目由民用航空管理部门监管；湖南规定，利用滑翔机、载人飞艇、载人气球等实施的高空旅游项目由民用航空管理部门监管。广西规定，在通航水域利用游艇、游船、排筏等进行水上旅游的，其交通安全由海事部门监管；湖南规定，利用摩托艇、游船、游艇等开展的水上旅游项目由海事部门监管。广西规定，利用客运索道、大型游乐设施等特种设备开展的旅游项目由质量技术监督部门监管；湖南规定，利用客运索道、大型游乐设施等特种设备开展的高速旅游项目由质量技术监督部门监管。

## （五）景区开放制度

仅有广西、重庆对旅游法规定的景区开放制度进行了细化。其中，广西对景区开放的基本条件从道路等交通服务和辅助设施、游览线路等游览服务和辅助设施、生态环境设施与制度等方面进行了规定，并对景区的安全保障设施设备、事故应急救援预案、安全游览事项说明、安全风险评估等必要的安全设施及制度提出了系统要求。同时，广西还要求景区主管部门对景区是否具备相应的开放条件进行审查并听取当地人民政府旅游主管部门的意见。重庆则规定，景区在向公众开放前，景区的主管部门应当会同有关部门开展评估活动，确认景区是否具备开放条件并应该听取旅游主管部门的相关意见。

## （六）景区流量控制制度

5个省份规定了景区流量控制制度。福建要求，国家5A级景区应当配备专业的救援和医疗队伍，有条件的景区可以纳入国家应急救援基地开展统筹建设工作。《重庆市旅游条例》第五十八条明确规定："旅游者数量达到最大承载量百分之八十时，景区应当启动交通调控、入口调控等措施控制旅游者流量，提前向社会公告并向区县（自治县）人民政府报告，景区和区县（自治县）人民政府应当及时启动疏导、分流等措施。"

## （七）旅游客运安全

5个省份从客运经营者和旅行社租用交通设施设备要求两方面对旅游客运安全作出了规定。山东明确了导游专座要求，规定旅游客运车辆、船舶等应当投保法定强制保险，配备具有相应资格的驾驶人员和安全设施设备，规范设置和使用导游专座，并应在车辆和船舶的显著位置明示旅游客运专用标识、经营者和驾驶人信息、服务监督电话等事项。重庆提出，经营内河邮轮旅游业务和邮轮码头业务的旅游经营者应当以显著方式就安全注意事项、风险警示、礼仪规范、投诉电话等内容向邮轮旅游者进行提醒。

### （八）旅游保险制度

6个省份从旅游责任保险和人身意外保险两个方面对旅游保险制度进行了规定。福建提出，福建省人民政府旅游主管部门应当推动金融保险机构建立涵盖旅游经营者责任险的全省统一的旅游安全组合保险体系；湖南鼓励保险机构开发面向旅游经营者、旅游者的旅游保险产品。

### （九）法律责任

5个省份对违反旅游安全管理规定的行为明确了法律责任。如广西特别规定，如果景区经营者不符合景区开放条件而接待旅游者的，由该景区主管部门依法对其进行处理；景区没有主管部门的，则由县级以上人民政府旅游主管部门依法对其进行处理。

### （十）其他方面

针对近年来旅游者违反法律法规从事高风险自助旅游活动的行为，《重庆市旅游条例》第六十二条规定："在禁止通行、没有道路通行或者景区游览路线以外的区域，任何单位或者个人不得违反规定组织登山、穿越等风险性较高的旅游活动。发生旅游意外事故，产生旅游事故救援费用的，旅游活动组织者及被救助人应当承担实际产生的救援费用。"福建省针对民宿旅游安全进行了规范，要求"民宿的建筑、设施设备和经营服务应当具备必要的治安、消防等方面的安全条件和卫生要求"。

## 四　2017年旅游安全法律规制形势展望与建议

### （一）形势展望

《旅游安全管理办法》已于2016年12月1日起施行，与此相关的宣传贯彻工作应成为2017年的主要工作，相关工作包括：第一，加强《办法》配套制度的完善工作，推动《办法》的尽快落地；第二，在施行过程中，难免会出现一些新情况、新问题，需要进一步予以规范；第三，在地方层面，仍有十几个省（区、市）有旅游条例修订计划，但尚未修订完成，一些设区的市也计划制定旅游地方性法规，旅游安全必然仍将是这些地方旅游立法中重点关注的内容。

## （二）发展建议

2017年，旅游安全法律规制应注重做好如下几个方面的工作。第一，继续根据旅游法的有关要求，参考《办法》的有关规定，进一步细化和完善现行安全法规制度，重视对旅游法和相关安全法规的落实与执行；第二，安全立法中尽量厘清旅游部门与相关部门在旅游安全中的监管职责，使旅游部门在安全监管中的职责权限与能力相匹配；第三，尽量增强旅游安全相关制度的可行性和可操作性，便于地方各级旅游部门贯彻实施。

## 参考文献


[1] 国家旅游局通知公告，http：//www. cnta. com/zwgk/tzggnew/gztz/。

[2] 国家旅游局出行提示，http：//www. cnta. gov. cn/zwgk/cxts/。

[3]《旅游安全管理办法》。

[4]《河北省旅游条例》。

[5]《贵州省旅游条例》。

[6]《广西壮族自治区旅游条例》。

[7]《福建省旅游条例》。

[8]《重庆市旅游条例》。

[9]《山东省旅游条例》。

[10]《青海省旅游条例》。

[11]《湖南省旅游条例》。

**附表　2016 年新修订地方旅游条例中关于旅游安全的章节和条款**

| 省、区、市 | 福建省 | 贵州省 | 河北省 | 广西壮族自治区 | 山东省 | 重庆市 | 青海省 | 湖南省 |
|---|---|---|---|---|---|---|---|---|
| 安全章节 | 第六章旅游安全 | 第六章旅游安全与保险 | 第六章安全和监督 | | | 第六章旅游安全 | 第五章旅游安全 | |
| 旅游安全监管职责 | 第五十二条 | 第五十八条 | 第四十二条第三款、第四款 | 第四条第二款、第十三条第二款、第十五条第一款、第五十三条第一款 | 第六十一条 | 第八条第二款、第九条第二款、第五十四条 | 第四条第二款、第二十条第三款、第三十八条、第四十四条 | 第十四条第二款、第三十三条第二款、第十六条 |
| 旅游安全风险提示制度 | 第五十四条 | 第五十九条 | 第四十二条第一款、第二款 | 第五十三条第二款 | 第六十一条 | 第十一条第三款 | 第三十九条 | |
| 旅游安全经营主体责任 | 第五十五条 | 第六十条、第六十一条 | 第三十六条、第三十八条、第三十九条、第四十条 | 第三十八条 | 第五十三条 | 第五十五条、第五十九条 | 第三十三条、第三十六条、第四十二条 | 第二十一条 |
| 高风险旅游项目管理 | 第五十七条 | 第六十二条、第六十三条 | 第四十一条 | 第五十四条 | | 第六十条 | 第四十条、第四十二条第二款、第四十三条第一款 | 第二十二条、第二十八条 |

续表

| 省、区、市 | 福建省 | 贵州省 | 河北省 | 广西壮族自治区 | 山东省 | 重庆市 | 青海省 | 湖南省 |
|---|---|---|---|---|---|---|---|---|
| 景区开放制度 | | | | 第四十五条 | | 第五十七条 | | |
| 景区流量控制制度 | 第五十六条 | 第四十八条 | | | 第五十一条 | 第五十八条 | 第四十五条 | |
| 旅游客运安全 | | 第四十四条 | 第三十三条 | | 第五十二条 | 第五十二条第一款、第三款 | 第四十一条 | |
| 旅游保险制度 | 第五十三条 | 第六十四条 | | 第五十二条 | | 第六十三条 | 第四十三条第二款 | 第十二条第二款 |
| 旅游者安全权利义务 | | 第五十五条第(一)项 | 第二十五条第(三)项、第(四)项 | 第九条第(五)项、第(六)项 | | 第二十九条第一款,第三十二条第二款、第三款 | 第二十八条第一款 | 第三十一条第(六)项 |
| 法律责任 | 第六十四条第(一)项、第(二)项 | 第六十七条 | 第五十二条 | 第五十八条第(一)项、第五十九条 | | | | 第三十六条第(五)项 |
| 其他 | 第十六条 | | | | | 第十二条、第六十二条 | | |

**B**.18

# 2016~2017年我国旅行社责任保险统保示范项目及全产业链旅游保险的发展形势分析与展望

张志安　王 琰*

摘　要：　2016 年共 19701 家旅行社参加旅行社责任保险统保示范项目，统保率为 73.92%，其中成都、厦门、青岛、呼和浩特、西宁、太原、广东、宁夏等地统保率实现 100%，海南、福州、长沙、南通、新疆、陕西、长春、山东、北京等地统保率超过 80%，2016 年共接报案 10519 起，较 2015 年（10011 起）增加了 5.07%。展望 2017 年，在全域旅游发展形势下，以旅行社责任保险统保示范项目为基础，打造与全域旅游相配套的安全保障体系成为重点。

关键词：　旅行社责任保险　全产业链旅游保险　管理建议

旅行社责任保险统保示范项目（以下简称示范项目）作为行业安全管理的重要抓手，与导游职业责任保险、各类旅游意外险和景区保险一起，共同构筑了融“保、调、赔、防”于一体的旅游保险体系。2015 年广东、四川、湖北、江西、福建、辽宁、甘肃、河北、内蒙古、济南、淄博、咸宁等

* 张志安，江泰保险经纪股份有限公司副总裁；王琰，任职于江泰保险经纪股份有限公司旅游安全合作部。

地旅游局下发了续保文件，全国有 19701 家旅行社投保了示范项目，统保率达到 73.92%。江泰保险经纪股份有限公司（以下简称“江泰经纪”）各分支机构全面召开旅游安全培训会议，在宣传推广示范项目的同时，增强各地旅游企业的风险防范意识和风险防范能力，深化行业安全管理。为构建旅游行业安全保障网络，江泰经纪在做好示范项目服务的基础上，开发并推动旅游者团体意外保险、大陆居民赴台湾地区/赴日/赴韩/赴东南亚/赴欧/赴美加澳新等专属保险、游轮游保险、一日游保险、自驾游保险、中国公民赴韩医疗美容观光专属保险、导游执业综合保险、景区（点）/饭店安全生产责任险、目的地组合保险等旅游保险项目，成为旅行社业及其他旅游企业发展旅游事业的坚强后盾。

## 一　2016年我国旅行社责任保险统保示范项目的总体形势

2016 年共 19701 家旅行社参加示范项目（见图 1），统保率为 73.92%。在各级旅游部门的引导和江泰经纪、6 家共保公司的共同努力下，示范项目运行日益顺畅，参保规模不断扩大，进一步提升了示范项目利用保险“大数法则”转移风险的能力。全国 29 个省、自治区、直辖市建立省级联合工

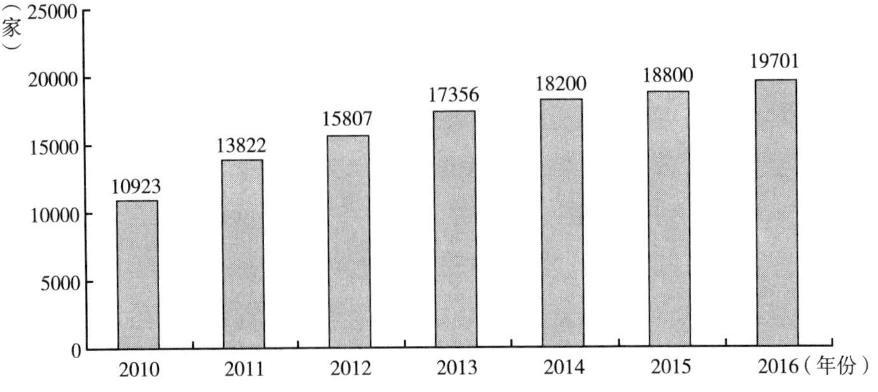


**图 1　旅行社责任保险统保示范项目 7 年参保旅行社规模**

作机制，通过召开地方联合工作小组会议沟通结算、重大案件处理、事故鉴定等内容，及时有效地解决项目运行过程中发现的问题，根据当地旅游风险事件情况，有针对性地探讨化解风险和防灾防损的具体措施。

## 二　2016年我国旅行社责任保险统保示范项目的品牌宣传

在国家旅游局和各级旅游行政管理部门的大力支持下，江泰经纪大力推动示范项目的品牌宣传工作，并积极通过报刊、大型活动、项目材料传播、电子商务及上门宣讲等多途径、多方式进行品牌营销。

### （一）报刊宣传

2016年在《中国旅游报》刊发了10余篇示范项目宣传文章，并邀请保险、法律、旅行社代表等各领域的专家分别从运行机制、保险保障、重大案件处理、风险防范等角度对示范项目进行了宣传介绍。

### （二）活动宣传

江泰经纪统一组织各分支机构开展旅行社“拜访百分百”活动，上门拜访旅行社，解答旅行社在旅游风险防范、旅游事故应对、保险产品购买等方面存在的问题，提高旅行社风险防范能力，进一步加深旅行社对示范项目的理解。江泰经纪各分支机构根据当地实际情况，开展各具特色的旅游保险宣传活动，配合旅游行政管理部门、保险监管部门大力宣传旅游风险知识、旅游保险知识、旅游安全知识。通过培训会议、突发事件应急演练、安全咨询日、旅游安全检查等形式多样的活动，增强旅游行业及旅游参与者的安全意识与保险意识，让旅游安全意识深入人心。例如，江泰经纪青岛分公司协助当地行政管理部门组织安全应急演练，通过模拟故障起火现场应急处置、紧急救助救护、特殊环境天气情况下的驾车安全控制、止血救护等施救演练，提高行业对突发事件的应变能力，加深对现场应急处置程序、医疗救护知识的理解，加强消防器材正确使用的实战技能，进而全面提高应对突发事件的自救、互救、应急处置能力；江泰经纪山东分公司协助省旅游发展委员会加强旅游安全知识、风险防范意识宣传，定期发布包括示范项目案件信息、典型案例、风险防范常识、相关法律法规、旅游热点目的地注意事项等内容的《山东旅游保险动态》，全面提升游客风险防范意识和风险防范能力。

### （三）宣传材料

编制印刷 7.5 万册《旅行社服务手册》、10.5 万册《导游手册》、8.7 万张示范项目宣传折页、4.9 万张示范项目封套、4 万册示范项目《2014 年年度报告》、5 万册《2014 年度旅行社业风险白皮书（含案例汇编）》向全国参保旅行社发放。

### （四）开拓途径

为更好地契合“互联网 +”时代特色，江泰经纪进一步完善“我游保”App（江泰旅游保险产品互联网移动投保工具），通过 App 向游客推送优质旅行线路、热门景点景区、品质酒店、机票查询等信息；通过 App 不仅可以购买各类旅游保险产品，还实现了旅游案件线上的快速理赔。同时，不断优化旅游保险网系统功能，细分用户群，对界面设定、网站功能进行汇总，强化旅游交易功能，提升旅游保险网流量，为电子商务业务开展、提升客户体验奠定基础。

## 三　2016年我国旅行社责任保险统保示范项目的保险经纪服务

### （一）投保咨询服务

2016 年底，19000 多家旅行社需在 1 个月内集中续保，对服务机构的人力调配、系统保障和服务时效等提出了较高要求。为在有限的时间内通知各地旅行社保险到期、协助旅行社办理续保手续，江泰经纪统一布置、分批推进、提前应对，累计在全国召开了不同形式的培训会议千余场，与参加示范项目的旅行社逐个电话沟通，提醒保险到期时间，提出保险方案优化建议，并告知办理续保手续。因业务淡季许多旅行社处在放假阶段，服务人员通过多次电话联系甚至反复上门以确保旅行社知晓保险到期，协助旅行社及时办理续保手续，累计提供投保咨询两万多人次。

旅行社办理投保手续后，将保费支付至江泰经纪设立的示范项目保费专收账户，由江泰经纪向各出单保险公司划付保费。由于20个省市的保险监督机构要求保险公司收到保险费后才能出具保险单和发票，为确保这部分见费出单地区的旅行社续保时能够及时获得保险保障，江泰经纪自行为旅行社垫付保费约450万元。

## （二）出险案件处理

### 1.2016年案件情况

2016年示范项目共接报案10519起，较2015年的10011起增加了5.07%。其中，基本险案件6911起，较2015年的6415起增长了7.73%；附加险案件3608起，较2015年的3596起增长了0.33%。截至2016年12月31日，2016年结案率为87.98%，已决赔款为28122340.14元，未决赔款为37627185.4元。基本险已决赔款为15167214.44元，占已决赔款总额的53.93%；附加险已决赔款为12955125.7元，占已决赔款总额的46.07%。2016年未决案件共2541起，其中，基本险未决案件1921起，未决赔款为33284133元；附加险未决案件620起，未决赔款为4343052.4元。

出险明细数据见下表1。

**表1　2016年出险明细**

| 案件类型 | 案件数（起） | 结案数（起） | 销案数（起） | 未决数（起） | 赔款（元） | 估損（元） |
|---|---|---|---|---|---|---|
| 食物中毒 | 263 | 197 | 2 | 64 | 310651.84 | 224600 |
| 突发疾病 | 1201 | 855 | 25 | 321 | 4349215.76 | 5576200 |
| 意外伤害 | 4606 | 3204 | 90 | 1312 | 8178257.15 | 12263793 |

续表

| 案件类型 | 案件数（起） | 结案数（起） | 销案数（起） | 未决数（起） | 赔款（元） | 估损（元） |
|---|---|---|---|---|---|---|
| 交通事故 | 346 | 191 | 4 | 151 | 1863596.19 | 14062000 |
| 其他人伤 | 74 | 59 | 3 | 12 | 16752.1 | 920000 |
| 财产损失 | 421 | 350 | 10 | 61 | 448741.4 | 237540 |
| 旅行取消 | 537 | 427 | 17 | 93 | 2787899.76 | 1121506.4 |
| 旅程延误 | 2975 | 2413 | 59 | 503 | 10167225.94 | 3121546 |
| 其他非人伤 | 96 | 69 | 3 | 24 | 0 | 100000 |

**2. 重大案件处理情况**

2016年，示范项目共处理重大案件488起，包括：湖南郴州“6·26”交通事故案件、台北桃园“7·19”交通事故案件、江西上饶“8·24”交通事故案件、山西晋中“10·20”交通事故案件、吉林长春“11·7”交通事故案件。示范项目通过专项保证金为重大交通事故垫付及协调共保公司为重大案件预付，使重大案件处理获得及时的资金支持，同时保障了旅游者权益、减轻了旅游企业负担，成为旅游部门处理重大案件的有力抓手。

## （三）培训咨询服务

咨询、培训常态化发展，风险管控服务逐步深化。2016年江泰经纪与当地旅游部门、旅行社的沟通和上门拜访力度进一步加大，借助电话、短信、邮件、QQ、网站平台等多种渠道随时向旅行社提供包括投保、案件处理、索赔指导、风险防范、防灾防损建议、资料提供等咨询、培训服务。通过给旅行社提供上门培训、线上培训服务，分析归纳出险情况并进行总结对比，就旅行社在经营管理或带团过程中存在的风险提出风险防范和防灾防损建议。2016年累计接受电话咨询9万多人次，为19701家旅行社提供投保服务，上门拜访旅行社12000余家，为旅行社提供培训千余次，上门服务里程达80多万公里。

### （四）行业风险防控

江泰经纪每季度向国家旅游局及29个省（自治区、直辖市）、6个计划单列市旅游部门提供《出险情况分析及风险管理建议报告》。7年来，在各地旅游部门领导下，示范项目风险管控工作逐步深化，与行业整体安全管理紧密结合。

## 四　全产业链旅游保险体系建设

旅游涉及“吃、住、行、游、购、娱”六个基本要素，加之全域旅游背景下产生“商、养、学、闲、情、奇”六个新要素，一些特殊的旅游风险也不断涌现，任何一个要素都无法躲开高悬的风险之剑。根据国家旅游局的预测，2016年全国国内旅游人数达43.9亿人次，出境旅游人数为1.21亿人次，旅游保险对这45亿名旅游者的安全出行的保障力量不可低估。

2010年推出示范项目之时，江泰经纪开发了配套的旅游者团体意外保险，确保旅行社、旅游者的保险保障更充足。旅责险、旅意险的双重保障，在出险后更体现了并案处理、快速赔付、降低旅行社经营成本等诸多优势，也切实保障了旅行社、旅游者的合法利益。江泰经纪各分支机构建立客服QQ群，每天进行旅游保险网投保操作、服务指引，坚持多上门回访沟通，旅行社需要时不分大小社无偿提供培训。此外，及时、严格审核理赔材料，提升理赔时效；细心为旅行社分析事故发生后如何规避风险，用服务赢得了旅行社的依赖和好感。

在旅责险、旅意险双重保障的基础上，根据旅游市场线路细分的趋势，江泰经纪先后开发了大陆居民赴台湾地区/赴日/赴韩/赴东南亚/赴欧/赴美加澳新等专属保险、游轮游保险、一日游保险、自驾游保险、中国公民赴韩医疗美容观光专属保险、导游执业综合保险、旅行社从业人员一年期保险、景区（点）/饭店安全生产责任险、目的地组合保险等旅游保险项目，逐步建立了覆盖“吃、住、行、游、购、娱”旅游六个基本要素的全产业链旅游保险体系，为我国旅游发展构建了保险保障基础。

### （一）导游执业综合保险

导游是旅行社业之魂。旅行社产品、服务和行业形象无不通过导游来塑造和体现。但是，导游这一特殊的职业群体冲在旅游服务第一线，在服务过程中面临各种意外伤害的威胁，一旦突发疾病或身染重疾，由于缺乏相应的医疗保险或社保，很难像正常人那样获得工伤或保险赔偿，极大地挫伤了导游人员的从业积极性，影响了导游队伍稳定性，成为旅游业健康发展的负面因素。加强导游基本保障，改善导游生存环境，提升导游队伍质量，成为当前发展旅游业的迫切需要。

为了发挥商业保险在风险管理、社会保障等方面的积极作用，江泰经纪根据现行市场中缺乏针对导游群体特殊需求的保险产品这一现状，广泛调研导游保险需求，形成融执业责任、意外伤害和医疗保障为一体的导游执业综合保险方案，其中重疾涉及30种重大疾病，医疗保障涵盖住院和门诊医疗、女性生育保险等责任，兼顾导游有社保和无社保两种情况分别设计方案；执业保险保障导游因个人过失造成游客行程延误或取消而分担的赔偿责任。江泰经纪通过集中采购谈判为导游争取了最全保障和最优价格，实现“一天一块钱，安全保全年”，最大程度上减少了导游投保带来的经济压力，增加了导游面临的不确定性风险的保险保障。

导游执业综合保险项目不仅是对示范项目的有益补充，而且在加强导游利益保障、提升导游荣誉感和自豪感、巩固导游团队稳定性、提高导游队伍素质等方面发挥了积极作用。

### （二）大陆居民赴台旅游意外/突发疾病医疗保险

2014年5月，针对赴台大陆居民平均年龄52岁、在台易突发既往疾病、增加旅行社医疗费用负担等问题，江泰经纪邀请国家旅游局、各级旅游行业管理部门和20家有经营赴台游资质的旅行社共同设计研发了“大陆居民赴台旅游意外/突发疾病医疗保险”，在常规旅游意外险产品的基础上，创造性地设计了突发疾病（含既往疾病的急性发作）医疗费用和身故（含猝死、全残）保险责任。2014 年 9 月，江泰经纪成立“旅游绿色通道救援联盟”，免费为联盟成员提供旅游安全突发事件应急处理知识培训、旅游安全突发事件紧急救援和医疗急救培训、旅游安全突发事件 7 ×24 小时救援服务。2014 年 10 月，江泰经纪设立专属项目台湾服务中心，整合资源建立呼叫中心、救援中心、全岛 6 个医疗应变中心和 230 个服务网点，为旅行社和旅游者提供在台第一时间落地服务，包括医疗咨询、就医安排、方言翻译、医疗费用直付等，减轻旅行社、旅游者在出险后的经济负担。

2015 年，江泰经纪先后在北京、天津、重庆、山西、辽宁、黑龙江、浙江、广州、陕西、河南、江西、贵州、新疆等省（自治区、直辖市）组织有赴台游资质的旅行社召开赴台游风险与安全管理座谈会，沟通交流风险状况和亟须解决的问题，为旅行社提供风险转移方案，做好旅行社和旅游者赴台旅游的安全管理抓手。为了更好地满足旅游业发展需求，做好在台服务，江泰经纪于 2015 年 8 月、10 月、11 月三次前往台湾，拜访海峡两岸旅游交流协会台北/高雄办事处、台湾“观光局”、“旅行社商业同业公会全国联合会”、台北/台中/高雄/嘉义四市旅行商业同业公会、旅行社业品质保障协会以及台湾地区 1 家旅行社集团、1 家公估公司、2 家保险经纪公司、1 家律师事务所、2 家救援公司、4 家医疗机构，就赴台游项目要解决的问题、两岸旅游安全与长远发展等事项进行沟通交流，共同推动大陆居民赴台旅游的安全管理和风险转移。

### （三）中国公民赴韩医疗美容观光项目

近年来出国美容热逐渐兴起，韩国 5000 多家美容机构和 2000 多名认证医师对中国医美消费者的“引流”效果尤为显著。官方数据显示，6 年来中国赴韩医疗美容人数由 2010 年的 2000 多人次增长到 2015 年的 10 万多人次，年复合增长率超过 200%。考虑到大量人群没有通过官方认证渠道赴韩医疗美容，绝大多数人群通过旅游方式进入韩国，所以保守估计每年赴韩医疗美容的中国人超过 30 万人次。韩国 5000 余家美容机构资质不一、参差不齐，大量中国游客通过非法中介进入韩国，而非法中介缺乏必要的专业背景和第三方沟通机制，使游客对医疗美容手术风险预估不足，造成近年来赴韩医疗美容事故、医疗纠纷频发。随着旅游市场竞争日益剧烈，传统赴韩游利润越来越低，赴韩医疗美容市场的迅速发展，为旅行社差异化、专属化、高端化经营指出了新方向，但自由行和非法中介对市场的侵占以及医疗美容事故纠纷不断，也让旅行社忧心忡忡。

为了有效解决中国公民赴韩医疗美容存在的问题，化解风险，江泰经纪多次前往韩国考察，最终确定韩国釜山作为项目试点地区，并在国内率先设计出中国公民赴韩医疗美容观光专属保险产品。釜山市政府十分重视与江泰经纪的合作，正式复函江泰经纪，与江泰经纪一起推动中国公民赴韩医疗美容观光项目。在中韩双方的共同努力下，整合医疗美容、旅游观光、保险保障等资源，推出了跨界赴韩医疗美容观光项目。

江泰经纪从解决问题角度出发，从根源上有效化解医疗美容事故纠纷，通过跨界共生，推出中国公民赴韩医疗美容观光项目，降低了中国公民赴韩医疗美容观光的成本，提升了服务品质，协助旅行社开发了新市场，推动了新兴旅游方式服务体系的完善和服务品质的提升。

### （四）其他旅游保险

江泰经纪根据景区/饭店出险多、景区赔付压力大的现状，开发了景区（点）/饭店安全生产责任险，陕西省旅游局率先下发《关于开展全省 A 级旅游景区安全生产责任保险统保示范项目的通知》；宁夏回族自治区旅游局授权江泰经纪开展景区安全生产责任险统保工作，由江泰经纪全面开展景区调研、保险方案设计、保险采购等专业的保险经纪服务工作。此外，黑龙江、湖南、广东、新疆等省（自治区）也分别根据本地实际情况推动景区（点）/饭店安全生产责任险的统保工作。

从 2013 年开始，江泰经纪探索旅游目的地一体化保险体系建设，以云南为试点，开发目的地组合保险，将旅游全过程涉及的旅行社、旅游车公司、景区、饭店等全要素融合统保。2015 年，江泰经纪派专人在云南驻点，加强云南组合保险合规、专业运行的管理，实现组合保险项目规模化发展，为开展旅游目的地综合保障体系建设进行了有益探索。

2015年至2016年江泰经纪先后推出一日游保险、游轮游保险、境内自驾旅游紧急救援保险。一日游保险针对临时组团、纸质版名单无法投保的现状，开发图片清单上传的新模式，方便旅行社投保。游轮游保险重点针对游轮到港延误、港口更换等易引发矛盾的风险开发产品，转移旅行社风险。境内自驾旅游紧急救援保险重点针对自驾旅行过程中包括道路救援、医疗转运或运返、旅行支援在内的紧急救援及意外、急性病、个人责任而设计，满足自驾旅行者的特殊保障需要。

2015年江泰经纪赴日本调研当地旅游风险和旅游者保障需求，推出中国公民赴日旅游意外/突发疾病医疗保险，在中国首次引入实行“医疗费用无限额”“救援费用无限额”，涵盖花粉过敏等季节性旅游风险。采购日本当地两家大型专业救援公司提供的救援服务，两家公司整合各自优势资源，统一救援标准，实现救援全覆盖、医疗预诊、所有医院直接垫付医疗费用。同时，随保险产品赠送旅游Wi-Fi服务，不断深入了解赴日旅游客户的实际需求，针对赴日购物潮增加在日本购物的“产品质量保障、退换货保障”，并设计开发个人自由行、医疗美容、留学、务工、探亲、公务等专用产品，扩大中国公民赴日保险覆盖面。

2016年根据中国游客主要旅游目的地国家、地区的不同风险状况，结合旅游者的实际保障需求，江泰经纪相继开发了中国公民赴韩旅游意外/突发疾病医疗保险、中国公民赴欧旅游紧急救援保险、中国公民赴东南亚旅游紧急救援保险、中国公民赴美加澳新旅游紧急救援保险等专属保险产品，为中国公民走出去提供无忧保障。

## 五 2017年我国全产业链旅游保险的发展形势与展望

### （一）进一步扩大示范项目覆盖面

2016年示范项目的统保率与2015年（72.16%）相比虽然上涨了

1.76%，但是距离80%的统保目标尚有差距，2017年示范项目应持续加大推广力度，力争为更多旅行社保驾护航。

受传统思维及风险偶发性特征影响，部分旅行社追逐低价、不重保障的问题需要从制度上解决。由于保险条款的专业性，很多旅行社不懂或没有时间研究条款，新成立的旅行社及不了解保险的旅行社不明白如何选择最适合自身的保险产品，被市场上低价产品所诱惑。旅游行业具有小、散、多的特点，不同旅行社的发展十分不均衡，旅行社对示范项目的了解需要一个过程，因此要根据不同类别旅行社的风险特点，进一步优化产品及价格体系，为旅游行业提供有担当的保险保障。

### （二）加快提升保险服务质量

服务质量和效率是确保旅行社业继续参加示范项目的根本。2017年，江泰经纪和保险公司要加强服务团队专职力量和专业能力，提升全面服务、深入服务的业务能力和服务意识。如团队游中“一老（58岁及以上）一小（18岁及以下）”游客增加，其风险不同于其他年龄段的游客，江泰经纪将结合以往数据，开展有针对性的风险防范培训，与旅行社产品设计、行程安全及供应商管理进一步结合，提高旅行社业及广大游客的风险防范能力，减少事故和损失。同时充分发挥互联网技术优势，加快非人伤案件的处理速度，加大非旅行社责任案件的追偿力度，协同保险公司提高服务效率。

### （三）保险产品服务需持续优化，全球化服务成为使命

市场现有产品的救援责任均以“事故是否属于保险责任”为前提，如不属于保险责任则无法启动紧急救援，这一产品壁垒亟须打破。紧急救援的响应程度和服务水平取决于救援机构的规模和服务网络，由于境外医疗救助服务成本较高，救援机构服务水平差异较大、服务标准不统一，因此建立统一服务标准的境外救援体系十分重要。

2016年，江泰救援服务公司结合中国公民走出去的实际需要，搭建了为中国公民提供全球服务的大救星移动救援平台——“大救星”App，提供

逢险必救、遇难必帮的 4 类（救命、救治、救护、救助）16 项专业服务。“大救星”服务网络覆盖全球 103 个国家，包括“一带一路”国家、主要投资目的地国家、主要旅游目的地国家以及主要工程承包目的地国家。2017 年上半年将覆盖 200 多个国家和地区，可以说有华人的地方就能拿出手机使用“大救星” App。

2017 年江泰经纪将在前期工作的基础上，继续以客户需求为中心、以开发含有救援服务内容的保险产品为依托、以覆盖全球的救援网络为基础、以电话呼叫中心为中枢，通过高科技系统为旅游者提供及时、便捷、有效和高质量的救援服务。江泰经纪的全球救援体系是开放性的，即这一平台不仅为江泰经纪的客户提供服务，还可以为投保其他保险产品或没有购买任何保险产品的客户在需要时提供救援服务。

救援服务既是保险产品的组成部分，同时又起到提升保险产品价值的作用。救援服务深化保险价值，保险为救援提供支付保障，随着“一带一路”、旅游先行战略的实施，我们有理由相信，中国对外交往的人数会持续增加，旅游救援类保险产品体系的建设也迫在眉睫，需更好地在国内旅游、出入境旅游等各专业市场提供具有针对性的旅游救援保险产品，推动旅游救援业务的健康发展。

### （四）跨界发展、跨境服务成为旅游保险发展的关键

近年来，在收入增长和旅游消费升级推动及签证、航班等便利因素影响下，出境旅游热持续高涨，出境游市场前景广阔，面对如此庞大市场，中国旅游企业走出去是必然趋势。为了确保中国旅游企业走得稳、走得好，江泰经纪整合世界优秀资源，致力于打造中国企业全球投资贸易服务第一平台——“优投”生态圈。目前优投已完成 49 个国家优秘的招募工作，300 余家境外机构服务商已达成协议，为中国企业全球投资提供本地化的专业服务，解决困扰企业的国际化人才缺乏、前期投资成本高、走出去过程漫长、项目亏损的问题，是中国旅游企业“不在编的国际业务部”。

同时，全域化、定制化成为旅游大势，出境游更是火热，对安全保障提

出了更高要求。与此同时，新的旅游形式对旅行社的冲击愈加明显，旅行社业迫切需要从传统思维和经营模式中走出来，跨界升级，开拓高端市场。为实现与旅行社共生发展，江泰经纪成立了专业旅游、旅游安全评价咨询、救援服务等多家公司，先后开发了中国公民赴韩医疗美容观光项目、发布香港“爱的旅程”高端旅游产品，并配套保险保障产品和全球救援服务，从以往的保险服务走向共生合作发展。跨界发展、跨境服务是江泰经纪服务旅游行业的创新之举，是满足旅游行业新需求、推动旅游行业发展之举。

# B.19
# 2016 ~2017年我国旅游保险的发展形势与展望

李勇泉　庞 佑　孙瑾瑾*

摘　要: 2016 年，我国旅游保险继续呈现良好的发展势头。总体来看，旅行社责任保险统保示范项目发展平稳，旅游意外险的适用范围不断扩大。本文研究总结并评析政府、企业、旅游者等相关者的发展情况与特点，在剖析相关影响因素的基础上，预测了 2017 年的旅游保险发展趋势。建议旅游保险企业加大旅游意外险宣传力度，引导旅游者的需求；加强国际保险合作；理顺相关主体的权责，优化服务流程，以促进我国旅游保险实现又好又快发展。

关键词: 旅游保险　形势　展望

## 导　言

近年来，我国旅游产业的快速发展举世瞩目。受“515 战略”和“一带一路”等战略的推动，我国旅游产业的综合实力不断提高，已经成为世界上最大的国内旅游消费市场、旅游客源国以及最重要的入境旅游

* 李勇泉，华侨大学国际学院院长、教授、硕士生导师，管理学博士，主要研究方向为旅游保险、区域旅游发展、旅游创新管理；庞佑、孙瑾瑾，华侨大学旅游管理专业硕士研究生。

国之一。[①] 但是，目前我国旅游产业依旧存在“发展质量与速度不匹配”“旅游市场体系不健全”等问题。[②] 为了规范旅游市场，引导和推动旅游产业健康快速发展，国务院及国家旅游局等有关部门在2016年发布了30个左右的旅游相关文件，从政策层面给予了创纪录的支撑保障[③]，如国务院发布的“十三五”规划纲要15次提到了旅游产业，显示了对旅游产业的重视并提供了重要的政策支持。[④] 安全是旅游活动的基础条件之一，在我国旅游业迅速发展的背景下，其重要性不言而喻。旅游保险作为旅游安全防控的重要手段，已经得到全社会越来越多的关注。本文梳理总结了2016年我国旅游保险的发展状况，分析呈现的新特点、主要的影响因素，并预测2017年的发展趋势。

## 一　2016年我国旅游保险的总体发展形势

总体上看，旅游业在原有发展基础上凭借政策推动取得了持续稳定的发展，增值税等相关政策的推行也使得保险行业有着较好的发展，2016年我国的旅游保险总体上继续呈现良好的发展态势。在旅行社责任保险统保示范项目方面，国家、地方政府积极敦促地方旅行社做好安全防控工作，参保旅行社数目不断上升；在旅游意外险方面，老年旅游、民宿休闲游等旅游细分市场得到了越来越多保险公司的关注；大数据的广泛使用，使得新型保险产品的开发更加精准高效；在“大众旅游”时代，乡村休闲活动受到越来越多旅游者的欢迎，保险企业加大了对相关产品的开发力度；受免签等系列政

---

① 《国家旅游局发布〈中国旅游发展报告（2016）〉》，人民网旅游频道，http：//travel.people.com.cn/n1/2016/0519/c41570－28363589.html，2016年5月19日。

② 《旅游发展应解决好五个问题》，中国社会科学网－中国社会科学报，http：//www.cssn.cn/sf/bwsf_lllwz/201607/t20160707_3102895_1.shtml，2016年7月7日。

③ 《曾博伟：如何让政策更好引导和推动旅游业发展?》，新旅界，http：//www.lvjie.com.cn/bosstalk/2017/0202/1317.html，2016年7月7日。

④ 《〈十三五规划纲要〉全文发布　15处直接提及“旅游”》，人民网旅游频道，http：//travel.people.com.cn/n1/2016/0318/c41570－28210510.html，2016年3月18日。

策的推动，出境旅游人数持续增加，跨国旅游保险合作成为趋势。此外，传统旅行社、在线旅行社（OTA）等旅游企业也加大了保险产品的开发宣传力度。

## 二　2016年我国旅游保险的发展概况与特点

### （一）保险类型的发展概况与特点

**1. 旅行社责任保险统保示范项目发展平稳，但仍有上升空间**

旅行社责任险是国家的强制性险种，是旅游安全保障的一项重点内容。[①] 旅行社责任保险统保示范项目由江泰保险经纪股份有限公司负责提供相关服务，自2010年启动以来，在风险与保险集约管理、风险预测预警预防、信息发布、专业培训、垫付预付和纠纷化解等一系列公共服务中发挥了重要作用，整合了保险业原本散乱的资源，扩大了保险保障范围。截至2016年，全国累计有9万多家旅行社参加了统保项目，统保率虽有平稳增长，但仍维持在70%左右；累计保费收入达到了7.45亿元；处理案件5.24万起，平均年结案率达到90.50%。[②] 江泰保险经纪股份有限公司为配合政府旅游安全管理工作，推动旅游安全评价体系和标准的建立，在整合国内国际各种安全评价咨询资源的基础上，成立了安康旅游安全评价咨询有限公司，为旅游企业的经营，旅游活动的正常开展，消费者在旅途中的生命、财产安全保驾护航。[③]

**2. 旅游意外险涵盖对象扩大，旅游细分领域受到关注**

在行政管理部门及相关企业的大力推动下，旅游企业、旅游者等各相关

---

① 《旅行社责任险是由谁来购买　旅行社责任险不投保会怎么样》，沃保网，http：//news.vobao.com/zhinan/yiwai/841337761414728752.shtml，2016年2月3日。

② 《旅行社责任险统保示范项目启动七年来成效如何?》，今日头条，http：//www.toutiao.com/i6348034613998256642/，2016年11月1日。

③ 《旅责险示范项目研究报告在京发布　同期推出2017—2021年示范产品》，和讯保险，http：//insurance.hexun.com/2016－11－01/186691118.html，2016年11月1日。

主体提高了对旅游意外险的重视程度，旅游意外险的涵盖对象进一步扩大，旅游细分领域也日渐受到关注，其中比较明显的有老年人旅游、民宿休闲游的旅游意外险等险种。

（1）老年人旅游意外险。中国老龄产业协会老龄旅游产业促进委员会与同程旅游联合发布的《中国中老年人旅游消费行为研究报告2016》表明，相比于青年旅游者，中老年旅游者“有闲又有钱”，旅游消费意愿高达81.2%，且中老年人比年轻人更易出现冲动型旅游消费行为。[①] 随着我国逐渐进入老龄化社会，老年人的出游问题受到社会越来越多的关注。然而，老年游客出现摔伤、骨折等突发事件概率高于其他人群，对于保险公司来说，老年人游客并不受欢迎。[②] 为了保障老年游客的出行，国家旅游局制定并发布了《旅行社老年旅游服务规范》[③]，对涵盖饮食、交通、购物、医疗、保险在内的多个老年人旅游热点问题进行了规范。[④] 金诚国际保险经纪公司结合老年人日常生活和旅游出行中的实际保障需求，为50岁以上老年人出行旅游及日常保障量身设计了一款意外险产品“旅游养老意外保险”，产品由现有多个意外险及附加险种条款进行组合，且涵盖老年人在生活中的各种场所，具有高保额、多保障、低保费和充分的适老化、灵活实用等特点。[⑤] 此外，北京、上海、杭州等城市也针对老年游客推出了类似“银发无忧”等老年意外伤害保险产品。[⑥] 可见，老年人旅游市场已经得到越来越多保险企

---

① 《同程旅游发布〈中国中老年人旅游消费行为研究报告2016〉》，第一旅游网，http://www.toptour.cn/tab1648/info236170.htm，2016年9月20日。

② 《本市推出旅游养老意外险》，天津网，http://epaper.tianjinwe.com/cskb/cskb/201610/20/content_7519013.htm，2016年10月20日。

③ 《国家旅游局公布〈旅行社老年旅游服务规范〉行业标准》，旅游标准化网站，http://lybz.cnta.gov.cn/news/145673187390780552.html，2016年2月29日。

④ 霍一夫：《上海发布老年人出游现状与需求调查报告　旅游成为老年人首选》，《中国质量报》2016年10月20日。

⑤ 史杭芝：《“旅游养老意外保险”为50岁以上老人出行护航》，《杭州日报》2016年11月4日。

⑥ 《老人旅游“国标”需保险“伴游”》，法制网，http://www.legaldaily.com.cn/Finance_and_Economics/content/2016-11/30/content_6900113.htm?node=75682，2016年11月30日。

业的关注。

（2）民宿休闲游相关旅游保险产品。"2.5天休假模式"的推行使周边旅游活动受到越来越多居民的欢迎。许多游客在假期前往周边乡村从事休闲度假活动，乡村民宿行业随之兴起。民宿也不仅仅是单纯满足游客基本食宿需求的处所，已成为游客体验不同休闲、游憩、餐饮、住宿等多元化服务的场所。然而，民宿原有建筑及周边环境等往往具有较大的安全隐患，而目前我国的民宿管理主体不明确，更缺乏专门的政策法规保障民宿的安全经营。值得庆幸的是，保险企业在这方面做出了诸多有益的探索。比如太平洋财产保险公司创新开发了农家院财产保险产品，为设施损坏风险以及人员伤亡风险提供了保障；① 太平洋财产保险公司浙江分公司结合民宿经营主体的风险保障需求量身定制了"民宿保"的综合保险产品，提供包括自然灾害、人身意外等多方面的风险保障；② 华泰财险电商事业部开发的"宿安保"民宿保险产品，包括"财产保险""附加盗窃险""公共责任保险"等五类保障项目，有效地解决了民宿主人缺乏投保渠道，不了解保险产品的问题。③

## （二）相关主体的发展概况与特点

**1. 各级主管部门重视旅游保险的宣传与管理，取得了较好的成效**

各级政府及相关部门均高度重视旅行社责任保险统保示范项目的投保宣传工作。各个省份先后发布多份文件通知续保、投保相关事宜，并得到了积极的响应。如在各相关部门的督促推动下，厦门市旅行社责任保险的投保率连续7年达到了100%。④ 为了引起旅游企业对旅游安全的重视，青海省对

① 《太平洋财产保险公司开发蓟州区农家院财产保险产品》，和讯保险，http://insurance.hexun.com/2016-08-04/185338743.html，2016年8月4日。

② 《太平洋保险签出首单乡村民宿综合保险》，东方财富网，http://finance.eastmoney.com/news/1349，20160616633276010.html，2016年6月16日。

③ 《华泰财险：定制首款民宿保险　最高赔付500万》，品橙旅游，http://www.pinchain.com/article/83351，2016年7月21日。

④ 《厦门连续七年实现全市旅责险100%统保》，旅游保险网，http://lvyou.jiangtai.com/news/2016-01-25/jt0000032413.shtml，2016年1月25日。

省内11家未续保、投保旅行社责任保险的旅行社给予吊销旅行社业务经营许可证的行政处罚。[①] 武汉市结合全域旅游的推动，在旅游保险的形式上做出了有益的探索，将旅行社责任险、意外险两大险种合一，加入统保平台的旅行社将为游客提供“全覆盖式”保险服务，保障了旅游者出行的安全权益。[②]

2. 旅游企业大量涉足保险行业，合作程度进一步加深

随着我国旅游产业的不断发展，我国知名旅游企业大量涉足保险行业。如海航集团在2016年1月份成立易生金服集团，试图开拓网络支付、旅游保险、货币兑换市场；[③] 华天酒店集团全资子公司也发起设立江山财产保险股份有限公司。[④] 在激烈的行业竞争背景下，旅游企业涉足保险行业大多通过与外界合作的方式，整合资源以提升整体竞争力。首先是旅游企业内部的合作，如海航集团与途牛旅游网合作，共同开发旅游保险产品[⑤]，携程与去哪儿共同推出保险战略平台[⑥]等。其次是与保险企业的合作，如携程和保险公司合作推出了酒店取消险，若客人因为航班延误等事由无法如期入住，可获得全部赔付；[⑦] 此外，携程还与中银保险、安联保险集团共同推出“出行意外险”，客人若在出行过程中因意外造成伤害及产生“住院、门诊医疗”费用等，可获得相应的赔偿。[⑧] 同程旅游与华夏人寿保险、太平养老保险、

---

① 《〔省旅游局〕11家未续保、投保责任险的旅行社被吊销经营许可证》，青海省旅游局，http：//www. qh. gov. cn/zwgk/system/2015/11/16/010187995. shtml，2015年11月16日。

② 《武汉“全覆盖”式旅游保险旅行社游客都受益》，第一旅游网，http：//www. toptour. cn/tab1648/info225147. htm，2016年2月19日。

③ 《海航易生金服集团成立　构建旅游金融新生态》，中国新闻网，http：//www. chinanews. com/fortune/2016/01 -16/7719149. shtml，2016年1月16日。

④ 《华天酒店：拟出资1亿元发起设立财保公司》，品橙旅游，http：//www. pinchain. com/article/68331，2016年3月9日。

⑤ 《海航旗下易生金服与途牛一起掘金旅游金融》，环球旅讯，http：//www. traveldaily. cn/article/98350，2016年1月10日。

⑥ 《携程去哪儿开始做保险　金融成在线旅游公司标配》，腾讯科技，http：//tech. qq. com/a/20160229/047748. htm，2016年2月29日。

⑦ 《订酒店也有后悔药　携程酒店取消险成免去违约烦恼》，新浪上海，http：//sh. sina. com. cn/news/economy/2016 -03 -22/detail - ifxqnskh1123712. shtml，2016年3月22日。

⑧ 《携程酒店：“出行意外险”保障你的安全》，金投网，http：//insurance. cngold. org/c/2016 -04 -27/c4063189. html，2016年4月27日。

天安人寿保险3家保险公司达成战略合作协议，组成综合保险共保体。[①] 预计随着旅游产业的蓬勃发展，旅游企业与保险企业的合作还将继续深化。

**3. 旅游者投保意识有一定提升，但仍不容乐观**

旅行社责任险作为强制险，主要保障的是旅游企业的风险和权益。近年来我国各级部门和各旅游企业多方联动，已经初步建立了较为完善的旅游危机应对体系，但旅游者人身财产权益的有效保障仍需要依托于旅游者自愿购买的旅游意外险等险种。虽然近几年来随着宣传力度加大、选购便利性增强，旅游者购买保险的比例大大增加，包括出境自驾游购买保险的用户也呈现了直线上升的趋势[②]，但总体来看，我国旅游者的投保意识仍不容乐观。如赴日游客中近三成未购买任何形式的保险产品;[③] 另一项调查显示，“50后”至“80后”游客投保人数占整个旅游意外险市场投保人数的73.9%，人均保费不到美国的1/25，主动购买旅游意外险的比例不到日本的1/4。[④] 由于保险意识的不足，以及对风险认识的不到位，我国旅游者的投保体量与旺盛的旅游需求之间还存在巨大的落差。[⑤]

## 三　影响我国2017年旅游保险发展的主要因素及趋势预测

### （一）互联网思维的引入，为旅游保险带来发展良机

互联网各类保险产品中，旅游保险极具发展潜力。有数据显示，2015

① 《同程旅游携手三大保险公司组建综合保险共保体》，飞象网，http：//www. cctime. com/html/2016－8－23/1210136. htm，2016年8月23日。

② 《境外游保险保费增长率创新高》，银行信息港，http：//www. yinhang123. net/guonacaijing/316030. html，2016年9月29日。

③ 《近三成赴日中国游客未购任何保险　投保意识需提高》，中国侨网，http：//www. chinaqw. com/hqly/2016/08－29/100952. shtml，2016年8月29日。

④ 《2016年出境游旅游险规模或达90亿元　70后投保均价最高》，和讯保险，http：//insurance. hexun. com/2016－05－26/184073096. html? from = rss，2016年5月26日。

⑤ 《增强公众保险意识　为出游系好“安全带”》，央广网，http：//finance. cnr. cn/jjpl/20160527/t20160527_ 522256982. shtml，2016年5月27日。

年以来，线上渠道销售的场景保险保费规模开始反超线下。2016 年 6 月 22 日，蚂蚁金服发布的互联网保险消费行为分析数据显示，2015 年互联网旅行保险保费规模同比增长 140%，明显高于保险行业总体 20% 的保费增长速度;[①] 安联保险集团旅行保险销售中，线上渠道占比首次反超线下，达到 58%（2014 年为 41%）。[②] 由此可见，旅游保险线上销售市场显示巨大潜力，增长态势显著。2016 年 6 月 8 日，同程旅游携手天安财产保险、中国太平洋财产保险、中国人民财产保险组成“商旅综合保险”共保体[③]，便是互联网思维下的旅游保险产物，其具有产品融合、资本合作、模式创新的特点，实现了共享平台资源、技术资源、线下团队资源和金融服务资源。随着我国旅游形式日趋多元化，定制游、自助游日益增加，对旅游保险产品的多样化需求逐渐增加，人们购买保险的行为方式也发生巨大的变化。而随着互联网技术不断创新、移动设备的广泛应用，大数据、定制化均为线上旅游保险的推广销售提供了技术上的支持。因此，互联网思维的引入，将带来线上旅游保险的快速发展。

### （二）“营改增”对旅游保险的影响持续扩大

2016 年的政府工作报告提出，全面实行“营改增”，将“营改增”试点范围扩大到金融服务及保险业、生活性服务业等。对于保险业而言，以 6% 的增值税税率取代 5% 的营业税税率，并不会对整体税负产生重大影响。然而，伴随着“营改增”在保险业的逐步深入执行，其影响势必会逐步扩大。首先，“营改增”政策使得旅游保险产品定价有所变化，手续费、被保险人的纳税人类型、所提供发票种类及税率的不同，也会对进项税抵扣产生不同影响。其次，“营改增”政策的实行对承保、渠道、再保、理赔、财务

① 李致鸿:《旅行险借互联网“狂奔” 线上渠道保费同比增长达 140%》,《21 世纪经济报道》2016 年 6 月 24 日。

② 《互联网保险突围：旅游保险或成下一切入口》，第一财经，http://www.yicai.com/news/5033187.html，2016 年 6 月 24 日。

③ 《携手三大战略合作伙伴 同程旅游签约“商旅综合保险”》，中国经济网，http://expo.ce.cn/sy/gd/201606/08/t20160608_12659740.shtml，2016 年 6 月 8 日。

核算等环节的工作提出了更高的要求，推动保险企业对自身业务系统、佣金系统、销售管理系统、理赔系统和财务系统的优化与完善。比如，在财务系统中，需要根据增值税税制进行一系列升级，包括新设税金科目，重新设计核算规则以实现对保费、成本费用、增值税款的准确核算等。[①] 就目前来看，“营改增”背景下的旅游保险业还需根据政策实行的深度进一步观察。

### （三）跨国旅游成为趋势，境内外保险合作进一步加强

国家旅游局发布的《中国旅游发展报告2016》统计显示，2014年，中国大陆公民出境旅游人数达1.09亿人次，2015年上升为1.2亿人次，比1992年的298.87万人次增长了约40倍。从2009年以来，出境游保持年均两位数增长态势，年均增长14.74%。从目前的基数和增长率来看，中国出境游未来5年将达7亿人次的规模。中国是全球规模最大的客源市场，2012年以来连续4年成为世界第一大出境旅游消费国，对全球旅游收入贡献平均超过13%[②]，在世界旅游市场上发挥着至关重要的作用。同时，随着中国国际地位的提升，各国使领馆也渐渐放宽了签证政策，签证门槛逐步降低。中国不断扩大的出境游市场，催生了更多形式的境内外旅游保险合作。

跨国旅游成为趋势的同时，马航空难、越南打砸抢事件等国际安全事件，使人们越来越关心境外游的人身安全保障和医疗救援问题，这对境内外旅游保险合作提出了更高的要求。目前，多家保险公司针对需求特点推出各类境外旅行保险产品。在“一带一路”战略背景下，中国保监会积极与沿线重要国家签署了一系列合作协议，如与俄罗斯签署《中俄保险监管合作谅解备忘录》，以及进一步细化落地的《中俄保险业合作发展行动计划》，合作内容涵盖旅游保险、再保险、设立共同基金、保险资金运用、“丝绸之

① 《深度解读：“营改增”对保险公司的十大影响》，微信公众平台：保险八卦，http://mp.weixin.qq.com/s/Q-Rm_7jfccXGuLgURBeESg，2016年4月15日。

② 《习近平：未来五年，中国出境旅游将达到7亿人次》，品橙旅游，http://www.pinchain.com/article/101663，2016年12月13日。

路经济带”合作、航空航天保险、重工机械保险等双方共同关注的领域。[①]在跨国旅游的大趋势下，我国尝试与多国合作构建境外旅游保险体系，为保障两国游客旅行安全、促进双方旅游往来健康发展发挥了积极作用。[②]

## 四　2017年促进我国旅游保险发展的措施建议

### （一）引导旅游者的保险需求，增强投保意识

旅游安全是旅游活动正常开展的基础。然而在国内，安全问题尚未得到旅游者的足够重视。长此以往，必将会对旅游活动的正常开展产生影响，进而影响到整个产业的健康稳定发展。提高旅游者的安全认知，需要政府与企业的共同努力。政府应发挥监督作用，规范旅游企业的市场行为，监控评估旅游保险产品的质量，督促企业投保旅行社责任险，降低企业的运营风险，同时督促旅游企业加大对旅游意外险的宣传力度，切实保护旅游者的权益；企业应起到协调、落实的作用，遵照相关行政部门推出的管理政策，加大旅游保险产品的开发力度，重视保险产品的宣传推介工作，与旅行社等相关主体做好对接，打造一套完整连贯的保险理赔体系。此外，也可以加大对大数据、云计算的投入，使开发的保险产品更加贴近旅游者的实际需求。

### （二）积极与境外保险机构合作，全方位保障游客的出行安全

我国是世界上最主要的旅游客源国之一，出境旅游人数连年保持快速增长的趋势。由于国外的文化、社会环境与国内存在较大差异，旅游者的海外旅游安全面对着较多不确定性因素，因此加强旅游企业在国外旅游安全、保险方面的合作迫在眉睫。从目前来看，我国与俄罗斯、中国台湾等国家与地

① 《姜波：保险业如何服务“一带一路”?》，搜狐公众平台，http://mt.sohu.com/20161209/n475428094.shtml，2016年12月9日。

② 《中俄跨境保险合作为游客撑起“保护伞”》，第一旅游网，http://www.toptour.cn/tab1648/info233169.htm，2016年7月20日。

区在旅游保险上保持着良好的合作关系，建构起了相对完善的保障体系；然而，与非洲国家、东南亚国家之间的保险合作尚不够理想。随着“一带一路”战略的实施，预计前往这两个地区的旅游者人数将大幅度增加。我国政府应与其他国家的责任部门合作，完善安全保障体系，保障出境旅游者的安全；旅游、保险相关企业也需要积极主动地与他国同行建立合作关系，探讨合作模式，推进紧急救援、及时治疗和便捷理赔等方面的有效衔接，提高救援服务与理赔品质，保障出入境旅游的健康稳定发展。

### （三）理顺相关主体的投保权责，优化服务流程

旅游保险的服务中，牵涉到许多相关主体。我国旅游企业、保险企业在旅游保险的类型上作出了许多创新，但仍旧未理顺服务中的权责关系，导致在旅游保险中服务纠纷事件时有发生，旅游者得不到恰当的赔付，从而影响到了旅游保险整体服务质量的提高。建议企业在推出新型的旅游保险产品后，应加强与旅行社、酒店、景区等保险目标群体的沟通，督促其对旅游者开展宣传教育，增进对保险产品的了解，提高他们的安全认知。此外，旅游企业应将大数据技术应用于保险产品的开发中，将保险服务与移动支付平台深度融合，简化投保流程，扩大保险产品的覆盖面，从而达到提高旅游者对保险服务的整体满意度的目的。

# B.20

# 2016 ~2017年旅游安全预警形势分析与展望

罗景峰*

摘　要：本文在对2016年度我国旅游安全预警相关信息进行系统梳理的基础上，分析了本年度我国旅游安全预警的总体形势和存在的问题，并对2017年旅游安全预警总体形势进行了展望，提出相关建议。2016年，我国旅游安全预警总体形势良好，限流预警制度化工作有序展开，对旅游不文明行为的治理力度有所加大，但仍存在如下不足：旅游安全预警流于形式，缺乏落到实处的约束机制；对旅游新业态预警重视程度不够，缺乏与时俱进的跟进机制；文明旅游预警信息发布偏少，游客旅游不文明行为制约仍显乏力。2017年，我国各级旅游行政主管部门应积极建立旅游安全预警落实综合约束机制；各级旅游相关部门应标本结合，循序渐进地治理旅游不文明行为；各地应提高警惕，全面加大反恐预警工作力度；各地应整合优化资源，探索建立适合本地区的全域旅游预警模式。

关键词：旅游安全　预警　分析与展望　2016 ~2017年

本文根据我国各级旅游局官方网站、218家5A级景区官方网站所公布

---

* 罗景峰，华侨大学旅游学院教师、博士，主要研究方向为旅游风险分析与安全评价、乡村旅游安全管理等。

的旅游安全预警资料，对2016年我国旅游安全预警工作进行了回顾、总结和分析，并对2017年我国旅游安全预警工作的形势进行了展望。

## 一 2016年旅游安全预警形势分析

### （一）国家层面旅游安全预警形势分析

2016年12月1日，《旅游安全管理办法》的施行是对《中华人民共和国旅游法》中“旅游安全”专章的丰富和发展，标志着我国旅游安全管理工作迈入了一个新的历史阶段。《旅游安全管理办法》对《中华人民共和国旅游法》第七十七条“国家建立旅游目的地安全风险提示制度”进行了具体化，将风险提示由轻到重划分为四个级别，即四级风险、三级风险、二级风险和一级风险，进一步增强了旅游安全预警工作的可操作性。《“十三五”旅游业发展规划》（国发〔2016〕70号）将建立健全旅游安全预警机制纳入其发展规划目标，并指出境外旅行安全提示、热点景区景点最大承载量警示和旅游目的地安全风险提示等是旅游安全预警的核心所在。

在国家旅游局官方网站，以表明旅游安全预警的关键词“提示”、“劝告”、“警告”、“警示”、“提醒”、“劝诫”、“忠告”以及“建议”等进行检索，获得旅游安全预警信息共39条，较2015年减少了45条。将这些预警信息分别按预警关键词、月份、内容进行统计分析，结果如图1至图3所示。由图1可知，国家旅游局官方网站发布的预警信息基本上仍以“提醒”“提示”“警示”三种形式向公众进行发布，与2015年情况基本一致。由图2可知，旅游安全预警信息发布数量由多到少依次为9月、7月、2月、8月、10月、12月、3月、4月、1月、11月、6月和5月，其中，国庆节、春节两个黄金周及学生暑假预警信息发布数量最为集中，占预警信息总数的67%，这与目前我国节假日公众出游状况相吻合，且与2015年相比各月预警信息数量的均衡性更好。由图3可知，预警内容主要集中在自然灾害预警、政治/治安预警、反恐预警以及健康预警等四个方面，与2015年相比，对文明旅游预警、消费预警重视程度有所下降，对反恐预警、自然灾害预警、健康预警重视程度有所提升，而容量预警、交通安全预警以及综合预警信息未见发布，预警内容发布不均衡态势明显，反恐预警趋于常态化。

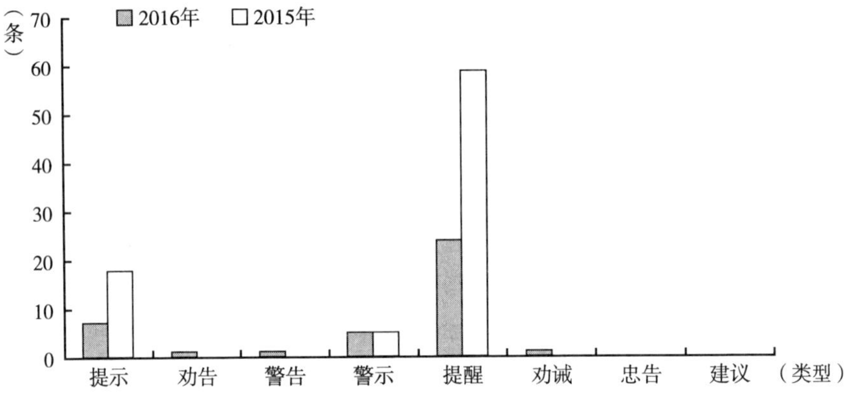


**图1　预警信息按不同旅游安全预警关键词统计**

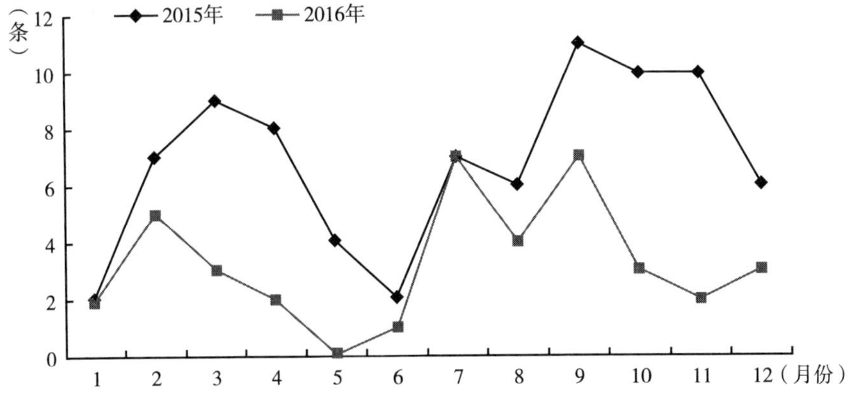


**图2　预警信息按月份统计**

## （二）省、自治区、直辖市层面旅游安全预警形势分析

2016年，省级层面旅游突发公共事件应急预案尚无进展，黑龙江、江

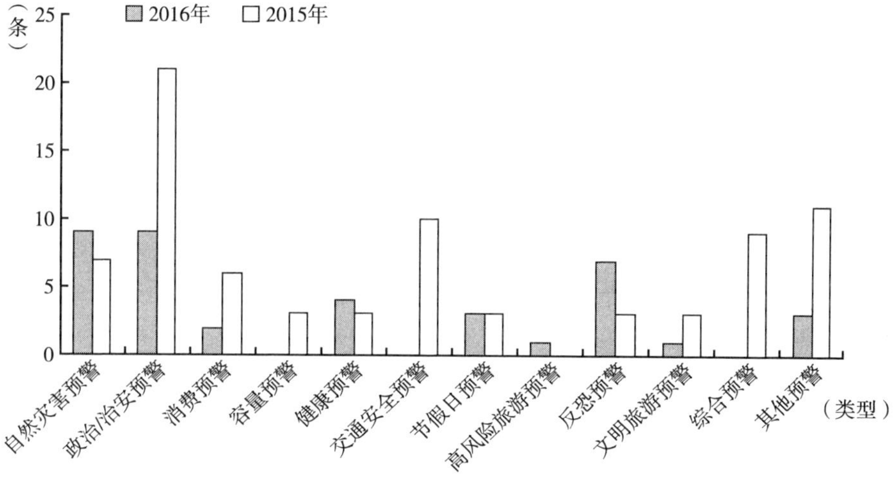


**图3　预警信息按内容统计**

苏、贵州三省仍未制定本地区旅游突发公共事件应急预案。其中，旅游气象风险预警工作较为成熟，如华北黄淮地区的雾霾天气预警发布、福建的“清新福建”清晰指数发布、上海推出精细化旅游气象预警服务、广东的旅游气象预警信息发布、安徽省建立了山岳型景区旅游气象服务业务系统等。

在各省、自治区、直辖市旅游局或旅游发展委员会官方网站，以表明旅游安全预警的关键词“提示”、“劝告”、“警告”、“警示”、“提醒”、“劝诫”、“忠告”以及“建议”等进行检索，或在“旅游安全提示”栏目中进行搜索并加以整理，结果如图4所示。

由图4可知，在旅游安全预警信息发布数量方面，前四名依次为广东、四川、云南和辽宁，后三名依次为陕西、西藏、海南，且后两个省区发布预警信息均为0条。与2015年相比，西藏预警信息发布数量从有到无，辽宁、四川、河南三省预警信息发布数量从无到有，且辽宁、四川两省均呈现剧增趋势，其余地区居中且差距明显，仍处于一种不平衡状态。另外，除安徽（“应急管理”栏目）、广西（“旅游安全提示”栏目）、四川（“旅游安全”栏目）、甘肃（“公共安全”栏目）以及青海（“出行提示”栏目）外，其

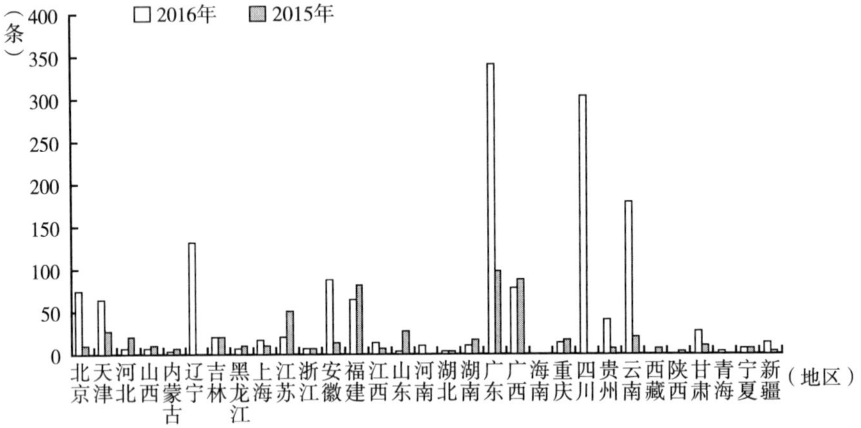


**图4　我国各省、自治区、直辖市旅游安全预警信息发布统计**

余各省自治区、直辖市尚未设置专属栏目用于进行旅游安全预警信息的网络发布。

## （三）地市级层面旅游安全预警形势分析

根据各省、自治区所辖地级行政区旅游局预警状况进行统计，已经建立预警机制的有161个，占48.2%。2016年度新增5个城市中，淮南市预警分级为三级［重大（Ⅰ级）、较大（Ⅱ级）、一般（Ⅲ级）］，张家界预警分级为四级［特别严重（Ⅰ级）、严重（Ⅱ级）、较重（Ⅲ级）、一般（Ⅳ级）］，淮北市、固原市仅建立了简单预警机制，太原市的《太原市旅游行业大规模群体性事件应急管理预案》中建立了旅游大规模群体性事件预警机制。与2015年相比，2016年度地市级层面旅游安全预警机制建设有所改进，但预警分级标准仍不统一，很难应对日益严峻的旅游安全预警形势。

## （四）旅游景区层面旅游安全预警形势分析

对我国218个5A级景区以关键词“预警”进行检索统计，预警内容主要包括景区容量预警、旅游气象风险预警、地质灾害预警、雷电预警以及文物遗产保护预警等。其中，依据《景区最大承载量核定导则》制定的景区容量限流预警稳中有升，安徽全省景区在游客流量预警方面显示了其较强的执行力，对气象等自然灾害预警关注度提升。在预警机制建立健全方面，相关报道较少，只有黄陂木兰文化生态旅游区的智慧预警机制、涠洲岛旅游区的突发性大规模游客滞留四级预警机制等。在预警系统建设方面，莫高窟探索世界文化遗产保护预警系统新模式，珠峰旅游气象服务系统投入使用，神农架旅游气象服务及风险预警业务服务系统采购项目竞标，黄山风景区“雷电监测预警系统”向社会公众免费开放，上海迪士尼物联网大客流预警系统护卫游客安全，黄河生态旅游风景区森林防火监测预警指挥系统建立，安徽省山岳型景区旅游气象服务业务系统建立等。与2015年相比，2016年度旅游景区层面旅游安全预警工作进展较为缓慢，与快速增长的旅游业安全需求不相匹配，更有部分景区（如橘子洲旅游区）因缺少必要旅游安全风险提示、警示被摘牌。

## 二　2016年旅游安全预警存在的问题

### （一）旅游安全预警流于形式，缺乏落到实处的约束机制

旅游安全预警流于形式，主要表现在旅游安全预警机制的可实施性差和执行力弱两个方面。旅游安全预警机制仍多停留在制度层面，截至2016年底，在161个已经建立预警机制的地市中有124个地市的预警机制仍未制定具体分级标准，增强旅游安全预警的可实施性迫在眉睫。《景区最大承载量核定导则》的颁布，促进了国内各景区容量限流预警工作的全面开展，景区容量限流预警成为2016年旅游安全预警工作的重头戏，但受经济利益的驱动，一些热门景区虽有旅游安全预警机制但不落实的情况仍然存在，三峡人家景区、华山景区等热门景区依旧爆棚以不争的事实证明了旅游安全预警机制执行力弱的现实。究其原因在于缺乏落到实处的约束机制加以制约。

## （二）对旅游新业态预警重视程度不够，缺乏与时俱进的跟进机制

“旅游+”战略的实施，推进了旅游业与其他产业的融合发展，形成了一系列新兴旅游业态，如工业旅游、乡村旅游、邮轮旅游、体育旅游等。其中，工业旅游因其生产的特殊性，容易导致安全生产事故；乡村旅游因其基础设施的不健全、管理的缺失，容易导致人身财产安全事故，如凤凰吊桥事故等；邮轮旅游因游客处于水域环境和密闭空间环境，一旦发生事故将造成巨大损失，如韩国“SEWOL号”客轮沉船事故、我国“东方之星号”客轮沉船事故等；体育旅游因其高风险性特征，对游客安全素质要求极为严格，同时也极易发生旅游安全事故，如凤凰峡旅游区游客漂流遇山洪袭击事故等。这些旅游新业态更需要旅游安全预警机制来保障其旅游活动全过程的安全性，但遗憾的是，目前尚无针对以上旅游新业态的专项旅游安全预警机制。如何满足快速增长的旅游新业态的安全保障需求，已经成为旅游安全预警工作一个不可忽视的重要问题。为此，政府相关主管部门应予以高度重视，以与时俱进的眼光，及早建立适应各类旅游新业态的专项旅游安全预警机制。

## （三）文明旅游预警信息发布偏少，对游客旅游不文明行为的制约仍显乏力

相对于2015年，2016年度文明旅游预警信息发布偏少，旅游不文明行为频发态势未能得到有效遏制，对游客不文明行为的制约仍显乏力。《国家旅游局关于旅游不文明行为记录管理暂行办法》（旅办发〔2016〕139号）的刚性约束机制、大学生“文明旅游背包行”公益宣传活动的内化素质提升手段等依旧未能根治旅游不文明行为这一顽疾，五台山景区的草地“厨房”、北京一景区13处涂鸦“陈志成”、中国游客在越南火烧越南盾、中国游客在澳大利亚皇家植物园因不文明行为被拘……旅游不文明行为治理任重而道远。旅游不文明行为不仅是每个公民文明素质的体现，还关系到我国国家形象，有效治理这一顽疾刻不容缓。

## 三 2017年旅游安全预警形势展望与管理建议

### （一）形势展望

**1. 旅游安全预警去形式化势在必行**

旅游安全预警的可实施性和执行力直接关系到预警效果，进而影响旅游安全管理工作的绩效。截至2016年底，各地市旅游安全预警机制具有可实施性的仅占11.08%，总体形势不容乐观。景区容量限流预警近年来虽备受重视、投入巨大，但其成效还不理想，景区爆棚、拥堵、滞留现象仍然存在，其根本原因在于门票经济利益驱动下“安全”与“利益”博弈失衡。旅游安全预警工作的形式化严重影响了旅游活动的安全有序进行，埋下了诸多安全隐患，这与全域旅游大背景下的旅游安全管理要求极不适应，旅游安全预警去形式化势在必行。

**2. 文明旅游预警形势依旧严峻**

相较于2015年，2016年旅游不文明行为治理工作兼顾了刚性约束机制和内化文明素质提升的双重手段，旅游文明预警取得了一定成效，如航空旅游不文明事件报道明显减少、北京市“2016文明旅游大放招”上线提示民众出游摒弃陋习等。但旅游不文明行为并没有得到有效遏制，且在一定时期内将会持续存在，此期间可能出现反复或严重化的情况，探求旅游不文明行为治理之路任务艰巨，文明旅游预警形势依旧严峻。旅游不文明行为的治理是一项复杂的系统工程，非一朝一夕能够完成，既要肯定前期治理的效果，也要认清未来发展中所面临的困难和问题，同时还要认识到这项工作的持续件和长期性。

**3. 反恐预警力度将会有所加大**

《中华人民共和国反恐怖主义法》实施以来卓有成效，国内反恐预警得到一定程度的加强，恐怖袭击事件发生频率显著降低，很好保障了旅游业的可持续发展。相比2015年，2016年反恐预警信息发布增多，成为游客选择安全旅游目的地的最重要决策因素。展望2017年，受国际政治大背景的影响，国外恐怖袭击事件仍将持续走高，国内恐怖袭击风险也有增大的可能，为避免或降低形势日益严峻的恐怖袭击风险，有必要进一步加大旅游反恐预警力度。

**4. 全域旅游预警将成为旅游安全预警的新趋势**

2016年全国旅游工作会议确立我国旅游从“景点旅游”向“全域旅游”转变，标志着全域旅游时代已经开启。根据全域旅游的内涵和目标，现有旅游安全预警模式已经不能适应全域旅游安全保障需求，建立全域旅游预警模式已成必然选择。国家旅游产业运行监测与应急指挥平台的启动、重庆市全域旅游安全风险预警排控制度的推行、石嘴山市全域旅游预警新模式的探索、天津市旅游全域及景区数据分析预警系统项目的公开招标等一系列举措，都预示着全域旅游预警即将成为我国旅游安全预警的新趋势。

## （二）管理建议

**1. 各级旅游行政主管部门应高度重视，积极建立旅游安全预警落实综合约束机制**

政府相关行政主管部门应予以高度重视，对于尚无旅游安全预警机制的地区（或景区）以制度化政令形式强制其建立具有良好可实施性的预警机制，对于已建立旅游安全预警机制但不具有可实施性的地区（或景区）给予警告并令其限期整改，对于已建立具有可实施性的旅游安全预警机制但不愿落实的地区（或景区）给予严厉处罚并与景区等级评定挂钩，即要形成一种集强制制度、有效监管和严厉处罚等机制于一体的综合约束机制体系，形成合力，使旅游安全预警工作真正落到实处。

**2. 各级旅游相关部门应标本结合，循序渐进地治理旅游不文明行为**

标本兼治已经成为全社会的共识和态度，但二者的有机结合还需深入探讨和继续实践，旅游不文明行为治理将是一个循序渐进的过程。各级旅游相关部门应对《国家旅游局关于旅游不文明行为记录管理暂行办法》进行详细解读并广泛宣传，营造良好的文明旅游大气候，但同时也要注意到旅游不文明行为的治理不仅需要惩罚，还需要激励，如携程设立“中国好游客奖励基金”倡导国人文明旅游、四川省组织“文明旅游天下最美四川人”2016年有奖评选活动等就是旅游不文明行为治理中激励机制的具体表现和实践。

**3. 各地应高度警惕，全面加大反恐预警工作力度**

2016年，国际国内反恐形势堪忧，如印度尼西亚雅加达市中心“1·14”恐怖袭击事件、法国“7·15”尼斯卡车袭击事件、土耳其伊斯坦布尔“12·10”爆炸袭击事件、新疆墨玉县“12·29”恐暴袭击案等，旅游业深受其害。为此，各地应高度警惕，继续依据《中华人民共和国反恐怖主义法》，严格贯彻执行旅游反恐预警机制，加大旅游恐怖袭击危险辨识投入，正确研判旅游恐怖袭击危险有害因素，切实提升旅游反恐防恐能力，全面加大旅游反恐预警工作力度。

**4. 各地应及时整合优化资源，探索建立全域旅游预警模式**

各地应在仔细解读全域旅游内涵与目标的基础上，根据本地区全域旅游开展的实际情况，整合优化各类资源，探索并建立适合自身的全域旅游预警模式。根据全域旅游的内涵，全域旅游预警模式应该是一种兼具多项预警服务内容、各级各类部门相互协作、全区域预警信息共享、智慧化和综合性程度相对较高的全新预警模式，该预警模式尚无成功经验可供借鉴和参考，全域旅游预警将在探索和实践中得到检验和推广。

## 参考文献

[1] 郑向敏、谢朝武：《中国旅游安全报告（2015）》，社会科学文献出版社，2015。

[2] 国家旅游局网站，http://www.cnta.gov.cn/。

# B.21
# 2016～2017年我国女性旅游的安全形势分析与展望

范向丽　李定可*

摘　要：　女性市场是旅游市场的重要组成部分，2016年女性旅游安全形势总体平稳，女性旅游安全事件覆盖了自然灾害、事故灾难、公共卫生事件、社会安全事件，伤害结果包括人身安全受损和财产安全受损等，其中出境游女性安全事件逐渐增加。主要是由于女性旅游者缺乏应有的安全意识和防范知识、安全管理制度和政策不完善。同时，旅游相关管理部门对旅游安全事件进行了及时有效的处理，保障了2016年女性旅游安全形势持续平稳。

关键词：　女性旅游　旅游安全　安全事件

随着社会经济的发展，妇女地位逐渐提高，受教育程度也越来越高，女性就业人数不断增多，女性旅游人数也不断增多，女性旅游市场成为一个巨大的市场，女性旅游已经成为休闲产业的重要角色。在中国，对女性旅游的研究，始于台湾学者在20世纪对女性旅游购物行为的关注。至此，对女性旅游的研究日渐增多，也日渐成熟。但是女性旅游安全管理问题仍需要加强重视。

---

* 范向丽，华侨大学旅游学院副教授、博士，主要研究方向为性别与旅游；李定可，华侨大学硕士研究生。

## 一　2016年女性旅游安全的总体形势分析

总体上，2016 年我国女性出游人数和频率依旧保持稳步增长趋势，尤其是女性出境游市场份额增幅明显，安全形势良好，各项安全工作部署到位、措施得力，多数旅游突发事件得到了及时、有效的处理。本文主要研究和分析了从报纸、期刊、网络、电视等大众媒体搜集的 2016 年 1 月 1 日到 2016 年 12 月 31 日之间发生的女性旅游安全案例，统计结果显示，2016 年女性旅游安全事件主要涉及人身、财产、心理、名誉等诸多方面，这些事件大都得到了当地甚至上级相关管理部门的关注，并得以妥善处理。女性旅游安全事件的发生有着明显的规律性，女性旅游者对突发状况的应对能力较差、对环境和服务设施相对比较挑剔等特点在一定程度上造成了女性旅游安全事件的高发。

## 二　2016年女性旅游安全的概况与特点

### （一）女性旅游安全突发事件的分布类型

本文共收集到 2016 年 1 月到 2016 年 12 月发生的女性旅游安全事件 57 起，其中女性出境旅游安全事件 17 起。从伤害结果来看，2016 年女性旅游安全事件仍然主要体现为两大类——人身安全和财产安全，其中人身伤害有一部分是财产安全事件引发的。下文将女性旅游安全事件划分为自然灾害、事故灾难、公共卫生事件、社会安全事件四种类型。

**1. 自然灾害**

2016 年 5 月 28 日，广东省江门台山市端芬镇凤凰峡旅游区有游客在漂流过程中遇山洪暴发，多人被洪水冲走，搜救人员在事发河段附近先后发现 3 名失踪人员的遗体，事故已造成 8 人（7 男 1 女）遇难、10 人受伤；8 月 13 日，福建省龙岩市永定区湖坑镇新南村附近发生山体滑坡，一辆载有 23

名乘客的台湾旅行团大巴车行驶至此处时被埋，事故造成一名中年女性台胞遇难。

2. 事故灾难

旅游交通安全事故是旅游突发事件中伤亡较大、发生频率较高的事件类型。随着境内外自由行、自驾游线路越来越丰富，拥有驾驶执照的女性游客越来越多，女性旅游交通事故也开始出现。据搜集案例数据可观察到，女性在交通事故中受伤害的比重更高，相对也更严重。而且，交通事故主要发生于境外，这可能与游客对目的地交规不熟悉有较大关系。此次共搜集交通事故案例7起，其中6起发生于境外，共导致7人死亡、23人受伤。典型的事故案例有：6月14日，来自上海旅游团的一辆载有17名中国公民的旅游巴士在美国弗吉尼亚州公路上发生交通事故，事故造成一名刚刚退休的中国女性游客死亡；6月16日，一辆载有中国游客的19人大巴和一辆小轿车在美国华盛顿附近的高速公路相撞，事故造成1名女性游客死亡、2名女性游客重伤；6月22日，台湾一列“自强号”列车在花莲发生出轨翻车意外事故，确认只有2名大陆女性游客受伤，年龄分别为19岁、45岁；7月24日，来自中国的一家四口在美国亚利桑那州靠近 Dolan Springs 的93号公路上自驾汽车时与 NFL（橄榄球大联盟）达拉斯公牛队的宣传巴士相撞，2名52岁的女性和1名19岁的女性当场丧生；10月4日，一名来自中国的74岁女性游客和家人一起乘坐旅游巴士从宾夕法尼亚前往华盛顿，途中休息时，横穿1号公路被南向车道一辆福特皮卡撞倒，在送往 Prince George's 医院后不治身亡；9月1日，4名中国游客在加拿大西北地区 Dempster 高速公路发生单车事故，车上一名成年女子在车内当场身亡。

跌落类事故主要指摔倒、滑落、坠落、物体高空坠落等导致的人身伤害事件。这类案件多发于较为恶劣的自然环境、交通环境、气候环境中，受害者多为女性、老人等群体。事故的原因多为景区（景点）安全设施不合理以及游客安全意识不足。此类事故具有非常明显的地理性规律，本次共搜集摔伤类事故6起，其中4起发生在山岳型景区（景点），可见，山岳型景区（景点）防滑防跌安全提示、安全保护设施还不完善，加之其特殊的自然环境和气候环境，极易发生各种游客安全事故。典型案例有：2016 年 4 月 6 日，一女子在香炉山游玩过程中，腿部摔伤，造成右下肢骨折，向其他游客求助；4 月 10 日，一名女游客在巢湖市东庵林场登山途中不慎摔倒，造成腿部严重骨折，巢湖市一名派出所民警给这位受伤游客紧急包扎后，或背或扶带她走下 1370 个台阶，最终下山送往医院就诊；6 月 10 日，一位 37 岁的女士在河北丰宁坝上草原骑马时不慎摔伤腰椎，下半身失去知觉，一架贝尔－429 直升机将其接回北京，送去医院治疗；9 月 13 日，刘某某与丈夫一起到张家界天门山游玩，在玻璃栈道上右脚掌不幸被砸中，经医生检查，右脚掌呈粉碎性骨折；9 月 22 日，年过六旬的天津老太在游览雾灵山下山途中崴了脚，导致脚部骨折，脚疼难耐，不能下山；11 月 12 日，福建省福州市马尾区快安磨溪景区磨溪水库附近一名女游客不慎坠崖受伤，其头部被磕破流血，腰部和背部受伤，无法自主行动。随后赶到的医务人员给女游客包扎止血后，消防人员花了 40 分钟将其转移下山并送上救护车，并立即送往医院救治。

**3. 公共卫生事件**

溺水是因淹没或浸入在液体中造成呼吸受阻的过程，其结果分为死亡、发病和安然无恙。游客溺水事件多发于女性和儿童，这可能与游客本身体能、水性等相关，也与女性游客偏好滨海类旅游目的地有一定关系，同时潜水、漂流、看潮、坐船等水上休闲项目本身也具有一定的危险性，因此女性游客溺水或被卷入大海、跳水等事故频发。这类事故一旦发生，将给社会和家庭带来严重的后果。

据国家卫计委和公安部的统计，我国每年 6 月到 8 月是溺水事故高发月份，溺水事件具有明显的季节性特征。游客本身安全意识薄弱，设备突发故障，安全保护措施不规范、不完善等原因导致溺水事件经常发生。本文共检索和搜集溺水类女性旅游安全事件 11 起，其中境内溺水安全事件 8 起，境外溺水事件 3 起，溺水事件发生于游泳、潜水、漂流、拍照等活动过程中，一共造成 10 人死亡。典型案例有：2016 年 2 月 24 日，一名中国女子与朋友在泰国罗勇府塔鲁岛海域租船出海潜水时发生意外，海上救生员将她救起后，立即送医治疗，但她还是因溺水时间过长而死亡，年仅27岁；5月14日，西安人59岁祝女士跟团赴马来西亚旅游，5月18日家属接到电话，称祝女士在马来西亚酒店游泳池溺水，抢救无效死亡；6月8日，两艘快艇在从普吉岛驶往附近皮皮岛的途中相撞，事发快艇分别搭载36名中国游客和24名中国游客，事故造成至少两名中国游客遇难，从事故现场图片看出，其中有一名女性游客；7月10日，13名游客乘船到浙江省温州市苍南县炎亭镇的前屿岛游玩时被困，其中一对母子因在礁石上拍照突然被海浪卷到海里，同行男子下海奋力营救，孩子获救，母亲不幸遇难；7月18日，在广东省茂名市电白区南海街道牛母石海域，高州籍两男两女下海游泳溺水，导致3人死亡、1人失踪；8月6日中午，长沙一女子在浏阳一景点溯溪时不慎失足落水，后抢救无效，不幸离世。

**4. 社会安全事件**

针对女性游客的殴打事件多数由强迫消费、争执等纠纷引起，这主要与女性游客心直口快、自我保护能力差等相关。相比2015年，2016年女性游客被殴打事件有增无减，本文共搜集此类事件6起，例如，2016年6月29日，4名女生刚参加完高考，从四川到云南丽江毕业旅行。刚下飞机，就被一陌生女子带上了一辆蓝色面包车，送到茶马古道纳西马帮。马场的人告诉她们必须骑马才能到吃饭的地方，于是她们每人支付245元骑马。骑马后四人发现相机包被调包，但马场人员拒不承认，并恐吓要求她们离开。其中一名18岁少女拿出手机录像，被马场工作人员夺走手机，并打了一巴掌。后来，四人的行李被扔了出去，打人者还一直出言不逊，并再次殴打录像少女。8月6日，一名到长岛旅游的女游客因拒绝强行载客和黑出租司机发生了肢体冲突，被殴打致伤。10月5日，一男一女在河南禹州神垕旅游遭一小贩殴打。

由于女性本身体能、身体素质、出游习惯（喜欢挎包出游）等原因，旅游过程中抢劫事件的受害者一般为女性，且发生在境外的频次偏高。本次共搜集此类案例7起，6起发生于境外。如2016年3月17日，一辆载有4名中国游客的车辆在南非莱迪史密斯附近遭抢劫，匪徒连开6枪导致一名女游客重伤，不幸身亡。4 月 29 日，四川自贡女游客花花带着母亲从成都飞往越南芽庄旅游，5 月 3 日，她带母亲去购物路上，骑摩托车的两个男人试图抢她的包，她被“飞车党”拖行了 8 米。在此期间，其手臂、大腿、背部、小腿均被刮伤。5 月 5 日，重庆市民郭女士的背包在意大利佛罗伦萨的一家咖啡店内被盗。之后，她住的酒店房间又被洗劫一空，损失了价值 5 万多元人民币的财物。5 月 7 日，一名中国女性游客在越南中部庆和省海滨城市芽庄遭遇摩托飞贼抢劫，幸好被一名路过的警察看到，警察当即驾驶摩托追击劫匪，及时追回了被抢财物。9 月 18 日，61 岁的中国游客王女士和同伴在芽庄的统一路步行时遭遇两名骑摩托的男青年抢劫。此外，游客在国内游玩时，抢劫事故也时有发生，如 4 月 15 日，黑龙江女游客与公司员工来到广东旅游，当她带着两名公司员工在会城知政中路购物时，突然，一名男子从后面冲了上来，一把抢走了她脖子上的金项链，后来在新会公安分局的民警的帮助下追回了被抢的金项链。

**5. 其他安全事件**

据不完全统计，2016 年，女性游客还发生了约 18 起其他安全事件，如失踪、自杀、动物袭击、电击、动物伤人等。例如，2016 年 1 月 9 日，一名跟团赴泰国普吉岛旅游的中国女游客在游览当地某蛇园时，欲参与跟蛇亲吻的活动，但她还没亲到蟒蛇，突然被蛇一口咬住鼻子，当场血流满面。事发后，游客已被第一时间送往当地医院救治，据知情人士称，伤者已没有大碍。3 月 5 日两名女大学生在西安东大街逛街时遭遇美容陷阱，进店免费领赠品，不料却被迫消费 200 元。3 月 30 日，杭州女孩去北京办事，顺便旅游，在入住酒店时被一陌生男子跟踪后强行拖拽，该男子试图将她带走，她经过大声呼喊得以逃脱。8 月 1 日晚上 7 点半左右，深圳女律师助理走出了华山火车站，其后便不知去向。失踪 38 天后尸体在华山被找到。8 月 2 日，一名陕西游客和丈夫在镇远县青龙洞景区游坑时被一条虎斑颈槽蛇咬伤脚踝，幸得镇远公安紧急救援，转危为安。8 月 3 日，开封市杏花营镇杏花营村女村民穆某与家人一行五人来到九龙瀑景观区游玩。她和另外两名家人不幸被电击落水，事发后，三人被紧急送往附近医院救治，后因抢救无效身亡。8月24日，游客赵某未遵守八达岭野生动物世界猛兽区严禁下车的规定，擅自下车，遭虎攻击。周某见女儿被虎拖走后，下车施救，被虎攻击死亡。9月11日，一名36岁的中国女性游客在泰国春武里府是拉差龙虎园失踪，据泰国媒体报道，泰国警方已派200多名警察和志愿者连夜寻找，但仍未发现其踪迹。

### （二）女性旅游安全突发事件的发生特点

根据所搜集的相关案例，2016年女性旅游安全突发事件主要有以下几个特点。

**1. 人身财产安全类事件偏多**

从搜集的案例以及上文的论述中可以看出，女性的冒险心理、风险与安全意识、安全知识等诸多主观因素以及气候、交通、社会治安等客观因素，使我国女性游客旅游安全事件主要表现为溺水、殴打行凶、意外交通事故、跌落、动物袭击、摔伤、抢劫、偷盗、动物伤人、意外砸伤等人身伤害类安全事件和财产损失类安全事件。另外，近年来自由行、自驾游、个人游等自主性较强的旅游线路增多也使女性出游安全事件频发，女游客失踪、女游客浮潜溺水事件、女性出境自驾游事故都可说明这一点。可见，目前旅游市场没有考虑到给女性提供一些特有安全保障。女性旅游在促进旅游业发展、丰富女性生活的同时，也带来了挑战。

**2. 受害者低龄化趋势明显**

在本次搜集的57起女性旅游安全事件中，涉及30岁以下女性游客的案件共有29起，涉及31～40岁女性的案件8起，涉及41～50岁女性的案件6起，涉及50岁以上女性的案件14起。可见，年轻女性是旅途中的主要受害对象，在目的地不良的社会治安条件下，犯罪分子认为外地年轻女性游客有钱有貌，较强的浪漫动机、冒险意识、交友心理特征使其成为犯罪分子欺诈、诱骗、抢劫、殴打、劫持、偷盗的主要对象。另外，2016年发生的6起抢劫事件受害者也均为年轻女性，这虽然与目的地景区（景点）对女性游客安全管理不到位或多或少有关系，但最重要的原因在于她们的体能、身体素质、出游习惯（喜欢挎包出游）等，从而导致事故发生。

## 三 2016年影响女性旅游安全的主要因素

### （一）主观原因

**1. 游客自身旅游安全能力和知识欠缺**

近些年来，女性社会地位的提升、收入的增加使其主体意识、交友观念等发生较大变化，女探险爱好者、女驴友数量猛增。这部分女性性格开朗、爱好冒险、追求旅途中的刺激和不确定性给其带来的体验和满足感，但是她们缺乏足够的安全常识、自我保护意识，旅行就成了一次冒险。比如，2016年发生的女律师助理失踪、女大学生被殴打、女游客潜水溺亡、女游客境外财物被偷等事件都说明了这一点。

**2. 自助女性旅游者户外旅游经验尚浅**

随着女性独立性的增强以及散客旅游的兴盛，越来越多的女性拥有驾驶执照并且热衷于自驾游和自助游。许多职业女性为了减压，成为探险者和驴友，偏好高风险的旅游活动，但是由于我国户外自助旅游尚处于发展阶段，没有专门针对自助户外旅游项目制定的规范有效的应急机制，很多驴友也是自行组织出行，在身体检查、车辆检修、目的地情况了解等安全措施的准备和急救物品、导航工具的配备方面经验尚浅，存在安全隐患。

**3. 女性游客保险意识较为淡薄**

不仅仅是女性旅游者，国内旅游者大都持有一种侥幸心理，认为旅游过程中不会发生什么事情，忽略安全保障，多数人在自由行的时候很少会购买旅游保险，往往在意外发生的时候才意识到由于未购买保险而得不到相应的经济赔偿。

## （二）客观原因

**1. 旅游目的地女性旅游服务设施不够完善**

旅游目的地旅游环境的安全性直接影响到旅游者的安全。女性旅游者由于其体能、身体素质以及身体构造方面不同于男性，其在旅游目的地进行旅游活动时对安全服务也有进一步的需求。比如，女性旅游安全事故的发生地点多在酒店、景区，入室抢劫、殴打、偷盗等安全事件的受害者大多数是女性。此外，女性游客也是溺水、摔伤事件的主要受害者，目的地旅游服务设施经营管理部门应该针对女性安全事件频发这一现实采取具有针对性的规范处理措施。

**2. 旅游景区安全管理缺乏性别意识**

旅游者的安全需要社会、企业及其个人的共同努力和保障。目前国内外社会普遍存在社会治安管理、企业安全管理缺乏性别意识这一现象。意识决定行为，没有安全管理性别意识，也就没有分性别的安全管理。通过上文分析可以发现，男、女性游客安全事件是有明显差异的。比如，本次搜集的案例中有溺水事故 11 起，共导致 10 名女游客身亡，这足以说明，女性体能、体质对这项运动的适应性是存在一定问题的，如果相关企业能够对参加游泳项目的女游客进行特别管理，如安排较多救生员在附近、增加特别的安全防护装备等，也许惨剧就不会发生。

**3. 女性旅游保障体系有待完善**

旅游安全保障是旅游活动能够安全、顺利进行，旅游业得以健康发展的保障。女性游客由于其天性中存在敏感、追求舒适的特性，她们对安全的需求高于男性，鉴于我国现阶段的旅游产业环境现状，女性游客的旅游安全保障有待加强。旅游安全保障体系涵盖了旅游保险、法律法规保障、责任认定等方面。我国旅游业已发展 30 年有余，但是旅游法才施行 3 年多，旅游行业的规范跟不上旅游发展的步伐，更遑论旅游业内会有区别性别的管理方法和管理保障了。除了法律法规的缺失之外，责任的认定也并不规范，存在相互推诿责任、多头进行管理现象，游客有时候投诉无门。例如，驴友相约自助旅游，由于彼此之间都是完全具备民事能力的社会人，自发参加活动，签订免责条款，人身财产安全得不到保障。

## 四　2016年女性旅游安全管理的特点

### （一）安全事件应急处理能力有所提升

对比过去的女性旅游安全事件，2016 年所发生的大部分事件都得到了及时有效的处理。如女子骑马摔伤飞机紧急救援、3 名女子戏水被困后救出、女游客项链被抢后追回、女游客登山摔倒民警护送下山等。总之，2016 年，我国旅游行业通过成功处理多起旅游安全突发事件，显示出我国旅游安全应急处置能力有很大提升。与以往相比，2016 年，国家旅游局和地方各级政府都将旅游安全作为最重要的工作来抓，取得明显成效。比如，各地方旅游相关管理部门也逐渐出台旅游安全相关管理条例、规章和标准，形成了完整的旅游安全应急预案；同时，多数地方政府相关管理部门都成立了旅游安全专门管理小组，落实旅游安全责任，形成完备有序的旅游安全应急队伍；国内不少航空公司、酒店等相关旅游企业加强了对女性游客的特别照顾和安全管理，女性旅游安全将得到更多保障。

### （二）市场关注多而政策关注少

从目前状况来看，女性游客已经成为景区、酒店、旅行社关注的焦点。于是，专门针对女性游客的女性主题旅游线路、女性主题客房、女性主题活动项目等越来越丰富，大大满足了女性游客的休闲、体验、社交、学习等方面需求。但旅游相关部门和企业的安全管理政策还很少考虑到性别差异。如旅游相关管理部门和统计部门在数据统计、规则制定等方面较少关注到性别因素。如我国多数大型旅行社和相关管理部门对旅游安全事件的统计还是停留在几死几伤上，而受害者的年龄、性别等个体特征信息不全，导致事故档案无法起到应有的分析、预测和反馈作用。

## 五　2017年女性旅游安全的管理建议

### （一）完善境外女性旅游安全保障体系

应针对女性这个特殊的群体建构女性旅游安全保障体系。从女性旅游者自身而言，应该加强自身的安全学习和教育，熟悉女性旅游安全基本常识；从旅游经营者而言，应该针对女性旅游者开发对应的女性旅游产品，避免女性旅游者承受过高的过程风险而导致事故的发生；从政府而言，要从女性旅游公共服务入手进行安全支撑，提升对女性旅游者的安全保障能力。

### （二）加强女性旅游市场的安全建设

女性游客更为细腻、感性、胆小的特性使她们更加追求一个安全的旅游环境，希望能在旅游活动中得到更加安全的保护。旅游企业在瞄准女性旅游这块市场时，应该有相应的吸引女性游客的措施，比如在漂流、游泳等旅游项目中设置女性专用场所，增派安保人员，增强女性的安全感；在酒店设置专门的女性楼层，或者加强客服安全装备的配置等。

### （三）开发女性旅游商业保险产品

首先，大力开展旅游保险宣传活动，在女性游客中普及购买旅游保险的重要性，使其增强自我保护意识，防患于未然。其次，增加旅游保险的类别，除了财产、人身意外伤害险外，还可以针对特别项目设置保险种类，比如女性游客爱购物，可以设置假货赔偿险，使女性游客在购买珠宝等贵重物品时没有后顾之忧。此外，加强对旅行社投保旅行社责任保险的监管，让游客在发生意外之时可以转移部分风险，减轻伤害，降低损失。

### （四）关注女性安全管理需求

目的地以及旅游企业的安全状况影响着女性游客的决策和消费，相关旅游企业应该了解女性游客的安全忧虑，提升旅游安全服务质量，在食、住、行、游、购、娱等旅游要素环节都能关注女性旅游者的特殊需求，强化安全、舒适的服务供给，提升安全设施的针对性，加大对女性旅游者的安全保障力度。

## 参考文献


[1] 韩湘景：《中国女性生活状况报告 No.9（2015）》，社会科学文献出版社，2015。

[2] 郑向敏：《2015～2016 年中国旅游安全形势回顾与展望》，《中国旅游安全报告（2016）》，社会科学文献出版社，2016。

[3] 范向丽：《2015～2016 年我国女性旅游的安全形势分析与展望》，《中国旅游安全报告（2016）》，社会科学文献出版社，2016。

[4] 韩湘景：《中国女性生活状况报告 No.9（2016）》，社会科学文献出版社，2016。

[5] 何一枫、姚升厚：《境外旅游安全问题亟需引起关注》，《政策瞭望》2011 年第 12 期。

[6] 范向丽：《2011～2012 年国女性旅游的安全形势分析与展望》，《中国旅游安全报告（2012）》，社会科学文献出版社，2012。

[7] 益普索：《2016 年度中国公民出境（城市）旅游消费市场调查报告》，旅游信息化网，2016 年 9 月 20 日。

[8] 谢婷：《出境旅游安全保障的相关措施》，《旅游学刊》2011 年第 7 期。

[9] 王晓易：《一北京女子坝上骑马摔伤　120 联合飞行救援》，《法制晚报》2016 年 6 月 10 日。

[10] 陈有谋：《泳池溺亡事件多发谁担责　责任划分看四条》，《华商报》2016 年 7 月 15 日。

[11] 唐云云：《中国女游客马来西亚溺亡　旅行社两份情况说明冲突》，西部网，2016 年 5 月 31 日。

[12] 梁毅凌：《马来西亚旅游业盼复苏　多措并举揽中国游客》，中国新闻网，2015 年 6 月 1 日。

[13] GD：《一分钟看懂“女子在颐和酒店遭拖拽”事件来龙去脉　房门口险被强奸》，《新京报》2016 年 4 月 8 日。

# B.22
# 我国旅游交通业的安全管理研究

厉新建　贾　然　刘丹丹*

摘　要：　文章分析了我国旅游交通安全事故的分布特征与主要成因，阐述了我国旅游交通安全的现状与困境。文章认为，驾驶者违规行驶或违规操作、各类突发的极端天气因素、旅游景区容量超标和管理疏忽等是造成旅游交通安全事故的主要原因。文章提出，应有效利用我国旅游交通安全的制度支持，充分贯彻实施我国交通安全保障的政策与标准，重视出境旅游发展中的旅游交通安全管理，强化旅游出行方式多元化重构下的安全保障。

关键词：　旅游交通安全　安全事故　特征与成因　优化措施

安全作为产品最基本的特质，是用以满足消费者最低预期的根本保证，其直接反映着产品的品质与延展性，是消费者了解产品性质甚至企业形象、产业态势最基本的把控渠道，在产业发展层面发挥着其独有的强力推进作用。就广义而言，不乏相关政策法规对产品安全的硬性要求，以《中华人民共和国消费者权益保护法》为例，其第七条明确提出有关产品安全的要求——“消费者在购买、使用商品和接受服务时享有人身、财产安全不受损害的权利。消费者有权要求经营者提供的商品和服务，符合保障人身、财

* 厉新建，北京第二外国语学院旅游管理学院院长、博士、教授，主要研究方向为旅游经济发展战略等；贾然、刘丹丹，北京第二外国语学院旅游管理专业在读研究生。

产安全的要求”，产品安全的重要性可见一斑。而交通安全作为产品安全的重要一环，其作用自然也不可小觑。细化到旅游业层面，交通作为旅游“食、住、行、游、购、娱”六大构成要素之一，充当着沟通客源地与目的地之间大交通以及连接目的地内部各节点间小交通的桥梁作用，并基于此实现旅游系统的串联，形成旅游行为的闭环回路，对游客的旅游体验具有重要影响。

## 一　我国旅游交通安全事故的分布特征与主要成因

### （一）我国旅游交通安全事故的分布特征

**1. 时间分布**

在时间维度上，旅游交通安全事故主要集中于夏季，春秋次之。夏季作为旅游出行旺季涵盖了学生群体的暑假假期，使得出行的时间成本大幅降低，成为激发该群体亲友出行的最佳动力。春秋两季，气候舒适宜人的特点使其成为非上班一族错峰出游的良好选择，同时近郊周末行成为通勤群体的主要休闲方式，确保了游客数量。正是基于春、夏、秋三季的上述特点，一些交通承运方为谋取利益过度使用人力物力资源，造成司机疲劳驾驶、车辆不当上路，最终招致交通事故。另外，由于冬季寒冷，出行不便，旅游活动减少，事故发生率显著降低。

**2. 空间分布**

在空间维度上旅游交通安全事故的分布与时间分布密切相关。初入春季以来，随着气温的逐渐回暖，游客倾向于向我国西南部移动，那么云南便成为旅游者体味不同文化、领略相异风情的好去处。也正是旅游者向云南的移动使得云南地区发生重大交通安全事故2起，成为春季事故的高发区域。夏季阶段，即6～8月3个月，游客不必囿于天气条件与景观景致，旅游目的地选择众多，形成了由客源地向其他目的地辐射的趋势。此时，旅游交通安全事故频发且在空间格局上于热门旅游目的地均匀分布，未显示特殊的集中分布。进入秋季后，游客的目的地选择呈现两极分化态势，一部分游客倾向于向东南沿海的温暖区域进发，以期延续夏季温热之感，另一部分游客则转而寻求北部寒冷地带的刺激，感受极寒区域的独特生活气息；加之东南部台风、东北部雨雪等极端天气的影响，东南沿海地区与东北地区成为旅游安全事件频发的两极。

**表 1　2016 年度旅游交通安全大事记**

| 时间 | 地点 | 事件 |
|---|---|---|
| 3 月 31 日 | 河南 | 旅游大巴撞限高杆,致使限高杆横穿车身,多名乘客受伤 |
| 4 月 4 日 | 云南 | 旅游大巴与客车相撞后侧翻,造成人员伤亡,多名乘客被困 |
| 4 月 8 日 | 云南 | 旅游大巴车与货车相撞造成货车上人员 1 人死亡、1 人重伤,旅游大巴车上 1 人重伤、17 人轻伤,车辆不同程度受损 |
| 4 月 25 日 | 台湾 | 旅游大巴超车失控侧翻,波及沿途砂石车,导致 1 人死亡、26 人轻/重伤 |
| 5 月 15 日 | 重庆 | 旅游大巴违规掉头与货车相撞,导致 28 人入院治疗(乘客为平均年龄 60 岁的旅游者) |
| 6 月 14 日 | 美国华盛顿 | 旅游大巴与汽车相撞。造成 1 人死亡,多人送医,其中 3 人伤势严重 |
| 6 月 26 日 | 四川 | 大客车在行驶中冲出公路,致 38 人不同程度受伤 |
| 6 月 26 日 | 湖南 | 客运大巴车与道路护栏相撞起火造成 35 人遇难、13 人受伤,其中 4 人重伤 |
| 7 月 1 日 | 天津 | 车辆爆胎后冲出路外,坠入高速公路桥下,造成 26 人死亡 |
| 7 月 19 日 | 台湾 | 台湾旅游大巴失火,26 人死亡,无一生还,包括 24 名大陆旅客、1 名司机和 1 名导游 |
| 7 月 20 日 | 山东 | 司机不熟路况、疲劳驾驶致旅游大巴车冲撞限高杆,造成 18 人受伤,15 名人员留院观察治疗,其中包括 2 名儿童 |
| 7 月 23 日 | 北京 | 游客在八达岭野生动物园猛兽自驾区域违规下车,遭老虎袭击,1 死 1 伤 |
| 8 月 8 日 | 澳门 | 旅游巴士失控撞向街边建筑,致 32 名游客受伤,其中 3 人重伤 |
| 8 月 13 日 | 福建 | 突遇山体滑坡引发翻车事故,导致 1 名台胞遇难、2 人重伤、20 人轻伤 |
| 10 月 18 日 | 辽宁 | 侧翻事故,致 3 人死亡、32 人受伤 |
| 10 月 25 日 | 冰岛 | 旅游巴士因冰雪路滑侧翻,致 7 人受伤,其中 2 人重伤。乘客多为中国人 |
| 11 月 7 日 | 吉林 | 旅游大巴因雪天路滑发生侧翻,造成 3 人死亡,至少 5 人受伤 |
| 11 月 27 日 | 福建 | 旅游大巴和货车相撞,致使车门损坏,49 名乘客被困于车厢内部,无人员伤亡 |

资料来源：网络新闻报道。

## （二）我国旅游交通安全事故的主要原因

### 1. 驾驶者违规行驶或违规操作

在旅游交通安全事故中，驾驶者违规操作或违规驾驶的事故占比较高，成为旅游交通安全的最大威胁。一方面，驾驶者超速行驶、违规超车或掉头、未按照规定让行等违规驾驶行为多发，致使旅游大巴与沿途其他交通工具或周边建筑相撞，造成侧翻、起火、坠落等后果，导致乘客及驾驶者自身安全受到威胁。另一方面，驾驶者在身体状况不良、精神状态不佳的情况下仍旧上路，疲劳驾驶，为节约成本人为减少车辆维修次数等违规操作也严重威胁了车上所有人员的生命财产安全，成为安全事件多发的又一主因。这在一定程度上反映出存在企业监管不到位、责任追究制度不完善以及驾驶者安全意识与责任意识薄弱等管理问题，亟待加强管理。

### 2. 各类突发的极端天气因素

我国自然地理条件较为复杂，各地面临的自然环境风险也较为多样化。在我国东部地区，台风、暴雨及其带来的洪涝灾害、泥石流灾害、道路崩塌等二次灾害，是危害旅游道路交通条件，造成突发旅游交通安全事故的重要原因。突如其来的台风、泥石流、暴风雪往往超出驾驶者与乘客预期，远远超出可控范围之外，不可避免地造成事故发生，对车上人员造成不可控且无法预料的伤害。

### 3. 旅游景区容量超标和管理疏忽

我国各类节假日是游客出游高峰期，景区的环境容量往往不堪重负，并因此容易导致安全层面的巨大压力。而在景区的淡季，管理者很有可能疏于管理，放松安全警惕，疏于对景区内缆车、游船等交通设施进行检查，形成事故隐患。此外，游客对景区内部交通工具往往欠缺安全防范意识，极易导致交通事故的发生。相关规章制度与监管措施亟待出台，以确保景区内部交通安全，实现景区内部交通有效管理。另外，对于诸如景区内自驾等行为造成的特殊交通安全事故，景区应明确责任，形成书面规定并设立指示牌，与游客进行有效沟通，避免悲剧的再次发生。

## 二　我国旅游交通安全管理的现状与困局

旅游交通作为连接目的地和客源地以及客源地各景区之间的关键路径，贯穿于“食、住、游、购、娱”五大要素之中。交通安全问题的发生不仅会很大程度上影响游客体验，还会影响游客对旅游地整体形象的感知。当今在旅游部门加强旅游交通安全管理的前提下，旅游交通安全依旧成为游客最担心的因素之一，其原因在于我国旅游交通安全管理体系存在现实的困境。

**1. 我国旅游运输业进入门槛较低**

当前，我国旅游运输行业进入门槛较低，在审批要求不高的情况下，很难实现有效的组织和规划。加之旅游的季节性特点突出了其强大的旺季效应，在利益的驱使下，涌现出大规模一车多团、恶性竞争、违章违规等不正当经营行为，形成大量安全漏洞，这构成旅游交通安全事故产生的本质原因。

**2. 我国旅游交通安全保障体系不完善**

旅游交通的安全保障是个复杂的系统工程，但我国相关政策和监管制度还不健全，旅行社、交通运输企业主体责任未完全落实，驾驶人员安全管理工作尚存在不足，基层旅游安全培训欠缺和游客安全意识淡薄等问题使得旅游交通存在安全隐患。

**3. 我国旅游道路交通条件有待改善**

考虑到我国名山大川的资源特色和优质景区分布于崇山峻岭的特点，不难发现连接都市圈和旅游景区的多是单行道、盘山公路、急速弯道等，这种特征在我国西部地区表现得尤为突出，加上西部相应旅游基础设施建设的落后，发生交通安全事故的可能性较高。例如，“11·7 旅游大巴因雪天路滑发生侧翻”事件和“8·13 旅游大巴突遇山体滑坡引发翻车”事故等均为环境因素引起。此类交通事故往往与驾驶者的个人技术能力相关，其对于环境预测的准确性、驾驶技术的娴熟程度、对危险事件的判断能力等都是这类事故能否有效避免的决定性因素。

## 三 我国旅游交通安全管理的优化措施

**1. 有效利用我国旅游交通安全的制度支持**

毋庸置疑，无论是自由行还是跟团游，旅游线路作为最基本的旅游产品之一，无论其品质高低，都具有其相同且不可逾越的底线，即安全性，这也是旅游产品对游客而言最基本的保障。反向观之，旅游过程中涌现的交通问题也逐渐成为优化旅游大环境的有力突破口，成为加强旅游业安全管理的良好契机。总体来说，常见的旅游交通方式主要分为航空交通、铁路交通、水路交通与陆路交通四种，与上述四种交通方式相对应的基本交通工具相应为飞机、火车（动车、高铁）、邮轮、旅游大巴与私家车四大类，用以满足游客在旅游过程中对位置变化的需求。不论是哪种交通方式，均有相关部门对安全层面的思考，相关规章制度的建立成为其重视交通安全的有力佐证，具体表征如表2所示。

**表2 各交通方式安全层面规章制度支持**

| 交通方式 | 相关规定 |
|---|---|
| 航空交通 | 在《中华人民共和国民用航空法》和《中华人民共和国民用航空安全保卫条例》等法律法规的保障之下，制定了《中国民用航空安全检查规则》与《中国民航旅客、行李国内运输规则》等具体规则，从机体检查、保养与维护、运输、服务多维度对安全性作出了规定，强调飞行安全的前期保障和后期运营，从而为乘客提供安全、便利、舒适的航空体验 |
| 铁路交通 | 以《铁路安全管理条例》为依据，从铁路建设、运输、载客、设备制造维修层面建构管理框架，坚持安全第一、预防为主、综合治理的方针，旨在加强铁路安全管理，保障铁路运输安全和畅通，保护人身安全和财产安全 |
| 水路交通 | 以《中华人民共和国海上交通安全法》为纲领性文件，用以加强海上交通管理，保障船舶、设施和人命财产的安全，维护国家权益。基于此在运输层面作出相关具体规定，形成《国内水路运输管理规定》与《水路运输安全管理办法》，从而规范国内水路运输市场管理，维护水路运输经营活动各方当事人的合法权益，促进水路运输事业安全有效、健康发展 |

续表

| 交通方式 | 相关规定 |
| --- | --- |
| 陆路交通 | 根据《中华人民共和国安全生产法》、《中华人民共和国道路交通安全法》、《中华人民共和国道路交通安全法实施条例》与《中华人民共和国道路运输条例》等法律法规，制定《道路旅客运输企业安全管理规范（试行）》与《汽车旅客运输规则》，加强和规范道路旅客运输企业的安全生产工作，提高企业安全管理水平，全面落实道路旅客运输企业安全主体责任，预防和减少道路交通事故，并实现"为旅客提供安全、及时、方便、舒适的运输服务"的愿景 |

通过对比四种交通方式不难发现，航空交通、铁路交通与水路交通拥有较为完备的安全保障、检修机制及应急系统，发生的安全事件多具突发性且概率较小，总体而言三者安全性较高，鲜有新闻报道其频发性与严重性。而陆路交通在与其他三者的对比中呈现显著弱势，成为交通安全事故的重灾区。因此，旅游系统应该有效利用在旅游交通安全管理中提供的制度支持，同时进一步优化旅游交通安全的技术支持体系，推动旅游交通安全管理体系的优化。

**2. 充分贯彻实施我国交通安全保障的政策与标准**

在政策层面上，国家旅游局于 2016 年 4 月 12 日发布《关于进一步规范导游专座等有关事宜的通知》（旅发〔2016〕51 号），对导游在旅游交通安全问题中的作用给予了高度重视。通知要求旅游客运车辆应设导游专座，确保危机突发时车内逃生顺畅，同时旅行社和客运企业应加强对驾驶员和导游的安全教育，树立旅游安全意识。

针对旅游陆路交通安全事件频发的现状，应制定旅行社使用车辆标准，加强旅游客运企业使用车辆和驾驶员资质的审批和监管工作。大力推进旅游交通设施的完善工作，加强交通信息的共享，使各地旅游局、公安部门、交管部门提供和分享高质量、高精度的数据信息；加强旅游通道风险标识设置和提示工作，积极推进旅游交通安全教育普及和宣传工作，从而强化旅游通道中人防、技防和物防的综合运用。除此之外，针对我国散客化的发展趋势，应积极加强散客拼团等旅游行为的管理和监督机制建设，根据发展趋势抢先制定相应政策。

**3. 重视出境旅游发展中的旅游交通安全管理**

我国出境旅游正在快速发展。在出行方式方面，中国游客依旧以跟团游为主要选择，同时自由行、定制游比例逐步增长且涨幅明显。由此不难发现，持续火爆的出境旅游带来出境人数的持续膨胀、出境方式的持续多元发展与出境目的地选择范围的持续扩展，目的地旅游交通将面临机遇与挑战并存的新局面。一方面，由于新兴目的地多为经济相对落后的发展中国家，其重视旅游交通安全的意愿与实现旅游交通安全保障的能力均有待提高；另一方面，对于现阶段非热门的目的地而言，各地能否在人流大量涌入前实现完善的目的地交通基础设施建设以及建立完善运力保障系统，还需打上一大问号。同时，相对部分发达国家，我国仍面临相关制度欠缺与制定滞后的问题，这也使得 2017 年旅游交通安全事故将在一定程度上偏向境外交通安全方面。

**4. 强化旅游出行方式多元化重构下的安全保障**

近年来，旅游大巴交通安全问题逐渐显现并引起广泛关注，交通运输部于 2016 年相继发布《巡游出租汽车运营服务规范》与《网络预约出租汽车经营服务管理暂行办法》等相关规定以保障旅游交通健康发展。随着相关制度逐渐完备化、精细化，旅游大巴将在配套设施、道路建设以及人员意识方面实现源头管控与过程监督，故相关事故的发生将在一定程度上得以控制。但与此同时，在自由行和“互联网 +”的大潮之下，自驾车、短租车、网约车等新型旅游方式涌现，旅游交通趋向多元化，出行方式以飞速实现重构，给旅游交通安全带来新的挑战。与旅行社的群体性交通安全事故相比，自驾游与网络租车等方式更具个体化与个性化，很大程度上处于旅游交通安全管理的盲区。因此，应积极关注旅游出行方式多元化重构下的安全保障议题，通过保险保障、行政监督、游客安全意识强化等多方面进行安全支撑。

## 参考文献


[1] 中华人民共和国交通运输部，http：//www. moc. gov. cn/。

[2]《全国人民代表大会常务委员会执法检查组关于检查〈中华人民共和国道路安全法〉实施情况的报告》，http：//jgzx. 122. cn/c/2016 - 12 - 30/754921. shtml，2016 年 12 月 30 日。

[3] 时静亚：《旅游交通安全保障体系的构建研究》，《科技创新导报》2016 年第 23 期。

[4] 谢朝武：《旅游交通安全风险因素不应忽视》，《中国旅游报》2014 年 8 月 13 日。

# B.23
# 韩国旅游安全问题研究

陈 楠 阮文佳 王俊辉*

摘 要: 在旅游业蓬勃发展的同时，旅游目的地的安全风险因素逐渐增多，并引发了一系列旅游安全事件。诸如交通事故、恐怖主义、传染疾病、自然灾害等问题不仅加剧了居民的不安全感，还成为制约旅游产业稳定发展的重要因素。旅游安全包括游客的人身安全、财产安全和心理安全状况，主要受到犯罪、恐怖主义、传染病、政治不稳定、交通事故、自然灾害等因素的影响。韩国作为中国重要的旅游目的地，其旅游安全问题得到了中国游客的广泛关注。本文通过对韩国重大危机事件（“世越号”沉船事件、MERS 事件、“萨德”事件）的说明，凸显出安全问题对旅游业发展的重大影响。最后，本文提出设立旅游警察、加强安全教育、加大政府监管力度是保障韩国旅游业顺利发展的重要举措。

关键词: 旅游安全 旅游危机 韩国

## 一 前言

近年来，交通事故、恐怖主义、传染疾病、自然灾害等问题不仅加剧了

* 陈楠，河南大学历史文化学院旅游系博士、副教授，主要研究方向为旅游犯罪与风险、旅游者行为、旅游统计学，E-mail：chinajinnam@126.com；阮文佳，韩国培材大学休闲服务运动学博士研究生，主要研究方向为节事旅游；王俊辉，韩国培材大学休闲服务运动学硕士研究生，主要研究方向为旅游风险与旅游行为。

居民的不安全感，还成为制约旅游产业稳定发展的重要因素。诸如猪流感、口足病、埃博拉病毒等传染性疾病，地震、海啸等自然灾害，航空、船舶等大规模交通事故都在一定程度上影响了旅游目的地的安全形象，制约了旅游产业的发展，甚至给其带来了巨大的损失。[①]

随着个人收入和闲暇时间的增加，旅游活动的主体从少数高产阶层逐步扩大到中产阶层及低产阶层；发展中国家通过大力发展旅游业来增加其外汇收入；交通工具的不断发展和普及提高了地区间的流动性。在此背景下，旅游业迈入了大众旅游时代。目前，旅游已经成为人们日常生活的一部分，旅游过程中安全问题的发生，不仅对旅游目的地形象产生负面的影响，还会给整个旅游产业带来沉重的打击[②]，因此存在安全问题的旅游目的地很难吸引到更多的游客。

韩国文化体育观光部的统计数据显示，2016 年赴韩旅游人数超过 1700 万人次，其中中国大陆游客高达 804 万人次。[③] 韩国作为中国重要的旅游目的地，其旅游安全问题得到了中国游客的高度关注。正如韩国旅游组织《关于韩国形象调查报告》的结果所示，“安全问题”得到了 45.2% 的外国游客的关注。“安全问题”不仅是游客进行旅游决策时会考虑的方面，还是影响韩国国家形象的重要因素。韩国旅游安全问题主要包括交通事故、传染疾病、自然灾害等。[④] 具体来说，1993 年韩亚航空客机的坠毁事件和西海轮渡的沉没事件、1995 年发生在大邱的瓦斯爆炸事故和三丰百货商场倒塌事件、2003 年发生在大邱地铁站的火灾事故、2014 年 2 月发生在庆州的度假村体育馆倒塌事故，以及同年 4 月发生的“世越号”沉船事件等重大事故，

---

① Glaesser, D., *Crisis Management in the Tourism Industry*, Routledge, 2006. Ritchie, B. W., "Chaos, Crises and Disasters: A Strategic Approach to Crisis Management in the Tourism Industry", *Tourism Management*, 2004, 25 (6): 669 - 683.

② 邹永广：《目的地旅游安全评价研究》，华侨大学博士学位论文，2015。Seabra, C., Dolnicar, S., Abrantes, J. L., & Kastenholz, E., "Heterogeneity in Risk and Safety Perceptions of International Tourists", *Tourism Management*, 2013, 36: 502 - 510.

③《韩国 2016 年接待外国游客将破 1700 万人次　中国人占半》，http://korea.people.com.cn/n1/2016/1226/c407886 - 28977916.html，2017 年 1 月 9 日访问。

④ 한국문화관광연구원. 안전한국.관광상품보고서 , 2010.

使得安全问题逐渐成为社会广泛关注的敏感问题。[①] 其中，“世月号”沉船事件导致赴韩旅游者大量减少，韩国旅游业遭受了约570亿元的损失。[②] 近年来发生的如“萨德”、MERS及禽流感等大型安全事件不仅影响了韩国的旅游财政收入，还导致了旅游产业结构的改变。[③]

在旅游目的地充斥诸多安全风险的背景下，本文通过对韩国旅游安全的威胁因素及应对措施进行研究，不仅能够了解到韩国旅游中存在的安全问题，还能从韩国的旅游安全防范措施中得到些许借鉴。

## 二　旅游安全及威胁因素

**1. 旅游安全**

安全问题主要包括客观安全，如人身安全、财产安全等；也包括主观安全，如名誉安全、精神安全等。[④] 旅游安全是游客的人身安全、财产安全和心理安全状况[⑤]，具体包括旅游者在旅游过程中，人身不受伤害、财物不受威胁、心情愉悦等。郑向敏认为旅游安全涵盖旅游活动中食、住、行、游、购、娱六个环节。[⑥] 韩国文化旅游研究院将旅游安全定义为旅游者在旅游过程中可能会遭遇的妨碍其旅游活动的主要威胁因素。[⑦] Yeom Myeong-ha 认为旅游安全是旅游者能够在旅游目的地不受身心伤害、财物损失，顺利地进行旅游活动的一种和平、稳定的状态。[⑧] 旅游安全是旅游目的地应当具备的基

---

① 염명하,재난으로 인한 한국의 관광안전이미지 변화 연구. (사) 대한관광경영학회,관광연구 제 29권 제 5호, 2014, 275-296.

② 유지윤,관광안전 및 위기관리를 위한 정책 과제. KCTI 가치와 전망, 2014, 35:1-5.

③ 염명하,재난으로 인한 한국의 관광안전이미지 변화 연구. (사) 대한관광경영학회,관광연구 제 29권 제 5호, 2014, 275-296.

④ 朴草娥：《来华韩国游客旅游安全与国家形象感知研究》，山东大学硕士学位论文，2014。

⑤ Pinhey, T. K., & Iverson, T. J., “Safety Concerns of Japanese Visitors to Guam”, *Journal of Travel & Tourism Marketing*, 1994, (2): 87-94.

⑥ 郑向敏：《旅游安全学》，中国旅游出版社，2003。

⑦ 한국문화관광연구원. 안전한국.관광상품보고서 , 2010.

⑧ 염명하,관광안전관리체계연구.경기대학교대학원 박사학위논문 , 2009.

本条件之一[①]，Park Se-jong 认为旅游安全主要包括政治安全、公共安全、卫生安全、个人信息安全、旅游者的法律保护、灾害防护和环境安全等方面。[②]

关于旅游安全的研究主要包括以下四个方面。

（1）安全事故发生后旅游目的地的相关研究。Lee Sung-min 和 Eom Seo-ho 对泰安漏油事件之后的旅游者行为进行了研究[③]，Jo A-ra 对 2011 年发生在东日本大地震后的灾难旅游行为进行了研究。[④] Henderson 研究了新加坡航空公司飞机坠毁事件的危机管理措施。[⑤] Hystad 和 Keller 则对安全事故发生后旅游目的地遭受的影响、恢复状况及危机管理进行了研究，并指出目前鲜有针对灾难前后旅游市场的变化情况进行的研究。[⑥]

（2）游客旅游安全威胁因素的相关研究。Albuquerque 和 McElroy、Brunt 等、Baker 等对旅游目的地发生的犯罪行为进行了研究[⑦]，Brunt 和 Hambly 通过分析 25 年来旅游和犯罪之间的关系，指出旅游活动与犯罪率之间呈正相关关系，旅游活动甚至可以为犯罪行为提供某些方面的便

---

① Kovari, I., & Zimányi, K., "Safety and Security in the Age of Global Tourism: The Changing Role and Conception of Safety and Security in Tourism", *Applied Studies in Agribusiness and Commerce*, 2011, (5).

② Park, S. J., "Research Prospects for the Role of Tourist Police in Korea", 관광연구저널, 2016, 30: 97-105.

③ 이성민・엄서호,태안기름 유출사고 후 방문자 수요회목 예측.한국관광학회 학술대회 발표논문집, 2008, 102-110.

④ 조아라,다크투어리즘과 관광경험의 진정성:동일본대지진의 재난관광을사례로. 한국지역지리학회지, 2013, 19(1): 130-146.

⑤ Henderson, J. C., "Communicating in a Crisis: Flight SQ 006", *Tourism Management*, 2003, 24 (3): 279-287.

⑥ Hystad, P. W., & Keller, P. C., "Towards a Destination Tourism Disaster Management Framework: Long-term Lessons from a Forest Fire Disaster", *Tourism management*, 2008, 29 (1): 151-162.

⑦ De Albuquerque, K., & McElroy, J., "Tourism and Crime in the Caribbean", *Annals of Tourism Research*, 1999, 26 (4): 968-984. Brunt, P., Mawby, R., & Hambly, Z., "Tourist Victimisation and the Fear of Crime on Holiday", *Tourism Management*, 2000, 21 (4): 417-424. Barker, M., Page, S. J., & Meyer, D., "Modeling Tourism Crime: The 2000 America's Cup", *Annals of Tourism Research*, 2002, 29 (3): 762-782.

利。但是，游客对旅游目的地犯罪行为的传播直接导致当地旅游人数的减少。[①] Song Jae-ho，Paraskevas、Arendell 对旅游目的地的恐怖事件进行了研究[②]，Son Seok-Jung 以体育旅游事故为对象进行了研究[③]，Floyd 和 Pennington、George、Leep 和 Gibson、Lee Jung-chung 等多位学者对旅游安全的威胁因素进行了全面的研究，并分析了旅游安全和威胁因素之间的关系。[④]

（3）安全管理体系建设的研究。Ritchie 对旅游危机管理战略进行了研究[⑤]，Gwon Gih-wan 对陆军航空安全管理系统的安全性措施进行了研究[⑥]，Oh Hyeon-deuk 和 Yi Seon-gi 对国际赛事的安全措施[⑦]、Kim 对江原道的旅游危机交流[⑧]、Yeom Myeong-ha 对旅游安全管理制度[⑨]、Kim Jeong-hwan 对博

---

① Brunt，P.，& Hambly，Z.，"Tourism and Crime：A Research Agenda"，*Crime Prevention & Community Safety*，1999，1（2）：25－36.

② 송재호,연구논문: 관광과 테러에 관한 연구. *Tourism Research*, 7(단일호),1993,195-219. Paraskevas，A.，& Arendell，B.，"A strategic Framework for Terrorism Prevention and Mitigation in Tourism Destinations"，*Tourism Management*，2007，28（6）：1560－1573.

③ 손석정, 스포츠관광 사고에 관한 법적 고찰.한국체육학회지, 2011, 50(1): 187-196.

④ Floyd，M. F.，& Pennington Gray，L.，"Profiling Risk Perceptions of Tourists"，*Annals of Tourism Research*，2004，31（4）：1051－1054. George，R.，"Tourist's Perceptions of Safety and Security while Visiting Cape Town"，*Tourism Management*，2003，24（5），575－585. Lepp，A.，& Gibson，H.，"Tourist Roles，Perceived Risk and International Tourism"，*Annals of Tourism Research*，2003，30（3）：606－624. 이정충,관광객의 안전인식에 관한 연구: 제주도 방문 관광객을 대상으로.경주대학교대학원 석사학위논문,2003.

⑤ Ritchie，B. W.，"Chaos，Crises and Disasters：A Strategic Approach to Crisis Management in the Tourism Industry"，*Tourism Management*，2004，25（6）：669－683.

⑥ 권기환, 육군 항공 안전관리 체계의 확립과 발전 방안에 관한 연구, 용인대학교석사학위논문, 2002.

⑦ 오현득.국제행사 안전대책 방안에 관한 연구.경희대학교대학원 박사학위논문,2005. 이선기,다자간 국제회의 안전활동의 효율성 제고에 관한연구. 한국체육대학교대학원 박사학위논문 , 2007.

⑧ 김영희,지방정부의 관광위기커뮤니케이션체계분석: 강원도 수해대책을사례로.사례로. 한양대학교대학원, 석사학위논문, 2008.

⑨ 염명하,관광안전관리체계연구. 경기대학교대학원 박사학위논문 , 2009.

彩产业领域的安全管理制度进行了研究①。Aris-Anuar 等人认为城市安全战略可以有效预防犯罪并提升旅游者的安全感，此外，旅游部门和法律相关机构应携手共同防治犯罪。②

（4）旅游安全和旅游者行为的关系研究。Noh Jeong-hee 通过对从未赴韩旅游的美国人进行调查，指出韩国的政治风险、健康风险、安全风险是影响美国人访韩意愿的重要因素。③ 值得一提的是，Kim Gyeong-mi 将国内游客与国外游客的旅游安全进行了差别化战略研究。④

2. **旅游安全威胁因素**

目前，旅游安全因素已经从被动因素转变为旅游活动中的主动因素，也是保障旅游活动顺利进行及旅游产业稳定发展的重要因素。旅游安全威胁是指旅游者在旅游过程中可能遭遇的对其旅游活动产生负面影响的威胁因素，包括疾病、犯罪和交通事故等。⑤

韩国学术界进行的关于旅游安全威胁因素的研究如表 1 所示。如 Lee Jung-choong 以济州岛的游客为调查对象，进行了旅游安全感知的研究，并指出犯罪、恐怖主义、疾病、政治不稳定和战争、意外事故、自然灾害等问题是旅游安全的威胁因素。⑥ Oh Hyun-deuk 通过对国际事件进行研究，认为旅游安全的威胁因素主要包括恐怖主义、单纯的危害行为、非法集会和示

---

① 김정환, 카지노 산업의 안전관리 시스템 개선방안 연구: 외국인 전용 카지노를 중심으로. 한국체육대학교, 석사학위논문, 2011.

② Aris - Anuar, A. N., Jaini, N., Kamarudin, H., & Nasir, R. A., "Effectiveness Evaluation of Safe City Programme in Relation to the Tourism Industry", *Procedia Engineering*, 2011, 20: 407 - 414.

③ 노정희, 관광목적지로서의 지각된위험과 관광지이미지가 한국방문의사에 미치는영향에 관한연구.한국관광 레저학회, 2008, 20(2):169-188.

④ 김경미,한국관광안전인식에 따른 국가이미지, 태도 및 행동의도에 관한연구: 방한 일본・중국 관광객을 중심으로. 한양대학교대학원, 석사학위논문, 2011, 9-10.

⑤ Sheng - Hshiung, T., Gwo - Hshiung, T., & Kuo - Ching, W., "Evaluating Tourist Risks from Fuzzy Perspectives", *Annals of Tourism Research*, 1997, 24 (4): 796 - 812.

⑥ 이정충,관광객 안전인식에 관한연구.제주대학교관광학과,석사학위논문, 2003.

威、传染病、设施安全事故以及其他威胁因素。[①] Jung Chan-jong 认为旅游安全威胁因素包括恐怖主义、绑架、一般犯罪、交通事故、日程变更事故和自然灾害。[②] Yeom Myeong-ha 认为旅游安全威胁因素主要包括战争、恐怖主义、非法集会和示威活动、一般犯罪、暴力犯罪、性犯罪、一般疾病、传染病、交通事故、运动意外事故和自然灾害等。[③]

**表 1　韩国旅游安全的威胁因素**

| 旅游安全的威胁因素 | 提出者 |
|---|---|
| 犯罪、恐怖主义、疾病、政治不稳定和战争、意外事故和自然灾害 | Lee Jung-chung,2003 |
| 恐怖主义、危险行为、不法集会和示威行动、传染病、设施安全事故以及其他威胁因素 | Oh Seong-il,2005 |
| 恐怖主义、单纯的危害行为、非法集会和示威、传染病、设施安全事故以及其他威胁因素 | Oh Hyun-deuk,2007 |
| 恐怖主义、绑架、一般犯罪、交通事故、自然灾害、日程变更事故 | Jung Chan-jong,2007 |
| 战争、恐怖主义、非法集会和示威活动,一般犯罪、暴力犯罪、性犯罪,一般疾病、传染病,交通事故、运动意外事故和自然灾害 | Yeom Myeong-ha,2009 |
| 财产威胁、功能威胁、社会心理威胁、身体威胁、满足威胁 | Choi Hae-su, et al. ,2010[④] |
| 政治动荡、战争、恐怖主义、非法集会、示威、一般犯罪、暴力犯罪、性犯罪、食品安全、常见疾病、传染病、动植物引起的疾病、交通事故、设施事故、运动意外、自然灾害 | Kim Yeong-mi,2011 |
| 财产威胁、功能威胁、身体威胁、社会心理威胁、恐怖主义、满足威胁、疾病威胁、自然灾害、汇率变动 | Ryu In-pyung & Kim Young-ju[⑤] |

注：根据研究者整理所得。

① 오현득,국제행사 안전대책 방안에 관한 연구. 경희대학교대학원 박사학위논문, 2005.

② 정찬종,해외여행안전관리 서울,백산출판사, 2007.

③ 염명하,관광안전관리체계연구. 경기대학교대학원 박사학위논문 , 2009.

④ 최해수,김정훈,이상건,해외여행관광객의 위험지각과 관광정보탐색의 관계. 관광연구, 2010,25(2): 320-322.

⑤ 류인평・김영주,관광위험지각 과관광자 태도및 구매의도에 관한연구.관광연구, 2011,26(1): 149-168.

旅游安全威胁因素是旅游安全事故发生的关键诱因，也是旅游安全研究的重要内容。Mieczkowski 认为旅游安全主要受到自然因素和人为因素的威胁。[①] Richard George 通过对到访开普敦的游客进行调查发现，游客的国籍及之前的被害经历会影响其安全认知，此外，夜晚乘坐公共交通工具会使游客感到不安。[②]

**3. 旅游危机的类别**

韩国旅游发展局提出旅游危机的产生有直接影响因素和间接影响因素两方面，共包含7 种类型，具体表现为交通事故、自然灾害、犯罪、恐怖主义、军事行为、经济危机和传染病，并据此确立了“旅游危机管理战略”（见表2）。[③]

（1）交通事故。交通事故是旅游目的地的主要安全问题之一。就道路交通事故而言，由于外国游客缺乏对当地交通环境的了解，较易做出违反交通规则的行为，从而成为交通事故的犯罪者或被害者。[④] 而航空事故、船舶事故等安全问题一旦发生，后果就是灾难性的。

（2）自然灾害。自然灾害是旅游危机中不可预测的因素，主要包括海啸、地震、泥石流、飓风等现象。2004 年的印尼海啸，使斯里兰卡、印度和泰国的死亡人数达到 10 万人，该自然灾害的发生使得东南亚的游客人数大幅下降，多数人取消了旅游的行程。该事件也对韩国的旅游业产生了一定程度的影响。[⑤]

（3）犯罪。Ryan 认为游客不同于当地居民的外在特征，使其极易成为犯罪者的目标。[⑥] 犯罪行为不仅会给旅游者带来严重的创伤，对社会发展产

① Mieczkowski, Z., *Environmental Issues of Tourism and Recreation*, University Press of America, 1995.

② George, R., “Tourist's Perceptions of Safety and Security While Visiting Cape Town”, *Tourism Management*, 2003, 24 (5): 575 - 585.

③ 서용건,고광희,이정충.관광객의 안전에 관한 인식: 제주도 방문객을 대상으로.한국관광 레저학회, 2006, 8:43-61.

④ Park, H., & Han, S., “The Study about Activity Strategy of Community Leading Type Tourist Police According to the Introduction of Tourist Police to Korea”, *The Korean Association of Police Science Review*, 2014, 16 (1): 75 - 99.

⑤ 서용건,고광희,이정충.관광객의 안전에 관한 인식: 제주도 방문객을 대상으로.한국관광 레저학회, 2006, 8:43-61.

⑥ Ryan, C., “Crime, Violence, Terrorism and Tourism: An Accidental or Intrinsic Relationship?”, *Tourism Management*, 1993, 14 (3): 173 - 183.

生不良的影响，还会给国际安全带来巨大的威胁，甚至造成国际关系的紧张。[①] 旅游活动中主要存在盗窃、抢劫、诈骗等侵犯旅游者财产安全的犯罪行为，暴力、性犯罪等侵犯人身安全的犯罪行为，以及赌博、走私、毒品等威胁社会安全的犯罪行为。[②] 如酒吧、夜总会等可能提供色情和毒品服务，极易诱发犯罪行为，因此到访游客也较易成为犯罪目标。[③]

（4）恐怖主义。该安全威胁类型与暴力行为、犯罪行为有着高度的相关性。在1972年慕尼黑奥运会上，来自巴勒斯坦的恐怖分子致11名以色列运动员死亡，该恐怖袭击事件之后，到访的国际游客明显减少，学术界意识到旅游和恐怖主义之间存在关系。2001年美国“9·11”事件致使北美的国际游客相较于2000年下降了6.8%。诸如埃及、以色列、美国、俄罗斯等国都曾经历恐怖袭击。恐怖主义不仅对国家形象产生负面影响，还会给旅游业带来重创。[④]

（5）军事行为。旅游业与地区和平相互影响，和平的环境会促进旅游业的快速发展，相反，旅游业的发展对地区和平也有着重要的影响。[⑤] 如土耳其、北爱尔兰和朝鲜半岛等地区，旅游不仅促进了当地和平环境的建设，还推动了社会经济的发展。[⑥] 对于以色列、阿富汗等一直处于政治不稳定中的国家来说，军事行为对其旅游需求产生负面影响，游客更倾向于去更安全的地方进行旅游活动。[⑦]

（6）经济危机。经济危机包括经济衰退、石油危机、汇率变动等方面，金融危机会导致出境旅游市场规模缩小，如亚洲金融危机期间，泰铢、令吉、

---

① Leland L. Nichols, “Tourism and Crime”, *Annals of Tourism Research*, 1976, 3（4）: 176 - 182.

② 朴草娥：《来华韩国游客旅游安全与国家形象感知研究》，山东大学硕士学位论文，2014。

③ De Albuquerque, K., & McElroy, J., “Tourism and Crime in the Caribbean”, *Annals of Tourism Research*, 1999, 26（4）: 968 - 984.

④ Aziz, H., “Understanding Attacks on Tourists in Egypt”, *Tourism Management*, 1995, 16（2）: 91 - 95.

⑤ Burkart, A. J. “Tourism—A Vital Force for Peace”, *Tourism Management*, 1988, 9（3）: 254.

⑥ 高玲、郑向敏：《国外旅游安全研究综述》，《旅游论坛》2008年第3期。

⑦ De Albuquerque, K., & McElroy, J., “Tourism and Crime in the Caribbean”, *Annals of Tourism Research*, 1999, 26（4）: 968 - 984. Pizam, A., & Mansfeld, Y., *Tourism, Crime and International Security Issues*, John Wiley & Sons, 1996.

新加坡元、印尼盾、比索大幅度贬值，使得本国国民在境外的购买力大幅下降，出境旅游费用升高，因此在一定程度上限制了国民的出境旅游行为。①

（7）传染病。传染性疾病的蔓延往往会引起区域性旅游危机，如 HIV/AIDS 在南亚、东南亚以及非洲传播范围的逐渐变广，加剧了旅游者对该地区的恐惧心理；② 英国、荷兰等国暴发的疯牛病、口蹄疫疫情，以及 SARS 使旅游业处于崩溃的边缘。③ 2001 年英国的疯牛病和口蹄疫使得美国潜在游客减少了数千名，对该国入境旅游业的发展带来了负面影响。④ 传染病被认为是导致游客数量减少的重要因素，因此潜在游客都倾向于前往不会损害其健康的地区进行旅游活动。⑤

**表 2　旅游危机的类别**

| 分类 | 旅游危机类型 | 具体表现 |
|---|---|---|
| 直接危机 | 交通事故 | 航空事故、船舶事故、道路交通事故等 |
| | 自然灾害 | 海啸、飓风、地震等灾害 |
| | 犯罪 | 财产、人身、社会 |
| | 恐怖主义 | “9·11”事件 |
| 间接危机 | 军事行为 | 军事危机、朝鲜核危机 |
| | 经济危机 | 经济衰退、石油危机、汇率变动 |
| | 传染病 | MERS、禽流感、口足病 |

注：根据研究者整理所得。

① 于成国：《欧美金融危机对中国旅游经济的影响分析》，《科技经济市场》2008 年第 10 期。

② Hill, B., Gibbons, D., Illum, S., & Var, T., “International Institute for Peace Through Tourism”, *Annals of Tourism Research*, 1995, 22 (3): 709.

③ Chen, M. H., Jang, S. S., & Kim, W. G., “The Impact of the SARS Outbreak on Taiwanese Hotel Stock Performance: An Event-Study Approach”, *International Journal of Hospitality Management*, 2007, 26 (1): 200 – 212.

④ Lepp, A., & Gibson, H., “Tourist Roles, Perceived Risk and International Tourism”, *Annals of Tourism Research*, 2003, 30 (3): 606 – 624.

⑤ Rodriguez – Garcia, R., “The Health – Development Link: Travel as a Public Health Issue”, *Journal of Community Health*, 2001, 26 (2): 93 – 112.

## 三　韩国旅游危机事件

1.4·16“世越号”沉船事件

2014年4月16日，载有476人的“世越号”客轮在海上沉没，造成293人遇难、11人下落不明。而出发时该船上有普通乘客107人、船员29人、檀园高中学生325名、教师14名、导游1名，并载有180辆汽车和1157吨货物。初步调查结果显示，船舶航行中航向的突然改变使得船载货物移位，最终导致船体倾斜并沉没。①

“世越号”沉船事件的发生对旅游者的消费心理产生了极大的负面影响，导致旅游产品销量减少，团体旅游、节庆活动取消。通过对“世越号”沉船事件导致的旅游业损失情况进行调查，韩国观光协会中央会议的资料显示，该事件导致旅游人数减少67万人，会展和娱乐场所消费人数减少144万人，并造成了将近570亿韩元的损失。② 此外，“世越号”沉船事件之后，小初高中的修学旅行或毕业旅游都改为小规模的旅行。“世越号”沉船事件发生100天后，旅游产业仍然处于暴风雨之中。

2. MERS

2012年9月，在沙特首次发现一种由新型冠状病毒引起的能诱发多种疾病的急性呼吸道疾病，该疾病在中东其他国家及欧洲等地区蔓延，后被世界卫生组织称为“中东呼吸综合征”（MERS）。2015年5月20日，韩国出现首例MERS患者，由于韩国保健当局对此重视不够，初期防控措施过于薄弱。并且，负责预警的国家安全处也并未给予足够的重视，致使不到20天的时间里，MERS在韩国迅速扩散。京畿道、首尔、大田、全罗北道以及军队中先后出现确诊患者甚至死亡案例，疫情非常

① 罗景峰：《“4·16”韩国沉船事故致因分析及对海洋旅游安全的启示》，《中国公共安全》（学术版）2015年第1期。

② 유지윤,관광안전 및 위기관리를 위한 정책 과제. KCTI 가치와 전망, 2014, 35:1-5.

严重。[1] 在发生大面积感染的同时，网络谣言也引起了民众的恐慌，然而韩国政府并不公开相关医院和患者的信息，该做法使民众的恐慌情绪加剧。

疫情的加剧和民众的恐慌使韩国的旅游业遭受重创，2015 年 6 月取消赴韩旅游的外国游客人数逼近 7 万人。截至 6 月 4 日，取消赴韩旅游的外国游客达 2. 06 万人，较前一天的 1. 18 万人增加 74. 6%。韩国观光公社表示，仅 6 月 4 日一天，取消来韩的中国大陆游客达 4400 人、中国台湾游客达 2900 人、日本游客达 1000 人、东南亚游客达 300 人。[2] 据韩国旅游发展局 6 月 10 日的消息，从 6 月 1 日至 9 日，取消赴韩旅游的外国游客达 6. 77 万人，仅 6 月 9 日一天就有 1. 13 万名外国游客取消赴韩计划。其中，中国大陆游客最多，达 6830 人，然后依次是日本游客 3400 人，中国台湾游客 1400 人，中国香港游客 900 人，东南亚游客 550 人，美国和欧洲游客 220 人。另外，6 月 8 日《第一财经日报》记者从各大旅行社和旅游机构获悉，该时间段内有 10% ~20% 赴韩游客退团或改道其他旅游目的地。[3]

### 3. 萨德

“萨德”全称“末段高空区域防御系统”，是美国全球导弹防御体系的子系统。韩美两国表示，部署萨德是为了防御朝鲜核武器、弹道导弹等威胁，捍卫国家和国民人身安全。尽管中俄两国极力反对，韩国还是在 2016 年 7 月 8 日宣布了驻韩美军在韩部署萨德反导系统的决定。该行为不仅引起了中方的强烈反对，也引起了韩国民众的热议。萨德的部署将会严重破坏中韩两国关系，影响“韩流”在中国市场的发展，同时也对中韩贸易、旅游业造成严重的负面影响。[4] 据韩国《朝鲜日报》2016 年 7 月 24 日的报道，或许是受韩国宣布部署萨德的影响，8 月赴韩旅游中国游客出现下降趋势，

---

① 王婧、姚琪琳、林小春：《MERS 考验韩国政府应对能力》，《经济参考报》2015 年 6 月 12 日第 5 版。

② 米可、乐琰：《6 月将有 10 万中国人因 MERS 疫情取消韩国游》，http：//news. qq. com/a/20150610/001006. htm，2017 年 1 月 8 日访问。

③《韩旅游局：因 MERS 取消来韩旅游外国人近 7 万人》，http：//world. huanqiu. com/article/2015 -06/6651724. html，2017 年 1 月 8 日访问。

④ 苏月、臧振瑞：《引入萨德，韩国得不偿失》，《祖国》2016 年第 14 期。

相比7月减少了5%，这是18年来首次出现这样的情况。① 韩国政府宣布部署萨德后，中国旅行社纷纷取消预约，100名团体游客也同时取消赴韩旅游计划。截至2016年7月26日，共有300多名中国游客取消旅游预约。因为大量中国游客取消赴韩旅游行为，在韩国大邱举行的“炸鸡啤酒节”的核心活动不得不取消②，同年9月3000多名中国团体游客也取消了观看俄罗斯世界杯“韩中对战”的计划。③

## 四 韩国旅游安全应对措施

为提高国家旅游安全，保障访韩游客的人身及财产安全利益不受损害，提高国内外游客的满意度，韩方将持续努力完善旅游安全问题的应对措施。

**1. 设立旅游警察**

2012年，韩国的入境游客首次突破1000万人次，同时也带来了一系列的发展问题。旅游市场秩序的混乱遭到了游客的投诉，问题主要集中在购物和交通两方面。具体来说有不明码标价、购物后拒绝退货、出租车漫天要价等，这些现象严重破坏了韩国的国家形象。为维护健康有序的旅游市场环境，吸引更多的入境游客，韩国文化体育观光部借鉴希腊、泰国、马来西亚等20个国家的成功经验，引进了旅游警察制度，设立旅游警察队伍。

旅游警察的职责主要包括：通过巡逻来维持旅游区的基本秩序，同时防止旅游区犯罪行为的发生；对外国游客的非法活动进行调查；为游客提供旅游服务（旅游信息咨询、交通指南和语言援助）。旅游警察职责的多样性对任何一个旅游区而言都是至关重要的。根据韩国国家警察局统计结果，旅游警察在一年之中解决了大约4000名游客的不便问题以及处理了17000起非

① 《韩媒称赴韩中国游客18年来首次下滑或因韩部署萨德》，http://mil.news.sina.com.cn/china/2016-09-26/doc-ifxwevmc5488531.shtml，2017年1月8日访问。

② 《中国游客因萨德取消韩国游 韩国萨德对中国的影响》，http://www.1caixin.com.cn/article-340018.html，2017年1月8日访问。

③ 《韩媒称赴韩中国游客18年来首次下滑或因韩部署萨德》，http://mil.news.sina.com.cn/china/2016-09-26/doc-ifxwevmc5488531.shtml，2017年1月8日访问。

法活动。到2013年10月，旅游警察已经具备了诸如安全保障、犯罪预防、维持基本秩序、调查非法活动等能力。首尔市警察局的旅游警察包括巡逻队、行政队和调查队三支队伍，共计52名警察和49名辅助警察，其中62名工作人员具备英语交流能力，19名工作人员具备中文交流能力，19名工作人员具备日语交流能力，1名工作人员具备俄语交流能力。此外，釜山和仁川警察局于2014年7月在主要旅游区分别派出了35名和24名旅游警察。①

旅游警察在预防景区犯罪、打击非法行为（包括游客的犯罪行为，如一般犯罪和环境破坏；针对游客的犯罪行为，如盗窃、伤害、勒索、欺诈和过度收费等）和及时处理游客投诉、提供旅游咨询等方面起到了重要的作用。旅游警察的设置不仅使外国游客极大地克服了初来韩国旅游的陌生感和焦虑感，大大提升了外国游客的访韩满意度，还预防了更多犯罪行为的发生。2016年，韩国的入境游客人数已超过1700万人。②

**2. 加大旅游安全教育力度**

"世越号"沉船事件给韩国的安全教育敲响了警钟。对于团体旅游而言，必须对领队和导游等职员进行安全教育；对于日益增多的自由行游客来说，旅游安全教育也必不可少。"世越号"沉船事件映射出的游客安全意识淡薄、自救逃生知识和能力的欠缺，都在警示韩方政府应当将安全管理的重点放在对从业人员和游客的安全教育上。"世越号"沉船事件发生后的旅游安全认知调查结果显示，韩国游客及外国游客对旅游安全认知发生了很大的变化，对旅游活动中的安全问题更加关注，不安全感也越来越强烈。因此，对外国游客进行旅游安全教育迫在眉睫，具体可以从提升从业者职业安全素质、职业安全技能、职业安全意识，对游客进行安全防范教育、逃生技能培训以及提高警惕、强化安全意识等方面开展。目前，韩方开发出多款智慧旅

① Park, S. J., "Research Prospects for the Role of Tourist Police in Korea", 관광연구저널, 2016, 30: 97-105.

② 《韩国2016年接待外国游客将破1700万人次　中国人占半》，http://korea.people.com.cn/n1/2016/1226/c407886-28977916.html，2017年1月9日访问。

游软件。通过此类软件，不仅可以确认游客的位置，还能够对游客进行安全教育。值得一提的是，由于此类软件支持多国语言，因此可以更加有效地确保国内外游客的旅游安全。①

**3. 加大政府监管力度，提升综合救援能力**

旅游安全事件一旦发生，对旅游者乃至整个社会都会造成巨大的影响。近年来不断发生的各类旅游安全事故（“世越号”沉船事件、中东呼吸综合征等），对韩国旅游业甚至是韩国的形象产生了严重的负面影响。在“世越号”沉船事件发生后，韩国总统朴槿惠下令解散海警及其他举措，可以说明韩国政府及相关部门对此次事故负有一定的责任。② 另外，政府相关部门没有迅速采取应对措施，在一定程度上加剧了事态的扩大。③ 政府监管缺失是重大安全事故发生的原因之一。因此，有必要进一步明确政府部门的监管职责，加大对相关部门的监察力度，建立及时有效的应急管理机制。通过建立旅游安全事故备案制度，可以加强政府各部门的联系，保证信息通畅，并能够及时公开发布信息，使相关部门迅速采取行动，减少人员和财产的损失，防止事故的演化升级。

---

① 염명하,재난으로 인한 한국의 관광안전이미지 변화 연구.(사) 대한관광경영학회,관광연구 제 29권 제 5호, 2014, 275-296.

② 罗景峰:《“4·16”韩国沉船事故致因分析及对海洋旅游安全的启示》,《中国公共安全》（学术版）2015 年第 1 期。

③ 《韩媒分析 MERS 为何在韩传播迅速：政府应对不及时》，http：//news. xinhuanet. com/world/2015 -06/08/c_ 127887599. htm，2017 年 1 月 8 日访问。

# B.24

# 2016年中国旅游安全热点事件与新问题*

邹永广　何月美**

**摘　要：** 综观2016年中国旅游安全形势，呈现许多热点和新问题。本文甄选了2016年中国旅游业四个热点事件与三个新问题进行剖析和探讨。2016年中国旅游安全热点事件包括：①河南云台山景区落石事故；②泰国普吉岛游艇事故；③第14号超级台风“莫兰蒂”重创闽、浙等地；④新西兰7.5级地震。2016年中国旅游安全的新问题包括：①旅游安全依法综合治理问题；②旅游紧急预警救援平台建设问题；③“驴友”救援费用分摊问题等。剖析这些热点事件与新问题的现状和蕴含的内在原因，对2017年我国旅游安全管理与应急处置具有重要的启示意义。

**关键词：** 旅游安全　热点　新问题

2016年，中国旅游业遭遇了错综复杂的各种可预见与不可预见的不安全因素影响，但在全国各地各级党委、政府，旅游主管部门和相关关联部门的正确领导下，继续坚持依法治旅、安全治旅的方针，落实旅游安全责任，提升旅游安全与应急管理水平，有效应对和处置了各种突发事件，维护了旅游业的安全稳定。2016年中国旅游业也发生诸多热点事件与新问题，本文甄选了以下具有代表性的四个热点事件与三个新问题进行剖析和探讨。

---

* 基金项目：受国家社科基金青年项目（16CGL027）资助。

** 邹永广，华侨大学旅游学院副教授、硕士生导师；何月美，华侨大学旅游学院硕士研究生。

## 一　2016年中国旅游安全热点事件

本文甄选的四个中国旅游安全热点事件，是2016年反响强烈、引发广大民众响应和网络评论的热点事件。

### （一）“4·19”云台山落石事故，旅游意外事故责任引发关注

**1. 事件回放**

2016年4月19日，一名上海游客［系上海冠生园（集团）有限公司原董事长］在河南省修武县云台山景区潭瀑峡景点游玩时，被山崖上的一块落石击中。事故发生后，景区工作人员立即拨打120急救电话并上报情况，景区迅速安排医护人员赶到现场，对游客进行包扎处理，随后送往修武县人民医院进行救治。同时，景区及时封闭相关游览道路，组织人员进行全面的安全排查，确保游客游览安全，并主动与游客家属联系沟通。[①] 因伤势过重，游客不幸身亡。该事故受到社会各界的高度关注，也将旅游安全与旅游经营者责任问题推到了舆论制高点。[②]

**2. 事件启示**

（1）河南云台山景区落石事故，警示景区加强安全管控的重要性。河南云台山景区落石事故，警示山岳型景区应加强安全管控工作，通过定期巡查及时发现和排除可能出现的各种安全隐患。一方面，对于易落石的山体，要及时封锁游览路线，安装防护网，采取相关的措施加固山体岩石。另一方面，对山体进行整改后，应请专家进行安全评估，确保游览路线的安全，再对游客开放。同时为登山的游客配备安全帽，力求在事故发生时也能将危害性降到最低，保障游客的人身安全。此外，在山体设立紧急避难场所，通过广播提醒登山的游客注意安全，在发生落石时不要惊慌，按照指示到邻近的

---

① 李建华：《冠生园前董事长在云台山被落石击中身亡景区：不会推卸责任》，《河南日报》微信公众号，2016年4月29日。

② 傅林放：《旅游经营活动须兜住安全底线》，《中国旅游报》2016年4月25日。

避难场所等待救援，避免游客由于惊慌出现拥挤踩踏事故。

（2）河南云台山景区落石事故中，相关主体需积极履行救助义务和承担相应的责任。景区有义务保障游客安全，一旦发生意外事故，应当积极参与救援，最大限度地减少损失，同时要及时、准确、客观发布相关信息，积极承担安全责任并做好善后处置工作。旅行社同样对游客的安全负有保障义务，旅行社应提前做好安全防范工作，合理安排游览路线。当游客发生危险时，应全力以赴配合相关部门参与游客的救援工作，及时通知游客的家属并进行安抚，履行相关职责。

## （二）“6·8”泰国普吉岛游艇事故，中泰两国全力协作处置

**1. 事件回放**

2016 年 6 月 8 日，由北京和广州两家旅行社所在武汉分公司组织的两个旅游团队乘船前往皮皮岛游览。泰国当地时间 11 点 30 分左右，旅游团所乘坐的游船到达皮皮岛附近海域准备靠岸时，游船的右侧中部遭到侧后方另一艘游船的撞击，造成游船沉没，导致 2 名游客身亡，另有多人受伤。事故发生后，国家旅游局高度重视，紧急成立了泰国事故应急小组，第一时间抵达泰国，紧急协助泰国相关部门参与救助，并做好游客安抚等后续工作。湖北省、委省政府高度重视，相关领导第一时间作出批示。湖北省旅游委、重庆市旅游局、武汉市旅游局当天立即组建专门应急小组，启动“6·8”泰国普吉岛艇事故应急处置，全面开展事故处置和相关安抚工作。泰国普吉旅游警察局、当地旅行社等有关方面对救援和事故处置给予了积极配合。[①]

**2. 事件启示**

（1）中泰两国全力协作、积极处置，体现了两国对游客安全的高度重视。事故发生后，国家旅游局、湖北省政府、湖北省旅游委、重庆市旅游

① 国家旅游局新闻办：《我国旅游业通力协作积极处置“泰国普吉岛游艇事故”》，《中国旅游报》2016 年 6 月 10 日。

局、武汉市旅游局和我国相关的旅游企业心系游客安危，第一时间采取应急措施，通力合作，积极处置相关事宜。同时，泰国有关方面积极参与事故的救援，到医院探望和慰问受伤的游客，组织志愿者协助翻译。中泰两国在处置此次泰国普吉岛游艇事故中的表现，充分展示了两国对游客安全的高度重视。

（2）赴泰旅游安全事故频发，反映了构建旅游安全合作机制的重要性。随着中泰两国旅游往来人数逐年增加，旅游安全事故频发，做好旅游安全保障工作已成为赴泰旅游中相关部门的重要工作和责任，也是两国旅游部门需关注的问题。加强两国政府和企业在旅游安全合作方面的交流，在政府层面建立应急预防机制、应急预警机制、应急响应机制、应急控制机制、应急恢复机制等方面的旅游安全合作机制，在企业层面建立预警响应机制、救援处置机制、善后恢复机制等方面的旅游安全合作机制[①]，显得非常重要。构建旅游安全合作机制有利于提高各国和各部门处置旅游突发事件的应急能力。

## （三）超强台风“莫兰蒂”重创多地，防灾减灾机制需完善

**1. 事件回放**

2016年9月15日，第14号超强台风“莫兰蒂”登陆我国大陆，强度最大时达到17级（70米/秒），近中心气压一度低至883百帕，刷新世界气象纪录。“莫兰蒂”登陆厦门前，福建省旅游局提前发布台风预警，要求各级旅游部门高度重视，加强防范，及时关闭台风登陆地景区，排查景区景点安全隐患；督促各旅行社及时落实行程情况，尽量避开到台风登陆地区旅游活动，摸清团队取消及游客滞留情况，确保游客和旅游从业人员的人身财产安全。[②] 台风“莫兰蒂”登陆后，给闽、浙两地造成了巨大的损失。据福建

① 郑向敏、邹永广：《我国旅游突发事件应急机制研究》，《西南民族大学学报》（人文社会科学版）2012年第1期。

② 汪平、唐小莉、陈熠瑶：《“莫兰蒂”来袭　闽粤旅游部门严阵以待》，《中国旅游报》2016年9月16日。

省人民政府防汛抗旱指挥部2016年9月17日发布的消息，福建省已有18人因灾死亡，11人失踪，直接经济总损失达169亿元。① 台风“莫兰蒂”给浙江造成较为严重的损失，截至9月17日11时，因灾死亡10人，失踪4人，受灾人口超过150万人。② 受台风“莫兰蒂”带来的强暴雨影响，浙江多处国家级和省级文保单位受损。③

**2. 事件启示**

（1）“莫兰蒂”导致部分景区受损严重，景区防灾减灾机制需完善。部分景区的防灾减灾机制不够完善，台风等自然灾害发生时不能及时地预防和应对。建立完善的防灾减灾机制，有利于景区减轻自然灾害带来的不利影响，减少景区的经济损失，提高景区的应急管理能力。利用高科技手段建立和完善景区的防灾减灾系统，提高系统对自然灾害的预测和监控能力，及时发布旅游安全预警信息。另外，景区要加强各部门之间的防灾演练，落实各个部门的责任，在重大自然灾害出现时才能临危不乱。

（2）“莫兰蒂”造成的巨大经济损失，警示各地要做好灾害监测与安全防范工作。“莫兰蒂”给福建、浙江、广东等沿海省份造成了巨大的经济损失，自然灾害频发或规律性发生的省份应当提前做好自然灾害的监测和防范工作。通过自然灾害监测系统，及时向游客发布预警信息，减少游客到重灾区出行。做好各项防范工作，提高自然灾害的应对能力，从而减少自然灾害给旅游者带来的伤害和降低其给旅游业带来的损失。

## （四）新西兰7.5级地震，多方应急合作机制需构建

**1. 事件回放**

当地时间2016年11月14日0时2分，新西兰南岛中部地区发生7.5

① 陈强：《超强台风“莫兰蒂”造成福建经济损失169亿》，中青在线，http://news.cyol.com/content/201609/17/content_14010334.htm，2016年9月17日。

② 黄筱：《“莫兰蒂”致浙江150万余人受灾　因灾死亡10人失踪4人》，新浪网，http://finance.sina.com.cn/roll/2016-09-17/doc-ifxvyrit2688587.shtml，2016年9月17日。

③ 林广：《痛惜！“廊桥之乡”泰顺一日痛失三座国宝级古廊桥》，温都网，http://news.wendu.cn/2016/0915/623202.shtml，2016年9月15日。

级地震。地震发生后，国家旅游局立即启动应急机制，要求有关驻外旅游办事处尽快了解我国旅游团情况并即时上报；要求出境游组团社迅速跟进，掌握旅游团在新状况，督促领队尽职尽责，妥善安置游客；要求做好对游客的安全提醒，尽量避免前往地震灾区，以免造成不必要的损失。中国驻新领事馆得知多名中国游客被困，租用了两架直升机开展紧急救援，并将受困中国游客全部撤离。我国旅游企业启动应急机制，通过电话、微信等多种方式，24 小时与新西兰当地保持密切联系，随时关注新西兰当地最新动态，保障游客在境外的安全。①

**2. 事件启示**

（1）旅游突发事件应急机制是境内外旅游安全的重要保障。新西兰地震发生后，国家旅游局立即启动应急机制，有关部门积极应对，旅游企业也启动了相应的应急机制，通过电话、短信、微信等多种方式与当地地接社、领队、导游等取得联系，确保每一位游客在境外的安全。旅游突发事件应急机制的运行为旅游安全提供了保障，减少了游客人身、财物损失，也降低了旅游业的损失。

（2）加强多方的应急合作是成功应对旅游突发事件的保证。我国公民在境外遇到旅游突发事件的多个案例，表明加强多方的合作是有效应对旅游突发事件的成功保证。我国的旅游主管部门、旅游企业与国外相关旅游部门、企业之间加强应急合作，积极配合旅游突发事件的救援工作，有利于高效地发挥应急机制的作用。建立政企配合、国际合作、联防联控、政令畅通、指挥有力、高效运转的旅游突发事件应急机制，是我国新时期、新形势下减少旅游突发事件给旅游业造成的损失，保障旅游业有机协调运行的迫切需要，也是完善旅游突发事件应急管理体系的重要内容。②

---

① 郭探微：《新西兰强震旅游行业迅速应对》，《中国旅游报》2016 年 11 月 15 日。

② 郑向敏、邹永广：《我国旅游突发事件应急机制研究》，《西南民族大学学报》（人文社会科版）2012 年第 1 期。

## 二　2016年中国旅游安全的新问题

根据2016年中国旅游安全形势分析，本文甄选出2016年三个广大民众反响强烈、各级政府及相关部门关注的新问题。

### （一）旅游安全依法综合治理问题

2016年10月12日，国家旅游局印发《国家旅游局关于组织开展整治“不合理低价游”专项行动的通知》，截至11月底，国家旅游局已经组织三轮联合行动，分别对上海、安徽、广东、四川、湖南、江苏、辽宁、云南等8个省市开展“不合理低价游”专项督察行动，对100多家涉嫌“不合理低价游”的企业进行立案调查，行政约谈、点名批评了多家涉嫌经营“不合理低价游”产品的在线企业，督促10家国内主要OTA企业下架5700余条涉嫌“不合理低价游”产品。① 为更好地维护旅游市场秩序和游客权益，我国20个省区市党委、政府成立了旅游发展委员会，正在逐步探索旅游综合监管机制，还有一批市县设立了旅游警察、旅游巡回法庭、旅游工商分局。旅游安全综合治理正从部门单一发力向多部门协同发力转变，旅游市场秩序明显好转。② 但目前的旅游安全形势仍不容乐观，旅游市场上仍反复出现一些乱收费等现象，如2016年2月9日出现的哈尔滨天价鱼事件。旅游安全依法综合治理问题急需解决。

一是要进一步完善各旅游执法部门的合作机制。各旅游执法部门联合执法能够更加有效地打击不法分子，维护旅游市场的良好秩序，保障游客安全出行。各部门及时提出合作时出现的问题，共同探讨，寻求合作的最优机制。充分发挥旅游发展委员会、旅游警察、旅游巡回法庭、旅游工商分局等旅游综合监管机制的作用。各部门之间加强信息的交流与沟通，形成旅游执

① 张宇：《聊聊2016年那些事儿》，《中国旅游报》2016年12月27日。

② 《2016年世界旅游十大新闻》，《中国旅游报》2017年1月10日。

法的合作网络，互相取长补短，促进各部门的联系，提高执法的效率。

二是严格规范旅游企业的经营行为。对于旅行社的“不合理低价游”产品进行严厉打击，严惩逼迫游客进店购物等违法行为；对于餐饮企业的乱收费现象进行处罚，限期进行整改，对于屡教不改的企业撤销其经营许可证；对于酒店住宿业要加强安全监控，避免不法分子潜入酒店，造成游客的经济损失和人员伤亡。对于景区要完善管理制度，提醒游客到景区正规的售票处购买门票，奖励举报在景区附近兜售门票的不法分子。各旅游企业应践行社会主义核心价值观，诚信、友善地对待每一位游客，为我国的旅游市场营造良好的氛围。

三是向公众普及旅游安全的相关知识。政府部门加强对旅游企业的法律教育，让旅游企业做到知法不犯法。旅游企业需对从业人员加强相关旅游安全法律法规的培训，督促相关人员依法从业，为游客提供满意的服务。政府部门通过电视、微信、微博、QQ 等网络平台向游客普及旅游安全的相关知识，提醒游客提高防范意识，在人身或财产安全受到侵害时，依法保护自身的权益。

### （二）旅游紧急预警救援平台建设问题

2016 年 6 月 4 日，广元市白龙湖风景名胜区内发生一起沉船事故，共造成 15 人死亡、3 人受伤。事故调查组认定：此次事故是一起由突发局地强对流天气带来的强风骤雨并伴大浪导致的重大沉船事故。调查组发现景区存在气象预警信息传递机制不健全、预警设施管理不到位等问题。① 因此，建立国家、省区市、景区和相关部门对接的旅游紧急预警救援平台，为游客的安全出行提供保障具有重大的意义。

一是建立健全我国的旅游紧急预警救援体系。“515 战略”提出，建立旅游安全预警机制，完善救援体系是构筑旅游安全保障网的重要措施。建立

① 王迪：《四川广元市白龙湖重大沉船事故调查报告公布　建议处分 21 人》，新华社，2016 年 12 月 28 日。

与我国旅游业快速发展相配套的旅游紧急救援体系，不仅是我国建设旅游强国的需要，还是对遇险游客生命安全的一种人道主义的社会责任，同时借助市场化的力量，优化救援资源配置，实现我们旅游紧急救援体系的可持续科学发展，尽快补上我国旅游紧急救援短板。[①] 加强我国旅游紧急预警救援平台的建设，是建立我国旅游紧急预警救援体系的重要内容。

二是通过旅游保险推进旅游紧急预警救援平台的建设。游客购买旅游保险后，由保险公司承担游客通过平台请求救援时产生的相关费用。一方面，通过旅游紧急预警救援平台的建设可以促进旅游保险业的发展，增强游客出行时购买旅游保险的意识。另一方面，旅游保险的推行有助于减轻游客求助时的心理负担和经济压力，促进旅游紧急预警救援平台的建设和推广。

三是向游客推广旅游紧急预警救援平台的使用。线上通过电视、互联网、微信、微博等方式向游客普及向救援平台求助的途径和相关信息。线下通过旅行社、景区给游客发放免费的旅游紧急救援手册，让游客增强旅游安全意识。线上与线下相结合，共同推广旅游紧急预警救援平台的使用。

### （三）“驴友”救援费用分摊问题

“驴友”户外真、假失联，给当地政府部门和景区等相关单位带来难题，由此产生的紧急救援费用也是值得深入探讨的问题。如江苏无锡男子邹某假失联引发大规模搜救一事，经媒体报道后，引来网友热议。当邹某“失联”后，景区组织大量搜救人员在黑竹沟紧锣密鼓地搜救了整整 17 天，最后其父亲在拉萨找到了他。四川峨边黑竹沟景区管委会开出行政处罚事先告知书，拟对邹某罚款 1000 元。景区管委会还发出“追偿通知”，要求邹某承担景区垫付的 6.3 万元搜救费用。[②] 除了假失联外，“驴友”真失联的案例也层出不穷。2016 年 8 月 27 日下午，南宁市 4 名“驴友”来到金秀瑶族自治县，徒步上圣堂山，准备露营看日出，在上山过程中迷路，被困在一

① 冯丹龙：《设立全国统一旅游紧急救援平台》，第一旅游网，http：//www.toptour.cn/tab1648/info226383.htm，2016 年 3 月 14 日。

② 何勇海：《提高驴友违规成本是当务之急》，《中国旅游报》2016 年 6 月 1 日。

处石崖后报警。金秀瑶族自治县森林公安局及大瑶山国家级自然保护区管理局立即组织营救，于8月28日凌晨3时50分将4名“驴友”救下山。8月28日，广西大瑶山国家级自然保护区管理局依法对4名擅自闯入自然保护区的“驴友”处以每人2000元的罚款。[①] 政府部门和景区因“驴友”的“失联”和探险被困事件，耗费了大量的人力、物力和财力进行搜救。“驴友”被困事件频发，长此以往会给政府和企业带来极大的财政负担。“驴友”救援费用应该如何分摊，是急需解决的问题。

一是探险救援应做到“两笔账分开算”。《中华人民共和国旅游法》第八十二条规定，旅游者在人身、财产安全遇到危险时，有权求助旅游经营者、当地政府和相关机构进行及时救助。旅游者接受相关组织或者机构救援后，应当支付由个人承担的费用。因此，“驴友”的救援费用不能一味地推卸给政府或旅游企业，“驴友”应该为自己的行为过错买单。

二是“驴友”户外紧急救援可以采取先救援后追偿模式。当然，支付救助费用不应当成为政府和企业开展救援的前提。当地政府和企业在接到救援信息后，理应第一时间开展救援。同时，遇险“驴友”也不能在危急关头顾及救援费用。2016年国庆期间，11位互不相识的“驴友”，通过网络集结，组成穿越团队。在行进途中，一名男子因感冒出现严重高原反应，但当时他们并未第一时间报警求救，仍滞留在高海拔区域，后来情况越来越严重，队友选择了向景区求助。得知保护区的有偿搜救制度后，该团队拒绝了救援，转而求助于景区派出所。经协商，景区派出所警力与景区搜救队、医务人员等组成的搜救队伍前往事发地进行搜救。然而，因高原反应严重，该男子疑似引发并发症而不幸罹难。信息一经发布，立即引起了广泛的争议。[②] 在游客遇到危险时，相关救援单位要把游客的人身安全放在首位，尽可能地开展紧急救援，先救援，然后通过相关的法律手段向游客追偿。不要

---

① 孟萍：《广西4名驴友擅闯自然保护区，遇险获救后被重罚》，《中国旅游报》2016年9月2日。

② 王健：《拒绝有偿救援男子野外探险死亡责任在谁?》，央视新闻微信公众号，2016年10月11日。

因为拒绝无偿救援游客而延误游客的最佳救援时机，进而背负社会舆论的压力。

三是对违规的“驴友”进行严惩。对扰乱社会公共秩序、造成公共资源损失的“驴友”应增大其违规成本，同时警示其他“驴友”在探险时慎重考虑，不要图一时的刺激而不顾生命危险。对于假失联的游客更要加大对其惩罚力度，让违规者对自己造成的行为后果负责。

四是完善有偿救援相关的法律法规。建立健全相关法律法规，让救援单位追偿时可以有法可依，使违规进入景区的失联游客承担搜救费用，保障景区不因救援工作的执行而造成大量成本的耗费。通过相关法规明确景区的救援收费范围，确保景区收费的合理性和游客支付的可行性。

## 参考文献

［1］国务院办公厅：《国务院办公厅关于加强旅游市场综合监管的通知》（国办发〔2016〕5号）。

［2］国家旅游局：《国家旅游局关于组织开展整治“不合理低价游”专项行动的通知》（旅发〔2016〕136号）。

［3］国务院法制办：《中华人民共和国旅游法》，中国法制出版社，2013。

［4］国家旅游局：《旅游安全管理办法》（国家旅游局第41号令）。

# 区域报告

Regional Reports

## B.25

# 2016～2017年北京市旅游安全形势分析与展望*

韩玉灵　王军　周航**

摘　要：2016年北京市旅游安全形势总体保持良好，全市旅游安全管理工作有序开展，旅游安全突发事件处置及时有效，假日及各类涉旅大型活动安全得到保障，进一步开创了北京市旅游业安全工作的新局面。展望2017年，北京市将严格落实市委、市政府安全生产工作要求和总体工作思路，坚持问题导向，强化创新管理，突出体系建设，完善制度规定，深化隐

* 本研究由北京旅游发展研究基地与北京市旅游发展委员会合作完成，得到北京市旅游委副主任于德斌、主任委员赵广朝的指导，受到国家社科基金项目“我国旅游立法重大问题研究”（12BGL069）的支持。

** 韩玉灵，北京第二外国语学院北京旅游发展研究基地教授、北京法学会旅游法研究会副会长；王军，北京市旅游委安全与应急处（假日办）处长；周航，北京财贸职业学院助教。

患排查，固化管理经验，提高保障质量，加强联动执法，进一步推进全市旅游业安全生产标准化和双重预防工作机制建设，夯实行业安全管理基础，全面提高行业安全生产能力和管理水平，切实创造安全、和谐的旅游环境。

关键词： 北京市 旅游安全 旅游突发事件 旅游安全形势

2016 年是“十三五”开局之年，开好头、起好步事关旅游业安全工作全局。北京市旅游委在全年工作中以落实十八届系列全会精神为引领，以“两学一做”学习教育为抓手，以“十三五”行业安全工作总体规划为目标，严格落实市委、市政府及国家旅游局关于安全生产工作部署和要求，始终坚持问题导向，不断强化统筹、主责、标准和创新四种意识，着力推进行业安全管理体系建设，加大隐患排查治理力度，努力提升教培质量，有效处置各类涉旅应急突发事件，系统保障假日及各类涉旅大型活动安全，圆满完成了全年工作任务，进一步开创了北京市旅游业安全工作的新局面，实现了安全工作“双无”（无旅游安全问题投诉、无旅游安全责任事故发生）目标。

## 一 2016年北京市旅游安全的总体形势

2016 年，北京市旅游工作顺利完成了全年主要目标任务，为全市稳增长、促改革、调结构、惠民生做出了积极贡献。全年实现旅游总收入 5021 亿元，同比增长 9%；旅游购物和餐饮消费额占社会消费品零售总额的 24.1%；旅游投资额占全社会固定资产投资额的 9.4%；旅游总人数达 2.85 亿人次，同比增长 4.6%。[①] 北京市旅游市场整体规模进一步扩大，国内旅

① 北京市旅游委主任宋宇：《凝心聚力干事业 开拓进取谋发展以优异成绩迎接党的十九大胜利召开——在 2017 年北京旅游工作会议上的报告》。

游市场快速增长；入境旅游人数小幅下降，较上一年相比降幅缩小1个百分点，客源国遍布五大洲；出境旅游市场依然保持快速增长的势头，旅行社组织出境旅游5712.73万人次，同比增长7.2%①，泰国、日本、韩国等周边国家是主要的出境旅游目的地。此外，旅游市场发生了新的变化，传统的观光游向体验、休闲游转变，房车露营、研学旅行、运动健身等旅游产品供给日益丰富，生态旅游、乡村旅游、红色旅游、冰雪旅游等旅游形式也越来越受到北京市民的青睐。上述情况表明，随着旅游市场规模的扩大，客源国和旅游目的地分布更加广泛，以及旅游形式的多样化，旅游安全管理工作将面临更大挑战。

2016年，北京市旅游委进一步加大了对旅游市场的监管力度，将更多的旅游企事业单位纳入监管范围。全年共收到本市各区县及旅游企事业单位报送的旅游安全突发事件270起，按事件级别均属于“一般事件”。发生事件的主要形式为突发疾病死亡、交通事故、意外伤亡和境外滞留，其中境外滞留事件达211起，是2016年北京市旅游安全突发事件增加幅度较大的主要原因。全部事件共造成40人死亡（其中，突发疾病死亡24人，溺亡10人，道路交通事故死亡2人，动物伤人致死2人，刑事案件死亡1人，火灾致死1人），88人受伤，785人失踪、滞留、被扣留。各旅游安全突发事件发生后均得到高度重视并予以及时、妥善处理。

## 二　2016年北京市旅游安全形势的概况与特点

### （一）旅游安全突发事件概况

**1. 类型分析**

依据旅游安全突发事件的性质，旅游安全突发事件分为自然灾害、事故

① 北京市旅游发展委员会官网，http：//www.bjta.gov.cn/xxgk/tjxx/index.htm。

灾难、公共卫生事件、社会安全事件四种类型，2016 年北京市旅游安全突发事件四种类型均有所涉及，各类型统计情况如表 1 所示。

**表 1　2016 年北京市旅游安全突发事件类型分析**

| 事件分类 | 事件数量(起) | 占比(%) | 伤亡情况 |
|---|---|---|---|
| 自然灾害 | 3 | 1.11 | 4 人受伤 |
| 事故灾难 | 22 | 8.15 | 15 人死亡,70 人受伤 |
| 公共卫生事件 | 26 | 9.63 | 24 人死亡,9 人受伤 |
| 社会安全事件 | 219 | 81.11 | 1 人死亡,5 人受伤,785 人失踪、滞留、被扣留 |
| 总　计 | 270 | 100.00 | 40 人死亡,88 人受伤,785 人失踪、滞留、被扣留 |

（1）自然灾害。包含气象灾害（雨雪、暴风、冰冻、雷电等）、地质灾害（泥石流、滑坡、落石等）、水文灾难（山洪等）、地震灾害、其他灾害。全年全市共发生 3 起自然灾害类旅游安全突发事件，占旅游安全突发事件总数的 1.11%，共导致 4 人受伤（含落水），占全部事件导致受伤人数的 4.55%。3 起事件均发生在景区，按发生的时间顺序，第一起是突起大风，游船被吹翻，导致 2 名游客落水；第二起因盛夏普降大雨，护坡出现坍塌，未造成人员伤亡；第三起因突起大风，景区跑步活动的终点站门头被大风吹倒，砸伤 2 人。

（2）事故灾难。包括道路交通事故、铁路交通事故、水上交通事故、民航交通事故、火灾事故、坠落事故、淹溺事故、特种设备事故、其他事故。全年全市共发生 22 起事故灾难类旅游安全突发事件，占旅游安全突发事件总数的 8.15%。共导致 15 人死亡，占全部事件导致死亡人数的 37.50%；导致 70 人受伤，占全部事件导致受伤人数的 79.55%。其中，道路交通事故 6 起，导致 2 人死亡、55 人受伤；淹溺事故 10 起，导致 10 人死亡；火灾事故 2 起，导致 1 人死亡；特种设备事故 1 起；动物伤人事故 2 起，导致 2 人死亡、1 人受伤；烫伤事故 1 起，导致 14 人受伤。

（3）公共卫生事件。包括食物中毒、传染病疫情、其他事件。全年全市共发生26起公共卫生类旅游安全突发事件，占旅游安全突发事件总数的9.63%。共导致24人死亡，占全部事件导致死亡人数的60%；导致9人受伤，占全部事件导致受伤人数的10.23%。其中，游客突发疾病事件25起，导致24人死亡、1人受伤；食物中毒事件1起，导致8人腹泻。

（4）社会安全事件。包括刑事案件、群体性事件、其他事件。全年全市共发生219起社会安全类旅游安全突发事件，占旅游安全突发事件总数的81.11%。共导致1人死亡，占全部事件导致死亡人数的2.5%；导致5人受伤，占全部事件导致受伤人数的5.68%；导致5人失踪，779人滞留，1人被扣留。其中，刑事案件4起，均发生在境外地区，导致1人死亡，5人受伤，护照、现金等物品被抢；境外滞留、失踪、被扣留事件215起，导致779人滞留，5人失踪，1人因携带子弹被扣留审查。

**2. 时间分布**

按照旅游安全突发事件发生的时间归类，全年四个季度情况如下（见图1）。

第一季度共发生旅游安全突发事件81起，占全年发生的全部旅游安全突发事件的30.00%，其中事故灾难类旅游安全突发事件9起，公共卫生类旅游安全突发事件4起，社会安全类旅游安全突发事件68起。共导致9人死亡，22人受伤，336人滞留、失踪。

第二季度共发生旅游安全突发事件83起，占全年发生的全部旅游安全突发事件的30.74%，其中自然灾害类旅游安全突发事件1起，事故灾难类旅游安全突发事件4起，公共卫生类旅游安全突发事件14起，社会安全类旅游安全突发事件64起。共导致15人死亡，45人受伤，195人滞留、失踪、被扣留。

第三季度共发生旅游安全突发事件64起，占全年发生的全部旅游安全突发事件的23.70%，其中自然灾害类旅游安全突发事件2起，事故灾难类旅游安全突发事件6起，公共卫生类旅游安全突发事件5起，社会安全类旅游安全突发事件51起。共导致10人死亡，21人受伤，139人滞留、失踪。

第四季度共发生旅游安全突发事件42起，占全年发生的全部旅游安全突发事件的15.56%，其中事故灾难类旅游安全突发事件3起，公共卫生类旅游安全突发事件3起，社会安全类旅游安全突发事件36起。共导致6人死亡，115人滞留、失踪。

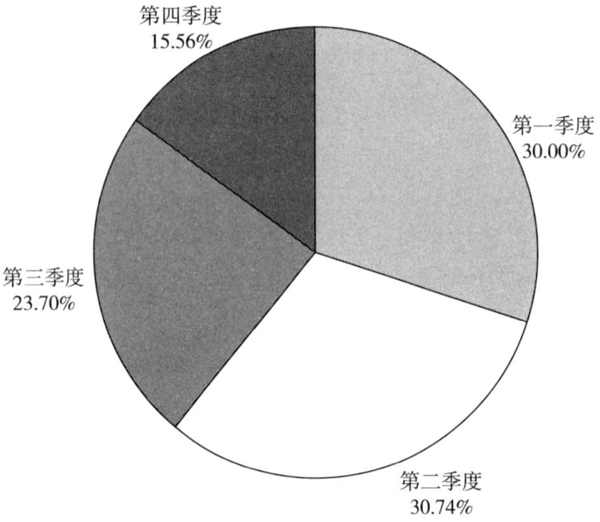


**图1　2016年北京市旅游安全突发事件时间分布情况**

**3. 空间分布**

按照旅游安全突发事件发生的地点归类，可分为境外和境内（见图2）。

全年境外共发生旅游安全突发事件242起，占所有旅游安全突发事件的89.63%，其中事故灾难类旅游安全突发事件14起，公共卫生类旅游安全突发事件12起，社会安全类旅游安全突发事件216起。共导致21人死亡，41人受伤，779人境外滞留，1人被扣留。

全年境内共发生旅游安全突发事件28起，共导致19人死亡，47人受伤，5人失踪。其中，外国籍游客入境发生的旅游安全突发事件4起，占全部旅游安全突发事件的1.48%，均由突发疾病引起，导致3人死亡，1人受伤；国内游客发生旅游安全突发事件24起，占全部旅游安全突发事件的8.89%，其中，自然灾害类旅游安全突发事件3起，事故灾难类旅游安全突发事件8起，公共卫生类旅游安全突发事件10起，社会安全类旅游安全突发事件3起。

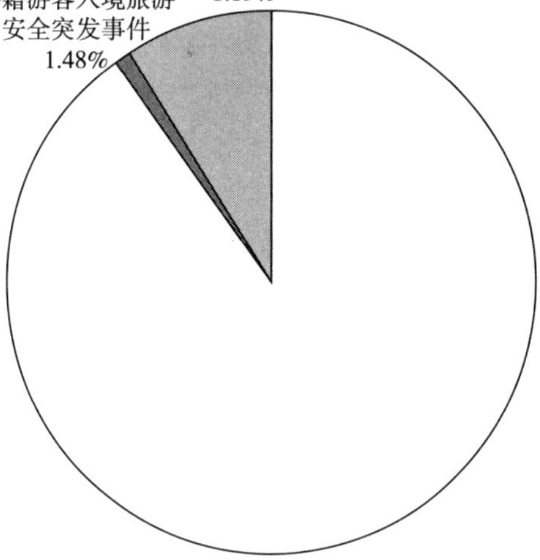


**图2 2016年北京市旅游安全突发事件空间分布情况**

## （二）旅游安全突发事件的发生特点

综合2016年北京市旅游安全突发事件的类型、时间分布及空间分布情况，北京市旅游安全突发事件的发生具有以下特点。

**1. 事故灾难和公共卫生事件伤亡率高**

2016年北京市发生的事故灾难类和公共卫生类旅游安全突发事件共48起，占旅游安全突发事件总数的17.78%。共导致39人死亡，占全部事件导致死亡人数的97.5%；导致79人受伤，占全部事件导致受伤人数的89.77%。两类旅游安全突发事件数量占全部旅游安全突发事件的比重不到20%，但引起的伤亡占比畸高，主要是因游客突发疾病事件、淹溺事故、道路交通事故造成的。

**2. 旅游安全突发事件发生频率各季度较为均匀**

从时间分布上看，全年各季度均有旅游安全突发事件发生，呈现较为均匀的态势。这与清明节、端午节、劳动节、暑假、国庆节、中秋节等假期的全年分布，以及节假日市民出游人数较为密集，旅游安全突发事件发生概率增加有一定关系。

**3. 市民出境旅游安全突发事件占比大**

随着市民生活水平不断提高，以及出境旅游的日益便利，出境旅游人数呈逐年增长态势。为应对这一变化，保障出境旅游市场的安全有序，北京市旅游委加大监管力度，健全旅游突发事件上报制度，将更多经营出境旅游业务的企事业单位纳入监管范围。全年共发生市民出境旅游安全突发事件 242 起，占所有旅游安全突发事件的 89.63%，所占比重较大。其中，仅涉及境外滞留、被扣留的事件 216 起，占旅游安全突发事件总数的比重达 80%。

## 三　2016年北京市旅游安全工作的主要进展与特点

### （一）强化工作统筹部署，进一步夯实各级安全生产责任

按照“市区联动、部门协同、突出重点、项目到人、责任到位、齐抓共管”的要求，北京市旅游委把部门协同工作、处室重点工作、市区联动工作、企业主责工作进行全面梳理和细化，进一步统筹协调，强化科学分工，严格时间节点，确保年度工作保质保量完成，确保“党政同责、一岗双责”落实到位。为强化行业安全监管主体责任落实，北京市旅游委与 16 个区旅游委签订了社会管理综合治理、防汛、消防、反恐等安全责任书，区县与企业、企业与员工层层签订责任书，实现了责任承诺、安全承诺全覆盖。同时，以推广和落实《北京市生产安全事故隐患排查治理办法》为契机，开展了一系列活动，进一步夯实了企业安全生产主体责任，强化了旅游

企业安全生产主体责任落实，提升了企业“以我为主”消除事故隐患的责任意识和工作能力。

## （二）深入隐患排查治理，进一步提升安全服务保障能力

北京市旅游委研究制定了《推广随机抽查规范事中事后监管工作实施方案》，建立了北京市旅游业双随机检查平台，明确了行业重点旅游企业落实安全管理制度和安全防范措施随机抽查清单、比例频次和抽查结果运用具体办法等，创新了行业安全生产管理制度，提升了行业安全管理与失信联合惩戒融合效果，并在全行业推行安全生产责任保险，在北京市旅游委主办的大型活动中开展了试点工作。北京市旅游委主动牵头，与市交通委、市质监局、市气象局、市公安局、市安监局等部门密切配合，印发有关文件，积极开展隐患排查联合执法行动。通过购买社会服务，推动专家“查隐患、督帮建”常态化。及时开展行业安全生产大检查和专项整治行动，消除企业事故隐患苗头，打击涉旅违法犯罪行为。在应对强降雨、防汛工作中，研究制定了详细的工作方案，主动应对，及时预报预警，并通过“北京旅游”微信公众号、中国移动、中国联通、中国电信对来京游客发送温馨提示，确保了广大市民和来京游客的人身安全。

## （三）开展“四化”建设，进一步提升行业安全管理能力

“四化”建设即标准化、信息化、制度化和社会化建设。首先，继续深入开展行业安全生产标准化建设。北京市旅游委下发了《北京市旅游发展委员会关于进一步推进北京市旅游行业安全生产标准化创建达标工作的通知》（京旅发〔2016〕26号），并从加强领导、落实责任，强化培训等方面对企业加强指导。其次，开展信息化建设。对“北京市旅游安全与应急管理系统”进行升级改造、功能拓展，此系统是企业落实主体责任的平台、政企互动的平台，是行业综合监管的重要抓手，为提高行业监管效能提供了科技支撑。再次，开展制度化建设。进一步细化完善企业及从业人员安全生产责任制，编制发布了安全与应急管理系列手册，全方位规范了旅游企业安

全管理制度建设，细化了部门岗位安全职责，填补了企业教育培训空白。最后，开展旅游安全社会化建设。在元旦、春节等7个法定假日以及汛期、暑期，北京市旅游委通过广播媒体、电视媒体、城市灯箱广告等，进行随团游、郊区游、景区游览对客安全宣传和提示，并对从业人员先后开展了各项专题培训，确保达到旅游安全社会化效果。

### （四）细化保障措施，确保重点时段和环节工作万无一失

为确保全市假日期间旅游安全工作秩序良好，北京市旅游委组织召开了全市假日旅游工作会议，下发了关于做好元旦、春节等7个法定假日旅游安全工作的通知，牵头组织了节前安全检查和多部门联合值班，同时会同有关部门严厉打击旅游市场非法违法行为，进一步提高了企业服务保障质量。北京市旅游委安全与应急处实施24小时领导带班、工作人员双人值班制度，进一步明确应急值守人员工作职责和突发事件处置流程，并指定专人接收和报送市政府应急办各类信息。在全国“两会”及各类大型活动服务保障中，按照“三个一流”（一流的安全措施、一流的服务质量、一流的精神状态）的标准，认真落实安全生产隐患排查制度，及时消除安全隐患，圆满完成安全服务保障任务。在应急演练方面，按照“强化指导、资金补助、应演尽演、注重实效”的演练要求，在重要假日、时间节点严格督导行业开展应急演练，及时指导企业修订应急预案，引导企业开展风险评估，确保演练取得实效性。2016年，市区两级开展联合应急演练37场次，内容涉及防汛（防地质灾害）、气象预报预警传播、消防、反恐、水上救援等，取得了良好的效果。

## 四　2017年北京市旅游安全形势的展望

### （一）旅游安全突发事件形势

随着北京市旅游委对旅游企事业单位的监管力度进一步加大，旅游安全

突发事件信息上报制度的进一步完善，2017 年可能接收到更多、更详细的旅游安全突发事件报送信息，北京市旅游委将根据 2016 年旅游安全突发事件的特点，制定相应方案、措施，减少旅游安全突发事件的发生，降低旅游安全突发事件发生带来的不利影响。2017 年北京市出境旅游市场仍会保持增长态势，因此涉及出境的旅游安全突发事件可能会有所增加，尤其是境外滞留事件仍将是北京市旅游安全突发事件的主要类型之一。另外，事故灾难、公共卫生事件在北京旅游安全突发事件中也将占有一定比例，游客突发疾病导致死亡的安全事件风险降低的可能性较小，交通事故、溺水事故也仍会占有相当比重。节假日旅游需求旺盛，旅游人数激增，但接待能力有限，可能使旅游安全突发事件发生频率增加。

## （二）旅游安全管理工作要点

**1. 强化责任落实，周密部署实施年度重点工作**

按照“党政同责、一岗双责、失职追责”要求，继续严格落实安全生产政府监管责任和企业主体责任，形成主要领导亲自抓、分管领导具体抓、其他领导协同抓、抓经营必须抓安全的工作格局。认真筹划，全面做好 2017 年度安全与应急工作部署，进一步明确年度安全生产工作指导思想、工作目标、重点任务和保障措施。按时召开行业季度安全生产例会，明确工作任务，细化保障措施。强化年度重点工作部署，及时召开夏季防汛、冬季火灾防控、安全生产大检查、预防煤气中毒等重点工作部署会，确保重点工作落实到位。全员发动、全面准备、全力以赴，高标准做好全国“两会”、“一带一路”峰会和党的十九大等重大活动安全服务保障工作部署，提前着手做好接待服务饭店教育培训、人员政审、隐患排查、安全检查等全流程安全工作。

**2. 科学统筹规划，加强行业安全生产监督管理**

北京市旅游委将进一步加快推进行业安全生产标准化建设工作，按照《北京市旅游发展委员会推广随机抽查规范事中事后监管实施方案》要求，大力推广“双随机”抽查机制，建立行业安全检查专家库，提供安全检查技术力量支撑，定时组织对旅游业重点单位落实安全管理制度和安全防范措施进行抽查，并将检查结果和处理结果录入北京市旅游行业诚信体系平台，同时通过北京旅游信息网和社会媒体对外公布抽查情况和处理结果，对存在重大隐患、屡查不改的企业采取约谈、警告、处罚等行政措施，切实提升行业安全检查和隐患排查治理质量。按要求组织开展行业安全生产大检查和“安全生产月”活动，适时开展消防、防汛、冬防、反恐、打非治违、扫黄打非等专项检查，严格督导企业落实隐患排查治理主体责任。主动牵头开展联合执法检查，确保重点时期、法定假日及其他时段安全防范工作。全面推进行业“安全与应急管理系统”和市安监局“北京市生产安全事故隐患排查治理信息系统”应用，进一步实现信息化安全监管。要求各区旅游委和旅游企事业单位要在明显位置公布安全生产投诉举报电话，及时处理和报送市旅游委举报投诉处理意见，确实做到“件件有处理、事事有回音”。

**3. 健全完善制度，建立安全生产监管长效机制**

认真学习落实《中共中央　国务院关于推进安全生产领域改革发展的意见》，主动开展制度建设，确保安全第一、预防为主、综合治理的方针落到实处。进一步完善行业宾馆（饭店）、景区、旅行社安全管理制度，修订和完善有关标准。继续推进安全生产责任保险制度的落实，采取多种形式、多种措施开展安责险宣传和培训，加大安责险投保推进力度，确保行业安责险投保率提升，帮助企业化解安全风险、提高安全生产管理能力。构建行业安全风险分级管控和隐患排查治理双重预防工作机制，指导推动各旅游企业按照有关制度和规范，全面开展安全风险辨识，科学评定安全风险等级，有效管控安全风险，实施安全风险公告警示，建立完善隐患排查治理体系，夯实遏制重特大事故基础，切实做好双重预防机制建设工作，主动开展隐患排查治理“一企一标准、一岗一清单”编制工作。坚持问题导向，以“发现实情、摸清底数、解决问题”为主线，科学开展市区联动、安全管理、综治维稳等方面的工作调研，主动问计于基层、问计于企业，进一步摸清企业安全生产底数，把准行业安全生产脉搏，为加强行业创新管理提供政策支持。

**4. 突出宣教重点，提升安全宣传和教育培训质量**

充分利用各类媒体，采取不同形式，在7个法定假日、汛期、暑期以及冬防时间节点，加大对游客的旅游安全宣传和警示信息预警预报，进一步提高宣传质量和游客旅游安全意识。针对行业教育培训需求，科学统筹规划，合理安排教程，丰富培训内容，突出安全与应急、信息系统、消防、用电安全等教育培训内容，采取多种形式搞好市区两级旅游安全管理干部及企业主要负责人培训，认真抓好安全生产法律、法规、条例及有关配套办法的宣传和贯彻工作。同时抓好各区旅游委专职安全员教育培训，切实提高专职安全员宣传法规制度能力、安全检查能力和督导落实能力。以开展行业第三届安全技能大赛为抓手，发现行业安全文化建设先进企业和岗位安全生产能手，进一步提高基层一线从业人员安全生产能力和安全生产意识。

**5. 加强应急演练，全面做好安全服务和应急保障**

严格落实领导24小时带班、工作人员双人值班制度，及时报送涉旅突发事件信息。市区两级旅游管理部门要积极开展多部门、跨区域合作的旅游突发事件应急演练，建立健全旅游专业化和社会化、政府救助与商业救援相结合的旅游紧急救援体系和协同机制，切实提高行业旅游突发事件应急能力。结合季节、假日、重要时间节点，主动开展综合演练、专项演练和现场演练，严格演练评估，及时修订应急预案和整改演练中存在的问题。充分发挥假日旅游工作机制的作用，研究分析假日旅游形势，制定假日安全服务保障措施，组织开展假日旅游安全检查，严格整治假日旅游市场秩序，及时做好假日旅游投诉等工作。加强旅游区域工作联动机制建设，加强与河南、河北、山东、山西、辽宁、内蒙古、天津等七省（自治区、直辖市）间假日旅游工作区域协调机制建设，进一步深化周边省市安全与应急管理工作的合作，全面建立互通联络、信息共享、应急处置、异地旅游投诉等假日旅游联动机制，确保京津冀旅游安全与应急机制一体化建设顺利实施。

# B.26
# 2016～2017年福建省旅游安全工作分析与展望

王祥银*

摘　要：　2016年，福建省旅游安全生产工作成效显著，有效支撑了旅游产业的安全发展。2016年，福建省旅游局加强旅游安全工作部署，全面落实“党政同责、一岗双责”，扎实推进安全标准化建设提升工程，强化旅游安全督促检查，加强旅游安全应急管理，提升从业人员安全防范意识，加大社会监督力度。展望2017年，福建省旅游系统将从强化旅游安全主体责任、强化督察整治力度、强化重大活动主体安全责任、强化旅游安全应急管理、强化旅游安全信用体系建设、加强“金砖”会议安全保障等方面开展旅游安全工作。

关键词：　福建省　旅游安全工作　“十三五”

2016年是“十三五”的开局之年，福建省旅游产业继续保持快速成长态势，各项旅游经济指标均高于全国平均增长水平。其中，福建全省接待游客人数达3.15亿人次，同比增长18.1%；全年实现旅游总收入3935.16亿元，同比增长25.3%；全年接待入境游客680.79万人次，同比增长15.1%。安全是旅游产业成长的基础，福建省旅游局通过务实强化旅游安全工作，有力支撑了福建省旅游产业的安全发展。

---

* 王祥银，福建省旅游局行业管理处处长，管理学硕士。

## 一　2016年福建省旅游安全工作总体情况

2016年，福建省旅游系统非常重视旅游安全工作，全面落实省委、省政府有关安全生产的决策部署，紧紧围绕福建省旅游产业发展大局，强化旅游安全红线意识和底线思维，精心组织、科学安排、周密部署，把安全工作重点放在严格落实“党政同责、一岗双责”上，认真履行旅游安全监管责任和企业安全生产主体责任，加强与省直部门的协调配合。2016年，福建省旅游局先后制定出台了《福建省“十三五”旅游安全管理指导意见》、《2016年旅游安全管理工作要点》、《关于做好2016年元旦春节期间安全管理工作的通知》、《关于认真做好近期旅游安全和市场秩序治理工作的通知》、《关于进一步加强旅行社安全管理工作的通知》和《关于全面开展旅游安全大检查实施方案》等文件，及时转发相关文件精神。同时，旅游系统全面开展旅游安全大检查、深化“打非治违”和专项整治行动，扎实推进旅游安全标准化建设提升工程，抓好旅游企业安全生产诚信建设和“黑名单”制度建设、隐患排查治理、教育培训等工作，积极应对和处置突发事件，实现了全年旅游安全“零”责任事故的工作目标。

2016年，福建省全省开展各类检查共913次，出动3331人次，检查旅游企业1682家次（其中，旅行社1063家次，星级饭店406家次，其他涉旅企业213家次），排除隐患1856项、整改到位1855项，整改率达99.9%，投入整改资金966.05万元；开展安全培训116场次，参培人数7164人；指导旅游企业开展应急演练368场次，参演人数1325人；1129家旅行社和星级饭店参加标准化建设提升工程，达标率为100%。

## 二　2017年福建省旅游安全工作主要进展

### （一）强化工作部署，明确年度旅游安全工作目标任务

一是制订工作计划。按照省政府下达的2016年安全生产目标任务，及

时制定印发了《2016年旅游安全管理工作要点》，进一步细化旅游安全目标责任，确保年度安全管理工作有效推进。二是领导高度重视。吴贤德局长多次在全省旅游工作会议、旅游产业发展领导联席会议、全省旅游形势分析会和局务办公会上研究、部署旅游安全工作，台风来临时还召开专题会部署防抗台风工作，研究解决重大问题，提出明确要求。三是及时完善机构。针对领导班子工作调整和人事变动情况，及时调整福建省旅游局旅游安全管理和突发事件应急工作领导小组成员，确保旅游安全管理机构健全。四是强化风险管控。持续推进旅行社责任保险统保示范项目，下发《关于做好2016年旅责险统保示范项目的通知》，督促旅行社做好责任保险续保、投保工作，2016年912家旅行社100%投保责任险，其中，参加统保示范项目的旅行社达812家，有效提升了旅行社防抗风险能力。

### （二）强化责任，全面落实“党政同责、一岗双责”

一是制定实施细则。福建省旅游局按照福建省安全生产“党政同责、一岗双责”规定和“管行业必须管安全、管业务必须管安全、管生产经营必须管安全”的要求，在省直部门率先制定印发了《福建省旅游安全管理“党政同责、一岗双责”实施细则》，制定了福建省旅游局部门旅游安全管理责任清单，更加明确了单位领导、处室以及各级旅游部门的安全管理职责，并指导各设区旅游局制定了“党政同责、一岗双责”实施细则。二是强化履职尽责。福建省旅游局主要领导与设区市旅游局、直属事业单位签订了2016年度旅游安全责任书，实现省、市、县旅游局和旅游企业层层签订安全责任书，签订率达100%。三是开展调研检查。2016年12月15日、20日，吴贤德局长带队赴福州仓山江心公园、陈靖姑文化广场，福清瑞岩山风景区、黄檗山万福寺、石竹山等景区和平潭等地调研旅游，检查旅游安全和市场秩序，并对安全大检查提出要求；分管领导吴立官副局长认真履行安全监管责任，及时组织省旅游产业发展联席会议成员单位开展节日旅游安全联合检查，确保了假日旅游市场安全有序；局领导班子结合业务工作分别带队对各设区市开展督察调研，把各地落实旅游安全“党政同责、一岗双责”和开展旅游安全大检查和隐患排查治理等安全生产目标责任制落实情况列入督察调研内容一并督察。四是抓好“五落实五到位”。按照省政府安委办通知要求，认真推进旅行社、星级饭店落实安全生产责任体系“五落实五到位”规定，按规定时间要求，向企业发放“五落实五到位”挂图。目前，全省旅行社和星级饭店实现全覆盖。五是抓好重点时段监管。认真贯彻落实尤权书记等领导同志对防台风工作的重要指示精神，加强组织领导，认真部署做好防台风各项工作措施，坚持24小时值班和领导带班，及时启动应急预案和下发《关于做好防御强台风相关工作的通知》，督促指导各地做好防台风工作，协助配合景区主管部门做好景区（点）关闭工作，吴立官副局长、苏庆赐副局长在暴雨、台风期间，分别带队赴厦门、宁德等地市开展防汛防台风督察。在“莫兰蒂”“鲇鱼”“尼伯特”强台风期间，取消团队953个，游客达20196人，疏散转移游客46858人（旅行社17850人、A级景区29008人），确保游客生命和财产安全。

### （三）强化标准创建，扎实推进安全标准化建设提升工程

一是再培训、再部署、再强调。福建省旅游局印发了《关于进一步推进旅游企业安全生产标准化建设提升工作的通知》，2016年3月24日和8月11日分别在永泰和霞浦举办的全省旅游服务监管专题会议上进行再动员、再部署、再强调，并专门邀请省安科院扶庆辉主任对设区市旅游局分管领导、安全管理人员进行辅导培训，进一步抓实抓好2016年度安全标准化建设提升工作。二是提升评审质量。福建省旅游局与福建省安科院签订委托评定协议，由省安科院承担全省星级饭店安全生产标准二级评审工作，对通过达标评审的星级饭店，由省旅游局统一支付评审费用（每通过评审1家支付5000元）。各地也委托专业评审机构开展星级饭店安全标准化评审工作，确保对安全标准化达标企业的评审质量。三是抓典型示范与交流。全省推出典型示范单位24家，开展现场观摩、学习交流30场次，参加人员2052人次。四是抓好考核

激励。福建省旅游局把旅游企业安全生产标准化评审工作与年度安全管理目标责任考评、旅行社评 A 和星级饭店复核等评定工作进行挂钩，有效推进了旅游安全标准化建设工作，全省达标企业为 1129 家，达标率为 100%。

## （四）强化督促检查，有效消除旅游安全隐患

一是加大安全监管和隐患排查力度。针对元旦、春节、全国“两会”、清明、劳动节、暑期和国庆等旅游高峰，及时联合安监、住建、国土、消防、交通、公安等部门开展节日期间的综合督察工作，发现隐患，及时督促整改，确保节日旅游安全有序。二是深化安全大检查工作。认真贯彻落实省政府安委会《关于全面开展旅游安全大检查的实施方案》要求，吴贤德局长参加省政府常务会议之后，立即在局务会上专门研究部署旅游安全大检查工作，并提出明确要求，下发全面开展旅游安全大检查实施方案，从 12 月起在全省继续全面开展旅游安全大检查，并在 2017 年 1 月上旬起结合春节假日，联合省旅游产业发展工作联席会议成员单位，分别由省旅游局、省工商局牵头，对各地开展大检查、大排查、大整治行动情况进行督察。三是开展“双随机”执法检查。在 2016 年 10～12 月份，各级旅游部门开展旅游安全“双随机”抽查，随机抽取旅游执法人员和旅行社进行执法检查，检查发现部分旅行社存在未安全履行告知提醒义务、旅游人身意外险的保险金等主要内容未在旅游合同中明示、安全警示标识不够等问题。针对存在的问题，各检查组已现场责令相关企业负责人限期进行整改，并要求各地进行督办。四是深化旅游包车专项整治。按照省委、省政府要求，开展道路交通安全综合整治“三年行动”，严查使用“黑车”、民船、渔船等无旅游运营资质的非法运输工具从事旅游活动的行为，规范租用旅游包车行为，签订规范旅游包车合同，建立完善租车档案。主动联合交通部门加大对旅行社租用旅游车辆的监管力度，全面整治旅行社租用无资质旅游包车行为，对发现的问题及时纠正和整改。全省旅行社未出现因违规租用无资质旅游车辆引发的交通事故。

### （五）强化应急管理，有效应对旅游突发事件

一是强化值班和领导带班工作。安排24小时人员值班，每逢重大节日，及时向社会公布省、市和重点旅游城市节日期间的值班电话和投诉受理电话，保持通信畅通，制定重大节假日应急预案，确保一旦发生突发事件，能得到及时应对处置。二是积极做好突发事件处置工作。“8·13”永定山体滑坡引发翻车突发事件后，福建省旅游局高度重视，吴贤德局长在第一时间向国家旅游局、省委省政府作汇报，并按照省委省政府领导的指示要求，亲自部署和协调应对处置工作，立即启动应急预案，并连夜赶赴现场看望、慰问伤员，做好善后工作，由于处置及时得当，得到了国家旅游局、省委省政府领导和两岸旅游业界高度肯定，国家旅游局专门来了一封表扬信。

### （六）强化宣传培训，提升从业人员安全防范意识

一是强化旅游安全宣传。将旅游安全宣传工作纳入省旅游局总体宣传计划，创意设计了与“清新福建”相并列的“文明旅游，安全出行，最美记忆，共同缔造”标识，运用各种形式开展宣传；通过福建旅游之窗、各地旅游网站、《中国旅游报》等媒体宣传，星级饭店LED显示屏滚动播放以及在醒目位置上悬挂宣传横幅等方式，宣传新安全生产法、旅游法等法律法规。同时，以中国“旅游日”“安全生产月”等活动为契机，开展以弘扬安全文化、普及安全知识、传播法治文化为主的宣传活动，向广大群众进行旅游安全知识、技能、安全出行、旅游保险等方面的宣传并提供相关咨询，发放《旅游突发事件应急手册》、《文明旅游出行指南》、《大陆居民赴台旅游出行手册》和《旅客乘车安全须知》等旅游安全宣传资料10000多份。二是强化安全教育培训。组织举办了多场次安全教育培训。在2016年5月11日联合省台办和省公安厅出入境管理局举办赴台游（含金马澎）领队培训。400余人参加，接受了有关台湾基本情况、中央对台方针政策及两岸关系发展现状、有关旅游政策法规、旅游安全应急策略等方面的知识与技能培训。在导游年审培训工作中，把旅游安全管理纳入旅游人才网远程教育必修课

程，全年参加远程在线教育导游人员近20100人，从而提高从业人员的旅游安全防范意识，保障旅游者的安全。

### （七）强化诚信建设，加大社会监督力度

一是制定办法。根据省政府安委办《福建省安全生产领域行政许可和行政处罚等信用信息实施方案》（闽安委办〔2015〕104号）的要求，结合旅游行业实际，制定了《福建省旅游安全生产领域行政处罚信用信息实施办法》并纳入《福建省旅游市场信用体系建设实施意见》，按照“谁许可、谁处罚，谁公示、谁负责”和“责任到人、具体到事、安排到位”的原则，分级推进旅游安全生产领域行政处罚信用信息公示工作，并向社会开放查询，任何公民、法人或其他组织均可查到。二是限时公示。要求旅游安全生产领域行政处罚事项于7个工作日内在本部门门户网站进行公示，并同步推送到“信用福建”进行公示（“七日双公示”）。三是明确内容。明确了行政处罚信息公示内容及期限、企业名称、处罚名称、处罚事由、处罚依据、决定文书号、作出处罚的单位、处罚日期。

## 三　2017年福建省旅游安全工作展望

福建省正大力推动旅游产业经济的发展，明确把旅游产业培育成新的主要产业，并加大“清新福建”品牌的塑造和宣传力度。2017年“金砖”峰会在福建厦门召开，将对福建省旅游经济的发展提供新的动力。作为产业运行的基础，旅游安全工作将成为产业发展保障的重点工程。

**1. 强化旅游安全主体责任**

进一步牢固树立红线意识、强化底线思维，持续健全完善“党政同责、一岗双责、齐抓共管”的安全责任体系，在实现省、市、县“三级三覆盖”基础上，落实旅行社、星级饭店的安全生产主体责任，解决好旅游企业安全主体责任不落实、“重效益、轻安全”和“要钱不要命”等问题，推动旅游安全责任落到实处。

**2. 强化旅游安全督察整治**

要按照全面开展旅游安全大检查、深化“打非治违”和专项整治工作的部署，进一步督促、检查本地区的旅行社、星级饭店做好企业隐患自查自纠工作，特别是旅游包车和团队餐饮。大力开展“双随机”抽查，督促企业严格落实各项安全管理制度。

**3. 强化重大活动主体安全责任**

要严格落实“谁审批、谁负责，谁主办、谁负责”的原则，按照公安机关举办大型群众性活动的许可要求，应取得旅游重大活动安全许可，同时要制定旅游重大活动安全工作方案和安全责任制度，明确安全措施、安全工作人员岗位职责，确保旅游重大活动安全。

**4. 强化旅游安全应急管理**

要进一步督促相关旅游企业加强制度建设和完善应急预案，同时要加强应急演练和物资准备等工作，确保一旦遇上旅游突发事件能有效应对。继续推进旅行社责任保险统保示范项目，切实发挥旅游保险在转移旅游企业经营风险、保障旅游者合法权益等方面的作用。

**5. 强化旅游安全信用体系建设**

按照《福建省旅游安全生产领域行政处罚信用信息实施办法》的要求，分级推进旅游安全生产领域行政处罚信用信息公示工作；加大舆论和群众监督力度，对安全问题突出的企业挂牌督办，并予以曝光。同时，把安全管理纳入文明创建、等级评定工作中，实行一票否决。

**6. 强化“金砖”峰会安全保障**

“金砖”峰会是福建省承办的规格最高的一次盛会，也是展示福建形象与城市品牌的一次盛会。对旅游系统来说，这也是进一步展示旅游形象，让“清新福建”品牌走向世界的重要载体和途径。福建省应充分利用这一契机，提升服务质量，稳定市场秩序，做好旅游安全等工作。要通过完善的保障工作让来宾了解福建、喜欢福建，给他们留下“最美记忆”。

# B.27

# 2016～2017年吉林省旅游安全工作分析与展望

王 库 赵红石 张 宝*

摘 要： 2016年吉林省旅游部门加强旅游安全监管防控和专项整治，旅游产业保持快速发展态势，旅游总人数和总收入增长幅度较大。吉林省旅游部门及时部署旅游安全工作、深入开展专项整治行动、加大联合督导检查、加强宣传教育培训、开展基础预案编制、妥善处理涉旅安全事故、积极发挥服务功能，实现吉林旅游安全形势的整体稳定。展望2017年，吉林省旅游系统应继续加强旅游安全风险排查，按照《旅游安全管理办法》要求加强培训与演练，并继续推动基础预案预警机制的建设。

关键词： 吉林 旅游安全 形势分析与展望

## 一 2016年吉林省旅游安全总体形势

2016年，吉林省接待旅游总人数16578.77万人次，同比增长17.32%。其中，接待入境游客161.95万人次，同比增长9.35%；接待国内游客16416.82万人次，同比增长17.41%。2016年，全省旅游总收入达到

* 王库，吉林省旅游局副局长；赵红石，吉林省旅游局监督管理处处长；张宝，吉林省旅游局监督管理处调研员。

2897.37亿元人民币，同比增长25.15%。其中，外汇收入7.91亿美元，同比增长9.25%，国内旅游收入2845.94亿元人民币，同比增长25.40%。

2016年，吉林省旅游局认真贯彻落实省委、省政府关于安全生产工作的安排部署，严格按照“党政同责、一岗双责”的要求，始终坚持“管行业必须管安全、管业务必须管安全、管生产经营必须管安全”的原则，不断健全安全监管防控体系，稳步推进旅游风险排查治理，大力加强应急管理体系的建设，有力推动了全省旅游产业的安全稳定发展。

## 二 2016年吉林省旅游安全的概况与管理特点

### （一）旅游安全事件概况

2016年旅行社责任保险共收到报案117起，其中人伤意外类事故19起，疾病死亡类事故6起，食物中毒事故2起，第三方责任事故4起，延误类事故82起，财产损失类事故4起。

主要案例包括：

（1）2016年10月4日15时许，延边某旅行社吉林市分公司组织游客赴长白山旅游返程途中，在吉林省延边州安图县境内S102公路（安图县永庆乡至敦化方向）发生旅游大巴与大货车相撞交通事故。事故造成3人死亡，多人受伤。

（2）2016年11月7日长春某旅行社组织游客赴哈尔滨一日游，车辆行驶至德惠市境内，由于雪天路滑，发生侧翻交通事故。事故造成3人死亡，多人受伤。

### （二）旅游安全管理的主要进展与特点

**1. 结合实际，及时部署旅游安全工作**

吉林省旅游局严格按照省委、省政府以及省安委会的工作指示要求，及时部署旅游安全工作。按照年度工作计划，结合旅游安全特点，尤其在节假日、旅游旺季、汛期等时间节点均下发旅游安全工作通知和检查方案，督促各地做好旅游安全管理工作。全年制定下发各类安全管理工作通知及方案共计25份，及时有效地指导了各地旅游安全管理工作的开展。防御10号台风“狮子山”期间，吉林省旅游局与省防办联合下发了《关于暂时关闭我省部分地区旅游景区的紧急通知》，杜绝台风过境期间旅游景区安全事故的发生。2016年6月上旬在吉林市召开了全省旅游安全工作会议，会上对上年旅游安全工作进行了总结，并对2016年旅游安全重点工作作出了明确部署。7月底，在防汛抗洪的紧要关头，在长白山二道白河组织召开汛期旅游安全工作推进会，对汛期旅游安全工作进行了再动员、再部署，要求各地旅游部门严格落实24小时值班制度，确保汛期旅游安全。

**2. 深入开展旅游安全专项整治行动**

按照省安委会工作部署，结合旅游行业特点，深入开展第一季度安全生产专项整治行动和百日安全整治专项行动。专项整治行动期间，吉林省旅游局成立督导检查组，对各地重大旅游节庆活动、元旦、春节、“两会”及劳动节期间旅游安全管理工作情况进行了督导检查，共检查企业105家。2016年1~3月，先后对长春市、吉林市、辽源市、白山市和长白山管委会元旦、春节和全国“两会”期间的旅游安全管理工作进行了督导检查。其中1月20日，主要局领导和分管局领导对长春市春节期间的旅游安全与市场秩序工作进行了检查。4月25~27日，全局共出动30余人，成立8个督导组，分别由局领导负责，重点深入全省各地旅行社、A级景区、星级饭店、乡村旅游经营单位等一线旅游企业进行督导检查，共检查旅游企业62家。开展“安全生产月”活动期间，全省旅游部门共出动检查人员110人次，检查旅游企业163家。对检查出的问题当面作出反馈，同时督促当地旅游主管部门认真抓好整改落实工作。

**3. 加大旅游安全联合督导检查工作力度**

2016年，吉林省旅游局注重发挥综合监管机制的作用，加大联合督导检查工作力度，共组织联合督导检查3次。6月20日至23日，会同省安监局、省消防总队等相关部门对长白山管委会所属重点旅行社、长白山景区和星级饭店旅游旺季期间的安全管理工作进行了督导检查。为确保十一期间全省旅游安全形势平稳和市场秩序规范，9 月 7 日至 22 日期间，会同省交通运输厅、省安监局、省交警总队等相关部门对长春市、吉林市、白山市、长白山管委会等地旅游包车安全运营和“导游专座”设置有关事宜进行了联合督导检查，共检查旅游包车 60 余辆。9 月 26 日至 28 日，联合省公安厅、省工商局、省质监局对长春市、吉林市、通化市旅游安全和市场秩序进行了联合督导检查。

**4. 加强宣传教育，组织安全培训**

2016 年年初以来，吉林省旅游局共印制下发各类宣传资料 5 万余份。各市州旅游局也印制了各类宣传资料并组织下发至相关企业。“6·16”安全生产宣传咨询日当天，吉林省旅游局督促各地旅游主管部门现场发放了《游客安全乘车温馨提示》宣传片和《游客乘车安全须知》、《文明旅游，理性消费》、《文明旅游出行指南》等宣传折页和手册。充分发挥吉林省旅游局门户网站和省内主流媒体功能，对大型活动进行宣传报道。旅游局组织的大型安全检查、联合安全检查、领导带队安全检查、关键时间节点安全检查及大型安全教育培训等活动均在吉林省旅游政务网上及时发布。旅游局组织的全省旅游安全培训和应急演练情况在《吉林日报》上刊登。6 月上旬，全省旅游安全工作会议期间，邀请吉林省安监局专家、江泰保险公司总部负责人就“贯彻落实安全生产法加强企业安全管理”和“如何利用旅责险化解旅行社风险”两方面进行了授课培训，进一步提升企业安全生产主体责任意识和管理水平。各级旅游主管部门分管领导和部分旅游企业主要负责人共 200 余人参加培训。

**5. 完成应急预案编制，加强应急预案演练**

吉林省旅游局邀请旅游安全权威机构中国旅游研究院旅游安全研究基地（华侨大学旅游安全研究院）共同编制了《吉林省旅游突发事件应急预案》。以吉林省旅游局作为预案主体，针对不同级别旅游突发事件，按照应急预案的规范，阐明吉林省旅游局相应的应急职责和应急行动方案。6 月份在吉林市组织开展了涉旅道路交通事故、宾馆火灾疏散、景区消防三项内容的应急演练。吉林省旅游局精心编制演练脚本，多次组织彩排，并在当地消防、交警、卫生及保险等部门的大力支持与配合下，严格按照应急演练程序进行，内容丰富，场景逼真，达到了预期目的。演练现场300余名观摩人员一致给予好评。

**6. 妥善处理涉旅安全事故**

2016年，“10·4”涉旅道路交通事故发生后，吉林省旅游局按照事故应急处理程序，第一时间向国家旅游局和省政府应急办进行了报告。分管副局长带领监管处相关人员于当夜赶赴安图县事故发生现场和长白山管委会池北区中心医院了解情况、看望伤员和慰问家属。同时连夜在二道白河召开专题会议研究部署事故救援和善后处理相关事宜，之后按照国家旅游局和省政府有关领导的批示要求，积极指导吉林市旅游局、延边州旅游局和安图县政府开展事故救援和善后处理工作。11月7日长春金桥国际旅行社组织游客赴哈尔滨一日游，车辆行驶至德惠市境内发生侧翻事故。接到报告后，吉林省旅游局立即电话指导长春市旅游局，随后在陈守君副局长带领下赴德惠市现场指导，并协调江泰保险公司协助长春市旅游局做好事故善后工作。

**7. 积极发挥保险服务功能**

2016年吉林省旅游局注重加强旅责险统保示范项目管理工作，充分发挥保险经纪服务、调处作用，为妥善处理旅游安全应急事故提供有力保障。尤其在“10·4”涉旅道路交通事故救援和善后处理中，江泰保险公司启动理赔绿色通道，垫付大量资金，保证了伤者得到有效救治。旅责险及时有效地进行了赔偿，降低了旅行社的损失。

**8. 存在的困难**

随着旅游业的不断发展，各类安全隐患逐渐增多，旅游安全监管面临的问题也随之突出，困难不断加大。

一是个别地区旅游安全联合监管机制作用发挥不明显，相关部门相互协调和合作不到位，对抓好旅游安全与应急管理工作有一定影响。

二是个别地区负责旅游安全工作的科室其人员编制、保障体系等整体架构不健全；部分地区监管责任落实不到位，监管手段单一，并且安全监管人员业务能力和知识水平不高，存在不会抓、不会管和指导不力现象。

三是个别企业安全主体责任意识不强，管理基础薄弱，缺乏安全生产内生动力，安全生产保障投入不足，存在侥幸心理，存在重经营、轻安全的现象。

## 三　2017年吉林省旅游安全工作展望

2017 年，吉林省将大力宣传贯彻《旅游安全管理办法》，扎实推动办法的执行与落实，全面推动旅游行政主管部门和旅行社等旅游经营者按照办法的职责要求开展旅游安全工作，并通过加强安全检查、组织安全培训、开展宣传教育、推动预案编制等工作来提供基础支撑，全面推动吉林省旅游安全工作的务实有效开展。

**1. 加大安全检查和隐患排查力度**

一是按照省安委会工作部署，结合专项整治行动，在小长假、黄金周、学生假期、汛期等重要节点、重要阶段组织开展集中检查、专项检查和暗查暗访。二是主动会同安监、质监、消防、交通、公安等部门对企业安全管理制度建设、特种设备管理、消防安全、旅游包车等内容开展联合督导检查。三是组织由各地旅游主管部门安全监管人员参加的旅游安全交叉互检活动，以达到相互学习、相互借鉴、相互提高的目的。

**2. 组织安全培训和应急演练**

拟于 2017 年 5 月底前在通化组织召开全省旅游安全工作会议，认真总结 2016 年度旅游安全工作，安排部署 2017 年旅游安全重点工作。就新修订的《旅游安全管理办法》和高风险旅游项目安全管理等组织相关培训。同时针对近两年来吉林省发生的涉旅安全事故的特点，结合新编制的《吉林省旅游突发事件应急预案》，组织开展旅游安全应急演练。

**3. 加强宣传教育，提高安全意识**

印制发放具有行业特点的相关安全生产宣传资料，并督促企业积极投放。在旅游政务网站设立旅游安全生产宣传栏目，及时发布相关旅游安全信息。充分发挥省内电视、广播及报刊等主流媒体的作用，对大型安全检查、应急演练等相关活动进行宣传报道。深入开展“安全生产月”活动，提升安全意识，加强行业安全管理。

**4. 加强预案预警机制的研究与建设**

一是编制“吉林省旅游业非人伤安全事件应急预案”。梳理旅游各要素环节影响吉林省旅游业发展的各类非人伤安全事件，并对其进行合理分类。初步拟对旅行社甩团事件、游客投诉的“零负团费”事件、旅游饮食环节的天价餐饮事件、旅游住宿环节的严重主客冲突事件、旅游交通场所的大规模游客滞留事件、景区游览场所的大规模等候滞留事件、旅游购物场所的欺诈强卖事件、涉及旅游产业的舆情突发事件等非人伤安全事件进行预案研究，编制完成相应的应急预案。

二是编制“安全风险评估与预警体系”。重点针对旅游线路产品和旅游景区场所等存在的安全隐患和可能危及游客生命安全的风险因素，明确旅游安全风险评估的环节、方法和基础标准。建立吉林省旅游安全风险四级预警提示制度，明确各级风险的预警形式和基本处置策略，并定期在旅游政务网站上公布被检企业的安全风险级别，对游客进行安全风险提示，为企业制定有针对性的安全防控措施提供依据。

## 参考文献

［1］吉林省旅游政务网，http：//www. jlta. gov. cn/。

［2］国家旅游局网站，http：//www. cnta. gov. cn/html/。

［3］吉林旅游网，http：//www. gotojilin. com/govern。

# B.28

# 2016～2017年四川省旅游安全工作分析与展望

陈加林*

摘　要：2016年，四川大力强化旅游安全工作力度，切实保障了全省旅游业持续快速健康发展。四川从构建旅游安全责任体系、加强制度建设、强化部署落实、多方协调联动、加强专题研究、提升应急水平、提高旅游服务和安全保障水平等方面开展旅游安全工作，取得了积极成效。展望2017年，四川省将从旅游安全培训学习、旅游安全建章立制、旅游安全目标考评等方面强化旅游安全工作。

关键词：旅游安全工作　四川省　形势分析

## 一　2016年四川旅游安全工作总体形势分析

2016年四川全省实现旅游总收入7705.5亿元，同比增长24.1%。其中，接待入境游客308.8万人次，同比增长13%；实现旅游外汇收入15.8亿美元，同比增长33.9%。全省旅游安全工作始终坚持“安全第一、预防为主、综合治理”的方针，以保障游客生命财产安全为根本出发点，进一步健全机制、完善举措、落实责任、强化监管，确保了全省

* 陈加林，四川省旅游局副局长。

旅游安全生产形势总体平稳有序，促进了全省旅游业持续健康快速发展。

## 二　2016年四川旅游安全工作形势的概括与特点

四川全省高度重视旅游安全工作，按照“一岗双责”和“属地管理”的要求，加强旅游安全组织建设工作，建立了一把手亲自抓、分管安全工作的领导具体抓、其他领导配合抓的工作机制，加大旅游安全服务与保障力度，推动了四川省旅游业的安全发展与健康发展。

### （一）加强领导、落实责任，建立健全旅游安全工作机制

四川高度重视旅游安全工作，充分认识到“没有安全就没有旅游”，始终坚持把旅游安全工作放在各项工作首位，切实强化“红线意识”和“底线思维”，多次专题研究、专门部署，努力构筑新常态下的旅游安全保障网，确保有效防范和遏制旅游安全事故发生。

一是健全机制，明确职责。严格落实“管生产必须管安全、管行业必须管安全、管业务必须管安全”“党政同责、一岗双责、失职追责”的总体要求，为适应新形势下安全工作的新要求，四川省旅游发展委员会重新修订了工作方案，在省旅游委安委会下设立了旅游行业安全维稳办、应急办等4个专项工作办公室，进一步明确监管责任，建立了统筹协调、督察督办、安全预警、行政约谈、安全培训、应急处置和评价考核七大机制，并将旅游安全作为考核各市州旅游工作的重要指标，实行“一票否决”，确保全省旅游安全监管工作有力有序开展。

二是厘清边界，落实责任。为认真做好全省涉游安全监管工作，切实保障全省旅游市场安全稳定有序，有效防范事故发生，省旅游发展委员会协调推动省安办印发了《关于全面做好涉旅安全监管工作的通知》，进一步厘清了16个涉旅部门的安全监管职责边界和工作机制，对旅游发展新业态安全监管提出了明确要求，确保涉旅安全生产监管责任落实、措施有效、工作到位。

三是完善制度，规范管理。以制度建设、制度创新为切入点，全面提升旅游安全监管水平。制定了《旅游景区质量等级提升标准（A+）》和《游客高峰时段景区应对标准（A++）》，在旅游高峰时段充分做好事前、事中、事后应急准备，确保人力、物力、财力储备到位，以旅游标准化建设提升工程为抓手不断提高全省A级旅游景区安全运行管理水平。同时，还组织修订了《旅行社安全管理规定》，突出重点环节，规范运营管理，保障安全有效。完善了《旅游行业突发事件应急预案》《旅游行业突发事件处置工作流程》，优化工作程序，强化应急举措，切实增强应对旅游突发事件的能力。

## （二）部门联动、齐抓共管，深入推进安全工作扎实开展

充分发挥省旅游产业发展领导小组的综合协调作用，按照省政府《依法治旅规范市场工作方案（2014～2016）》，有力推动涉旅部门各司其职、各尽其责，齐抓共管，全面落实旅游安全工作责任。

一是多方配合，联合督察。在黄金周、小长假、暑期、汛期等重点时段，及时印发通知部署安全工作，组织公安、交通、质监、消防、卫生等涉旅部门，针对涉旅道路交通、食品卫生、消防、特种设施等重点环节，赴重点旅游线路、旅游景区、宾馆饭店和旅行社开展涉旅安全督察，排查隐患，督促整改。按照省安办《今冬明春安全生产工作方案》的要求，组织各市州开展了600余批次涉旅安全生产隐患大排查和10批次省级督察工作，检查旅行社、A级旅游景区、星级饭店和星级农家乐等企业572家，排查出安全隐患214项，现场完成整改180项。重点针对部分旅游企业存在重生产、轻安全的观念，管理者安全意识薄弱，部分景区公路等级低、弯道多，在危险路段缺乏必要的安全防护设施和安全警示标识等问题，要求当地政府组织相关部门督促限期整改。

二是多种媒体，加大宣传。根据国家旅游局和省政府安委会的部署，认真开展旅游“安全生产月”活动，以“弘扬安全文化，普及安全知识”为主题，要求各地旅游部门、旅游企业、旅游景区充分利用网站、媒体大力开展旅游安全宣传教育和旅游安全咨询活动。严格落实旅游大巴“导游专

座”，向游客发放《文明旅游与安全出行指南》，播放旅游安全提示片，不断强化游客安全意识。

三是多种形式，强化培训。组织召开旅行社、星级饭店、旅游景区和行政管理部门开展安全培训，组织学习了《旅游安全管理办法》，及时传达安全生产工作要求，部署安全工作任务，通过典型案例开展安全教育，切实增强旅游企业从业人员的安全意识和责任意识。

四是多方推动，落实保险。高度重视国家旅游局推行的旅行社责任险统保示范项目，采取行政鼓励、协会协调等多种方式，加大全省推广力度，督促旅行社严格落实，切实降低旅行社责任风险，保障游客安全出游。

### （三）加强演练、保障有力，着力提升旅游安全应急处置水平

一是专项部署应急工作，提高安全应急工作的针对性。为切实做好旅游安全应急管理工作，四川根据冬春季、暑期及汛期、黄金周等不同时期旅游安全工作特点，及时对旅游安全应急管理工作进行专项部署，要求全省各地加强组织领导、完善预案、加强宣传培训、强化值守预警、落实督导检查和信息上报工作，切实做好、做实旅游安全应急管理工作。

二是加强特殊时期管理，提高安全应急工作的有效性。针对汛期泥石流、山体滑坡隐患，专题研究部署汛期旅游安全应急工作，要求各地及时召开汛期旅游安全专题会议，做好汛期旅游安全的部门联动和信息共享工作，建立预报预警机制，出现灾情，及时开展疏散和处置工作。

三是强化应急实战演练，提高安全应急工作的实战性。进一步健全旅游应急救援机制，提升事故预警响应能力、应急处置能力和应急协同能力，培养锻炼应急救援队伍。四川省旅游发展委员会积极指导各市州在重点旅游景区开展旅游应急实战演练，有效提高了应急处置救援能力。

## 三　2017年四川省旅游安全工作展望

2017 年应进一步强化“科学发展、安全发展”理念，坚持“预防为主、

奖惩结合”，全面落实旅游安全责任，加强旅游安全督导检查，深化安全隐患排查治理，加强旅游安全应急管理能力建设，有效防范和遏制旅游行业重特大事故发生，继续保持旅游行业安全稳定形势。

### （一）加大学习培训力度，全面提高旅游安全工作能力

一是加强学习，落实规定。组织深入开展安全生产法、旅游法、《旅游安全管理办法》和《四川省旅行社安全管理规定》等涉旅安全生产法律法规培训，指导各地健全旅游安全监管工作责任体系、目标考评体系，协调涉旅部门督促落实安全监管工作职责任务。党组（委）每季度听取旅游安全工作汇报，研究、分析旅游安全生产工作，组织、协调和解决安全生产工作中的重大问题。

二是部门联动，深入培训。会同公安、交通、工商、质监、食药监等部门进行《119对你说》火灾警示教育电影拷贝，组织观看道路交通安全警示片等，做好旅游安全警示片、游客安全乘车温馨提示宣传片、《旅游安全法律法规选编》、《旅游突发事件应急手册》、旅游安全知识小卡片等的发放工作，积极组织旅行社、A级旅游景区、星级饭店等旅游企业免费播放或发放。全年举办不少于一次的安全工作岗位培训，不断提升旅游全行业的安全责任意识以及应对处置突发事件的能力。

三是完善预案，加强演练。针对各类旅游节庆活动的规模和特点，进一步完善由旅游部门参与主办或承办的各类旅游节庆活动的应急预案，会同相关部门加强安全防范措施和疏散演练，严防拥堵踩踏群死群伤、消防火险等恶性事故发生。指导各级旅游部门进一步健全和完善旅游应急预案体系。全年开展不少于一次的应急演练。

### （二）加大建章立制力度，全面落实旅游安全工作责任

一是完善制度，落实责任。积极推动制定施行旅游景区旅游安全管理规定、旅游酒店安全管理规定、旅游农家乐乡村酒店安全管理规定和旅游节庆活动管理规定等。推动全省旅游行业层层签订目标责任书，构建省—

市（州）—县（市、区）—企业四级安全生产责任体系，健全全省旅游安全考核机制，坚持以制度措施为保障，切实推进旅游安全生产责任制度的落实。

二是智慧管理，加强运用。进一步完善“旅游突发事件报送系统”，健全旅游突发事件信息报告制度；推动各地进一步加强旅游安全应急管理机构和应急指挥平台建设，完善假日值班和应急值守、信息报告、处置决策、协调救援等管理制度，年内实现5A级旅游景区省应急指挥平台100%全覆盖，4A级旅游景区省应急指挥平台覆盖率达80%。同时，要协调配合、科学预警，加强旅游应急管理，健全军警民联动应急救援机制。切实加强与交通、气象、地震、卫生等有关部门的联系，及时掌握各类舆情信息和发布预警示。加强应急和处突预案与方案演练，确保科学预警，有效预防突发事件发生。

三是突出重点，强化督察。进一步强化属地管理责任，在属地政府统一领导和安排下，积极配合相关涉旅部门，各司其职、各尽其责，齐抓共管；在重大活动和黄金周、小长假、暑期和汛期等特殊节点与时段认真开展游客密集场所、旅游集散地、旅游道路交通、旅游水上安全、旅游客运车辆、旅游特种设备、旅游住宿设施、A级旅游景区、旅游餐饮场所和高风险旅游项目的安全检查，全年不少于5次，排查安全隐患，建立健全台账，督察限期整改销账，杜绝事故苗头。

### （三）加大目标考评力度，全面落实多方参与宣传监督

一是健全机制，完善考评。研究制定全省旅游安全生产目标责任考核制度，结合“安全生产月”、“百日安全生产活动”、安全生产培训、安全生产知识竞赛等活动对市（州）实施年度目标考核，对本年度无安全生产责任事故、表现突出的给予表彰和加分，对年度安全生产出现较大以上责任事故的给予通报和扣分。

二是多措并举，社会参与。建立健全旅游安全社会监督员和神秘访客制度，支持鼓励各地聘请一批来自社会各界的社会监督员和神秘访客，积极参

与监督和管理并建言献策，对旅游安全工作进行全社会监督。

三是广泛宣传，媒体监督。加强与媒体合作，通过广播、电视、报刊、网站等传媒载体，公布旅游公共服务信息网站，深入开展旅游安全生产专题宣传，加强对旅游安全生产的社会监督，着力构建管理者、经营者、消费者和新闻工作者四位一体的旅游安全监管网络。

# B.29

# 2016 ~2017年重庆旅游安全形势分析与展望

潘文亮　冯建国　邓栋梁*

摘　要：　2016 年，重庆市旅游安全形势持续向好，各项旅游安全管理工作扎实开展，积极创新，成效显著。2017 年是重庆直辖 20 周年，重庆市将进一步落实主体责任和监管责任，加强业务建设，构建科学防控体系，推进旅游安全日常管理，实现旅游业无重大安全责任事故的工作目标，积极为迎接党的十九大召开创造良好的安全稳定的环境。

关键词：　重庆市　旅游安全稳定　形势任务　工作要点

2016 年是"十三五"开局之年，重庆市旅游局认真贯彻落实党中央、国务院，重庆市委、市政府和国家旅游局的系列决策部署和要求，把"两学一做"学习教育活动的具体成效体现在抓好旅游安全的实际工作措施和效果上，严格落实责任制，狠抓法律法规学习贯彻，扎实开展旅游安全隐患大排查大整治活动，积极创新工作思路和监管方法，保持了全市旅游安全生产形势的稳定。

* 潘文亮，重庆市旅游局旅游安全处处长；冯建国，重庆市旅游局旅游安全处调研员；邓栋梁，重庆市旅游局旅游安全处调研员。

## 一 2016年重庆市旅游安全的总体形势

2016年，重庆市旅游业蓬勃发展，旅游接待总人数4.51亿人次，比上年增长15%；实现旅游总收入2634亿元，同比增长17%。其中，接待入境游客316万人次，同比增长12%；实现旅游外汇收入16.6亿美元，同比增长13%。

全市旅游市场整体规模不断扩大，市民旅游需求持续旺盛，呈现出境旅游市场增长迅速、出境旅游消费不断增多的发展趋势，这也给旅游安全管理工作提出了新的挑战。2016年全年，重庆市旅游局共收到本市各区、县及旅游企事业单位报送的旅游安全突发事件365起，同比上年有所增加。死亡13人（其中，溺亡2人，突发疾病死亡、猝死8人，砸伤及快艇螺旋桨绞伤等意外事故死亡2人，交通事故死亡1人），受伤389人，失踪1人。各旅游安全突发事件均受到了旅游管理部门的高度重视，江泰保险经纪股份有限公司等旅行社责任险投保保险公司积极配合，事故得到了及时妥善的处理。

## 二 2016年重庆旅游安全事件统计情况

### （一）2016年旅游安全事件基本情况

由图1、图2可知，截至2016年底，各区县、旅行社上报旅游安全事件365起，较上年增加55起，其中人伤事件317起，占全年事件总数的86.85%；非人伤事件48起，占全年事件总数的13.15%。全年共计389人受伤，13人死亡。

从境内外旅游安全事件数的比较分析来看，全年365起安全事件中境内游209起，境外游156起；受伤的389人中境内游209人，境外游180人；死亡13人中境内9人，境外4人。境外游总事件数为156起，其中在泰国发生99起，占63.46%；受伤180人，其中在泰国受伤131人，占72.78%；死亡4人，均发生在泰国（见图3、表1）。

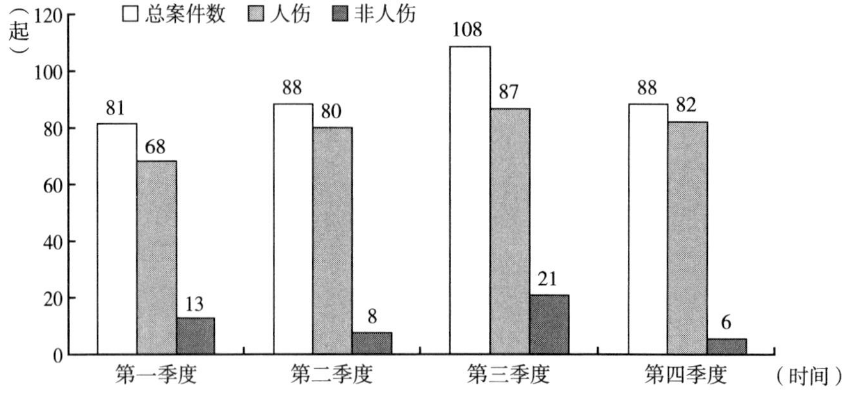


**图1　2016年重庆市旅游安全事件基本情况**

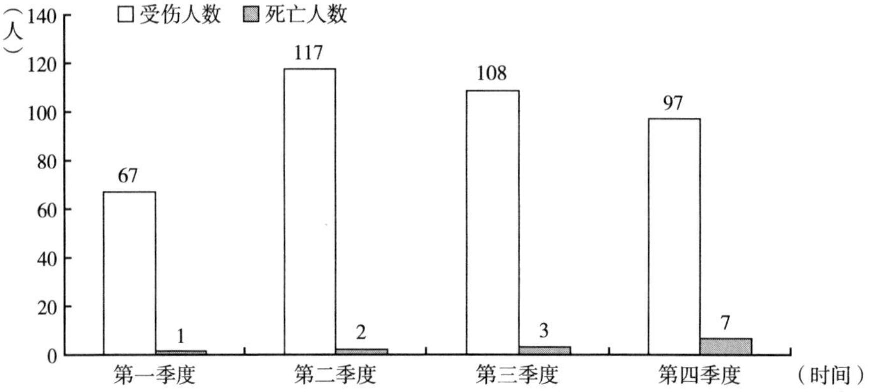


**图2　2016年重庆市旅游安全事件伤亡情况**

## （二）2016年重庆旅游安全事件分布类型分析

2016年人伤事件总数为317起，较上年度增加50起。人伤事件排名前三的是一般意外事故、自身疾病和交通事故。其中一般意外事故228起，自身疾病46起，交通事故20起。此外，猝死8起，食物中毒事故5起，动物咬伤事故3起，溺水事故2起，高原反应事件2起，游客失踪1起，其他事件2起。

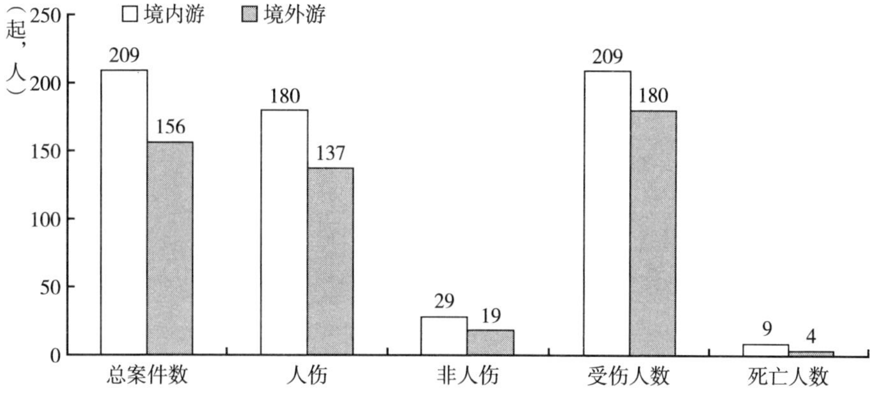


**图3　2016年重庆市境内外旅游安全事件比较分析**

**表1　2016年重庆市赴境外旅游安全事件情况**

| 国家或地区 | 事件总数(起) | 人伤(起) | 非人伤(起) | 受伤人数(人) | 死亡人数(人) |
|---|---|---|---|---|---|
| 泰国 | 99 | 93 | 6 | 131 | 4 |
| 越南 | 4 | 4 | 0 | 9 | 0 |
| 日本 | 2 | 2 | 0 | 2 | 0 |
| 柬埔寨 | 5 | 5 | 0 | 5 | 0 |
| 印度尼西亚 | 1 | 1 | 0 | 1 | 0 |
| 新西兰 | 2 | 2 | 0 | 2 | 0 |
| 埃及 | 2 | 2 | 0 | 2 | 0 |
| 俄罗斯 | 2 | 2 | 0 | 2 | 0 |
| 法国 | 3 | 2 | 1 | 2 | 0 |
| 菲律宾 | 4 | 4 | 0 | 4 | 0 |
| 韩国 | 6 | 6 | 0 | 6 | 0 |
| 马尔代夫 | 1 | 1 | 0 | 1 | 0 |
| 马来西亚 | 6 | 5 | 1 | 5 | 0 |
| 斯里兰卡 | 3 | 3 | 0 | 3 | 0 |
| 土耳其 | 1 | 1 | 0 | 1 | 0 |
| 新加坡 | 2 | 1 | 1 | 1 | 0 |
| 意大利 | 3 | 1 | 2 | 1 | 0 |
| 美国 | 1 | 0 | 1 | 0 | 0 |
| 澳大利亚 | 1 | 0 | 1 | 0 | 0 |
| 克罗地亚 | 1 | 0 | 1 | 0 | 0 |
| 中国香港 | 3 | 0 | 3 | 0 | 0 |
| 中国澳门 | 1 | 1 | 0 | 1 | 0 |
| 中国台湾 | 3 | 1 | 2 | 1 | 0 |
| 合　计 | 156 | 137 | 19 | 180 | 4 |

2016 年非人伤事件共计 48 起。非人伤事件排名前三的是航空公司及天气原因造成的延误、旅行社自身工作失误导致的延误以及游客境外遭遇盗抢。航空公司及天气原因造成的延误 24 起，旅行社自身工作失误导致的延误 12 起，游客境外遭遇盗抢 6 起，旅程有责取消 4 起，其他事件 2 起。

## 三 2016年重庆旅游安全工作开展情况

2016 年，全市旅游系统、旅游行业认真贯彻落实有关法律法规，积极作为，开拓创新，共同抓好旅游安全，确保了行业整体安全稳定。

### （一）认真落实“党政同责、一岗双责”

一是严格按照中央、市委和市政府决策部署抓落实。市旅游局党组、局长办公会议多次强调和研究旅游安全稳定工作。旅游安全处牵头组织、统筹、实施旅游安全稳定工作。局领导分别带队到区县检查督促旅游安全稳定工作，对发现的安全稳定隐患及时督促整改，切实压紧压实全市旅游安全稳定责任。二是认真学习宣传贯彻重要法规文件。以扎实开展“两学一做”学习教育活动为牵引，抓好“两法、两条例、一办法”的学习贯彻，依法确保旅游安全稳定。三是扎实抓好年度工作统筹部署。制定下发《2016 年度旅游安全检查督查工作计划》《旅游安全工作重大事项分解方案》。分别于 1 月、5 月、8 月召开市旅游安全稳定暨平安景区创建、旅游反恐防范规范培训和水上旅游安全工作会议，邀请市交委、公安局反恐总队、安监局、体育局等单位领导或专家授课指导，层层传导压力、明确责任、教授方法。四是围绕市委、市政府阶段性工作重点抓落实。按照市委、市政府领导工作批示及时、务实处置突发事件，切实做好防范应对工作。应区县要求，为渝北、九龙坡、涪陵、彭水等区县举办旅游安全稳定工作培训班。

### （二）深入开展安全稳定隐患大排查大整治

突出三项工作重点，一是重点推进旅游突发事件应急管理。制发 2016

年旅游行业突发事件风险管理工作通知，指导区县旅游局会同相关部门抓好旅游安全稳定风险识别、登记、评估、管控工作，落实好风险防控责任制。指导永川野生动物世界、重庆动物园等景区抓好《重庆市突发动物疫情应急预案》落实。指导渝中区洲际饭店、涪陵区大裂谷景区等单位开展应急救援演练。二是重点开展旅游安全稳定隐患排查整改工作。制发《关于开展2016年春节两会期间旅游安全检查工作的通知》《关于组织开展全市夏季旅游安全交叉检查工作的通知》《关于开展汛期旅游景区安全工作专项督导的通知》《关于进一步加强旅行社安全监管及日常工作督查检查工作的通知》等文件。第一季度，成立6个市级旅游安全督察组，分赴12个区县督导春节、市“两会”期间旅游安全稳定工作。第二、第三季度重点抓好汛期旅游安全稳定工作，协调组织市安监局、交委、农委、环保局、水利局等20个市旅游经济发展领导小组成员单位，成立10个督导组，对全市21个重点区县50个景区进行旅游安全稳定督导，组织区县旅游局进行跨区县旅游安全稳定交叉检查，通报交叉检查情况，梳理印发隐患清单。书面督察整改10余个景区，两家旅游安全稳定评估不合格景区被摘牌。深刻汲取永川“10·31”事故教训，制定下发《关于抓好当前旅游安全工作的紧急通知》，部署大排查大整治工作。三是重点加强重要时段、重点环节旅游安全稳定工作指导。贯彻市委、市政府指示，根据不同季度安全风险特点分别制发《关于做好应对罕见极端冰雪灾害天气工作的紧急通知》《关于极端气象灾害预警警示的通知》《关于做好防范山洪地质灾害的紧急通知》《关于开展高温汛期旅游消防安全、景区地灾防治等防控特大事故工作的通知》，与市防汛抗旱指挥部办公室联署下发《关于切实加强汛期旅游安全的通知》，协同市交委、市公安局、市水利局、市质监局、市体育局、市林业局、市园林局和市海事局等部门联合制发《关于进一步加强水上旅游安全工作的通知》，召开会议进行专项部署。

### （三）不断创新旅游安全稳定监管措施

一是认真加强旅行社安全稳定监管，管好旅游部门的“独生子女”。举办4期出境旅行社导游、领队旅游安全及应急救援培训，做到在岗全员参训、参考、全覆盖。加强对旅行社集中的行政区工作的调研及业务指导，对部分重点旅行社安全管理情况进行调研，集中约谈管理不规范的旅行社。严格旅行社包租车和旅游合同环节监管，加强对旅行社购买交通服务环节安全稳定监管，督促落实安全防范和涉旅事故报告制度。二是深入推进平安景区建设，扩大旅游安全稳定基本面。与市综治办联合部署推进平安景区建设，加强创建工作指导，通过业务处室指导、景评专家检查、区县交叉检查三结合方式，复核17家市级平安示范景区，新评定6家市级平安示范景区。推广合川区旅游局、钓鱼城景区确保旅游节庆活动安全稳定的工作经验。对黔江芭拉胡景区、彭水蚩尤九黎城、北碚自然博物馆等新评定A级景区开展安全稳定评估。制发《关于规范景区最大承载量核定的指导性意见》，指导有关单位依法核定景区最大承载量。三是突出消防安全和反恐怖防范规范，面线结合、以点带面，加强行业安全稳定工作指导。督促落实《旅游饭店反恐怖防范规范》和《宾馆饭店消防安全管理十条规定（试行）》、《星级饭店消防安全检查导则》，协助相关市级部门做好食品安全、防艾滋、控吸毒工作。四是加强涉旅市级部门联动联管，增强旅游安全稳定工作持续可靠性。与市交委共同制定《关于进一步贯彻导游专座工作的通知》，与市食药监局联署下发《关于开展旅游景区食品安全专项检查工作的通知》，转发《重庆市消防安全责任制实施办法》和《重庆市消火栓管理办法》，督促旅游企业严格消防安全管理。联合市交通巡逻警察总队、市运管局突击开展旅游客运道路交通安全及“导游专座”落实情况监督检查。

### （四）扎实抓好旅游节庆活动安全稳定管控工作

2016年，重庆市旅游局把“世界旅游城市联合会重庆香山峰会”作为旅游节庆活动安全稳定管控的重大任务，精心筹划和组织实施。牵头协调市政府相关部门制定电力通信、卫生医疗、食品安全、交通畅通、特种设备检验、临聘身份核实、证件核发等安保执行方案。统筹酒店、会场、考察路线安全稳定保障工作。与市公安局、市交委、渝北区、渝中区政府研究确定安保工作细节，确保了峰会安全顺利召开。加强元旦、春节、市“两会”等重要时段与环节的旅游安全稳定工作，指导黔江、万州做好世界旅游日、三峡国际旅游节安保稳定工作。组织开展国庆节旅游安全秩序暗访，大足石刻、武隆喀斯特、重庆科技馆、开州汉丰湖、云阳龙缸5家景区名列全国旅游红榜。

### （五）及时妥善处置涉旅突发事件

旅游安全稳定工作标准，一是确保不出事，二是及时处理突发事件。妥善处置除夕夜重庆旅游团队泰国曼谷机场路交通事故、四川黄龙溪古镇渝籍旅游客车车祸、四川内江高考学生泰国游遇难、普吉岛游客被快艇撞击受伤、云阳龙缸景区山体因自然灾害滑坡等突发事件。积极发挥旅行社责任保险的风险保障作用，全年旅行社责任险统保示范项目赔付358.26万元。

### （六）策划推进景区LED安全视频系统联网平台建设

抓好旅游安全工作，既要有想法，也要有办法。市旅游局认真贯彻市委、市政府建设平安重庆工作部署，落实全国旅游安全工作会议、全国公共安全视频监控建设联网应用电视电话工作会议精神，认真策划推进全市A级景区LED安全视频系统联网平台建设。规划实现旅游安全远程监控、接待人数实时统计及最大承载量实时监控预警、远程工作实时对话、景区产品本地异地互相投送、政务工作安排部署等功能。

## 四　2017年重庆旅游安全工作任务要点

2017年是党和国家政治生活中十分重要的一年，安全稳定压倒一切，安全稳定重于泰山。全市旅游安全战线要以迎接党的十九次全国代表大会为动力，认真贯彻党中央、国务院，市委、市政府和国家旅游局决策部署及指示要求，抓紧、抓早、抓好旅游安全稳定工作。

### （一）进一步落实好安全稳定工作责任

针对实际工作中旅游安全稳定意识、责任、担当存在差距的问题，切实加强“依法管旅、依法治安”。旅游安全监管部门要坚持依法监管、“依法治安”，守住安全稳定工作“底线”。旅游企业要牢固树立依法经营、安全发展理念，不闯安全稳定工作“红线”。一是要把企业主体责任做实，依法建立健全旅游安全责任制，制定落实安全稳定工作制度和操作规程、培训计划。二是要把“党政同责、一岗双责”做细，细化履职清单。三是要把旅游安全监管执法做严，制订旅游安全执法检查计划、规划，建立健全安全稳定管理台账，闭环整改涉旅安全事故隐患，主动抓好辖区旅游行业社会治安综合治理工作。

### （二）认真加强旅游安全稳定基础性工作

2017 年着重加强三项基础建设。一是加强技防基础建设。以合川钓鱼城、涪陵白鹤梁安全视频系统，黔江濯水古镇智能消防系统，石柱千野草场智能门禁系统等为典范，进一步抓好推广应用。二是加强宣传教育基本普及面建设。利用重大活动、节假日、行前说明会、车行前安全提示等形式，加大旅游安全稳定宣传力度，分发《旅游安全管理办法》、旅游突发事件应急手册、游客安全乘车温馨提示光盘和导游专座座套等，扩大社会舆论覆盖面。三是加强从业技能基础建设。指导旅游企业抓好反恐怖防范规范、重点行业从业人员反恐怖宣传培训手册的学习，增强一线旅游从业人员履行工作职责必备的安全稳定知识技能。

### （三）严防重特大涉旅事故发生

高度关注和分析研判社会稳定形势，按照职责要求积极抓好平安建设。加强旅游行业风险管理体系建设，按照“属地管理”和“谁主管、谁负责”原则，继续抓好旅游突发事件风险识别、登记、评估和管控工作，落实好风险防控责任制。依法修订完善区县旅游突发事件应急处置预案，组织抓好旅游安全突发事件应急演练，高效处置涉旅或旅游突发事件，防止负面炒作。依法开展旅游安全执法专项检查、查处，加强旅游安全执法部门联动。认真配合抓好食品安全工作，无论是旅游团队伙食安排，还是星级饭店（游船）、A级景区餐饮接待，都要严格确保食品安全。旅游企业要认真分析、查找、排查安全稳定隐患，坚决把事故隐患苗头扼杀在萌芽状态。

### （四）突出抓好旅行社安全稳定监管工作

严肃整治旅行社“重经营发展、轻安全稳定”的问题。一是切实强化“依法治旅”“依法管社”的责任意识。旅游部门、旅行社要认真对照《中华人民共和国旅游法》《中华人民共和国安全生产法》《旅行社条例》《旅游安全管理办法》《旅行社安全规范》及国家旅游局、市旅游局的系列文件要求，研读法律、法规、政策、规范，逐条对照检查、拾遗补阙，消除管理空白，抓好逐项工作落实。二是要切实落实旅行社安全稳定主体责任。旅行社要尊法、守法、畏法，执行落实好安全稳定工作制度，依法购买足额责任险，规范包车、包船、包机交通服务合同，严格落实导游专座规定，遵守涉旅突发事件报告制度。国内游要贯彻市安委会《关于进一步加强旅游客运道路交通安全工作的通知》，坚决杜绝重特大旅游交通安全事故。三是要按照全市安全生产执法检查视频会议的部署及要求，依法开展旅行社安全稳定执法检查，找准问题，消除隐患。四是要进一步加强旅行社保险体系建设。目前赴台旅游综合险、欧洲游意外险逐步成熟，要加大旅游保险宣传力度，增强旅行社、旅游者保险意识，扩大旅行社责任险统保示范项目覆盖面。五是加强旅游产品（线路）安全风险评估。区县旅游局具体指导、督促旅行社建立旅游产品（线路）交通状况、限速情况、气候条件等信息台账，并对旅游线路和行程进行交通安全风险评估。出境社尤其要考虑到旅游目的地的各类复杂安全稳定因素。对存在突出安全风险的旅行线路，要调整出行线路或暂停发团。

### （五）指导星级饭店（游船、温泉）抓好安全稳定工作

星级饭店、游船、温泉是重庆的旅游形象，其安全稳定影响重大。区县旅游局要在区县党委、政府领导下，积极协调相关区县部门做好工作。一是严格对标检查，督促落实安全稳定管理制度，相关设施设备必须符合相应质

量等级安全规范。二是加强对市旅游局、重庆消防总队联合制发《宾馆饭店消防安全管理十条规定（试行）》落实情况的检查。三是指导企业做好电梯日常维护管理，防止高空坠落、游客聚集踩踏事故发生，严防食物中毒事件。四是落实好国家旅游局、国家反恐办联合颁发的《旅游饭店反恐怖防范规范》，强化人防、技防、物防要求，做好检查记录。星级游船公司要落实好市旅游局、市交委、市公安局、市水利局、市质监局、市体育局、市林业局、市园林局、市海事局 9 个市级部门联合制发的《进一步加强水上旅游安全工作通知》。重庆是“世界温泉之都”，温泉旅游安全稳定具有特殊影响，相关区县旅游局积极配合区县有关职能部门，指导温泉企业加强旅游安全稳定防范、保障及应急救援工作。一要完善安全防护设施和安全警示、宣传提示标识标牌。二要加强应急救援队伍建设，配备足够的紧急救援、医疗救护力量。三要加强公共卫生安全管理，定期对更衣室、衣柜消毒，进行水池换水、消毒、水质检测。四要做好传染性疾病的宣传、识别和防护工作，切实保障游客的健康。

### （六）进一步抓好旅游景区安全

在加强日常安全管控的同时，突出以下四项具体工作。一是认真抓好平安景区建设。平安景区建设是“平安重庆”建设的 9 个重要支撑之一，市旅游局、市综治办将对市级平安示范景区实行动态管理，各区县旅游局要在区县党委、政府的领导下，协同区县综治办，指导 A 级景区认真扎实开展平安景区建设。二是认真抓好景区最大承载量核定工作。区县旅游局依法指导景区主管部门和景区经营单位，按照国家和市政府要求，对照《旅游景区最大承载量核定导则》抓好最大承载量核定及公布工作，加强旅游旺季游客流量控制及分流管控。三是认真做好景区安全隐患识别、登记、管控工作。市、区县景区主管部门和景区经营单位要主动配合安监、交通、质检、国土、体育、海事等职能部门，对景区内的交通道路、游乐设施等进行安全稳定隐患排查和风险识别登记。对景区内的高风险旅游项目，景区主管部门要牵头开展检查和普查，分类登记，厘清安全监管责任，防止因监管边界模糊发生安全稳定事故。四是要依法落实景区开放必备条件，并听取旅游主管部门的意见。景区申报3A级及以上景区前，要依法向所在区县旅游局提交景区开放、接待游客所必需的安全风险评估报告，作为3A级及以上景区评定前提。在安全稳定评估方面，重点对景区安全综合管理是否达到规定要求，房屋建筑、道路桥梁、大型娱乐场所等建筑、设施是否合法合规，特种设备是否取得相应检测检验证书，森林防火、消防管理、道路交通、反恐防暴、水上安全、食品安全、地质安全、动植物疫情防治、景区治安管理、应急救援等是否符合有关标准和要求，进行检查评估。

# B.30
# 2016~2017年宁夏旅游安全形势分析与展望

党建平　王文江　王光华*

摘　要：　2016年，宁夏旅游安全形势良好，稳中有升。自治区党委、政府高度重视旅游业发展和旅游安全工作。自治区旅游发展委员会作为全区旅游行政管理部门，按照自治区党委、政府的要求，不断创新工作方法，拓展工作思路，加强组织领导，狠抓责任落实，改革工作机制，完善管理制度，强化督促检查，提升了全区旅游安全的整体水平与应急能力。2017年，宁夏旅游管理部门继续以高标准、严要求，做好宣传动员，宣传贯彻法律法规，强化安全责任，健全防控体系，建设应急救援体系，实施专项行动等，保障旅游安全。

关键词：　宁夏旅游　旅游安全　全域旅游

## 一　2016年宁夏旅游安全总体形势

2016年是宁夏旅游发展的重要一年，全区按照自治区党委、政府的工作部署，创新发展理念，拓展工作思路，推动全域旅游示范区创建，品牌影响力和美誉度不断提升，旅游经济发展形势向好、增长较快，捷报频传。全

* 党建平，宁夏回族自治区旅游发展委员会副主任；王文江，宁夏旅游学校副校长；王光华，宁夏回族自治区旅游发展委员会执法总队队长。

区旅游业接待游客总人数近2150万人次，同比增长17.1%；旅游总收入达210亿元，同比增长30.2%；进出境人数达到20.7万人次，同比增长97%。旅游总收入占GDP的比重达到6.73%，旅游产业已经成为支柱性产业，各项指标增幅高于全国平均水平，在稳增长、调结构、扩内需、惠民生等方面发挥了重要作用。

在旅游安全方面，宁夏旅游主管部门结合行业实际，积极开展了安全生产专项整治、安全生产大检查、十大专项整治和百日专项整治行动“回头看”等各项安全隐患排查整治活动，累计出动检查人员1382人次，检查362家旅游企业，发现各类安全隐患656个，要求现场整改543个，限期整改113个，下达12份安全生产督办（整改）通知书，整改率达100%，实现了旅游企业全覆盖；同时，各旅游企业认真开展安全生产演练，已组织的企业近200家，参演人员近万人，分别占旅游企业总数的90%、旅游从业人员的50%，有力确保了安全生产平稳发展，发挥了为行业发展保驾护航的积极作用。

## 二　2016年宁夏旅游安全概况与特征

2016年，宁夏旅游行业在国家旅游局的大力支持下，在自治区党委、政府的坚强领导下，在自治区安委会的正确指导下，坚决贯彻“三个必须”（管行业必须管安全，管业务必须管安全，管生产经营必须管安全）和“党政同责、一岗双责、齐抓共管、失职追责”的指示要求，遵循“安全第一、预防为主、综合治理”的安全生产方针，齐心协力、抢抓机遇、顺势而为，依据法律法规，持续强化安全发展理念，落实安全生产责任，坚守安全生产红线，有效防范和遏制了旅游安全生产事故，为积极创建省级全域旅游示范区提供了坚实的安全保障。总体上说，全区旅游安全形势良好，稳中有升。

### （一）加强领导责任，狠抓工作落实

#### 1. 认真学习文件

宁夏旅游发展委员会及时召开专题党组会，组织学习习近平总书记、李

克强总理等领导同志重要指示与批示，全国、全区安全生产有关会议精神与自治区领导讲话，明确工作思路，制定实施方案，细化目标任务，明确工作重点，有力推动了年度工作落实。

**2. 依法依规履职**

宁夏旅游发展委员会认真学习旅游法，严格按照法律要求，坚持职责法定、问题导向、公开透明原则，重点围绕部门职责、职责边界、对应行政权力、制度措施四个方面，细致编制安全生产权力责任清单，进一步明确了职责、强化了履职、完善了制度。

**3. 做好组织动员**

宁夏重视旅游安全教育宣传，并结合节假日与旅游旺季特点，围绕“强化安全发展观念，提升全民安全素质”主题，组织召开全区旅游安全生产工作暨“安全生产月”动员部署会，进行形势再分析、思想再发动和任务再部署，提升群众的安全意识，提醒旅游者文明旅行。

## （二）强化监管责任，提升安全水平

**1. 强化监管责任**

根据工作方案，宁夏旅游发展委员会准确把握安全生产监管执法目标任务、方向原则，详细制定下发了贯彻落实加强安全生产监管执法主要任务分工措施，有效推动了责任落实。按照属地管理原则，针对银川市滨河新区黄河军事文化博览园景区新建博物馆未经消防合格性验收擅自投入使用问题，向银川市体育旅游局下达了安全生产督办通知书，及时维护了广大游客生命财产安全。

**2. 强化队伍建设**

宁夏旅游发展委员会积极实施“十百千万”工程，先后举办6期安全生产培训班，培训1000余人，提升了骨干队伍的法律意识与工作能力，充实了业务知识。2016年4月，采取集中力量、保障重点的思路，抽调全区旅游质监执法力量15人，分两组赴5市开展了为期1周的旅游安全生产暨市场秩序交叉互检互学互促活动，进一步培养了人才，锻炼了队伍，整饬了秩序。

**3. 强化督导联动**

宁夏旅游发展委员会督导中卫市落实联席会议制度，主动联系公安、运管等部门，开展“黑车”“黑导”专项清理整治，经过1个多月的积极工作，查处22名涉嫌“黑车”“黑导”坑骗游客违法人员，其中被公安部门治安拘留4人、旅游部门立案调查5人、警告13人，停运违规出租车1辆，形成了强有力的安全执法震慑。针对境内外涉旅客运车辆事故频发问题，先后2次与交通运输、公安部门召开座谈会，研究治理办法，多次给旅行社下发规范安全用车通知及全区具有包车资质企业信息表，并分别于2016年4月和7月对旅行社租车、合同签订等问题进行了专项检查，加强了对租车用车环节的规范与约束。

**4. 抢抓关键节点**

宁夏开展3次冬季旅游安全检查，为“冬游宁夏·享受阳光”保驾护航；严格落实节日期间领导干部到岗带班和关键岗位24小时值班制度，出动执法检查人员深入A级景区督导工作，及时掌握情况；与交警等部门建立信息互通共享机制，准确掌握各主要A级景区周边及高速公路交通秩序情况，防患于未然；每日利用智慧旅游平台实时监控各主要A级景区流量及安全运营情况，并通过“宁夏旅游”官方微信平台及时发布预警及提示信息，保障广大游客安全出行；结合旅游旺季实际，扎实开展了安全生产百日专项整治行动，明确了7月份为“全面督察月”、8月份为“重点排查月”、9月份为“巩固提升月”，认真排查问题隐患，保障了安全生产形势持续稳定。

## （三）落实主体责任，切实消除安全隐患

**1. 重视制度落实**

各旅游企业强化责任担当，坚持把安全生产教育培训纳入年度工作计划，与生产经营活动同部署、同检查、同考核，制定具体实施方案，明确目标任务，健全培训档案，投入专项资金保障，确保培训教育落实到位；坚持眼睛向内，突出涉旅客运车辆、特种设备、消防等重点内容，组织开展安全

生产十大专项整治行动，细致自查自纠，净化了安全发展环境；强化公众安全教育，扎实开展“安全生产月”暨“安全生产万里行”活动，发放3000余份旅游安全宣传彩页，受众面过万人。

各星级饭店、星级农家乐及A级景区内餐饮单位严格规章制度落实，自觉遵守食品卫生法等相关规定，建立动态食品巡查制度，严把食材“入口关”，执行食品留样检测，规范食品安全制作流程，做好食品安全工作。

**2. 把好安全关口**

各旅行社前移安全关口，进一步规范旅游合同签订、做好线路安全设计、履行安全提示义务、主动购买保险产品，有效降低了风险系数；自觉使用资质齐全、车况良好、有保险保障的车辆，经常要求导游履行安全提醒义务，在行程中及时提醒司机注意安全，防止出现超速行驶、疲劳驾驶、开车拨打手机等违法违规行为，从源头杜绝了旅游交通事故的发生。

**3. 组织安全演练**

各景区积极主动作为，沙湖、沙坡头景区在交通运输和旅游部门的指导下，两次组织水上交通运输应急演练暨安全生产标准化示范观摩活动，规范救生衣穿着、安全检查、安全提示等六大类42项具体内容，夯实了安全生产根基；沙坡头、镇北堡西部影城、水洞沟、六盘山森林公园等景区在劳动节、国庆节等重大节假日前，及时完善假日接待方案和游客流量控制、疏导以及防恐等应急措施，注重做好老年人、学生、残疾人等特殊人群的安全保护措施，提高安全防控水平。

## 三　2016年宁夏旅游安全存在的主要问题

### （一）法律意识淡薄

旅游法的颁布实施，为旅游安全工作提供了基本法律依据，但旅游企业、旅游者，包括部分管理人员，没有掌握规定条款，在履行职责、享受权利与履行义务过程中还存在与法律不相称之处。

### （二）法规体系不健全

旅游法明确规定了各类主体的权利、义务与责任，这些规定还有很大的细化空间，需要行政法规、地方性法规、部门规章等予以细化，并且其中规定了多个行政部门的法律责任，但配套的规范性文件还没出台，联动、协调机制还不健全。

### （三）监管机制与人员有欠缺

宁夏虽然配备了旅游安全监管工作人员，但与监管范围相比，还有些欠缺。一是缺少专项经费，用于应急救援的资金有限；二是安全生产基础比较薄弱，市县旅游监管机构缺少人员编制。

### （四）经营主体安全意识不足

宁夏旅游企业发展快、数量多，但旅行社多数为小微企业，对安全生产重视不够，安全生产保障水平不高，导致安全生产事故的突发性和不确定因素增多。另外，一些旅游企业重经济效益、轻社会效益，抓安全教育、安全培训时紧时松，存在麻痹大意的思想；安全生产投入不足，安全设施设备建设有待加强和完善。

## 四　2017年宁夏旅游安全形势与建议

宁夏在国家“一带一路”战略的带动下，立足向西开放，以中阿博览会为战略平台，借助“内陆开放型经济试验区”的政策优势，发挥旅游先行作用，旅游业发展呈现持续、快速、健康发展的良好势头。再加上2017年又是宁夏创建全域旅游示范区的重要一年，旅游业必将以较快速度发展。在此形势下，旅游安全工作的责任更大，更需要加大力量，创新方法，抓好落实。

## （一）加强宣传动员，提升全社会的旅游安全意识

思想意识决定行为水平，旅游安全工作也是一样。2017 年，宁夏旅游安全工作首先要从各类主体入手，通过彩页、微博、微信、报告会等多种途径和方式，提高人们的旅游安全意识；抓好安全培训，提高培训的针对性和实效性；认真组织开展“安全生产月”集中宣传教育活动，增强全民安全防范意识和能力。

## （二）重视法律法规教育，规范旅游行为

法律是衡量人们行为的根本尺度，加强旅游安全工作，要发挥法律的规范作用，使各类主体充分了解自己的职责范围、权利界限和义务要求，让人们知道违反法律法规应该承担的相关法律后果。

## （三）强化安全责任，督促全面落实

一是落实部门安全生产监管责任，严格按照旅游安全生产监管“党政同责、一岗双责”责任制要求，合力营造“领导一岗双责、处室对口管理、各市属地监管、企业恪尽职守”的旅游行业安全生产工作格局。二是强化企业安全生产主体责任，按照“五落实”和“五到位”要求，重点开展以加强班组、岗位和现场管理责任落实为主要内容的企业岗位安全生产责任清单建设，健全机构、配齐人员、建立岗位责任制；全面落实企业安全生产费用提取制度，推行安全生产责任保险，严格落实员工“三级培训”教育、安全诚信等制度。三是加大安全生产责任目标考核力度，完善考核方式方法和考核激励约束机制，严格条件标准组织等级评定，全面推行退出机制；注重考核结果的运用，强化考核对安全生产工作的促进作用。2016 年底，对各市旅游主管部门的旅游安全生产工作进行考核验收，对旅游安全生产工作进行总结，提出下一年度工作思路，迎接自治区安委办对旅游发展委员会安全生产工作的考核。

## （四）健全风险防控体系，做好安全排查

一是加大隐患排查治理体系建设力度，进一步明确企业隐患查治分级和责任，形成各司其职、各负其责的隐患查治工作机制；狠抓问题隐患整改，做到责任、措施、时限、资金、预案“五落实”，切实消除安全隐患。二是大力推进旅游企业安全生产“六化”达标，稳步提升旅游企业“六化”达标率。三是继续强力推行旅行社责任险等公众责任险，转嫁风险，降低损失。

## （五）建设应急救援体系，提升应对能力

一是强化高风险区域应急能力建设，筑牢安全生产最后一道防线。二是按照区域相近、位置毗邻的原则，督导旅游企业构建专兼结合、满足需要的应急救援队伍，逐步形成联建联养、资源共享的应急救援网络体系。三是加强应急预案演练，实施贴近实战的演练方法，提高演练的针对性和实效性。

## （六）实施专项行动，提高工作实效

一是联合有关部门开展安全制度专项整治，重点对应急预案不健全、演练不及时，安全设施装备不足，教育培训课时不够，隐患排查责任不明确、措施不落实、整改不到位，瞒报旅游安全事故，以及存在重大安全隐患不报或者不按规定期限予以上报等问题进行整治。二是联合有关部门开展特种设备专项整治，特别是对未按要求对锅炉房、配电室、电梯、消防中控室、燃气（油）设备等特种设施设备进行定期维护管理的企业以及未经培训，未取得相应资质证书的特种岗位操作人员进行整治。三是联合有关部门开展消防安全专项整治，特别是对人员密集场所改（扩）建或装修后消防等安全设施未验收合格，擅自营业使用，疏散通道、安全出口、消防车通道不畅通，防火区改变，防火间被占用的旅游景区、星级饭店进行整治。四是联合有关部门开展食品安全整治，特别是对不落实食品卫生管理规定，证照未按规定办理或者悬挂不齐全的A级景区内餐饮、星级饭店的违法、违规行为

进行整治。五是联合有关部门开展旅游车辆专项整治，特别是对租赁旅游车辆时，对承租方运营资质、运营手续、车辆安全设施情况掌握不详细，合同签订不规范或租车协议未确认的现象进行整治。六是开展旅行社经营专项整治，对无资质、证照不全、超出旅游业务许可范围从事旅游业务，以及倒卖、出租、出借或以其他形式转让旅游业务经营许可证、导游证等违法行为进行整治。

### （七）抓好重点时段，确保安全秩序

一是抓好法定假日及暑期等旅游高峰期安全生产工作，督促旅游景区落实最大承载量，建立配套应对机制，完善相关应对措施和保障方案；督促星级饭店加强经营管理，严把食品采购关、加工制作关、留样保存关，形成环环相扣的安全保障链。二是抓好冬季旅游安全生产工作，扎实开展大排查大整治行动，经常深入一线、深入现场，常态化随机检查、抽查，主动查找问题，推动安全工作落到实处。

### （八）夯实基层基础，扩展安全成果

一是大力推进依法治安战略，牢固树立依法行政理念，认真学习安全生产法律法规，依法解决安全生产方面暴露出的问题，规范企业安全生产行为，用法治推动安全生产工作。二是大力推进旅游企业安全生产标准化建设，建立自我约束、自我完善、持续改进的安全生产工作机制，营造安全向上的安全生产氛围，夯实企业安全生产根基。三是大力加强安全监管队伍建设，充实完善队伍力量，抓好安全教育培训，切实提高旅游安全监管执法队伍的整体能力。

# B.31

# 2016~2017年港澳旅游安全形势分析与展望

陈金华　王红豆　陈若楠*

摘　要：2016年港澳地区依然是内地游客出境旅游的首选旅游目的地，但是，与前几年港澳旅游经济持续发展的局面有所区别，港澳旅游发展出现波动甚至下滑的趋势，尤其是香港，其内地客源市场不断收缩。通过网络数据分析，2016年港澳地区发生旅游安全事件95起，相比于2015年的98起，略有下降，旅游新业态的安全事故有所增加，港澳特区整体社会治安环境有所改善。展望2017年，香港、澳门特别行政区要重塑旅游地形象，化解社会矛盾，加强港澳与中国内地的旅游安全协作，创造安全、宜游、友善的旅游环境。

关键词：旅游安全　治安管理　香港　澳门

受香港地区“旺角暴乱”恶性事件以及“占中”事件的持续影响，2016年香港、澳门地区旅游经济发展没有达到预期目标，经济社会环境有所恶化，旅游业发展有下滑趋势。2016年1~12月香港入境旅游总人数为5665.4903万人次，与2015年相比下降4.5%，其中，内地游客访港4277.8145万人次，占入境游客总数的75.5%，与2015年的4584.2360万人次相比，下降6.7%，虽

* 陈金华，华侨大学旅游学院副教授，主要研究方向为区域旅游资源开发与安全管理；王红豆、陈若楠，华侨大学旅游学院研究生。

然内地入境旅游人数有下降的趋势，但是依然在香港特区入境旅游市场中占据主导地位；值得一提的是，乘坐邮轮进出香港的旅客的旅游消费在2016年上涨了152.7%，邮轮旅游开始成为香港旅游经济发展的新的增长点。[①] 2016年1~12月澳门入境旅游人数为3095.0336万人次，同比上升了0.8%[②]，相比于香港地区，澳门特区入境旅游人数变动较小。2016年港澳特区旅游收入有所下降，对相关产业的发展带来了一定的影响。

## 一 2016年港澳旅游总体形势

通过百度、谷歌、搜狗等搜索引擎，以“香港/澳门＋旅游/游客/旅游团＋安全/受伤/事故/意外”“香港/澳门＋酒店/餐厅/购物/景区/交通＋安全/受伤/事故/意外”等关键词进行搜索，并且主要通过访问人民网、中国新闻网、光明网、凤凰网、21CN、新华网、香港新闻网等新闻门户网站，以及香港特别行政区政府官网、澳门特别行政区政府官网，共收集2016年1~12月发生在香港与澳门特区的旅游安全事件95起。通过对数据的整理分析，两地旅游安全发展的总体形势如下。

### （一）港澳特区旅游环境总体趋向稳定，社会治安有所改善

2016年香港旅游发展中虽然出现一些负面事件，但根据香港警务处公布的数据（见图1），相较于2014年、2015年，2016年香港治安环境得到了改善，2016年香港特区的总体罪案为60646起，与2015年相比总体下降5793起，降幅为8.72%，香港治安取得了相当大的进展。其中，暴力事件为10103起，同比下降7.21%；凶杀事件28起，同比上升27.27%；主要的犯罪案件依然是盗窃案，但是相比上年同期下降6.84%，香港特区治安环境总体稳定。[③] 澳门特区的社会治安良好，如图2所示，绑架、严重伤害

① 香港特别行政区旅游发展局，http：//partnernet.hktb.com/sc/home/index/.html。

② 澳门特别行政区政府统计暨普查局，http：//www.dsce.gov.mo/default.aspx。

③ 香港特别行政区香港警务处，http：//www.police.gov.hk/ppp_sc/09_statistics/index.html。

等保持零发案和低发案状态，勒索、暴力、纵火、暴力集团、抢劫等案件发生率也较低，主要的犯罪案件亦是盗窃案。澳门特区的整体治安环境继续呈现相对稳定状态，为旅游者营造了一个良好的旅游环境。①

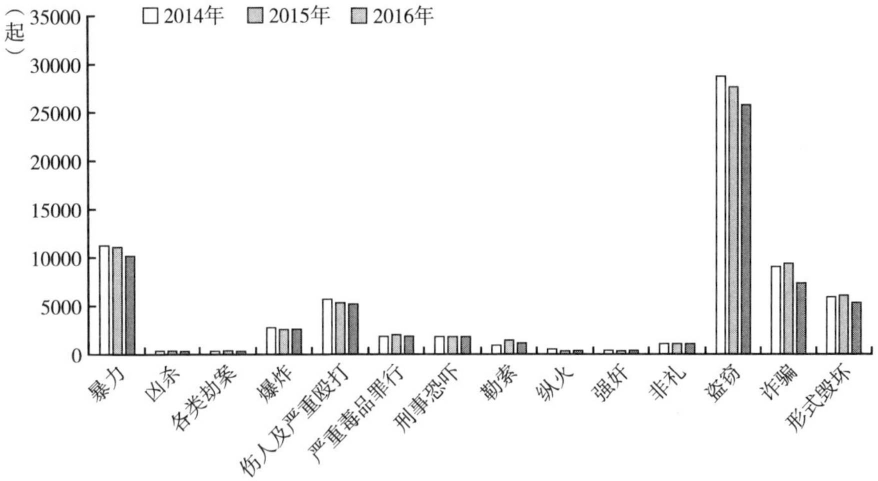


**图1　2014～2016年香港特区犯罪案件统计**

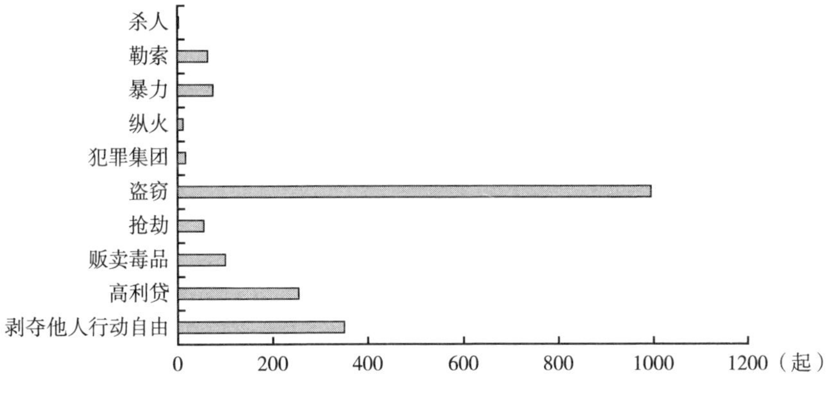


**图2　2016年澳门特区犯罪案件统计**

① 澳门特别行政区司法警察局，http：//www. pj. gov. mo/Web/Policia/index. html。

## （二）社会安全事件影响深远，香港旅游环境持续波动

虽然香港地区旅游发展整体环境较为稳定，而且社会治安不断改善，但是受到2014年以来的“占中”、“反水客”、反对“自由行”、“旺角暴乱”等一系列事件的影响，香港入境旅游人数不断减少，整体旅游环境不容乐观。2016年2月8日，在中国农历新年期间，香港数百名激进分子与香港警方爆发严重冲突，导致近90名警员及数名记者受伤。[①]“旺角暴乱”的发生对访港旅客和潜在旅游者的旅游热情造成了严重的影响，2016年第一季度，内地入境旅游人次同比下降15.1%。入境旅游人数的下降对香港购物消费的影响巨大，尤其是零售业，其中智能手机销售额降幅达31.6%，电器及摄影器材销售额跌23%，珠宝首饰、钟表及名贵礼物销售额跌16.6%。

## （三）购物安全隐患依旧突出

香港警务处数据显示，香港地区的各类抢劫案达到260起，增长幅度为16.59%；诈骗案下降了22.38%，但是依然达到了7260起，对当地居民与旅游者的生命财产安全造成威胁。购物纠纷导致围殴致死的恶性事件影响仍未消弭，2016年3月8日香港油麻地碧街发生伤人及打劫案，一名便利店男收银员被人用刀捅伤，受伤昏迷。[②] 2016年5月，一名内地游客在珠宝店明确表示拒绝购物后，遭到了当地导游的辱骂甚至打头威胁。[③] 香港购物安全隐患主要表现在强买强卖、欺诈、盗窃、暴力犯罪等方面。

## （四）交通事故频繁，基础设施安全隐患增加

根据香港政府提供的数据，香港致命交通意外事故数量从1997年的229宗下降至127宗，死亡人数也由241人下降到130人。[④] 但是交通安全

---

① 《深圳特区报》，http：//sztqb.sznews.com/html/2016－02/10/content_3458472.htm。

② 新华网，http：//news.xinhuanet.com/gangao/2016－03/08/c_128784209.htm。

③ 中国青年网，http：//news.youth.cn/gn/201605/t20160502_7939449.htm。

④ 《联合早报》，http：//www.zaobao.com/realtime/china/story20170124－717325.htm。

事故依然是当地旅游安全事件的主要类型，2016 年香港交通意外事故共计 14648 起，其中致命意外事故 105 起，严重及以上事故达到 2063 起，对社会安全造成严重影响。香港、澳门一些娱乐设施和交通设施较为陈旧，存在不少安全隐患。

### （五）海上旅游安全事故增加

2016 年邮轮旅游与游艇旅游在港澳地区发展较为迅速，同时也隐藏一些新的安全隐患。2016 年 3 月 30 日清晨，从台湾基隆抵港的邮轮“伊利沙伯皇后号”暴发诺如病毒，其中 150 人在旅行中相继出现不适呕吐、发烧及腹泻等病征，包括 134 名乘客及 16 名船员；[①] 2016 年 10 月 10 日，香港筲箕湾一游艇起火。[②] 邮轮与游艇旅游作为目前发展较好的旅游项目，旅游安全管理必须加强。

## 二　2016年港澳旅游安全的概况与特点

### （一）旅游安全事件的分布类型

依据《国家安全突发公共卫生总体应急预案》，参照公共安全突发事件的分类，并结合旅游活动的特点，将 2016 年港澳旅游安全事件分为自然灾害、事故灾害、公共卫生事件和社会安全事件四种类型。从 95 起旅游安全事件中，遴选出具有代表性的安全事件 20 起（见表 1）。

**1. 自然灾害**

2016 年港澳特区台风灾害影响加剧，旅游应急管理压力增大。2016 年 10 月 23 日，第 22 号台风“海马”到来，所有往来香港的航班暂停。全日共有超过 700 班来往香港的航班需要取消或延误。[③] 澳门特区受台风“海马”

---

① 中国新闻网，http：//www. chinanews. com/ga/2016/03 －30/7817411. shtml。

② 中国新闻网，http：//www. chinanews. com/ga/2016/10 －10/8026353. shtml。

③ 新华网，http：//news. xinhuanet. com/gangao/2016 －10/23/c_ 129333797. htm。

**表 1　2016 年港澳地区旅游安全重大事件**

| 事故类型 | 时间 | 地点 | 内容 | 伤亡情况(人) | | 安全事故等级 |
|---|---|---|---|---|---|---|
| | | | | 死亡 | 受伤 | |
| 自然灾害 | 2016 年 7 月 8 日 | 香港 | 台风“尼伯特”致往来港台逾 20 个航班取消或延误 | 0 | 0 | 一般 |
| | 2016 年 7 月 30 日 | 香港 | 台风“妮妲”来袭,香港海陆空出境交通全中断 | 0 | 0 | 一般 |
| | 2016 年 10 月 21 日 | 澳门 | 强台风“海马”逼近,多场展会取消,海陆空交通均受到影响 | 0 | 0 | 一般 |
| | 2016 年 10 月 22 日 | 香港 | 台风“海马”吹袭香港,致 13 人受伤,交通和公共服务大受影响 | 0 | 13 | 一般 |
| 事故灾难 | 2016 年 2 月 2 日 | 香港 | 香港发生罕见意外事件,巴士转弯乘客撞门,飞出车外 | 0 | 1 | 一般 |
| | 2016 年 2 月 26 日 | 香港沙田 | 香港一货车与小巴相撞,5 人受伤 | 0 | 5 | 一般 |
| | 2016 年 3 月 26 日 | 香港 | 香港发生致命交通意外,一外籍女子死亡 | 1 | 0 | 重大 |
| | 2016 年 6 月 4 日 | 香港 | 香港迪士尼 10 米高大树倒落,压伤两游客 | 0 | 2 | 一般 |
| | 2016 年 8 月 8 日 | 澳门 | 在同安街一深圳人境澳门旅游团遭遇车祸,29 人受伤 | 0 | 29 | 较大 |
| | 2016 年 9 月 8 日 | 香港 | 香港沙田大老山公路发生车祸,12 人受伤 | 0 | 12 | 一般 |
| | 2016 年 10 月 24 日 | 香港 | 香港长沙湾一巴士与小巴相撞,小巴侧翻致 10 人受伤 | 0 | 10 | 一般 |
| | 2016 年 11 月 16 日 | 香港 | 香港铜锣湾一的士冲撞行人,酿 7 人受伤 | 0 | 7 | 一般 |
| | 2016 年 12 月 20 日 | 澳门 | 在澳门路氹发生旅游巴士交通事故,50 余人受伤 | 0 | 57 | 重大 |
| 公共卫生事件 | 2016 年 2 月 13 日 | 香港 | 香港正值冬季流感高峰期,已有 12 人死亡 | 12 | 52 | 特大 |
| | 2016 年 8 月 30 日 | 香港 | 香港第二季度新增 188 宗艾滋病病毒感染个案 | 0 | 188 | 较大 |
| | 2016 年 12 月 6 日 | 澳门 | 澳门有 3 人共进午餐,疑食物中毒 | 0 | 3 | 一般 |
| | 2016 年 12 月 7 日 | 香港 | 香港尖沙咀海港城 Dan Ryan's Chicago Grill 餐厅发生食物中毒,50 人不适,一菲佣出院后身亡 | 1 | 50 | 重大 |
| 社会安全事件 | 2016 年 2 月 8 日 | 香港 | 香港旺角发生袭警暴乱,导致近 90 名警员及数名记者受伤 | 0 | 94 | 特大 |
| | 2016 年 3 月 1 日 | 香港 | 香港机场海关更衣室传出枪声,一男子中枪死亡 | 1 | 0 | 重大 |
| | 2016 年 5 月 2 日 | 香港 | 一内地游客游香港,因拒购物被关珠宝店,遭打头威胁 | 0 | 1 | 一般 |

的影响，中小学、幼儿园及特殊教育机构全部停课；澳门至香港、内地的海上客运航班全部停航，取消航班总数达 80 多班，并且关闭了澳门半岛通往氹仔的 3 条跨海大桥①，给澳门旅客和居民出行带来不便。

**2. 事故灾难**

事故灾难在旅游安全事件中占据较大比重，2016 年 1 ~ 12 月共发生事故灾难 31 起，占旅游安全事件总数的 32.6%，其中交通事故占了绝大部分，主要交通事故类型为陆上交通事故、航空故障、海洋船舶相撞以及地铁事故等。2016 年澳门发生两起严重的旅游交通安全事故，共计 80 余人受伤，造成了严重的社会影响。

**3. 公共卫生事件**

2016 年港澳地区共计发生公共卫生事件 11 起，与 2015 年同期持平，主要公共卫生事件是食品安全事件以及流行疾病的传播和扩散，给当地的卫生安全带来了重大影响。据 2016 年 8 月 30 日数据，香港地区第二季度新增 188 宗艾滋病病毒感染个案；2016 年 12 月 7 日，香港尖沙咀海港城 Dan Ryan's Chicago Grill 餐厅发生食物中毒，引发 50 人产生不适症状。

**4. 社会安全事件**

2016 年港澳地区发生社会安全事件 14 起，相比于 2015 年有所下降。2015 年香港发生恶性强迫购物事件后，澳门与香港特区旅游业界对整个旅游业市场秩序进行整顿，并出台相关政策激发旅游者的旅游热情，整个社会治安环境有所改善，但是社会骚乱（如“旺角暴乱”）的隐患仍然存在，盗窃、欺诈问题依然不容乐观。

## （二）旅游安全事件发生的特点

**1. 重大旅游安全事件影响具有叠加性**

2014 年香港“占中”事件的影响还未平息，2015 年又掀起了香港居民“反水客”驱逐内地旅游者的风波，随之又在 2016 年发生了“旺角暴乱”，

---

① 中国新闻网，http：//www. chinanews. com/sh/2016/10 – 21/8039083. shtml。

负面影响形成了叠加效应，从而使得入境旅游连续 14 个月持续走低。2016 年 10 月国庆“黄金周”期间香港旅游市场与往年相比销售总量下降明显。香港旅游业议会数字显示，2016 年长假内地旅行团数目由 2015 年平均每天 300 个下跌至 260 个。

**2. 旅游安全事件发生的时空耦合性**

港澳特区土地面积相对狭小，但是人口众多，每年都会有大量的旅游者前来旅游，但是依然有明显的季节性。秋季前往香港、澳门休闲、购物的内地旅游者众多，港澳地区的旅游安全事件也多发生在秋季，并大都集中于购物广场、娱乐场所等人口密集区域，港澳旅游安全存在明显的时空耦合性。

**3. 旅游安全事件涉及面广**

旅游安全事件往往在一开始并没有明显的表征，但是在发生后会产生重大的社会影响，不仅会影响到旅游者的出游意愿，还会对区域旅游发展产生严重的负面影响。如在 2016 年 2 月发生的香港“旺角暴乱”，时值春节，事件经网络、电视媒体的宣传，给春节及其后访港澳游客带来巨大负面影响，也对港澳旅游业的发展带来消极影响。

**4. 旅游安全事件的多样性与复杂性**

港澳旅游安全事件多种多样，以 2012～2015 年港澳旅游安全事件的资料为例，港澳地区的旅游交通安全事故仍然是最主要的事故类型，目前流行疾病疫情所占比重也在逐渐上升，电信诈骗事件屡禁不止，旅客信息泄露问题时有发生，这充分显示出目前旅游安全事件的发生呈现多样性，而且安全事件发生不易处理，事故情形复杂多变。

## （三）港澳旅游安全的管理措施

旅游安全管理主要涉及旅游者的安全管理和旅游目的地的安全管理。从宏观层面看，旅游安全管理较多依赖于地方政府的政策法规和执法的强度。2016 年港澳地区旅游安全管理进展如下。

**1. 加强旅游宣传，重塑旅游目的地形象**

2016 年香港特区政府向香港旅发局拨款 2.4 亿港元，以促进旅游业平稳、健康及长远发展，向多元化及高增值方向迈进。旅发局除了不断加强在海外和内地的宣传力度之外，还增加一系列节事活动，以增强旅游吸引力。从目前的情况来看，对内地游客来港持负面态度的声音也渐渐消失，香港整个社会呈现良好的旅游发展势头，到2016年第四季度访港人数已略有回升，特区政府也表示，在2017年将推出多项措施吸引更多游客访港。

**2. 规范旅游行业，更新旅游基础设施，丰富旅游活动内容**

其一，规范旅游行业。香港特区政府针对强迫购物、销售假冒伪劣产品、欺诈游客、黑导游等损害游客利益和抹黑香港形象的行为，成立旅游监管局，专门负责监管旅行社及旅游从业人员，加强行业监管和执法。香港旅游业议会总干事董耀中表示，支持由法定机构来监管旅游业，将更有利于维护香港形象。

其二，更新旅游基础设施，创新旅游产品和营销对策。港澳特区正加紧修建广深港高铁、港珠澳大桥，目前香港机场第三跑道已投入运营，这将更方便来自全世界各地的游客前来香港旅游。此外，面对上海迪士尼的竞争，香港迪士尼加快落实扩建计划，在现有条件下推出更多新活动吸引旅客，保持乐园的新鲜感。同时，结合大屿山乃至整个香港的旅游特色，加强对内地西部及东南亚的宣传推广。香港海洋公园将继续努力为所有旅客提供最佳体验，并进一步更新景点基础设施，丰富旅游活动内容，以吸引更多游人。此外，公园还推出园内免费Wi-Fi网络和全新手机应用程序，为旅客提供便利。港铁南港岛线（东段）及海洋公园站于2016年12月28日启用，旅客可更快、更便捷地抵达海洋公园，公园的整体入场人次将有所增加。

**3. 治安管理队伍专业化，确保社会安全**

香港目前加强了对警察的培训力度，以加强对整个社会治安环境的保护，逐渐形成了一批拥有专业素养的警队和其他优秀的执法队伍。香港政府开展了“防骗灭罪，警民合作”的论坛会议，旨在让政府部门与社会各界就打击犯罪及改善治安交流意见。在2014年“占中”事件发生后，香港政府也逐渐加强了对人员密集区域的巡查力度，以便为游客营造安全的旅游环境。

## 三　影响港澳地区旅游安全的主要因素

### （一）环境因素

**1. 社会环境因素**

社会治安的动荡与政治关系的变动有很大影响，政治不稳定因素已经成为旅游安全的重要外部影响因素。尤其是2014年以来，“港独”势力有所抬头，对社会安全产生影响。而且，“港独”思潮蔓延至中学生，对香港社会的安定是潜在的威胁。

**2. 自然环境因素**

香港和澳门特区2016年以来多次受到台风、寒潮、大雾等天气的影响，对海陆空交通的影响尤为明显，2016年旅游安全突发事件中自然灾害占很大比例，对旅游安全也造成了较为严重的影响。港澳地区土地面积狭小，人口稠密，再加上每年都有大量的旅游者涌入，环境容量不断突破极限，环境污染问题不容乐观。2016年2月1日，香港沙田城门河发现大量死鱼，臭气熏天。[①] 2016年3月18日，香港大角咀及旺角两个闹市遭不明气体吹袭，估计逾千人受影响，当中有75名学生身感不适送院。[②]

### （二）人为因素

**1. 旅游从业者职业素养有待提高**

2004年以来，港澳地区旅游业飞速发展，不少中国内地及周边地区的待业人员进入香港、澳门旅游行业，由于缺少必要的就业培训和素质教育，旅游从业人员的素质与服务技能参差不齐，加之旅游市场不景气，旅游从业人员欺诈、胁迫旅游者购物事件时有发生，产生恶劣的社会影响，并最终损

① 中国新闻网，http：//www. chinanews. com/ga/2016/02 -01/7742199. shtml。

② 中国新闻网，http：//www. chinanews. com/ga/2016/03 -19/7803491. shtml。

害特区的旅游形象。

**2. 旅游者素质有待提高**

港澳地区是内地旅游者购物的天堂，内地旅游者在前往香港、澳门地区旅游时，常常被一些旅行社以“低价团”等产品所诱惑，购物消费能力较弱的在旅途中的安全就难以保障。旅游的不文明行为也屡禁不止。此外，还有一部分旅游者自身素质较低，根据香港特别行政区警务处公布的数据，2016 年有 1241 名游客犯罪被捕，相比于 2015 年增加 91 名，增长率为 7.9%。

## （三）旅游设施安全因素

港澳地区历史悠久，基础设施等均较为陈旧，对港澳地区旅游安全事件进行梳理，发现大部分旅游安全事件与交通有较大关系，《澳门日报》报道，澳门道路损坏严重，常现裂缝坑洞，补完又烂，陷阱处处，居民及驾驶者怨声载道。① 2016 年 11 月 5 日，香港虎航客机因挡风玻璃现裂纹折返香港机场。航空交通事故频频发生，虽然没有造成较大的事故灾难，但是需要引起相关部门的重视。

## （四）安全管理因素

**1. 旅游场所安全隐患排查不足**

旅游场所安全关系到旅游者的人身安全保障，港澳地区土地面积狭小，旅游场所极易发生旅游安全事件。目前港澳特区有很多旅游场所依然存在较多的安全隐患，如 2016 年 5 月 20 日，香港城市大学康乐楼天台顶棚倒塌致 3 人受伤，涉及面积 900 平方米；② 2016 年 6 月 4 日，由于大雨的原因，香港迪士尼乐园内一棵约 10 米高大树突然倒下，两名内地女游客躲避不及时被大树撞击，头部受伤。③

---

① 中国新闻网，http：//www. chinanews. com/。

② 《亚太日报》，http：//www. apdnews. com/china/hongkong/406117. html。

③ 大公网，http：//news. takungpao. com/paper/q/2016/0605/3329463. html。

**2. 社会安全预警机制有待提升**

香港地区连续几年发生严重社会安全事件，在2016年正月发生的“旺角暴乱”被认为是“占中”事件的延续。[①] 事件使多名警务人员以及媒体记者等受伤，使暴乱进一步升级。香港政府相关部门在暴乱发生之前预警不足，甚至在暴乱发生时应急指挥也存在不足，没能及时制止暴徒的暴力行为，使得受伤人数不断上升。

## 四 2017年港澳特区旅游安全形势展望

2016年港澳地区总体形势较为良好，旅游业发展有所波动，局部有所恶化。2017年港澳特区旅游经济发展总体形势依然不容乐观，需要港澳两地政府、社会以及个人和中国内地共同努力，共建安全、和谐的旅游目的地。

### （一）港澳特区安全管理对策

**1. 加强对旅游新业态的安全管控能力**

香港和澳门地区濒临海洋，近年来邮轮旅游的发展如火如荼，香港地区邮轮旅游发展良好，但是邮轮旅游安全隐患不容忽视，邮轮载客量大，海上自然环境变化多端，邮轮途经的国家和地区较多，只有提高警惕，才能促进邮轮旅游的健康快速发展。澳门特区政府在打造世界休闲之都时，必须充分考虑会展旅游、购物旅游、遗产旅游等安全隐患，防患于未然。

**2. 提升港澳特区旅游应急管理能力**

自然灾害对港澳特区的影响较大，尤其是海陆空交通方面的影响，因此完善自然灾害的应急防御措施显得尤为重要。面对自然灾害的威胁，需要建立完善的气象观测和灾害预警设施，对台风进行实时监测，提前发布台风预警和采取防护措施，禁止居民以及游客出海。

---

① 环球网，http：//china. huanqiu. com/article/2016 -02/8526000. html。

**3. 充分利用本地教育资源，培养安全管理专业人才**

香港和澳门特区在旅游教育方面得到了全球的认可，两地应当充分发挥这一优势，培养高水平的旅游安全管理人才以及旅游职业人才。规范旅游行业行为，对旅游从业人员定期进行教育和培训，提高旅游服务质量，降低旅游安全事件发生的概率。

**4. 加强“海丝”沿线旅游管理安全合作**

香港、澳门是“一带一路”建设的重要节点，具备独特区位优势、开放合作的先发优势和服务专业优势。澳门地区应当加强“粤澳合作”，通过区域合作与开发，扩展澳门地区经济发展腹地，加强全域旅游安全管理；香港地区要不断促进地区形象塑造，着力推广香港的城市品牌，通过“一带一路”战略传递香港的都市形象，与其他国家和地区进行旅游安全合作，促进本地区旅游的升温，重现国际大都市昔日的风采。

### （二）中国内地安全管理对策

**1. 加强旅游安全知识宣传，强化内地旅游者安全意识**

我国内地作为香港重要的客源市场，也应当承担起相应的社会责任。内地居民在前往港澳地区旅游时，应当尊重当地的习俗、生活习惯以及当地的意识形态，提高自身素质。旅行社要告诫旅游者提高旅游安全意识，旅游者也应当加强自身的应急自救能力，保护好自身的生命财产安全。

**2. 规范国内旅游市场，促进两地旅游资讯的互联互通**

中国内地应当不断加强旅游监管，严厉打击破坏旅游市场正常竞争的行业行为，以及危害旅游者合法权益而谋取私利的行为，促进旅游市场健康发展。港澳地区应加强对内地的信息宣传，及时回馈信息咨询，印发旅游指南以及旅游安全指南；内地也应当与港澳地区共享自然环境、交通、重点人群等信息资源，共同建立旅游安全救援网络。

**3. 加快我国假期制度改革，减轻旺季旅游安全压力**

中国内地应推进假期制度改革进程，实行带薪休假制度。由于旅游安全事件的发生具有时间和空间的耦合性，我国内地只有实行合理的休假制度，才能不断弱化旅游产业季节性这一劣势，从而使旅游目的地的安全性不断提高。

## 五　结束语

2016 年港澳入境旅游人数与前几年相比有所下降，对于港澳特区而言，既是挑战，也是机遇。香港特区受“旺角暴乱”事件的影响，内地入境旅游者呈现不断下降趋势，整个香港旅游产业呈现衰退现象；香港特区旅游安全环境的改善，对于未来香港旅游经济的复苏具有重要意义。2016 年澳门特别行政区入境旅游市场基本保持稳定状态，博彩业的发展呈现下降的趋势，博彩业盈利目标市场开始发生转变，澳门政府首次对接内地的“十三五”规划，颁布了澳门五年发展规划，定位于世界休闲之都。未来港澳特区的旅游发展中要积极缓解社会矛盾，加强安全预警机制建设，积极引导社会风尚，提升从业人员素质，提高应对紧急事件的应变能力，而旅游者应当提高自身素养以及明辨是非的能力。各方齐心协力，共同把港澳特区打造成为宜游、宜居、安全的旅游目的地。

# B.32
# 2016～2017年台湾旅游安全形势分析与展望

黄远水　陈龙妹*

摘　要：　近年来，台湾旅游业受到大陆居民赴台旅游影响并进入快速发展阶段，但2016年赴台旅游人数有所下降。本文通过网络搜集案例数据并进行分析发现，2016年事故发生率低于2015年，台湾旅游安全形势略有好转。2016年台湾旅游安全事件主要表现为事故灾难、公共卫生事件、社会安全事件等类型。通过梳理2011～2016年台湾旅游安全事件，发现台湾旅游安全事件发生规律，据事故因果连锁理论，台湾旅游环境状态、旅游者行为以及二者交互影响是造成旅游突发事件的主要原因。本文建议，2017年，大陆赴台游客预计将有所下降，台湾旅游界应当利用游客量有所减少的时机，加强旅游安全管理工作，着重加强两岸旅游合作、增强旅游安全意识、改善旅游环境状态、引导旅游者行为和构建旅游救援系统，优化旅游环境，以促进旅游安全形势好转。

关键词：　旅游安全　形势　展望　台湾

* 黄远水，华侨大学旅游学院院长、教授、博士，主要研究方向为旅游管理；陈龙妹，华侨大学旅游学院研究生。

旅游观光业已经成为台湾六大新兴产业之一。根据台湾“交通部观光局”公布的数据，2015 年赴台旅客达 10439785 人次，首次突破 1000 万人次，创下历史新高，2016 年赴台游客达 10690279 人，未来游客量预计还将继续增长，质量优化是不得不面临的重要课题。而作为质量优化的关键一环，旅游安全更需要长期持续关注。本文对台湾 2016 年旅游安全形势进行评估与总结并展望 2017 年形势，对台湾旅游安全特点和影响因素进行深度剖析，进而为台湾旅游安全建设、两岸旅游安全交流提供依据。

## 一 2016年台湾旅游安全的总体形势

为准确反映台湾旅游安全的实际情况，本文主要通过百度新闻网和台湾“交通部观光局”网站搜集 2016 年 1～12 月台湾旅游安全突发事件数据。前者的显著优势在于可以通过关键词和时间设置来获取源自凤凰网、国家旅游局网站、人民网等国内多个网站有关台湾旅游安全的相关案例信息。在具体搜索过程中，主要使用了“台湾 + 旅游”“台湾 + 游览”“台湾 + 游客”“台湾 + 旅游 + 安全”“台湾 + 游览 + 事故”“台湾 + 交通 + 事故”“台湾 + 景区”“台湾 + 旅行社”“台湾 + 酒店（或饭店）”“台湾 + 食物中毒”“台湾 + 意外”“台湾 + 受伤”“台湾 + 死亡”“台湾 + 欺骗（或欺诈）”“台湾 + 损失（或损害）”等关键词。然后，通过比对获得案例结果。在台湾“交通部观光局”网站，先采用类似关键词进行网站内搜索，然后主要侧重于行政公开咨询等，进一步搜集、比对和整理出案例信息。

从总体形势来看，2016 年台湾旅游安全形势有所好转，共发生各类旅游安全事件 12 起，合计死亡 35 人、受伤 86 人（见表 1）。

**表1　台湾2016年旅游安全事件一览**

| 事件类型 | 细分类型 | 序号 | 事件时间 | 事件地点 | 事件描述 | 游客伤亡情况(人) | |
|---|---|---|---|---|---|---|---|
| | | | | | | 受伤 | 死亡 |
| 事故灾难 | 旅游交通安全事故 | 1 | 3月2日 | 苏花公路 | 游览车与拖板车对撞车祸 | 28 | 2 |
| | | 2 | 4月13日 | 桃园大溪 | 两辆游览车追撞 | 5 | 0 |
| | | 3 | 4月25日 | 苗栗"国道1号" | 游览车失控翻覆,与一旁砂石车发生碰撞 | 26 | 1 |
| | | 4 | 6月4日 | 台东长滨乡台11线 | 休旅车和陆客游览车对撞 | 1 | 4 |
| | | 5 | 7月7日 | 屏东后壁湖 | 游览车手刹车疑似故障,整辆车向渔港滑行 | 0 | 0 |
| | | 6 | 7月19日 | 桃园县 | 游览车焚毁 | 0 | 26 |
| | | 7 | 8月1日 | 中横公路 | 游览车遭落石击中 | 2 | 1 |
| | 其他意外事故 | 1 | 2月6日 | 高雄 | 地震 | 0 | 0 |
| | | 2 | 2月23日 | 垦丁 | 大陆女子在垦丁骑电动车摔进山沟 | 0 | 1 |
| | | 3 | 9月11日 | 南投县溪头森林游乐区 | 神木倒落砸中游客 | 3 | 0 |
| 公共卫生事件 | 食物中毒 | 1 | 3月3日 | 台北 | 21人出现疑似食物中毒的症状 | 21 | 0 |
| 社会安全事件 | 欺诈 | 1 | 11月4日 | 台北 | 游客购买AKA级的红珊瑚假货 | 0 | 0 |

## 二　2016年台湾旅游安全形势分析

### （一）大陆居民赴台旅游情况

受台湾大选与安全因素的影响，2016年大陆居民赴台旅游人数骤减，从2015年的4184102人次下降为3511734人次。2016年与2015年游客人数对比如图1所示，从2016年5月开始，赴台旅游人数较2015年同期出行较大程度的负增长，10 月份出现了 44.30% 的负增长。旅游人数的骤减也使旅游事件发生数减少，因此 2016 年台湾旅游安全形势较 2015 年有一定的好转，但旅游安全形势仍然严峻。

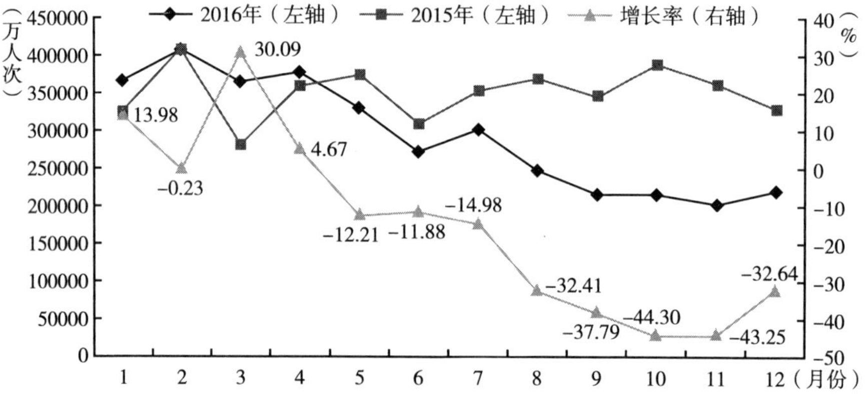


**图 1　2015 年与 2016 年赴台旅游人数对比及增长率**

## （二）旅游安全形势较为严峻

2016 年，大陆赴台旅游安全事件共 12 起，事故数量较 2015 年有所下降，但群死群伤事故增多，其中事故灾难数量最多，伤亡惨重。2016 年台湾发生旅游事故灾难 10 起，造成 65 人受伤，35 人死亡；公共卫生事件 1 起，造成 21 人受伤；社会安全事件 1 起，无人员伤亡；未发生业务安全事故（见图 2）。

值得关注的是 2016 年 7 月 19 日桃园县游览车起火特大交通事故，旅游大巴上的 26 人无一生还，该事故是 2016 年死亡人数最多的意外事故。

## （三）旅游突发事件多发季节具有波动性

较之于 2015 年旅游突发事件集中于冬季，2016 年台湾旅游突发事件的高发季节是春季和夏季。数据显示（见图 3），3 月至 5 月，台湾旅游突发事件共 4 起，3 月、4 月、5 月分别为 2 起、2 起、0 起；6 月至 8 月共发生 4

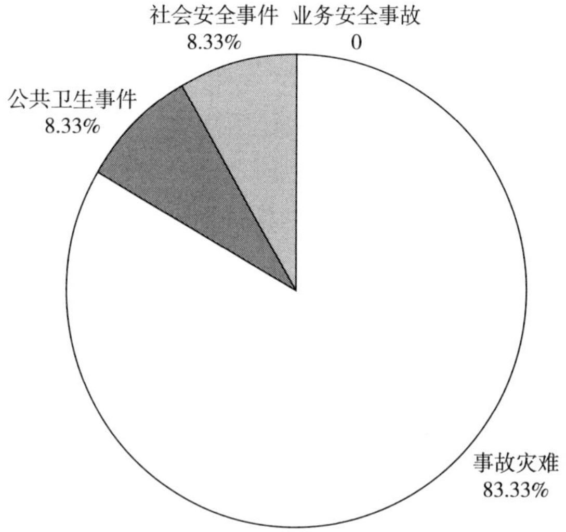


**图 2　旅游安全突发事件分布类型与比例**

起旅游安全事件；9 月至 11 月共发生 2 起旅游安全事件；12 月至次年 2 月共发生 2 起旅游安全事件。

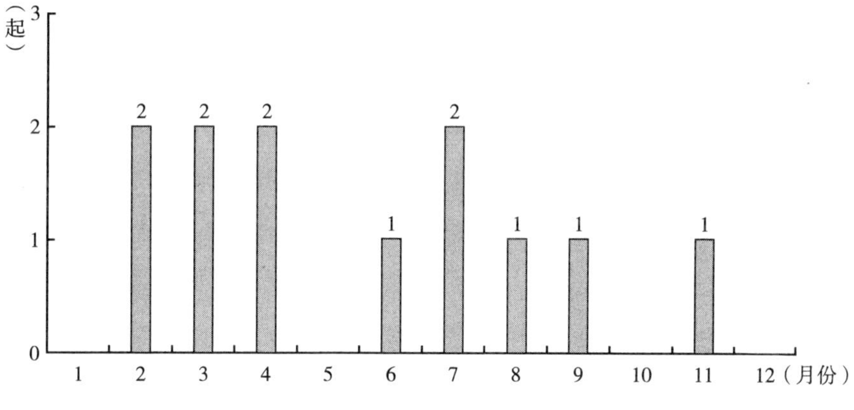


**图 3　2016 年台湾旅游突发事件月份分布**

## （四）旅游交通事故多发易发

与 2015 年相比，2016 年台湾旅游事故灾难总量减少为 10 起，含交通安全事故7起，其他意外事故3起。其中，旅游交通事故总量占全部旅游事故灾难总量的70%，共造成62人受伤、34人死亡，较2015年呈下降趋势。

旅游交通事故较为频繁，占多数比例，从发生时间来看，上、下半年的分别为4起和3起，主要集中在3~8月。2016年7月19日中午，一辆旅游大巴在台湾桃园县发生严重事故，车上26人（包括24名来自辽宁的大陆游客）全部遇难，这是大陆游客在台湾遭遇的罕见严重事故。车辆相撞是主要的事故表现，共发生4起，造成60人受伤、7人死亡。

### （五）公共卫生事件时有发生

较之于2015年，2016年台湾公共卫生事件大量减少，从2015年的8起减少为1起，即食物中毒1起。一个40人的大陆旅游团3月3日中午在台北一家饭店用餐后，有21人出现疑似食物中毒的症状，虽未造成游客死亡，仍然重创台湾食品业并损坏了旅游观光业安全形象。食品安全成为台湾主要旅游安全问题之一，也是当下和未来亟须解决的问题之一。

### （六）社会安全事件和业务安全事故

较之于2015年，2016年台湾未发生旅游业务安全事故，社会安全事件也有所减少。其中，社会安全事件仅有诈骗事件1起，诈骗事件仍然是购物店售卖假货，这一事件也反映出台湾旅游管理部门监管不到位，部分业者开展无序竞争、恶意竞争的行业乱象，如若不加整治，必然会影响到未来台湾旅游发展。

## 三 2011~2016年大陆赴台旅游安全事件回顾

### （一）大陆赴台旅游安全突发事件的分布类型

2011~2016年，大陆赴台旅游业发展迅速。随着赴台游客量的增加，赴台旅游突发事件也呈现上升趋势（见图4）。2011年共发生9起旅游安全事件，共129人受伤、5人死亡；2012年发生17起旅游安全事件，造成189人受伤、3人死亡；2013年发生各类旅游安全事件22起，共有100人受伤、7人死亡；2014年共发生41起旅游安全事件，造成195人受伤、55人死亡；2015年发生32起旅游安全事件，共有687人受伤、59人死亡；2016年共发生12起旅游安全事件，造成86人受伤、35人死亡。近6年来伤亡人数呈现波动趋势，但2016年与2015年相比伤亡人数有所下降，群死群伤事件仍然频发。2011～2013年死亡人数较少，而2014年、2015年由于各发生了一起空难，死亡人数剧增至55人、59人，2016年台湾桃园重大交通事故造成26人死亡，当年死亡人数也有35人之多。赴台旅游安全事件主要是事故灾难、公共卫生事件、业务安全事故、社会安全事件这几类，这6年期间，旅游交通事故数量都是最高的，造成损失也是最大的。

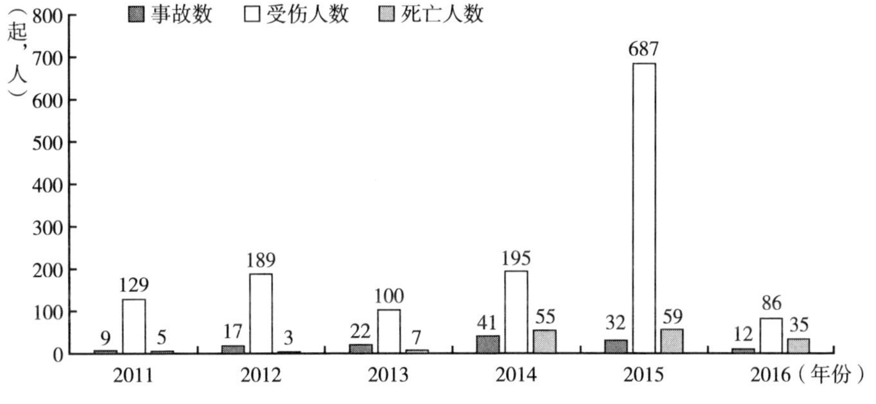


**图4　2011～2016年台湾旅游安全事件与伤亡人数统计**

## （二）大陆赴台旅游安全事件的发生特点

在时间分布上，台湾旅游安全事件季节性差异明显，2011～2016年每年旅游安全事件高发季节也有所不同（见表2）。

表 2　台湾 2011～2016 年旅游安全事件季节分布统计

单位：起

| 年份＼季节 | 春季 | 夏季 | 秋季 | 冬季 | 总计 |
|---|---|---|---|---|---|
| 2011 | 2 | 3 | 3 | 1 | 9 |
| 2012 | 5 | 6 | 4 | 2 | 17 |
| 2013 | 5 | 5 | 7 | 5 | 22 |
| 2014 | 7 | 9 | 16 | 9 | 41 |
| 2015 | 7 | 8 | 4 | 13 | 32 |
| 2016 | 4 | 4 | 2 | 2 | 12 |

数据显示，2011 年旅游安全事件多发季节为夏秋两季，2012 年旅游安全事件多发季节为夏季，2013 年与 2014 年旅游安全事件高发季节均为秋季，2015 年旅游安全事件高发季节为冬季，2016 年事故多发季节为春节和夏季。究其原因，台湾的旅游旺季主要集中在 4 月到 9 月，在旅游旺季，游客大量涌入，特别是大陆游客数量年年暴涨，远远超出了台湾当地的接待能力，存在安全隐患。此外，此时正好是台风、暴雨的高发季节，自然灾害频发，容易导致事故的发生。另外，游客有时候为了赶行程，在有台风、暴雨的天气还冒险出游，造成旅游安全事件的多发。但由于每年具体情况的不同，也存在事故高发季节波动的情况。

在空间的分布上，花莲太鲁阁、阿里山、阳明山、苏花公路都属于高发区，阿里山公路是最常发生旅游交通事故的区域。阿里山山势陡峭、坡路多、空间狭窄、游客人数多，游览车下山时尤其容易发生事故，这 6 年来，阿里山公路发生旅游事故 17 起，造成 218 人受伤、8 人死亡，其中，2011 年发生 3 起事故，2012 年发生 1 起事故，2013 年发生 3 起事故，2014 年发生 6 起事故，2015 年发生 4 起事故，2016 年未发生。苏花公路被称为“最美死亡公路”，事故多发，近年来多数线路设计绕开了苏花公路，旅游安全事故发生频率有所下降，但 2016 年仍发生了 1 起游览车与拖板车对撞事故。

## 四　影响赴台旅游安全的主要原因分析

事故因果连锁理论（Accident Causation Sequence Theory，ACST）认为伤亡事故的发生不是孤立事件，当人的不安全行为和环境的不安全状态发生于同一时间和同一空间时，事故就可能发生。按照这一逻辑框架，下文将台湾旅游突发事件成因解剖为三个同时存在的要素——不安全的旅游环境、不安全的旅游行为、不安全的旅游环境和旅游行为在同一时空交叉相遇。

### （一）自然环境因素

自然环境的不安全状态主要缘于各种自然灾害和凶猛的野生动物、有毒植物、昆虫等，以及环境污染、核辐射、传染病等环境因素。2016 年，台湾发生的地震等自然灾害并未对旅游安全状况造成直接影响，但对游客的心理安全造成影响，并且发生了台湾中横公路台 8 线 169.9 公里处落石砸死游客事故。由此判断，台湾自然环境状态是其旅游安全管理中无法回避的主要挑战。

### （二）社会环境因素

社会环境的不安全状态主要缘于社会与管理灾害，包括火灾、旅游管理差错等引起的灾难或损害。2016 年台湾不安全事件主要表现为旅游管理疏忽所引发的旅游事故灾难。例如，游览车相撞、游览车着火等安全事故的原因有司机疏忽、交通设备安检疏失、道路监控维修不力等，游客被落石砸伤等其他事故灾难也反映出旅游管理部门在相应管理层面疏忽，而各种食品安全问题更是反映出台湾当局相关部门在食品安全监管层面的管理缺位，大陆游客购买 AKA 级的红珊瑚假货也凸显出台湾旅游管理部门在行业规范、约束、竞争等方面监管不力。因此，旅游突发事件与社会环境状态之间存在必然联系。

### （三）旅游者个人因素

旅游者一些有意识和无意识的行为，是旅游安全事件发生的主要原因之一。例如，2016 年一名大陆女游客在垦丁骑电动车摔进山沟重伤不治身亡，与游客们的有意识冒险旅游心理相关，也反映出游客安全意识的薄弱。根据问卷调研数据，62.8% 的大陆居民赴台前没有专门搜集过台湾旅游安全方面的信息，也有游客对旅游安全问题抱有侥幸心理，即使在知道台湾旅游安全事件后仍愿意前往，且缺乏必备的安全常识，如 7 月 19 日旅游大巴起火事故中，游览车起火后游客无法打开车窗逃生，造成惨痛后果。此外，游客的自身健康状况、自身素质修养等对其言行具有一定影响，也容易引发旅游安全事件。例如，由于游客鉴别能力不足而购买假货等旅游安全事件。所以，旅游者行为是旅游安全事件发生的主要原因之一。

### （四）环境状态与游客行为交叉影响

在实际旅游活动中，旅游环境状态与旅游者的行为是相互依存、互相影响的。不安全的旅游环境状态容易使旅游者思维混乱、判断失误，进而加大发生旅游安全事件的概率；反之，旅游者的不安全旅游行为也会增加旅游环境状态的不安全性，进而引发新的不安全的旅游环境状态。例如，2016 年台湾诸多旅游交通安全事故中，根据当事游客对事故产生那一刻的回顾和描述，当游览车相撞时，几乎所有的游客处于惊恐和慌乱之中，难以做出应对危险状况的正确判断和反应，进一步加重了旅游交通安全事故的伤亡情况。因此，旅游活动的环境状态与旅游者行为是互为因果的关系，二者的互动状况对于旅游安全事件具有关键影响。

## 五　2017年赴台旅游安全形势展望与管理建议

### （一）形势展望

由于台湾当局采取了错误的两岸政策，大陆赴台旅游交流预计持续趋冷，赴台旅游人数将趋于减少。在游客减少的情况下，赴台旅游安全形势预期将有所改善。

第一，旅游突发事件的数量相对稳定。一方面是因为台湾当局对旅游观光业的重视，另一方面是因为台湾对不断扩大的观光旅游市场适应性的增强。然而，由于客源量的变化，不排除旅游突发事件绝对数量减少的可能。

第二，旅游突发事件的类型仍将以旅游交通事故为主。交通事故是普遍且频发的突发事件，加之台湾地区旅游活动必经的多条公路路段地势曲折、险要，若再遇糟糕天气，旅游交通事故难以避免。

第三，旅游突发事件的时空格局不稳定。综观近3年台湾地区的旅游突发事件的时空分布，可以看出旅游突发事件具有显著的季节性特点，未来时空格局或许随着自然环境、社会环境、旅游市场发展等状况改变而变化。

第四，公共卫生事件仍有发生可能，但数量会有所下降，2016年度的公共卫生事件必然促使台湾当局注重对这一领域的监管和治理。因此，2017年台湾可能仍不乏此类事件的发生，但数量可能减少。

### （二）管理建议

旅游安全属于民生议题，两岸应该合作加强旅游安全的保障工作。为保障台湾旅游安全形势向好发展，根据2016年台湾旅游安全事件的特点以及原因分析，本文提出以下建议。

第一，两岸应加强合作，共同加强旅游安全教育，政府、企业和旅游者均应时刻保持安全意识。台湾旅游管理部门和旅游企业应尽量增加和备足保障旅游安全所需要的设备、设施和资金等，消除旅游安全隐患。大陆相关管理部门应就存在的事故风险加强对拟赴台游客的教育。赴台游客应对台湾自然环境、社会环境、各种旅游安全隐患具有清醒认识并做好应对准备，合理规划、适时调整旅游体验流程和项目，以获得安全良好的旅游体验。

第二，政府相关部门和旅游企业应长期持续关注和改善旅游环境状态。旅游管理部门和企业必须逐一排查各种旅游交通工具、路障、沿线岩石或崩石、相关旅游设施和设备、易燃物等安全隐患，消除一切可能对旅游活动和旅游者造成危险的因素。重中之重是针对旅游交通事故，应在经常发生旅游交通事故的地区、路段（如阿里山公路、苏花公路、北宜公路等）、景区（点）等设置可靠的护栏、护墙、铁链等安全保护设施，并随时检查、维修和完善。对于公共卫生事件，旅游管理部门应与医疗、卫生等部门做好协调共建共防工作，切实保障旅游者安全，力争为台湾旅游活动创造一个良好的旅游安全环境。

第三，旅游管理部门应合理引导旅游者行为。首先，应做好游客的旅游安全意识教育、心理训练和心理素质培养等工作，使其拥有必要的安全基础知识、自我保护意识和从容自救技能；其次，应及时准确地获悉有关地震、台风、暴雨、泥石流等灾害天气动态，加强旅游预警，使旅游者扩大认知范围、提离警惕、增强自保意识、及时调整出游计划；最后，应科学设计完善的旅游安全标识系统，并在旅游活动过程中明确告知游客旅游活动的安全范围和空间，引导旅游者安全游览；应根据条件设立旅游巡查队，及时纠正旅游者不规范的旅游行为，劝阻和制止其危险的旅游行为，消除旅游安全事件发生的可能性。

第四，加强旅游安全救援体系建设。为消除不安全的旅游环境状态和旅游者危险行为的时空交叉，应加快建设和完善包括核心机构、救援机构、外围机构在内，由旅游接待单位、旅游救援中心、保险、医疗、公安、武警、消防、通信、交通等多部门和人员参与的社会联动旅游救援系统，并强化旅游安全救援演练，将旅游突发事件的损失降到最低。

## 参考文献

[1] 台湾“交通部观光局”统计资料。

[2] 黄远水、张盼盼：《2015～2016 年台湾旅游安全形势与展望》，《中国旅游安全报告（2016）》，社会科学文献出版社，2016。

[3] 黄远水、张庆：《2013～2015 年台湾旅游安全形势与展望》，《中国旅游安全报告（2015）》，社会科学文献出版社，2015。

[4] 黄远水、张庆：《2012 ~2013 年台湾旅游安全形势与展望》，《中国旅游安全报告（2013）》，社会科学文献出版社，2013。

[5] 黄远水、向飞丹晴：《2011 ~2012 年台湾旅游安全形势与展望》，《中国旅游安全报告（2012）》，社会科学文献出版社，2012。

[6] 陈锦玉：《台湾居民旅游影响感知研究》，《经济管理》2013 年第 2 期。

[7] 张西林：《旅游安全事故的成因机制初探》，《经济地理》2003 年第 4 期。

[8] 吕宁、孙悦：《大陆居民赴台旅游安全隐患及预防对策研究》，《北京第二外国语学院学报》2014 年第 7 期。

[9] 方旭红、戚丹丹：《大陆游客在台旅游安全问题引发因素研究》，《华侨大学学报》（哲学社会科学版）2011 年第 3 期。

[10] 邹雅真、谢朝武：《大陆游客赴台旅游安全事件结果特征及其引致因素研究》，《旅游学刊》2016 年第 8 期。

# B.33
# 2016～2017年入境旅游安全形势分析与展望

王宇平　吴耿安　王　璐*

摘　要：　2016年入境旅游安全形势总体平稳，但与2015年相比，2016年入境旅游安全事件依然呈现种类较多、分布范围较广等特点。入境旅游安全事件发生的原因有入境旅游者的文化冲突和语言障碍以及个人行为方面的原因，还有针对入境旅游者的社会安全保障措施尚不明确等一些客观方面的原因以及一些其他原因。因此，应该着力采取一些措施加强入境旅游安全事件的防控与管理。展望2017年入境旅游安全形势，充满机遇和挑战，抓住机遇、迎接挑战是2017年的任务。

关键词：　入境旅游　入境旅游安全　形势分析　展望

## 一　2016年入境旅游安全总体形势

2016年我国入境旅游安全形势总体平稳，未发生特大入境旅游安全事件，但是安全问题仍然不能忽视。与2015年相比，入境旅游社会安全事件中的迷路事件发生率有所增加，但仍然是财物遗失的发生率最高，事故灾难中发生率最高的是交通事故，自然灾害中台风灾害的发生率最高。就分布时

* 王宇平，华侨大学旅游学院讲师；吴耿安，华侨大学旅游学院讲师；王璐，华侨大学旅游学院旅游管理硕士。

空而言，2016 年的入境旅游安全事件主要发生在我国东部沿海地区，时间集中在旅游旺季，时空分布较 2015 年没有大的变动。入境旅游安全管理是一个比较复杂的过程，从旅游的各个环节到各个旅游景点，都需要加强管理，在管理的基础上为游客提供更好的旅游体验。

## 二 2016年入境旅游安全的概况和特征

为更为准确地反映2016 年入境旅游安全的状况，本文首先通过百度、谷歌、搜狐等主流搜索引擎通过关键词搜索搜集主要的入境旅游安全事件数据，然后再通过微博这个主流社交平台发布的入境旅游安全事件的信息进行补充。本文对微博上发布的事件在搜索引擎上进行了比对确认，对于无法确认的入境旅游安全事件予以剔除。本文在具体的搜索过程中，采用的关键词主要有"外籍 + 游客""外籍 + 安全""外籍 + 迷路""外籍 + 丢失""外籍 + 被困""外籍 + 治安""外籍 + 偷窃""外籍 + 交通事件""外籍 + 落水""外籍 + 跌落""外籍 + 受伤""外籍 + 自然灾害""外籍 + 雪灾""外籍 + 山体滑坡""外籍 + 泥石流""外籍 + 洪灾""外籍 + 海啸""外籍 + 台风""外籍 + 个人疾病""外籍 + 食物中毒""外籍 + 疫情传播""外籍 + 不文明""外籍 + 行为不当"等，共搜集到 2016 年 1 月到 2016 年 12 月下旬所发生的入境旅游安全事件 66 起。本文以此数据为基础进行阐述和分析。

### （一）入境旅游安全突发事件的类型分布

根据《中华人民共和国突发事件应对法》① 和国家旅游局《旅游突发公共事件应急预案（简本）》的界定，旅游突发事件包括社会安全事件、事故灾难、自然灾害、公共卫生事件四大类。2016 年入境旅游安全事件各类别分布情况如图 1 所示。

① 《中华人民共和国突发事件应对法》，2007 年 8 月 30 日由第十届全国人民代表大会常务委员会第二十九次会议通过。

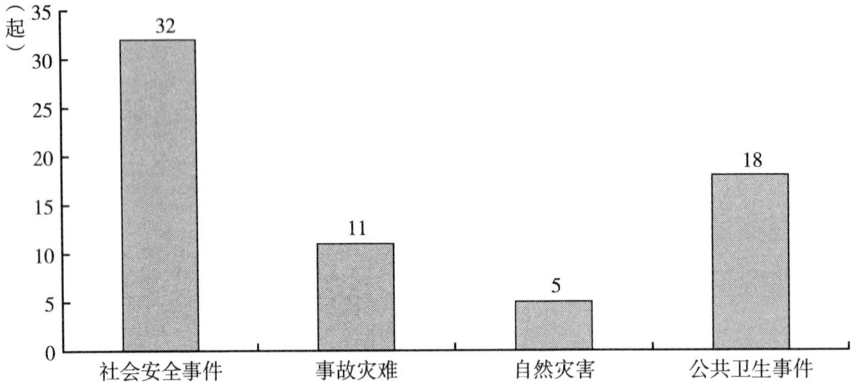


**图1　2016年入境旅游安全事件一览**

**1. 社会安全事件**

入境游客在游览过程中身处陌生环境，通常面临语言障碍、文化冲突和思维习惯差异等问题，这些差异造成的精神紧张和注意力不集中，容易导致旅游安全事件。图1数据显示，2016年入境旅游安全事件多表现为社会安全事件，如游客的钱包、证件、护照、行李丢失以及景区迷路被困等都是高发事件。社会治安问题造成的社会安全事件也偶有发生，需要引起高度注意。

**表1　2016年入境旅游社会安全事件一览**

| 细分类型 | 编号 | 客源地 | 事件时间 | 事件地点 | 事件表现 | 事件伤亡情况(人) | |
|---|---|---|---|---|---|---|---|
| | | | | | | 受伤 | 死亡 |
| 迷路 | 1 | 罗马尼亚 | 1月19日 | 福建省厦门市 | 外出喝酒后返船时不慎迷路 | 0 | 0 |
| 迷路 | 2 | 韩国 | 1月21日 | 甘肃省兰州市 | 高速公路下车后迷路，误入村民家中 | 0 | 0 |
| 被困 | 3 | 澳大利亚 | 2月7日 | 安徽省黄山市 | 因寻找坠毁的无人航拍器误入黄山未开发、开放的区域，受困于山谷 | 0 | 0 |
| 财物遗失 | 4 | 爱沙尼亚 | 3月21日 | 福建省莆田市 | 遗失手机 | 0 | 0 |
| 迷路 | 5 | 法国、新加坡 | 3月30日 | 北京市怀柔区 | 被困于野长城 | 0 | 0 |

续表

| 细分类型 | 编号 | 客源地 | 事件时间 | 事件地点 | 事件表现 | 事件伤亡情况(人) | |
|---|---|---|---|---|---|---|---|
| | | | | | | 受伤 | 死亡 |
| 迷路 | 6 | 巴基斯坦 | 5月2日 | 湖北省荆州市 | 外出游玩时迷路 | 0 | 0 |
| 财物遗失 | 7 | 不详 | 5月13日 | 云南省昆明市 | 下车时将腰包落在车上 | 0 | 0 |
| 被困 | 8 | 印度 | 5月14日 | 天津 | 下船采购后与送其上岸的代理失去联系 | 0 | 0 |
| 迷路 | 9 | 孟加拉国 | 5月18日 | 天津 | 外出购物时迷路 | 0 | 0 |
| 财物遗失 | 10 | 法国 | 5月21日 | 山东省烟台市 | 丢失行李、护照 | 0 | 0 |
| 迷路 | 11 | 法国 | 5月25日 | 安徽省黄山市 | 在黄山迷路，找不着下榻酒店 | 0 | 0 |
| 财物遗失 | 12 | 泰国 | 6月5日 | 山东省济南市 | 遗落现金、行李 | 0 | 0 |
| 财物遗失 | 13 | 澳大利亚 | 7月5日 | 黑龙江省哈尔滨市 | 将钱包落在出租车上 | 0 | 0 |
| 财物遗失 | 14 | 不详 | 7月8日 | 湖北省襄阳市 | 将行李落在火车站进站口安检处 | 0 | 0 |
| 迷路 | 15 | 不详 | 9月4日 | 安徽省六安市 | 探亲时迷路 | 0 | 0 |
| 迷路 | 16 | 哈萨克斯坦 | 9月5日 | 江苏省镇江市 | 由于语言不通、中英文都很生涩一出火车站便迷路了 | 0 | 0 |
| 财物遗失 | 17 | 尼日利亚 | 9月6日 | 河南省郑州市 | 坐公交时丢失钱包 | 0 | 0 |
| 财物遗失 | 18 | 不详 | 9月7日 | 青海省西宁市 | 上厕所时遗落腰包 | 0 | 0 |
| 迷路 | 19 | 不详 | 9月25日 | 贵州省铜仁市 | 由于摩托车导航坏掉，走错方向 | 0 | 0 |
| 财物遗失 | 20 | 新西兰 | 10月7日 | 海南省三亚市 | 行李、护照遗落在出租车上 | 0 | 0 |
| 被困 | 21 | 加拿大 | 10月16日 | 北京市怀柔区 | 被困于野长城 | 1 | 0 |
| 财物遗失 | 22 | 老挝 | 10月19日 | 山东省泰安市 | 在泰山游玩时护照丢失 | 0 | 0 |
| 财物遗失 | 23 | 加拿大 | 12月13日 | 辽宁省沈阳市 | 地铁站钱包丢失 | 0 | 0 |

入境旅游者来我国旅行，难免会对我国的社会制度、社会准则以及交通规则不了解，加之文化背景和思维方式的不同，会发生一些不当行为从而引发安全事件。例如，在高速公路上行走、深夜爬长城等事件，虽然未造成伤亡，但是存在巨大的安全隐患。还有一些入境旅游者由于自身的不文明行为

造成了安全事件，在2016年最为典型的就是发生在福州的一外籍旅游者因与一女子过于亲昵并发生口角而被刺身亡事件。还有一些人打着入境旅游的幌子到我国从事危及我国国家安全的活动，如2016年1月19日一瑞典籍旅游者入境收集我国不良信息，并且煽动群众对抗政府，危及了我国的国家安全和社会治安。

**表2　2016年入境旅游者自身行为不当引起的社会安全事件一览**

| 细分类型 | 编号 | 客源地 | 事件时间 | 事件地点 | 事件表现 | 游客伤亡情况(人) | |
|---|---|---|---|---|---|---|---|
| | | | | | | 受伤 | 死亡 |
| 游客自身行为不当 | 1 | 法国、新加坡 | 3月30日 | 北京市怀柔区 | 深夜攀爬箭扣长城迷失方向 | 0 | 0 |
| 游客自身行为不当 | 2 | 不详 | 6月16日 | 福建省福州市 | 因与一女子过于亲昵并发生口角被刺身亡 | 0 | 1 |
| 游客自身行为不当 | 3 | 美国、孟加拉国 | 6月21日 | 贵州省贵阳市 | 高速公路上徒步逆行 | 0 | 0 |
| 跳楼自杀 | 4 | 韩国 | 7月5日 | 吉林省集安市 | 跳楼自杀 | 0 | 1 |
| 游客自身行为不当 | 5 | 俄罗斯 | 9月5日 | 黑龙江省哈尔滨市 | 在高速公路上行走 | 0 | 0 |
| 游客自身行为不当 | 6 | 不详 | 10月1日 | 安徽省合肥市 | 在机场怒摔充电宝引发恐慌 | 0 | 0 |
| 游客自身行为不当 | 7 | 俄罗斯 | 10月1日 | 重庆市秀山县 | 在高速公路上行走 | 0 | 0 |
| 游客自身行为不当 | 8 | 不详 | 12月19日 | 陕西省汉中市 | 在高速公路上拦车 | 0 | 0 |
| 游客自身行为不当 | 9 | 瑞典 | 1月19日 | 不详 | 收集国家不良信息，煽动群众对抗政府 | 0 | 0 |

**2. 事故灾难**

在2016年的入境旅游者发生的事故灾难中，交通安全事故较为多发。与2015年和2014年相比，火灾和竞赛安全事故也初现苗头，应引起高度重视。其中，一骑行参赛人员与其他参赛人员发生碰撞死亡引起了网络热议。

由表3的数据可知，2016年入境旅游者事故灾难主要有以下类别。一是交通安全事故。交通安全事故主要可以分成两大类，即主动交通安全事故和被动交通安全事故，后者如被其他交通工具追尾相撞。二是意外事故，主要表现为意外落水、意外坠楼和意外摔伤等。三是火灾安全事故。2016年度火灾安全事故大都发生在酒店，主要表现形式是酒店着火时被困于房间。四是赛事安全事故。赛事安全事故在前几年的入境旅游安全事件中并未体现出来，需要引起重视。

**表3　2016年入境旅游事故灾难一览**

| 细分类型 | 编号 | 客源地 | 事件时间 | 事件地点 | 事件表现 | 游客伤亡情况（人） | |
|---|---|---|---|---|---|---|---|
| | | | | | | 受伤 | 死亡 |
| 火灾 | 1 | 孟加拉国 | 3月22日 | 浙江省宁波市 | 船舶起火被困 | 2 | 0 |
| 意外摔伤 | 2 | 朝鲜 | 5月6日 | 上海 | 在船上意外摔伤 | 1 | 0 |
| 意外落水 | 3 | 巴基斯坦 | 7月10日 | 深圳 | 小船翻沉导致落水 | 9 | 0 |
| 交通事故 | 4 | 美国 | 8月5日 | 江苏省连云港市 | 在马路与他人车辆追尾碰撞 | 0 | 0 |
| 火灾 | 5 | 不详 | 9月7日 | 四川省达州市 | 宾馆起火 | 0 | 1 |
| 赛事安全事故 | 6 | 塞尔维亚 | 9月25日 | 福建省武夷山市 | 骑行赛中意外身亡 | 0 | 1 |
| 意外坠楼 | 7 | 不详 | 9月21日 | 云南省昆明市 | 小女孩在家中玩耍的过程中，意外从三楼坠落 | 1 | 0 |
| 交通事故 | 8 | 韩国 | 10月8日 | 四川省泸县 | 在高速公路与他人车辆追尾碰撞 | 1 | 0 |
| 交通事故 | 9 | 美国 | 10月25日 | 浙江省温州市 | 在马路被撞造成左小指骨折 | 1 | 0 |
| 交通事故 | 10 | 不详 | 11月20日 | 河北省宣化区 | 在高速路口发生车祸 | 2 | 0 |
| 操作事故 | 11 | 叙利亚 | 12月8日 | 广东省东莞市 | 轮船机舱作业时不慎受伤 | 1 | 0 |

### 3. 自然灾害

与2015年相比，2016年自然灾害引发的入境旅游安全事件较多，主要表现为台风灾害（见表4）。2016年我国东南沿海台风相对前几年次数较多、强度较大，造成的伤亡损失也较大。在统计的台风灾害中伤亡最为严重的是7月23日福州发生船只侧翻，造成17名印度籍旅游者受伤。

表4　2016年入境旅游自然灾害事件一览

| 细分类型 | 编号 | 客源地 | 事件时间 | 事件地点 | 事件表现 | 游客伤亡情况(人) | |
|---|---|---|---|---|---|---|---|
| | | | | | | 受伤 | 死亡 |
| 台风灾害 | 1 | 印度尼西亚 | 6月19日 | 福建海域 | 驳船无动力自航，一直处于漂流状态 | 7 | 0 |
| 台风灾害 | 2 | 印度 | 7月23日 | 福建省福州市 | 船只由于台风发生侧翻 | 17 | 0 |
| 山体滑坡 | 3 | 中国台湾 | 8月13日 | 福建龙岩 | 旅行团大巴车被埋 | 0 | 1 |
| 台风灾害 | 4 | 中国台湾 | 8月31日 | 上海 | 在长江口航道突遇8级大风 | 6 | 0 |
| 台风灾害 | 5 | 阿拉伯联合酋长国 | 9月28日 | 福建省福州市 | 台风天被雨水中的玻璃割伤 | 3 | 0 |

4. 公共卫生事件

与2015年相比，2016年我国入境旅游公共卫生事件呈上升趋势，突发疾病仍然占较大的比重。但是2016年发生的食物中毒事件需要引起高度重视，我国的饮食安全仍然需要加强管控。此外，入境旅游者的疫情传播事件也开始频繁出现（见表5）。

表5　2016年入境旅游公共卫生事件一览

| 细分类型 | 编号 | 客源地 | 事件时间 | 事件地点 | 事件表现 | 游客伤亡情况(人) | |
|---|---|---|---|---|---|---|---|
| | | | | | | 受伤 | 死亡 |
| 个人疾病 | 1 | 不详 | 3月8日 | 浙江省宁波市 | 船员突感胸闷胸疼 | 1 | 0 |
| 个人疾病 | 2 | 英国 | 3月18日 | 福建省厦门市 | 突发心脏病 | 1 | 0 |
| 个人疾病 | 3 | 菲律宾 | 4月1日 | 河北省石家庄市 | 突发急性心脏主动脉夹层 | 1 | 0 |
| 个人疾病 | 4 | 英国 | 4月3日 | 北京 | 地铁晕倒 | 1 | 0 |
| 个人疾病 | 5 | 不详 | 5月1日 | 山东省日照市 | 船员突发疾病，腹部剧痛 | 1 | 0 |
| 食物中毒 | 6 | 中国香港 | 6月11日 | 广东省东莞市 | 腹泻、腹痛、发烧及呕吐 | 12 | 0 |

续表

| 细分类型 | 编号 | 客源地 | 事件时间 | 事件地点 | 事件表现 | 游客伤亡情况(人) | |
|---|---|---|---|---|---|---|---|
| | | | | | | 受伤 | 死亡 |
| 个人疾病 | 7 | 印度 | 6月30日 | 浙江省温州市 | 发烧、头疼、背疼、恶心 | 1 | 0 |
| 个人疾病 | 8 | 菲律宾 | 7月7日 | 广东省汕头市 | 颅脑右侧基底节区脑出血 | 1 | 0 |
| 个人疾病 | 9 | 不详 | 7月14日 | 山东省威海市 | 侧身麻木 | 1 | 0 |
| 个人疾病 | 10 | 美国 | 8月31日 | 云南省昆明市 | 突发心脏病 | 1 | 0 |
| 个人疾病 | 11 | 巴西 | 9月6日 | 上海 | 双手捂住腹部,瘫倒在地,脸色苍白,表情痛苦 | 1 | 0 |
| 个人疾病 | 12 | 不详 | 9月18日 | 安徽省宿州市 | 火车上外籍旅客腹部痉挛,疼痛难忍 | 1 | 0 |
| 疫情传播 | 13 | 新加坡、马来西亚 | 10月1日 | 广东省广州市 | 输入性登革热 | 3 | 0 |
| 个人疾病 | 14 | 俄罗斯 | 11月8日 | 山东省蓬莱市 | 急性腹膜炎 | 1 | 0 |
| 个人疾病 | 15 | 德国 | 11月11日 | 上海 | 急性心脏病 | 1 | 0 |
| 个人疾病 | 16 | 巴拿马 | 11月16日 | 江苏省常州市 | 突发疾病,出现呕吐、昏迷等症状 | 1 | 0 |
| 个人疾病 | 17 | 不详 | 11月23日 | 广东省广州市 | 身体抽搐导致晕厥 | 1 | 0 |
| 个人疾病 | 18 | 马耳他 | 12月11日 | 浙江省温州市 | 胃出血 | 1 | 0 |

在表5中，个人疾病这一公共卫生安全事件占了较大的比重，入境旅游者疾病发生的主要原因可以归结为以下几点：第一，饮食习惯、气候条件的改变导致他们的身体难以适应，从而引发了疾病，尤其是肠胃性的疾病；第二，长时间的旅行导致身体疲劳也会引发疾病；第三，我国有些地区的公共卫生条件较差也会引发疾病。

## （二）入境旅游安全事件的分布特征

### 1. 时间分布

本文以月度为标准，对入境旅游安全事件的月度分布进行分析，其结果如图 2 所示。2016 年 5 月、7 月、9 月及 10 月成为入境旅游安全事件的高发月份，这 4 个月发生的入境旅游安全事件达到全年安全事件近一半，此时段与我国旅游旺季相吻合（见图 2）。如 2016 年 9 月底，台风造成阿拉伯联合酋长国旅游者被玻璃刮伤，中国台湾游船在长江口航道突遇大风被迫停航。

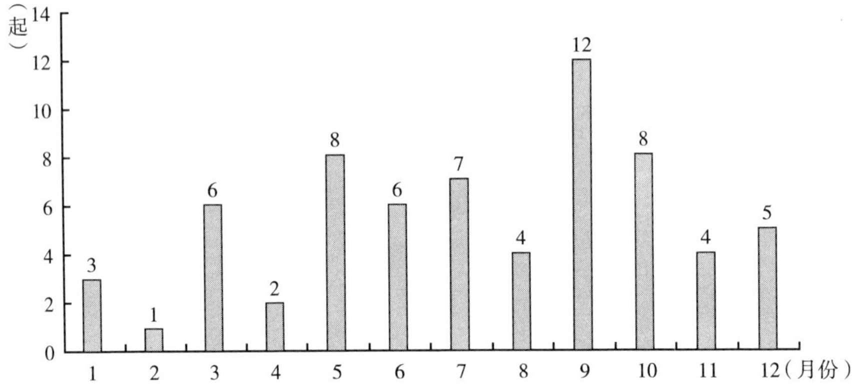


**图 2　2016 年入境旅游安全事件月度分布**

### 2. 空间分布

入境旅游安全事件发生地区的统计如图 3 所示，在入境旅游安全事件分布的 24 个省市中，福建、山东、安徽、浙江、上海、北京以及广东等地入境旅游安全事件发生频频较高。从区域分布上看，东部地区的入境旅游安全事件明显多于中部和西部地区，尤其是东南沿海地区明显高于其他地区。但是，这并不意味着我们可以忽视其他地区的入境旅游安全问题，要时刻谨记“安全无大小”。

### 3. 环节分布

2016 年入境旅游安全事件的发生环节分布如图 4 所示，在旅游的六大环节中，“行”和“游”环节发生的入境旅游安全事件位居第一和第二，这主要是因为入境旅游者在游览和前往目的地的过程中，与外界接触时间较长，接触事物较多，安全隐患也会随之增加，因而发生率也

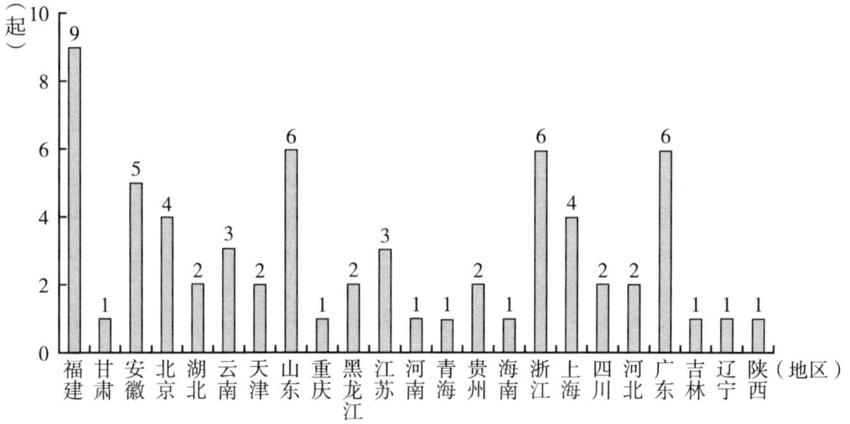


**图3　2016 年入境旅游安全事件地区分布**

较高。此外，"娱"这一环节入境旅游安全事件也应该引起我们的注意。

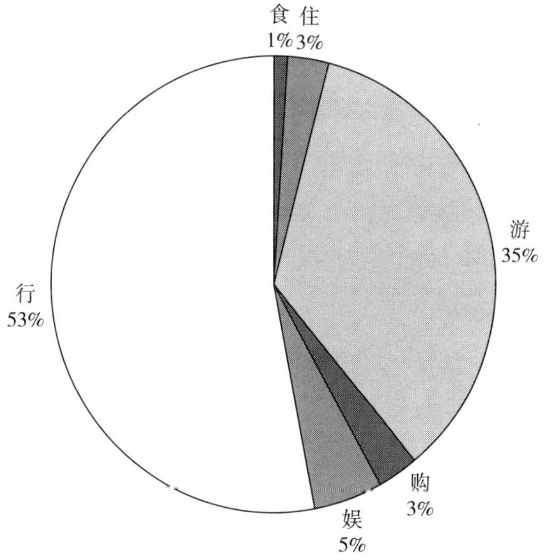


**图4　2016 年入境旅游安全事件的发生环节分布**

## 三　入境旅游安全突发事件的主要影响因素

### （一）文化冲突、语言障碍等

入境旅游者来华旅游不仅是为了观光，更多的是为了感受中国传统文化和民俗，但是由于语言障碍和文化冲突，在陌生的环境中会产生紧张感和不安全感，常常会发生丢失行李和钱包的事件。语言障碍使得他们在游览过程中沟通和获取信息困难，会导致在游览过程中发生迷路、冲撞当地居民和不尊重当地风俗等行为，进而引发安全事件。例如，2016 年 9 月 5 日，哈萨克斯坦籍旅游者在江苏镇江游玩时由于语言不通，一出火车站便迷路了。

### （二）入境旅游者的个人行为原因

入境旅游者的个人行为也是导致入境旅游安全事件发生的另一重要原因。部分入境旅游者在好奇心理的驱使下，不顾景区安全管理条例或者景区人员的劝阻，明知有安全隐患，但仍然坚持要进入景区危险区域。此外，还有一些入境旅游者刻意追求高风险的旅游项目体验，如峡谷漂流、蹦极、野外探险等项目，但是他们对于这些项目所要掌握的技能又不太熟悉，由此增加了事件发生的可能性。当然，由于入境旅游者自身的疏忽也会发生一些安全事件，如钱包、手机、行李丢失。法国和新加坡旅游者和加拿大旅游者分别于 3 月 30 日和 10 月 16 日前往未开发的野长城游览被困。

### （三）针对入境旅游者的社会安全保障措施尚不明确

入境旅游安全事件的发生除了入境旅游者个人主观方面的原因以外，还有目的地安全保障和救援措施这个客观方面的原因。如目的地安全标识牌需要用多种语言进行警示和提醒，但是很多景区和景点针对外宾和境外旅游者的特殊提示不足。目前在我国一些5A级景区或者国家遗产地等著名景点已有多种语言覆盖，但是普通景区、交通要道和一些城市旅游目的地的标识系统尚缺少多种语言提示等，还有一些旅游住宿场所的逃生路线也缺少外文标识。除此之外，由于我国实行的是右行道，而西方国家普遍是左行道，一些入境旅游者在驾驶机动车时常常习惯靠左停车，在交通标识中也应该增加英文版的“靠右停车”标识警示入境旅游者。

### （四）其他原因

目的地的一些自然环境方面的因素也会增加入境旅游安全事件发生的可能性。例如，2016年我国东南沿海地区台风高发且强度较大，也会引发一些入境旅游安全事件。此外，一些政治因素、社会因素也会导致入境旅游安全事件的发生。还有一些入境旅游者由于体质敏感，对一些食材过敏。例如，一些入境旅游者会对花生过敏，但是一般餐饮场所不会特别说明菜中有花生，因此会发生过敏事件。

## 四 2017年入境旅游安全趋势展望和防控管理建议

### （一）趋势展望

**1. 汇率影响入境旅游市场**

人民币汇率会影响入境旅游的人数规模。2016年人民币贬值，刺激一些入境旅游者提早预订旅游产品，预计2017年来华旅游人数将增加，入境旅游安全压力较大。同时，2017年人民币持续贬值的趋势也会传递未来一年入境旅游者人数增加的信息，相关部门应做好安全管控的准备，加强入境旅游安全管理，预防入境旅游安全事件的发生。

**2. 国际形势的变化带来的入境旅游人数波动**

综观我国的国际形势，美国特朗普的上台、美俄之间的对峙、中韩

“萨德”事件以及中国台海关系都会影响我国入境旅游业的发展。美国总统特朗普在竞选时，提出了一系列针对中国贸易的政策，不利于中美友好关系的发展，这可能会影响 2017 年美国来华旅游人数。中韩之间的“萨德”事件在一定程度上恶化了中韩关系，预计 2017 年我国入境旅游游客中韩国旅游者会减少。中国的台海紧张关系也会使台湾入境旅游者减少。入境游客数量的波动对入境旅游安全事件的发生也会产生一定的影响，应该引起我们的注意。

**3. 重大会议和赛事对入境旅游的拉动**

2016 年 G20 峰会在杭州召开，世界对中国又有了更深的认识，杭州成为一个世界瞩目的城市，吸引了大量的外籍旅游者，受 G20 峰会的影响，2017 年也会有大量的外籍旅游者到杭州游玩，入境旅游人数也会随之增加。2017 年 9 月“金砖”会议即将在厦门召开，同样会给厦门带来大量的入境旅游者。除了受重大会议的影响外，重大体育赛事同样也会影响入境旅游市场。近年来，一些重大体育赛事也在我国举办，同时由于我国体育津贴较高，也吸引了大量外籍运动员到我国发展，在粉丝效应的作用下，入境旅游人数也呈增长趋势。重大会议和赛事拉动我国入境旅游业的发展，但也给入境旅游安全带来了压力，在 2017 年入境旅游安全仍需重视。

**4. 雾霾等大气污染的影响**

雾霾已经是一个全民关注的问题，中国的雾霾引起了世界的关注，外籍旅游者前来中国旅游雾霾也成为其考虑的重要因素之一，他们会选择空气质量较好的目的地。2016 年入境旅游安全事件主要集中于我国东南沿海地区，以福建、浙江和广东地区为主，就是入境旅游者目的地选择空间格局变化的主要表现。大气污染治理是一个漫长的过程，2017 年治理雾霾仍然是一项艰巨任务，东南沿海地区仍然要提高警惕，加强入境旅游安全管理。

## （二）管理建议

**1. 加强对入境旅游者普及中国旅游常识**

入境旅游安全事件发生的主要原因是入境旅游者对中国的社会制度、语言环境、风俗习惯以及文化背景不了解，如旅游者在高速公路上行走、骑车，在车站迷路等事件。要想减少或避免此类事件的发生，应该对入境旅游者普及中国旅游常识，可以通过入境时发放旅游小手册、导游传播或者是手机 App、飞机专人讲解等途径向入境旅游者传播中国旅游常识。

**2. 提高旅游信息的透明度**

入境旅游安全事件的通报存在事故通报不完全、报道不全面以及重要信息疏漏等问题。旅游事件报道是我们了解旅游发展情况以及存在问题的重要途径，但是在搜集入境旅游安全资料的过程中，关于旅游安全事件的专题报道比较少，更没有专门的网站公布旅游安全事件，有些事件发生了也没有及时全面地公开报道，这是旅游发展中存在的问题。相关部门应联合建立一个透明的信息门户提供旅游信息，提高旅游信息的透明度。

**3. 加强对旅游安全事件的预警**

旅游安全事件的预警工作有利于我们从源头控制旅游安全事件的发生，但是预警工作不能拘泥于过去的旧方法，相关部门可以将旅游大数据和一些高新技术运用到旅游预警中。国家相关管理部门可以带头建立旅游安全数据库，开展基础数据的研发，各个企业可以根据具体的安全防控的需要对大数据进行挖掘和分析。① 高新技术是进行安全预警必不可少的工具，在发展智慧旅游的基础上，将安全因素融入其中，可以利用旅游 App 对旅游者的位置进行定位，监控旅游者的行为，对存在安全隐患的行为及时制止。

**4. 针对入境旅游者的生活习惯来进行安全管理**

入境旅游者尤其是欧美国家的入境旅游者，由于生活环境、文化背景和制度等的差异，入境旅游总会有一些安全担忧和隐患。这些文化、生活习惯和制度差异都是应该引起我们注意的。

---

① 刘博：《大数据时代旅游业的应对研究》，《旅游纵览》（下半月）2013 年第 6 期。

# B.34

# 2016 ~2017年出境旅游安全形势与展望

方旭红　姚田田　吴银鸿　朱梦影*

摘　要：　2016 年，出境旅游安全总体形势稳定，但安全事件依然较为多发。全球经济分化，局部地区动荡不安；贸易保护主义、民粹主义抬头，反全球化思潮兴起；恐怖袭击进一步加剧，以及部分国家和地区社会治安状况恶化等对出境旅游安全的影响进一步增大；旅游业务安全事件影响游客人身、财产安全成为新的焦点，而游客自身因素导致的安全事件增幅则相对降低。出境旅游安全管理利好政策不断，旅游安全服务更为便捷，旅游安全监管加强。展望 2017 年，出境旅游将会面临更为复杂的国际形势，为降低中国游客出境旅游风险亟须加快建立旅游安全保障体系，推动构建我国与目的地国家地区旅游安全应急联合协调机制，强化出境游客购买保险意识和自我保护意识。

关键词：　出境旅游　安全形势　安全展望　2016 ~2017 年

2016 年以来，中国出境旅游保持持续稳定增长的态势。虽然出境旅游人次同比增速有所放缓，但是出境旅游总人次和旅游消费总额依然高位运行

---

* 方旭红，华侨大学旅游学院副教授、博士，主要研究方向为出境旅游与文化旅游；姚田田、吴银鸿、朱梦影，华侨大学旅游学院硕士研究生。

（见图1）。出境旅游主要集中在泰国、韩国、日本、港澳地区等短途出境旅游目的地。欧美等长途出境旅游占比较低，但增速平稳。随着居民收入水平提高、出境旅游需求升级、各国签证政策放宽、国内休假制度逐步完善，出境旅游需求得到进一步释放。但是，出境旅游对国际政治环境变化、极端自然灾害、公共卫生安全事件等具有较高的敏感度，出境旅游安全形势依然不容乐观，对出境旅游安全事件的管控和预防显得尤为重要。

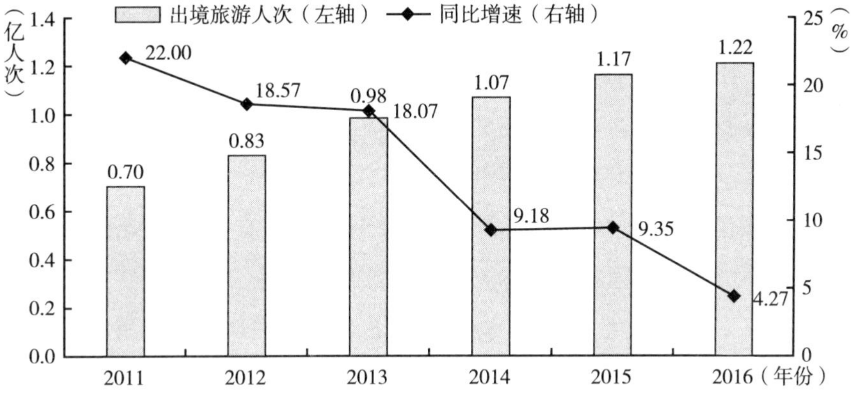


**图1　2011～2016年中国出境旅游发展态势**

## 一　2016年出境旅游安全总体形势

2016年，有关出境旅游安全的法律法规不断完善，针对出境旅游安全事件的救援服务体系也不断完善，出境旅游安全总体形势稳定。但是由于出境游规模持续扩大，出境旅游仍然面临着诸多的安全风险和安全隐患，各种安全事故频发。主要表现为：国际政治环境复杂多变，如欧洲的恐怖袭击、香港“反水客”力度加大导致自由行政策收紧等；以旅游交通事故为典型的各类出境旅游事故灾难频发；一些热点旅游地区，如东南亚和欧洲地区的旅游安全事故较为高发；地震、暴雨、暴雪等极端天气频现，严重影响中国游客出境旅游安全。

## 二　2016年出境旅游安全的概况与特点

### （一）出境旅游安全突发事件的分布类型

**1. 涉旅社会安全事件**

根据外交部领事司发布的旅游安全事件统计，以及人民网、新华网等网站的相关报道，2016 年全球（不含中国内地及港澳台地区，下同）先后爆发各类涉旅社会安全事件达 230 余起，相比上年大幅增加，出境旅游安全风险增大。根据涉旅社会安全事件的发生性质，将其划分为旅游业外社会安全事件和旅游业内社会安全事件两种类型。

（1）旅游业外社会安全事件。旅游业外社会安全事件主要指的是由旅游业外部环境和相关因素导致的与旅游相关的社会安全事件，这类安全事件主要包括以下几个方面。一是全球恐怖袭击不断增多成为中国游客出境旅游最主要的安全隐患。其中，利比亚、土耳其、比利时、叙利亚、伊拉克等地是恐怖事件的高发地区，美国、法国、孟加拉国等国也发生了影响恶劣的重大恐怖袭击事件。二是局部地区动荡不安，地区冲突愈演愈烈。特别是也门、土耳其、索马里、津巴布韦、加蓬等国家和地区政治形势复杂，社会治安状况不断恶化，抗议示威、武装袭击和暗杀等活动频发。三是部分国家和地区针对中国游客的盗抢、偷窃等事件继续处于多发状态，如德国、法国、瑞典、巴西、南非等旅游热点地区，均出现中国游客钱财和行李被抢劫事件。四是中国游客遭遇暴力伤害事件频发，如德国、法国、英国等国家和地区均有出现。五是韩国、土耳其等地爆发的反华游行，给中国游客人身安全造成威胁。这些社会安全事件都不同程度地危及了中国公民的出境旅游安全。

（2）旅游业内社会安全事件。旅游业内社会安全事件主要指的是在旅游业内部环境发生的社会安全事件。这类社会安全事件主要有：①低价竞争、“零负团费”等旅游欺诈现象在出境旅游中层出不穷，如在泰国、韩国等我国主要旅游目的地较常出现以低价竞争的形式招徕游客，变相增加多种自费项目，强制游客逛购物店并消费的现象；②旅行延误和购物欺诈等旅游业务事故频发。2016年，出境旅游业务事故发生率较高。以旅行延误和购物欺诈导致纠纷与意外的社会安全事件最为频发。其次，取消和变更行程类事件也较为常见，该类事件多发生于中国游客出境较为集中的亚洲、北美洲、欧洲等地区。

**2. 涉旅自然灾害事件**

2016年影响中国公民出境旅游安全的自然灾害类型主要有暴雨、暴雪、台风等极端天气和地震、火山爆发等地质灾害，特别是超强厄尔尼诺现象引发的安全事件在全球热门旅游地区频繁出现。根据外交部领事司及相关网站发布的安全提醒信息，2016年全球发生的重大自然灾害多达30余起。2016年初，欧洲多国及韩国、日本、美国等国家和地区均出现突发严重暴风雪，导致航班延误，交通封堵；美国、肯尼亚、哥斯达黎加、日本等地相继出现暴雨、龙卷风、台风等极端天气状况，导致洪涝灾害，给游客出境旅行及生命安全造成严重影响；日本、新西兰、意大利、缅甸、印尼苏门答腊岛、瓦努阿图等地发生大规模地震和火山喷发，引发海啸，火山灰蔓延，导致航班无法起降；此外，受超强厄尔尼诺事件影响，美国、印度等地出现高温酷暑等极端天气现象，澳大利亚、法国、葡萄牙、西班牙、加拿大、智利、以色列等国家均发生不同程度的森林火灾，不仅危及出境游客和附近居民的生命财产安全，还导致了严重的环境污染。这些自然灾害事件，使得中国公民出境旅游交通受阻，人身安全受到威胁。

**3. 涉旅公共卫生事件**

2016年，全球公共卫生事件频发。特别是具有较强区域性特征的各种烈性传染病，爆发力强、传播速度较快、波及范围广、造成影响大。如美洲23个国家和地区、部分非洲国家和地区、新加坡、越南等地先后出现了寨卡病毒、黄热病、登革热、炭疽、中东呼吸综合征、冠状流感病毒等重大疫情。其中，寨卡疫情持续发酵，由巴西等美洲国家和地区蔓延至全球60多个国家和地区；小头畸形等神经系统并发症相关病毒也在近30个国家和地区出现。公共卫生事件危及出境旅游者的健康安全，对国际旅游业也造成了巨大冲击。

**4. 涉旅事故灾难事件**

2016年，出境旅游事故灾难频发且较上年有所增加。其主要类型如下。①交通事故，其发生率在事故灾难中最高。交通事故主要表现为由天气状况、司机自身驾驶不当、道路状况不佳等原因所导致的中、小型汽车交通事故，如“9·27”美国加州交通事故等；飞机自身故障、人为原因所造成的滞留、失事等航空事故，如“11·30”玻利维亚民航包机失事等；快艇、游船由于驾驶原因所引发的伤亡事故，如“6·18”泰国快艇相撞事故。②游客自身疏忽以及旅游地设施故障等引起的游客意外伤亡等人身安全事故也较多。③突发意外状况导致的事故也频繁出现，其中比较典型的是“7·19”台湾火烧客车事件、“11·18”莫桑比克油罐车爆燃事件、“11·25”景区大规模火灾事件等。旅游安全事故灾难对我国公民出境旅游人身安全造成了较大威胁。

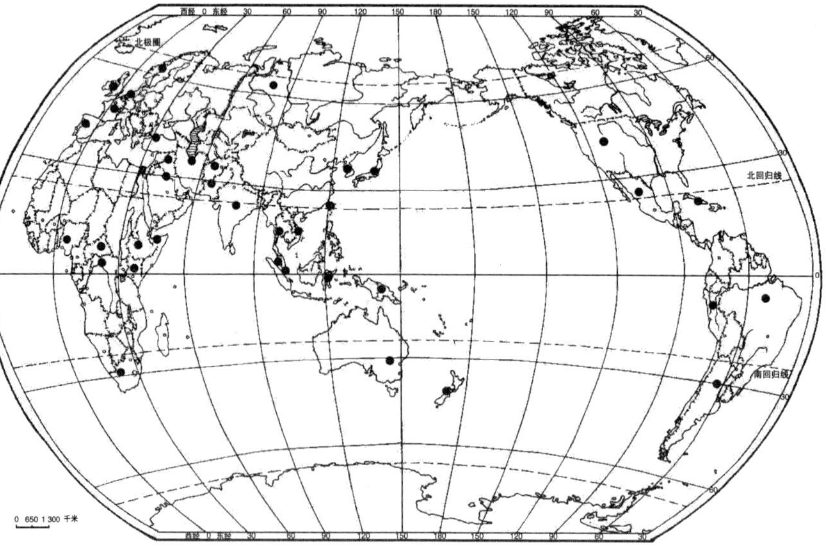


**图2　2016年出境旅游突发事件时空分布（不完全统计）**

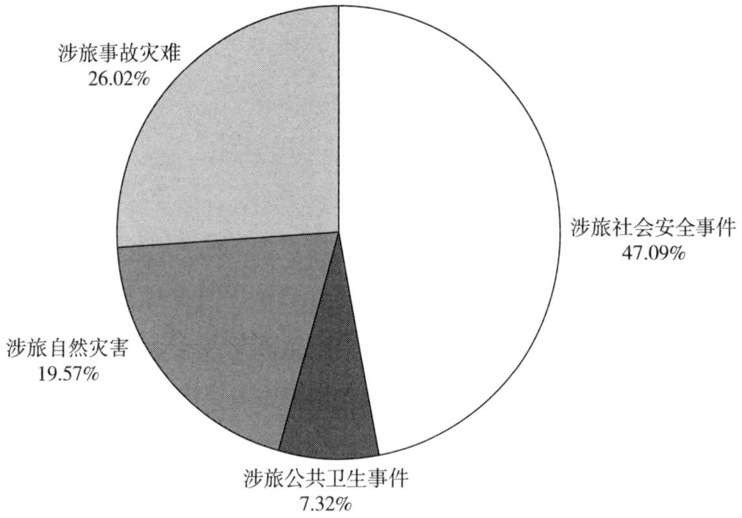


**图 3　2016 年各类出境旅游安全突发事件比重**

## （二）出境旅游突发安全事件的发生特点

**1. 出境旅游安全突发事件多，涉及范围广**

随着我国出境旅游市场的快速发展，2016 年以来出境旅游安全突发事件在类型和总体数量上均增加明显且波及范围较广。首先，恐怖袭击、暴力冲突、游行示威等恶性事件多发，与我国存有领土争端的国家和地区是旅游安全事件的高发地，游客出境旅游安全形势严峻。其次，出境旅游安全突发事件中，以涉旅社会安全事件最为高发，突出地表现为出境旅游过程中，航班的延误、变更和低价旅游、购物欺诈等引发的旅游纠纷。出境旅游安全突发事件发生范围近至短途出境旅游目的地泰国、韩国等，远至长途出境旅游目的地欧美等国家和地区，产生恶劣影响的范围较大。

**2. 自然灾害对出境旅游的干扰增加，破坏力强**

2016 年以来，全球受到气候显著变化的影响，自然灾害和极端天气事件频发。我国游客出境旅游的热点国家和地区频繁出现暴雪、暴雨、龙卷风、洪水、海啸、高温酷暑以及地震等自然灾害，这类自然灾害产生的破坏力极强，造成短时期内难以修复的原生灾害、次生灾害、衍生灾害，对出境旅游的干扰程度不断增加，如航班的延误导致游客滞留、景区的危险系数上升，对游客生命安全构成威胁。

**3. 涉旅公共卫生事件发生频率高，负面影响强烈**

2016 年以来，涉旅公共卫生事件中寨卡病毒、登革热、中东呼吸综合征、冠状流感病毒等传播性疾病疫情事件以及游客食物中毒事件等在全球范围内发生频率仍然较高。这类公共卫生事件带来的负面影响极其强烈，不仅造成游客心理上的恐慌，而且对游客的身体健康也是巨大的威胁。如寨卡病毒在美洲“爆炸式”传播，多国发布旅行警告；安哥拉暴发了严重的黄热病疫情，出现疑似病例 1501 例，导致数十名中国公民感染，其中 8 人死亡。

**4. 游客自身因素导致的安全事件形式多样、层出不穷**

我国游客出境旅游安全事件频发，游客自身因素所导致的安全事件占有较大比重。这类安全事件发生形式多样，性质较为恶劣。首先，突出表现为游客对出游国法律规范、风俗习惯缺乏了解从而导致入境受阻、境外被拘留甚至被遣返等事故频发。其次，个别国家和地区治安状况混乱，加之一些中国游客自身固有的不良消费习惯，针对中国游客的抢劫、盗窃、欺诈等犯罪依旧高发，导致游客的人身、财产安全受到侵害。此外，部分出境游客自身的文明素质程度仍然较低，因随意刻画、不尊重旅游目的地的生活习惯等而产生的冲突和矛盾也不断引发旅游安全事件。

### （三）出境旅游安全管理的主要进展

**1. 出境旅游安全管理体系建设逐步加强**

2016 年，国务院印发《“十三五”旅游业发展规划》着力推进出境旅游安全管理，将中文报警服务、中国公民安全保障措施和游客合法权益保障等纳入中国公民出境旅游目的地管理体系，强调完善出境旅游服务保障体系，加强游客境外旅游保险的购买意识，推动与有关国家和地区建立旅游安全预警机制和突发事件应急处理合作机制。此外，在全面落实“515 战略”过程中，国家旅游局在预防与控制旅游安全突发事件过程中，积极启动旅游安全应急机制，提供一个稳定有保障的境外旅游安全环境。

**2. 出境旅游安全服务更为便捷完善**

2016年，外交部领事服务网积极实时更新发布各国安全情况动态，以便出境游客最快了解和掌握目的地国家和地区的社会治安状况。此外，中国驻外各领事馆也采取相关措施，确保中国游客出境旅游安全。如中国驻奥克兰总领馆首次对中国公民和游客发布安全出行手册，就安全事项、领事保护、紧急联络等关键信息提醒中国游客，以减少旅行中的意外，并提示意外发生后的有效处置方式，确保中国游客顺利度过安心的旅程。

**3. 出境旅游安全监管不断加强**

国家旅游局发布第41号令，公布《旅游安全管理办法》，并于2016年12月1日起开始施行。管理办法强调，旅行社组织出境旅游时应当制作游客安全信息卡，旅游经营者应当依法制定旅游突发事件应急预案。同时，国家旅游局出台了《关于规范出境游保证金有关事宜的通知》，首次将出境游保证金纳入旅游行政部门的监管之中，加大治理由保证金衍生的乱象，严格依法管理，对出境旅游更加安全健康有序发展具有重要意义。

## 三　影响出境旅游安全的主要因素

### （一）贸易保护主义、民粹主义抬头，反全球化思潮兴起

由于全球经济持续疲软，2016年，贸易保护主义在全球重新兴起。据英国《金融时报》报道，在145项贸易限制行动中，有89项以反倾销形式出现，指控贸易伙伴不公。贸易保护主义加剧了国家与地区之间的矛盾，引发了对立和冲突，为出境旅游安全带来了潜在威胁。与贸易保护主义伴生的是民粹主义开始抬头，民众游行示威不断、社会动荡不安。如英国公投“脱欧”、意大利“底层革命”，均在一定程度上导致了民粹主义兴起，引发社会动荡不安、排外情绪高涨。贸易保护主义和民粹主义抬头，又加剧了部分国家和地区反全球化思潮兴起。一些发达国家民间舆论普遍认为，中国是

全球化的最大受益国，由此对中国产生怨恨，甚至怀有报复心理，给中国游客出境旅游安全蒙上阴影。

### （二）全球经济低迷分化，局部地区动荡不安

2016 年，全球经济继续低迷分化，部分国家和地区经济萎缩、福利减少、失业人群增多，加剧了地区动荡和社会治安恶化，对中国游客出境旅游安全造成了较大威胁。如喀麦隆极北大区、也门、叙利亚、法国、德国等国家和地区均发生战争、恐怖袭击、爆炸等安全事件，引发了社会动荡。此外，一些国家和地区接连爆发的游行、骚乱，恶化了当地社会治安，给出境旅游安全蒙上了阴影。

### （三）恐怖主义活动加剧，社会治安状况恶化

2016 年，恐怖主义进一步蔓延，恐怖袭击不断。除阿富汗、巴基斯坦、叙利亚等传统恐怖主义重灾区之外，不断有新的国家和地区遭受恐怖袭击或恐怖威胁，全年重大恐怖袭击事件多达 12 起，比上年大幅增加，以致被称为“恐怖之年”。恐怖主义进一步加剧了世界动荡，威胁中国出境旅游安全。同时，影响中国游客出境旅游安全的另一重要原因是一些国家和地区内部治安状况恶化，犯罪行为频发。如西欧地区，由于近年来经济低迷，大量中产阶级破产，兴起了“底层革命”，加上大量非法移民涌入，种族主义有所抬头，社会治安状况进一步恶化，以致接连出现针对中国游客的盗窃、抢劫事件甚至暴力人身伤害事件。此外，在瑞典、澳大利亚、亚非拉一些国家和地区，也先后发生因社会治安恶化而导致的中国公民被盗窃、抢劫甚至遇害等案件。

## 四　2017年出境旅游安全的形势展望

### （一）出境旅游面临更为复杂的国际形势

2017 年，我国出境旅游将面临更为复杂的国际形势。首先，虽然全球

经济逐渐复苏，但新经济体依旧面临较大困难。国际货币基金组织连续下调全球经济增长预期，全球经济下行压力仍然较大。经济发展的分化，加剧了世界经济不平衡，导致世界更加动荡，社会矛盾突出。其次，极端恐怖主义难以遏制，国际治安形势不容乐观。极端恐怖主义进一步成为全球安全焦点，国际反恐形势严峻。恐怖组织制造的恐怖袭击、绑架、枪击暴力犯罪等造成局部地区治安形势恶化，对中国游客出境旅游的人身安全构成严重的威胁。在未来一段时间，恐怖主义难以得到根本遏制，其对我国出境旅游安全的影响不容低估。此外，我国周边安全形势依然严峻。近年来，随着美国"重返亚太"政策的推进，我国周边安全形势不断恶化。2017 年，我国周边安全形势有可能进一步恶化，其对出境旅游安全带来的冲击不容轻视。

## （二）旅游者面临的信息安全风险增大

近年来，互联网在出境旅游活动中的利用更加广泛。出境自助游旅客中，超过半数通过网络平台购买机票、预订酒店、查找旅游路线，银联卡在线支付也渐成潮流。与此同时，源于网络的游客个人信息泄露、信用卡被盗刷等事件也不断发生。2017 年，随着互联网的使用在出境旅游活动中进一步扩大，旅游者面临的信息安全风险将会进一步增大。

## （三）出境旅游安全应急预案与保障体系亟须完善

近年来，我国公民出境旅游方式日趋多样，自助化、散客化、一地深度游化成为新的潮流。这也使得游客在境外旅游的不确定因素增加，面临的财产安全乃至人身安全风险增大。为此，需要尽快完善出境旅游安全应急预案与保障体系，降低突发事件对游客造成的损失和伤害；驻外领事机构应建立海外中国公民及时联络机制，加大对出境旅游者的领事保护力度；出境旅游管理部门在加强与国际救援机构合作的同时，还要探索发挥商业保险的作用，形成商业紧急救援机制，形成个人、企业、非政府组织、政府协同合作的中国海外公民紧急救援体系。

### （四）出境旅游安全教育刻不容缓

近年来，由于游客缺乏对目的地国家与地区相关法律法规、风俗习惯的了解，加之自身固有的一些“不文明”行为，出境旅游安全事件不断增多。为保障出境旅游安全，今后，需进一步加强出境旅游安全教育，提升游客素质与安全意识，规范游客的行为。

## 五　管理建议

2016 年，中国出境旅游增长速度虽然有所放缓，但呈现由量变向质变转变的趋势，旅游者也进入了“消费升级”的新阶段，更加注重旅游体验。与此同时，旅游者面临的安全风险也不断增加。2017 年，出境旅游安全管理面临更为严峻的挑战。为此，建议出境旅游安全管理重点从以下方面做好工作。

第一，加强国际旅游合作，完善出境旅游相关政策，为旅游者创造更加便利安全的出境旅游环境。

第二，加快建立旅游安全保障体系，形成政府、非政府组织、企业和个人协同合作的中国海外公民紧急救援体系。

第三，不断完善旅游安全信息系统建设和旅游安全预警系统建设，加大信息发布力度，及时启动突发事件应急预案。

第四，推动与目的地国家和地区建立旅游安全应急联合协调机制，保障游客遭遇安全风险能及时得到本土化救助。

第五，强化公民购买出境旅游保险意识，通过商业保险形成旅游安全突发事件紧急救援体系。

第六，加强公民出境旅游安全教育和文明素质教育，提升游客自我保护意识和文明旅游意识。

第七，进一步深化与国际社会合作，加大打击恐怖主义力度，加大对出境旅游者的领事保护力度。

## 参考文献


[1] 方旭红：《2013 ~ 2014 年出境旅游安全形势与展望》，《中国旅游安全报告（2014）》，社会科学文献出版社，2014。

[2] 方旭红：《2014 ~ 2015 年出境旅游安全形势与展望》，《中国旅游安全报告（2015）》，社会科学文献出版社，2015。

[3] 方旭红：《2015 ~ 2016 年出境旅游安全形势与展望》，《中国旅游安全报告（2016）》，社会科学文献出版社，2016。

[4] 国家旅游局官方网站：http：//www. cnta. gov. cn/。

[5] 中国领事服务网：http：//cs. mfa. gov. cn/。

[6] 公安部出入境管理局网站：http：//www. mps. gov. cn/。

[7] 人民网：http：//www. people. com. cn/。

## 皮书起源

"皮书"起源于十七、十八世纪的英国，主要指官方或社会组织正式发表的重要文件或报告，多以"白皮书"命名。在中国，"皮书"这一概念被社会广泛接受，并被成功运作、发展成为一种全新的出版形态，则源于中国社会科学院社会科学文献出版社。

## 皮书定义

皮书是对中国与世界发展状况和热点问题进行年度监测，以专业的角度、专家的视野和实证研究方法，针对某一领域或区域现状与发展态势展开分析和预测，具备原创性、实证性、专业性、连续性、前沿性、时效性等特点的公开出版物，由一系列权威研究报告组成。

## 皮书作者

皮书系列的作者以中国社会科学院、著名高校、地方社会科学院的研究人员为主，多为国内一流研究机构的权威专家学者，他们的看法和观点代表了学界对中国与世界的现实和未来最高水平的解读与分析。

## 皮书荣誉

皮书系列已成为社会科学文献出版社的著名图书品牌和中国社会科学院的知名学术品牌。2016 年，皮书系列正式列入"十三五"国家重点出版规划项目；2012~2016 年，重点皮书列入中国社会科学院承担的国家哲学社会科学创新工程项目；2017 年，55 种院外皮书使用"中国社会科学院创新工程学术出版项目"标识。

# 中国皮书网

发布皮书研创资讯，传播皮书精彩内容
引领皮书出版潮流，打造皮书服务平台

## 栏目设置

关于皮书：何谓皮书、皮书分类、皮书大事记、皮书荣誉、
皮书出版第一人、皮书编辑部

最新资讯：通知公告、新闻动态、媒体聚焦、网站专题、视频直播、下载专区

皮书研创：皮书规范、皮书选题、皮书出版、皮书研究、研创团队

皮书评奖评价：指标体系、皮书评价、皮书评奖

互动专区：皮书说、皮书智库、皮书微博、数据库微博

## 所获荣誉

2008 年、2011 年，中国皮书网均在全国新闻出版业网站荣誉评选中获得“最具商业价值网站”称号；

2012 年,获得“出版业网站百强”称号。

## 网库合一

2014 年，中国皮书网与皮书数据库端口合一，实现资源共享。更多详情请登录 www.pishu.cn。

# S 子库介绍
# Sub-Database Introduction

## 中国经济发展数据库

涵盖宏观经济、农业经济、工业经济、产业经济、财政金融、交通旅游、商业贸易、劳动经济、企业经济、房地产经济、城市经济、区域经济等领域，为用户实时了解经济运行态势、把握经济发展规律、洞察经济形势、做出经济决策提供参考和依据。

## 中国社会发展数据库

全面整合国内外有关中国社会发展的统计数据、深度分析报告、专家解读和热点资讯构建而成的专业学术数据库。涉及宗教、社会、人口、政治、外交、法律、文化、教育、体育、文学艺术、医药卫生、资源环境等多个领域。

## 中国行业发展数据库

以中国国民经济行业分类为依据，跟踪分析国民经济各行业市场运行状况和政策导向，提供行业发展最前沿的资讯，为用户投资、从业及各种经济决策提供理论基础和实践指导。内容涵盖农业，能源与矿产业，交通运输业，制造业，金融业，房地产业，租赁和商务服务业，科学研究，环境和公共设施管理，居民服务业，教育，卫生和社会保障，文化、体育和娱乐业等 100 余个行业。

## 中国区域发展数据库

对特定区域内的经济、社会、文化、法治、资源环境等领域的现状与发展情况进行分析和预测。涵盖中部、西部、东北、西北等地区，长三角、珠三角、黄三角、京津冀、环渤海、合肥经济圈、长株潭城市群、关中—天水经济区、海峡经济区等区域经济体和城市圈，北京、上海、浙江、河南、陕西等 34 个省份及中国台湾地区 。

## 中国文化传媒数据库

包括文化事业、文化产业、宗教、群众文化、图书馆事业、博物馆事业、档案事业、语言文字、文学、历史地理、新闻传播、广播电视、出版事业、艺术、电影、娱乐等多个子库。

## 世界经济与国际关系数据库

以皮书系列中涉及世界经济与国际关系的研究成果为基础，全面整合国内外有关世界经济与国际关系的统计数据、深度分析报告、专家解读和热点资讯构建而成的专业学术数据库。包括世界经济、国际政治、世界文化与科技、全球性问题、国际组织与国际法、区域研究等多个子库。

# 法律声明

1997~2017

皮书品牌20年

YEAR BOOKS

# 皮书系列

## 2017年

智 库 成 果 出 版 与 传 播 平 台

社会科学文献出版社
SOCIAL SCIENCES ACADEMIC PRESS (CHINA)

# 社长致辞

2017年正值皮书品牌专业化二十周年之际，世界每天都在发生着让人眼花缭乱的变化，而唯一不变的，是面向未来无数的可能性。作为个体，如何获取专业信息以备不时之需？作为行政主体或企事业主体，如何提高决策的科学性让这个世界变得更好而不是更糟？原创、实证、专业、前沿、及时、持续，这是1997年“皮书系列”品牌创立的初衷。

1997～2017，从最初一个出版社的学术产品名称到媒体和公众使用频率极高的热点词语，从专业术语到大众话语，从官方文件到独特的出版型态，作为重要的智库成果，“皮书”始终致力于成为海量信息时代的信息过滤器，成为经济社会发展的记录仪，成为政策制定、评估、调整的智力源，社会科学研究的资料集成库。“皮书”的概念不断延展，“皮书”的种类更加丰富，“皮书”的功能日渐完善。

1997～2017，皮书及皮书数据库已成为中国新型智库建设不可或缺的抓手与平台，成为政府、企业和各类社会组织决策的利器，成为人文社科研究最基本的资料库，成为世界系统完整及时认知当代中国的窗口和通道！“皮书”所具有的凝聚力正在形成一种无形的力量，吸引着社会各界关注中国的发展，参与中国的发展。

二十年的“皮书”正值青春，愿每一位皮书人付出的年华与智慧不辜负这个时代！

社会科学文献出版社社长<br>
中国社会学会秘书长

2016年11月

# 社会科学文献出版社简介

社会科学文献出版社成立于1985年，是直属于中国社会科学院的人文社会科学学术出版机构。成立以来，社科文献出版社依托于中国社会科学院和国内外人文社会科学界丰厚的学术出版和专家学者资源，始终坚持“创社科经典，出传世文献”的出版理念、“权威、前沿、原创”的产品定位以及学术成果和智库成果出版的专业化、数字化、国际化、市场化的经营道路。

社科文献出版社是中国新闻出版业转型与文化体制改革的先行者。积极探索文化体制改革的先进方向和现代企业经营决策机制，社科文献出版社先后荣获“全国文化体制改革工作先进单位”、中国出版政府奖·先进出版单位奖，中国社会科学院先进集体、全国科普工作先进集体等荣誉称号。多人次荣获“第十届韬奋出版奖”“全国新闻出版行业领军人才”“数字出版先进人物”“北京市新闻出版广电行业领军人才”等称号。

社科文献出版社是中国人文社会科学学术出版的大社名社，也是以皮书为代表的智库成果出版的专业强社。年出版图书2000余种，其中皮书350余种，出版新书字数5.5亿字，承印与发行中国社科院院属期刊72种，先后创立了皮书系列、列国志、中国史话、社科文献学术译库、社科文献学术文库、甲骨文书系等一大批既有学术影响又有市场价值的品牌，确立了在社会学、近代史、苏东问题研究等专业学科及领域出版的领先地位。图书多次荣获中国出版政府奖、“三个一百”原创图书出版工程、“五个‘一’工程奖”、“大众喜爱的50种图书”等奖项，在中央国家机关“强素质·做表率”读书活动中，入选图书品种数位居各大出版社之首。

社科文献出版社是中国学术出版规范与标准的倡议者与制定者，代表全国50多家出版社发起实施学术著作出版规范的倡议，承担学术著作规范国家标准的起草工作，率先编撰完成《皮书手册》对皮书品牌进行规范化管理，并在此基础上推出中国版芝加哥手册——《SSAP学术出版手册》。

社科文献出版社是中国数字出版的引领者，拥有皮书数据库、列国志数据库、“一带一路”数据库、减贫数据库、集刊数据库等4大产品线11个数据库产品，机构用户达1300余家，海外用户百余家，荣获“数字出版转型示范单位”“新闻出版标准化先进单位”“专业数字内容资源知识服务模式试点企业标准化示范单位”等称号。

社科文献出版社是中国学术出版走出去的践行者。社科文献出版社海外图书出版与学术合作业务遍及全球40余个国家和地区并于2016年成立俄罗斯分社，累计输出图书500余种，涉及近20个语种，累计获得国家社科基金中华学术外译项目资助76种、“丝路书香工程”项目资助60种、中国图书对外推广计划项目资助71种以及经典中国国际出版工程资助28种，被商务部认定为“2015-2016年度国家文化出口重点企业”。

如今，社科文献出版社拥有固定资产3.6亿元，年收入近3亿元，设置了七大出版分社、六大专业部门，成立了皮书研究院和博士后科研工作站，培养了一支近400人的高素质与高效率的编辑、出版、营销和国际推广队伍，为未来成为学术出版的大社、名社、强社，成为文化体制改革与文化企业转型发展的排头兵奠定了坚实的基础。

# 经 济 类

经济类皮书涵盖宏观经济、城市经济、大区域经济，
提供权威、前沿的分析与预测

## 经济蓝皮书

2017 年中国经济形势分析与预测

李扬 / 主编　2017 年 1 月出版　定价：89.00 元

◆　本书为总理基金项目，由著名经济学家李扬领衔，联合中国社会科学院等数十家科研机构、国家部委和高等院校的专家共同撰写，系统分析了 2016 年的中国经济形势并预测 2017 年中国经济运行情况。

## 中国省域竞争力蓝皮书

中国省域经济综合竞争力发展报告（2015 ~ 2016）

李建平　李闽榕　高燕京 / 主编　2017 年 5 月出版　定价：198.00 元

◆　本书融多学科的理论为一体，深入追踪研究了省域经济发展与中国国家竞争力的内在关系，为提升中国省域经济综合竞争力提供有价值的决策依据。

## 城市蓝皮书

中国城市发展报告 No.10

潘家华　单菁菁 / 主编　2017 年 9 月出版　估价：89.00 元

◆　本书是由中国社会科学院城市发展与环境研究中心编著的，多角度、全方位地立体展示了中国城市的发展状况，并对中国城市的未来发展提出了许多建议。该书有强烈的时代感，对中国城市发展实践有重要的参考价值。

## 人口与劳动绿皮书

### 中国人口与劳动问题报告 No.18

蔡昉　张车伟 / 主编　2017 年 10 月出版　估价：89.00 元

◆　本书为中国社会科学院人口与劳动经济研究所主编的年度报告，对当前中国人口与劳动形势做了比较全面和系统的深入讨论，为研究中国人口与劳动问题提供了一个专业性的视角。

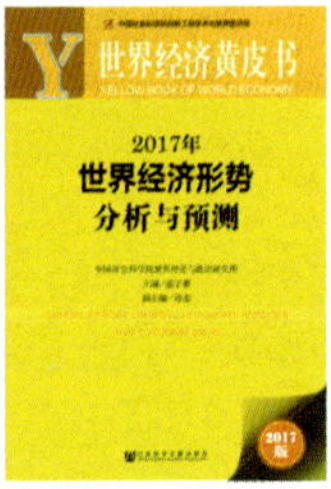


## 世界经济黄皮书

### 2017 年世界经济形势分析与预测

张宇燕 / 主编　2017 年 1 月出版　定价：89.00 元

◆　本书由中国社会科学院世界经济与政治研究所的研究团队撰写，2016 年世界经济增速进一步放缓，就业增长放慢。世界经济面临许多重大挑战同时，地缘政治风险、难民危机、大国政治周期、恐怖主义等问题也仍然在影响世界经济的稳定与发展。预计 2017 年按 PPP 计算的世界 GDP 增长率约为 3.0%。

## 国际城市蓝皮书

### 国际城市发展报告（2017）

屠启宇 / 主编　2017 年 2 月出版　定价：79.00 元

◆　本书作者以上海社会科学院从事国际城市研究的学者团队为核心，汇集同济大学、华东师范大学、复旦大学、上海交通大学、南京大学、浙江大学相关城市研究专业学者。立足动态跟踪介绍国际城市发展时间中，最新出现的重大战略、重大理念、重大项目、重大报告和最佳案例。

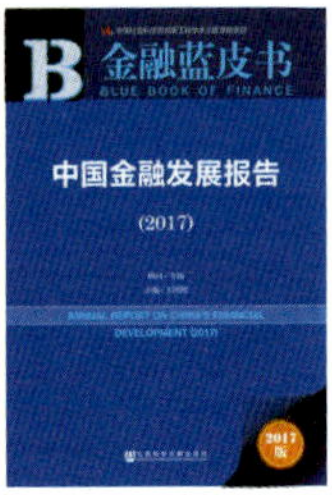


## 金融蓝皮书

### 中国金融发展报告（2017）

王国刚 / 主编　2017 年 2 月出版　定价：79.00 元

◆　本书由中国社会科学院金融研究所组织编写，概括和分析了 2016 年中国金融发展和运行中的各方面情况，研讨和评论了 2016 年发生的主要金融事件，有利于读者了解掌握 2016 年中国的金融状况，把握 2017 年中国金融的走势。

## 农村绿皮书

### 中国农村经济形势分析与预测（2016 ~ 2017）

魏后凯　杜志雄　黄秉信 / 主编　2017 年 4 月出版　估价：89.00 元

◆　本书描述了 2016 年中国农业农村经济发展的一些主要指标和变化，并对 2017 年中国农业农村经济形势的一些展望和预测，提出相应的政策建议。

## 西部蓝皮书

### 中国西部发展报告（2017）

徐璋勇 / 主编　2017 年 7 月出版　估价：89.00 元

◆　本书由西北大学中国西部经济发展研究中心主编，汇集了源自西部本土以及国内研究西部问题的权威专家的第一手资料，对国家实施西部大开发战略进行年度动态跟踪，并对 2017 年西部经济、社会发展态势进行预测和展望。

## 经济蓝皮书・夏季号

### 中国经济增长报告（2016 ~ 2017）

李扬 / 主编　2017 年 9 月出版　估价：98.00 元

◆　中国经济增长报告主要探讨 2016~2017 年中国经济增长问题，以专业视角解读中国经济增长，力求将其打造成一个研究中国经济增长、服务宏微观各级决策的周期性、权威性读物。

## 就业蓝皮书

### 2017 年中国本科生就业报告

麦可思研究院 / 编著　2017 年 6 月出版　估价：98.00 元

◆　本书基于大量的数据和调研，内容翔实，调查独到，分析到位，用数据说话，对中国大学生就业及学校专业设置起到了很好的建言献策作用。

# 社会政法类

社会政法类皮书聚焦社会发展领域的热点、难点问题，提供权威、原创的资讯与视点

## 社会蓝皮书

2017 年中国社会形势分析与预测

李培林　陈光金　张翼 / 主编　2016 年 12 月出版　定价：89.00 元

◆　本书由中国社会科学院社会学研究所组织研究机构专家、高校学者和政府研究人员撰写，聚焦当下社会热点，对 2016 年中国社会发展的各个方面内容进行了权威解读，同时对 2017 年社会形势发展趋势进行了预测。

## 法治蓝皮书

中国法治发展报告 No.15（2017）

李林　田禾 / 主编　2017 年 3 月出版　定价：118.00 元

◆　本年度法治蓝皮书回顾总结了 2016 年度中国法治发展取得的成就和存在的不足，对中国政府、司法、检务透明度进行了跟踪调研，并对 2017 年中国法治发展形势进行了预测和展望。

## 社会体制蓝皮书

中国社会体制改革报告 No.5（2017）

龚维斌 / 主编　2017 年 3 月出版　定价：89.00 元

◆　本书由国家行政学院社会治理研究中心和北京师范大学中国社会管理研究院共同组织编写，主要对 2016 年社会体制改革情况进行回顾和总结，对 2017 年的改革走向进行分析，提出相关政策建议。

## 社会心态蓝皮书

中国社会心态研究报告（2017）

王俊秀　杨宜音 / 主编　2017 年 12 月出版　估价：89.00 元

◆　本书是中国社会科学院社会学研究所社会心理研究中心“社会心态蓝皮书课题组”的年度研究成果，运用社会心理学、社会学、经济学、传播学等多种学科的方法进行了调查和研究，对于目前中国社会心态状况有较广泛和深入的揭示。

## 生态城市绿皮书

中国生态城市建设发展报告（2017）

刘举科　孙伟平　胡文臻 / 主编　2017 年 7 月出版　估价：118.00 元

◆　报告以绿色发展、循环经济、低碳生活、民生宜居为理念，以更新民众观念、提供决策咨询、指导工程实践、引领绿色发展为宗旨，试图探索一条具有中国特色的城市生态文明建设新路。

## 城市生活质量蓝皮书

中国城市生活质量报告（2017）

中国经济实验研究院 / 主编　2017 年 7 月出版　估价：89.00 元

◆　本书对全国 35 个城市居民的生活质量主观满意度进行了电话调查，同时对 35 个城市居民的客观生活质量指数进行了计算，为中国城市居民生活质量的提升，提出了针对性的政策建议。

## 公共服务蓝皮书

中国城市基本公共服务力评价（2017）

钟君　刘志昌　吴正杲 / 主编　2017 年 12 月出版　估价：89.00 元

◆　中国社会科学院经济与社会建设研究室与华图政信调查组成联合课题组，从 2010 年开始对基本公共服务力进行研究，研创了基本公共服务力评价指标体系，为政府考核公共服务与社会管理工作提供了理论工具。

# 行业报告类

行业报告类皮书立足重点行业、新兴行业领域，
提供及时、前瞻的数据与信息

## 企业社会责任蓝皮书

**中国企业社会责任研究报告（2017）**

黄群慧　钟宏武　张蒽　翟利峰 / 著　2017 年 10 月出版　估价：89.00 元

◆　本书剖析了中国企业社会责任在 2016 ~ 2017 年度的最新发展特征，详细解读了省域国有企业在社会责任方面的阶段性特征，生动呈现了国内外优秀企业的社会责任实践。对了解中国企业社会责任履行现状、未来发展，以及推动社会责任建设有重要的参考价值。

## 新能源汽车蓝皮书

**中国新能源汽车产业发展报告（2017）**

中国汽车技术研究中心　日产（中国）投资有限公司
东风汽车有限公司 / 编著　2017 年 7 月出版　估价：98.00 元

◆　本书对中国 2016 年新能源汽车产业发展进行了全面系统的分析，并介绍了国外的发展经验。有助于相关机构、行业和社会公众等了解中国新能源汽车产业发展的最新动态，为政府部门出台新能源汽车产业相关政策法规、企业制定相关战略规划，提供必要的借鉴和参考。

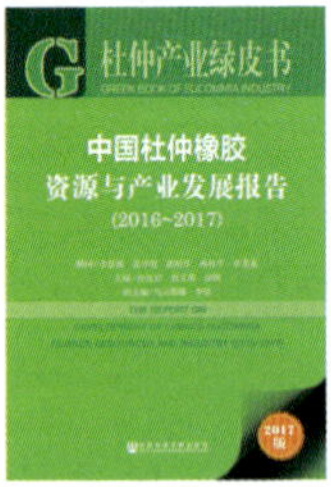


## 杜仲产业绿皮书

**中国杜仲橡胶资源与产业发展报告（2016 ~ 2017）**

杜红岩　胡文臻　俞锐 / 主编　2017 年 4 月出版　估价：85.00 元

◆　本书对 2016 年杜仲产业的发展情况、研究团队在杜仲研究方面取得的重要成果、部分地区杜仲产业发展的具体情况、杜仲新标准的制定情况等进行了较为详细的分析与介绍，使广大关心杜仲产业发展的读者能够及时跟踪产业最新进展。

## 企业蓝皮书

### 中国企业绿色发展报告 No.2（2017）

李红玉　朱光辉 / 主编　　2017 年 8 月出版　　估价：89.00 元

◆　本书深入分析中国企业能源消费、资源利用、绿色金融、绿色产品、绿色管理、信息化、绿色发展政策及绿色文化方面的现状，并对目前存在的问题进行研究，剖析因果，谋划对策，为企业绿色发展提供借鉴，为中国生态文明建设提供支撑。

## 中国上市公司蓝皮书

### 中国上市公司发展报告（2017）

张平　王宏淼 / 主编　　2017 年 10 月出版　　估价：98.00 元

◆　本书由中国社会科学院上市公司研究中心组织编写的，着力于全面、真实、客观反映当前中国上市公司财务状况和价值评估的综合性年度报告。本书详尽分析了 2016 年中国上市公司情况，特别是现实中暴露出的制度性、基础性问题，并对资本市场改革进行了探讨。

## 资产管理蓝皮书

### 中国资产管理行业发展报告（2017）

智信资产管理研究院 / 编著　　2017 年 6 月出版　　估价：89.00 元

◆　中国资产管理行业刚刚兴起，未来将成为中国金融市场最有看点的行业。本书主要分析了 2016 年度资产管理行业的发展情况，同时对资产管理行业的未来发展做出科学的预测。

## 体育蓝皮书

### 中国体育产业发展报告（2017）

阮伟　钟秉枢 / 主编　　2017 年 12 月出版　　估价：89.00 元

◆　本书运用多种研究方法，在体育竞赛业、体育用品业、体育场馆业、体育传媒业等传统产业研究的基础上，并对 2016 年体育领域内的各种热点事件进行研究和梳理，进一步拓宽了研究的广度、提升了研究的高度、挖掘了研究的深度。

# 国际问题类

国际问题类皮书关注全球重点国家与地区，
提供全面、独特的解读与研究

## 美国蓝皮书

### 美国研究报告（2017）

郑秉文　黄平 / 主编　2017 年 6 月出版　估价：89.00 元

◆　本书是由中国社会科学院美国研究所主持完成的研究成果，它回顾了美国 2016 年的经济、政治形势与外交战略，对 2017 年以来美国内政外交发生的重大事件及重要政策进行了较为全面的回顾和梳理。

## 日本蓝皮书

### 日本研究报告（2017）

杨伯江 / 主编　2017 年 5 月出版　估价：89.00 元

◆　本书对 2016 年日本的政治、经济、社会、外交等方面的发展情况做了系统介绍，对日本的热点及焦点问题进行了总结和分析，并在此基础上对该国 2017 年的发展前景做出预测。

## 亚太蓝皮书

### 亚太地区发展报告（2017）

李向阳 / 主编　2017 年 4 月出版　估价：89.00 元

◆　本书是中国社会科学院亚太与全球战略研究院的集体研究成果。2017 年的“亚太蓝皮书”继续关注中国周边环境的变化。该书盘点了 2016 年亚太地区的焦点和热点问题，为深入了解 2016 年及未来中国与周边环境的复杂形势提供了重要参考。

## 德国蓝皮书

德国发展报告（2017）

郑春荣 / 主编　2017 年 6 月出版　估价：89.00 元

◆　本报告由同济大学德国研究所组织编撰，由该领域的专家学者对德国的政治、经济、社会文化、外交等方面的形势发展情况，进行全面的阐述与分析。

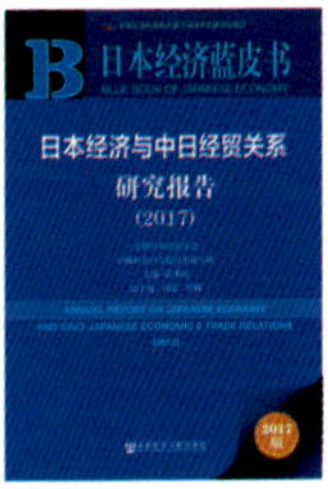


## 日本经济蓝皮书

日本经济与中日经贸关系研究报告（2017）

张季风 / 编著　2017 年 5 月出版　估价：89.00 元

◆　本书系统、详细地介绍了 2016 年日本经济以及中日经贸关系发展情况，在进行了大量数据分析的基础上，对 2017 年日本经济以及中日经贸关系的大致发展趋势进行了分析与预测。

## 俄罗斯黄皮书

俄罗斯发展报告（2017）

李永全 / 编著　2017 年 7 月出版　估价：89.00 元

◆　本书系统介绍了 2016 年俄罗斯经济政治情况，并对 2016 年该地区发生的焦点、热点问题进行了分析与回顾；在此基础上，对该地区 2017 年的发展前景进行了预测。

## 非洲黄皮书

非洲发展报告 No.19（2016 ~ 2017）

张宏明 / 主编　2017 年 8 月出版　估价：89.00 元

◆　本书是由中国社会科学院西亚非洲研究所组织编撰的非洲形势年度报告，比较全面、系统地分析了 2016 年非洲政治形势和热点问题，探讨了非洲经济形势和市场走向，剖析了大国对非洲关系的新动向；此外，还介绍了国内非洲研究的新成果。

# 地方发展类

地方发展类皮书关注中国各省份、经济区域，
提供科学、多元的预判与资政信息

## 北京蓝皮书

北京公共服务发展报告（2016~2017）

施昌奎 / 主编　2017 年 3 月出版　定价：79.00 元

◆　本书是由北京市政府职能部门的领导、首都著名高校的教授、知名研究机构的专家共同完成的关于北京市公共服务发展与创新的研究成果。

## 河南蓝皮书

河南经济发展报告（2017）

张占仓　完世伟 / 主编　2017 年 4 月出版　估价：89.00 元

◆　本书以国内外经济发展环境和走向为背景，主要分析当前河南经济形势，预测未来发展趋势，全面反映河南经济发展的最新动态、热点和问题，为地方经济发展和领导决策提供参考。

## 广州蓝皮书

2017 年中国广州经济形势分析与预测

庾建设　陈浩钿　谢博能 / 主编　2017 年 7 月出版　估价：85.00 元

◆　本书由广州大学与广州市委政策研究室、广州市统计局联合主编，汇集了广州科研团体、高等院校和政府部门诸多经济问题研究专家、学者和实际部门工作者的最新研究成果，是关于广州经济运行情况和相关专题分析、预测的重要参考资料。

# 文化传媒类

文化传媒类皮书透视文化领域、文化产业，
探索文化大繁荣、大发展的路径

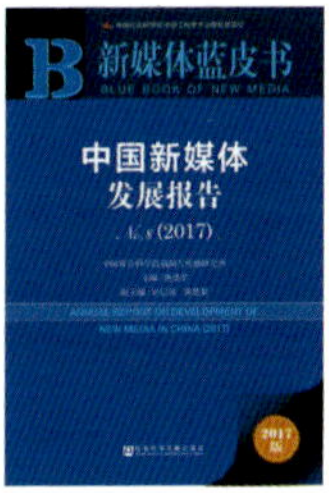


## 新媒体蓝皮书

### 中国新媒体发展报告 No.8（2017）

唐绪军 / 主编　2017 年 6 月出版　估价：89.00 元

◆　本书是由中国社会科学院新闻与传播研究所组织编写的关于新媒体发展的最新年度报告，旨在全面分析中国新媒体的发展现状，解读新媒体的发展趋势，探析新媒体的深刻影响。

## 移动互联网蓝皮书

### 中国移动互联网发展报告（2017）

官建文 / 主编　2017 年 6 月出版　估价：89.00 元

◆　本书着眼于对 2016 年度中国移动互联网的发展情况做深入解析，对未来发展趋势进行预测，力求从不同视角、不同层面全面剖析中国移动互联网发展的现状、年度突破及热点趋势等。

## 传媒蓝皮书

### 中国传媒产业发展报告（2017）

崔保国 / 主编　2017 年 5 月出版　估价：98.00 元

◆　“传媒蓝皮书”连续十多年跟踪观察和系统研究中国传媒产业发展。本报告在对传媒产业总体以及各细分行业发展状况与趋势进行深入分析基础上，对年度发展热点进行跟踪，剖析新技术引领下的商业模式，对传媒各领域发展趋势、内体经营、传媒投资进行解析，为中国传媒产业正在发生的变革提供前瞻行参考。

# 经济类

**"三农"互联网金融蓝皮书**
中国"三农"互联网金融发展报告（2017）
著(编)者：李勇坚 王弢　2017年8月出版 / 估价：98.00元
PSN B-2016-561-1/1

**G20国家创新竞争力黄皮书**
二十国集团（G20）国家创新竞争力发展报告（2016~2017）
著(编)者：李建平 李闽榕 赵新力 周天勇
2017年8月出版 / 估价：158.00元
PSN Y-2011-229-1/1

**产业蓝皮书**
中国产业竞争力报告（2017）No.7
著(编)者：张其仔　2017年12月出版 / 估价：98.00元
PSN B-2010-175-1/1

**城市创新蓝皮书**
中国城市创新报告（2017）
著(编)者：周天勇 旷建伟　2017年11月出版 / 估价：89.00元
PSN B-2013-340-1/1

**城市蓝皮书**
中国城市发展报告 No.10
著(编)者：潘家华 单菁菁　2017年9月出版 / 估价：89.00元
PSN B-2007-091-1/1

**城乡一体化蓝皮书**
中国城乡一体化发展报告（2016～2017）
著(编)者：汝信 付崇兰　2017年7月出版 / 估价：85.00元
PSN B-2011-226-1/2

**城镇化蓝皮书**
中国新型城镇化健康发展报告（2017）
著(编)者：张占斌　2017年8月出版 / 估价：89.00元
PSN B-2014-396-1/1

**创新蓝皮书**
创新型国家建设报告（2016～2017）
著(编)者：詹正茂　2017年12月出版 / 估价：89.00元
PSN B-2009-140-1/1

**创业蓝皮书**
中国创业发展报告（2016～2017）
著(编)者：黄群慧 赵卫星 钟宏武等
2017年11月出版 / 估价：89.00元
PSN B-2016-578-1/1

**低碳发展蓝皮书**
中国低碳发展报告（2016~2017）
著(编)者：齐晔 张希良　2017年3月出版 / 估价：98.00元
PSN B-2011-223-1/1

**低碳经济蓝皮书**
中国低碳经济发展报告（2017）
著(编)者：薛进军 赵忠秀　2017年6月出版 / 估价：85.00元
PSN B-2011-194-1/1

**东北蓝皮书**
中国东北地区发展报告（2017）
著(编)者：姜晓秋　2017年 2 月出版 / 定价：79.00元
PSN B-2006-067-1/1

**发展与改革蓝皮书**
中国经济发展和体制改革报告No.8
著(编)者：邹东涛 王再文　2017年4月出版 / 估价：98.00元
PSN B-2008-122-1/1

**工业化蓝皮书**
中国工业化进程报告（2017）
著(编)者：黄群慧　2017年12月出版 / 估价：158.00元
PSN B-2007-095-1/1

**管理蓝皮书**
中国管理发展报告（2017）
著(编)者：张晓东　2017年10月出版 / 估价：98.00元
PSN B-2014-416-1/1

**国际城市蓝皮书**
国际城市发展报告（2017）
著(编)者：屠启宇　2017年2月出版 / 定价：79.00元
PSN B-2012-260-1/1

**国家创新蓝皮书**
中国创新发展报告（2017）
著(编)者：陈劲　2017年12月出版 / 估价：89.00元
PSN B-2014-370-1/1

**金融蓝皮书**
中国金融发展报告（2017）
著(编)者：王国刚　2017年2月出版 / 定价：79.00元
PSN B-2004-031-1/6

**京津冀金融蓝皮书**
京津冀金融发展报告（2017）
著(编)者：王爱俭 李向前
2017年 4 月出版 / 估价：89.00元
PSN B-2016-528-1/1

**京津冀蓝皮书**
京津冀发展报告（2017）
著(编)者：文魁 祝尔娟　2017年4月出版 / 估价：89.00元
PSN B-2012-262-1/1

**经济蓝皮书**
2017年中国经济形势分析与预测
著(编)者：李扬　2017年1月出版 / 定价：89.00元
PSN B-1996-001-1/1

**经济蓝皮书・春季号**
2017年中国经济前景分析
著(编)者：李扬　2017年6月出版 / 估价：89.00元
PSN B-1999-008-1/1

**经济蓝皮书・夏季号**
中国经济增长报告（2016～2017）
著(编)者：李扬　2017年9月出版 / 估价：98.00元
PSN B-2010-176-1/1

**经济信息绿皮书**
中国与世界经济发展报告（2017）
著(编)者：杜平　2017年12月出版 / 定价：89.00元
PSN G-2003-023-1/1

**就业蓝皮书**
2017年中国本科生就业报告
著(编)者：麦可思研究院　2017年6月出版 / 估价：98.00元
PSN B-2009-146-1/2

**就业蓝皮书**
2017年中国高职高专生就业报告
著(编)者：麦可思研究院　2017年6月出版 / 估价：98.00元
PSN B-2015-472-2/2

**科普能力蓝皮书**
中国科普能力评价报告（2017）
著(编)者：李富 强李群　2017年8月出版 / 估价：89.00元
PSN B-2016-556-1/1

**临空经济蓝皮书**
中国临空经济发展报告（2017）
著(编)者：连玉明　2017年9月出版 / 估价：89.00元
PSN B-2014-421-1/1

**农村绿皮书**
中国农村经济形势分析与预测（2016～2017）
著(编)者：魏后凯 杜志雄 黄秉信
2017年4月出版 / 估价：89.00元
PSN G-1998-003-1/1

**农业应对气候变化蓝皮书**
气候变化对中国农业影响评估报告 No.3
著(编)者：矫梅燕　2017年8月出版 / 估价：98.00元
PSN B-2014-413-1/1

**气候变化绿皮书**
应对气候变化报告（2017）
著(编)者：王伟光 郑国光　2017年6月出版 / 估价：89.00元
PSN G-2009-144-1/1

**区域蓝皮书**
中国区域经济发展报告（2016～2017）
著(编)者：赵弘　2017年6月出版 / 估价：89.00元
PSN B-2004-034-1/1

**全球环境竞争力绿皮书**
全球环境竞争力报告（2017）
著(编)者：李建平 李闽榕 王金南
2017年12月出版 / 估价：198.00元
PSN G-2013-363-1/1

**人口与劳动绿皮书**
中国人口与劳动问题报告 No.18
著(编)者：蔡昉 张车伟　2017年11月出版 / 估价：89.00元
PSN G-2000-012-1/1

**商务中心区蓝皮书**
中国商务中心区发展报告 No.3（2016）
著(编)者：李国红 单菁菁　2017年4月出版 / 估价：89.00元
PSN B-2015-444-1/1

**世界经济黄皮书**
2017年世界经济形势分析与预测
著(编)者：张宇燕　2017年1月出版 / 定价：89.00元
PSN Y-1999-006-1/1

**世界旅游城市绿皮书**
世界旅游城市发展报告（2017）
著(编)者：宋宇　2017年4月出版 / 估价：128.00元
PSN G-2014-400-1/1

**土地市场蓝皮书**
中国农村土地市场发展报告（2016～2017）
著(编)者：李光荣　2017年4月出版 / 估价：89.00元
PSN B-2016-527-1/1

**西北蓝皮书**
中国西北发展报告（2017）
著(编)者：高建龙　2017年4月出版 / 估价：89.00元
PSN B-2012-261-1/1

**西部蓝皮书**
中国西部发展报告（2017）
著(编)者：徐璋勇　2017年7月出版 / 估价：89.00元
PSN B-2005-039-1/1

**新型城镇化蓝皮书**
新型城镇化发展报告（2017）
著(编)者：李伟 宋敏 沈体雁　2017年4月出版 / 估价：98.00元
PSN B-2014-431-1/1

**新兴经济体蓝皮书**
金砖国家发展报告（2017）
著(编)者：林跃勤 周文　2017年12月出版 / 估价：89.00元
PSN B-2011-195-1/1

**长三角蓝皮书**
2017年新常态下深化一体化的长三角
著(编)者：王庆五　2017年12月出版 / 估价：88.00元
PSN B-2005-038-1/1

**中部竞争力蓝皮书**
中国中部经济社会竞争力报告（2017）
著(编)者：教育部人文社会科学重点研究基地
南昌大学中国中部经济社会发展研究中心
2017年12月出版 / 估价：89.00元
PSN B-2012-276-1/1

**中部蓝皮书**
中国中部地区发展报告（2017）
著(编)者：宋亚平　2017年12月出版 / 估价：88.00元
PSN B-2007-089-1/1

**中国省域竞争力蓝皮书**
中国省域经济综合竞争力发展报告（2017）
著(编)者：李建平 李闽榕 高燕京
2017年2月出版 / 定价：198.00元
PSN B-2007-088-1/1

**中三角蓝皮书**
长江中游城市群发展报告（2017）
著(编)者：秦尊文　2017年9月出版 / 估价：89.00元
PSN B-2014-417-1/1

**中小城市绿皮书**
中国中小城市发展报告（2017）
著(编)者：中国城市经济学会中小城市经济发展委员会
中国城镇化促进会中小城市发展委员会
《中国中小城市发展报告》编纂委员会
中小城市发展战略研究院
2017年11月出版 / 估价：128.00元
PSN G-2010-161-1/1

**中原蓝皮书**
中原经济区发展报告（2017）
著(编)者：李英杰　2017年6月出版 / 估价：88.00元
PSN B-2011-192-1/1

**自贸区蓝皮书**
中国自贸区发展报告（2017）
著(编)者：王力　2017年7月出版 / 估价：89.00元
PSN B-2016-560-1/1

# 社会政法类

北京蓝皮书
中国社区发展报告（2017）
著(编)者：于燕燕　2017年4月出版 / 估价：89.00元
PSN B-2007-083-5/8

殡葬绿皮书
中国殡葬事业发展报告（2017）
著(编)者：李伯森　2017年4月出版 / 估价：158.00元
PSN G-2010-180-1/1

城市管理蓝皮书
中国城市管理报告（2016~2017）
著(编)者：刘林　刘承水　2017年5月出版 / 估价：158.00元
PSN B-2013-336-1/1

城市生活质量蓝皮书
中国城市生活质量报告（2017）
著(编)者：中国经济实验研究院
2018年7月出版 / 估价：89.00元
PSN B-2013-326-1/1

城市政府能力蓝皮书
中国城市政府公共服务能力评估报告（2017）
著(编)者：何艳玲　2017年4月出版 / 估价：89.00元
PSN B-2013-338-1/1

慈善蓝皮书
中国慈善发展报告（2017）
著(编)者：杨团　2017年6月出版 / 估价：89.00元
PSN B-2009-142-1/1

党建蓝皮书
党的建设研究报告 No.2（2017）
著(编)者：崔建民　陈东平　2017年4月出版 / 估价：89.00元
PSN B-2016-524-1/1

地方法治蓝皮书
中国地方法治发展报告 No.3（2017）
著(编)者：李林　田禾　2017年4出版 / 估价：108.00元
PSN B-2015-442-1/1

法治蓝皮书
中国法治发展报告 No.15（2017）
著(编)者：李林 田禾　2017年3月出版 / 定价：118.00元
PSN B-2004-027-1/1

法治政府蓝皮书
中国法治政府发展报告（2017）
著(编)者：中国政法大学法治政府研究院
2017年4月出版 / 估价：98.00元
PSN B-2015-502-1/2

法治政府蓝皮书
中国法治政府评估报告（2017）
著(编)者：中国政法大学法治政府研究院
2017年11月出版 / 估价：98.00元
PSN B-2016-577-2/2

法治蓝皮书
中国法院信息化发展报告 No.1（2017）
著(编)者：李林 田禾　2017年2月出版 / 定价：108.00元
PSN B-2017-604-3/3

反腐倡廉蓝皮书
中国反腐倡廉建设报告 No.7
著(编)者：张英伟　2017年12月出版 / 估价：89.00元
PSN B-2012-259-1/1

非传统安全蓝皮书
中国非传统安全研究报告（2016~2017）
著(编)者：余潇枫 魏志江　2017年6月出版 / 估价：89.00元
PSN B-2012-273-1/1

妇女发展蓝皮书
中国妇女发展报告 No.7
著(编)者：王金玲　2017年9月出版 / 估价：148.00元
PSN B-2006-069-1/1

妇女教育蓝皮书
中国妇女教育发展报告 No.4
著(编)者：张李玺　2017年10月出版 / 估价：78.00元
PSN B-2008-121-1/1

妇女绿皮书
中国性别平等与妇女发展报告（2017）
著(编)者：谭琳　2017年12月出版 / 估价：99.00元
PSN G-2006-073-1/1

公共服务蓝皮书
中国城市基本公共服务力评价（2017）
著(编)者：钟君 刘志昌 吴正杲　2017年12月出版 / 估价：89.00
PSN B-2011-214-1/1

公民科学素质蓝皮书
中国公民科学素质报告（2016~2017）
著(编)者：李群　陈雄　马宗文
2017年4月出版 / 估价：89.00元
PSN B-2014-379-1/1

公共关系蓝皮书
中国公共关系发展报告（2017）
著(编)者：柳斌杰　2017年11月出版 / 估价：89.00元
PSN B-2016-580-1/1

公益蓝皮书
中国公益慈善发展报告（2017）
著(编)者：朱健刚　2018年4月出版 / 估价：118.00元
PSN B-2012-283-1/1

国际人才蓝皮书
中国国际移民报告（2017）
著(编)者：王辉耀　2017年4月出版 / 估价：89.00元
PSN B-2012-304-3/4

国际人才蓝皮书
中国留学发展报告（2017）No.5
著(编)者：王辉耀 苗绿　2017年10月出版 / 估价：89.00元
PSN B-2012-244-2/4

海洋社会蓝皮书
中国海洋社会发展报告（2017）
著(编)者：崔凤 宋宁而　2017年7月出版 / 估价：89.00元
PSN B-2015-478-1/1

行政改革蓝皮书
中国行政体制改革报告（2017）No.6
著(编)者：魏礼群　2017年5月出版 / 估价：98.00元
PSN B-2011-231-1/1

华侨华人蓝皮书
华侨华人研究报告（2017）
著(编)者：贾益民　2017年12月出版 / 估价：128.00元
PSN B-2011-204-1/1

环境竞争力绿皮书
中国省域环境竞争力发展报告（2017）
著(编)者：李建平 李闽榕 王金南
2017年11月出版 / 估价：198.00元
PSN G-2010-165-1/1

环境绿皮书
中国环境发展报告（2017）
著(编)者：刘鉴强　2017年4月出版 / 估价：89.00元
PSN G-2006-048-1/1

基金会蓝皮书
中国基金会发展报告（2016~2017）
著(编)者：中国基金会发展报告课题组
2017年4月出版 / 估价：85.00元
PSN B-2013-368-1/1

基金会绿皮书
中国基金会发展独立研究报告（2017）
著(编)者：基金会中心网 中央民族大学基金会研究中心
2017年6月出版 / 估价：88.00元
PSN G-2011-213-1/1

基金会透明度蓝皮书
中国基金会透明度发展研究报告（2017）
著(编)者：基金会中心网 清华大学廉政与治理研究中心
2017年12月出版 / 估价：89.00元
PSN B-2015-509-1/1

家庭蓝皮书
中国“创建幸福家庭活动”评估报告（2017）
国务院发展研究中心“创建幸福家庭活动评估”课题组著
2017年8月出版 / 估价：89.00元
PSN B-2015-508-1/1

健康城市蓝皮书
中国健康城市建设研究报告（2017）
著(编)者：王鸿春 解树江 盛继洪
2017年9月出版 / 估价：89.00元
PSN B-2016-565-2/2

教师蓝皮书
中国中小学教师发展报告（2017）
著(编)者：曾晓东 鱼霞　2017年6月出版 / 估价：89.00元
PSN B-2012-289-1/1

教育蓝皮书
中国教育发展报告（2017）
著(编)者：杨东平　2017年4月出版 / 估价：89.00元
PSN B-2006-047-1/1

科普蓝皮书
中国基层科普发展报告（2016～2017）
著(编)者：赵立 新陈玲　2017年9月出版 / 估价：89.00元
PSN B-2016-569-3/3

科普蓝皮书
中国科普基础设施发展报告（2017）
著(编)者：任福君　2017年6月出版 / 估价：89.00元
PSN B-2010-174-1/3

科普蓝皮书
中国科普人才发展报告（2017）
著(编)者：郑念 任嵘嵘　2017年4月出版 / 估价：98.00元
PSN B-2015-512-2/3

科学教育蓝皮书
中国科学教育发展报告（2017）
著(编)者：罗晖 王康友　2017年10月出版 / 估价：89.00元
PSN B-2015-487-1/1

劳动保障蓝皮书
中国劳动保障发展报告（2017）
著(编)者：刘燕斌　2017年9月出版 / 估价：188.00元
PSN B-2014-415-1/1

老龄蓝皮书
中国老年宜居环境发展报告（2017）
著(编)者：党俊武 周燕珉　2017年4月出版 / 估价：89.00元
PSN B-2013-320-1/1

连片特困区蓝皮书
中国连片特困区发展报告（2017）
著(编)者：游俊 冷志明 丁建军
2017年4月出版 / 估价：98.00元
PSN B-2013-321-1/1

流动儿童蓝皮书
中国流动儿童教育发展报告（2016）
著(编)者：杨东平　2017年1月出版 / 定价：79.00元
PSN B-2017-600-1/1

民调蓝皮书
中国民生调查报告（2017）
著(编)者：谢耘耕　2017年12月出版 / 估价：98.00元
PSN B-2014-398-1/1

民族发展蓝皮书
中国民族发展报告（2017）
著(编)者：郝时远 王延中 王希恩
2017年4月出版 / 估价：98.00元
PSN B-2006-070-1/1

女性生活蓝皮书
中国女性生活状况报告 No.11（2017）
著(编)者：韩湘景　2017年10月出版 / 估价：98.00元
PSN B-2006-071-1/1

汽车社会蓝皮书
中国汽车社会发展报告（2017）
著(编)者：王俊秀　2017年12月出版 / 估价：89.00元
PSN B-2011-224-1/1

**青年蓝皮书**
中国青年发展报告（2017）No.3
著(编)者：廉思 等　2017年4月出版 / 估价：89.00元
PSN B-2013-333-1/1

**青少年蓝皮书**
中国未成年人互联网运用报告（2017）
著(编)者：李文革 沈洁 季为民
2017年11月出版 / 估价：89.00元
PSN B-2010-165-1/1

**青少年体育蓝皮书**
中国青少年体育发展报告（2017）
著(编)者：郭建军 杨桦　2017年9月出版 / 估价：89.00元
PSN B-2015-482-1/1

**群众体育蓝皮书**
中国群众体育发展报告（2017）
著(编)者：刘国永 杨桦　2017年12月出版 / 估价：89.00元
PSN B-2016-519-2/3

**人权蓝皮书**
中国人权事业发展报告 No.7（2017）
著(编)者：李君如　2017年9月出版 / 估价：98.00元
PSN B-2011-215-1/1

**社会保障绿皮书**
中国社会保障发展报告（2017）No.8
著(编)者：王延中　2017年1月出版 / 估价：98.00元
PSN G-2001-014-1/1

**社会风险评估蓝皮书**
风险评估与危机预警评估报告（2017）
著(编)者：唐钧　2017年8月出版 / 估价：85.00元
PSN B-2016-521-1/1

**社会管理蓝皮书**
中国社会管理创新报告 No.5
著(编)者：连玉明　2017年11月出版 / 估价：89.00元
PSN B-2012-300-1/1

**社会蓝皮书**
2017年中国社会形势分析与预测
著(编)者：李培林　陈光金　张翼
2016年12月出版 / 定价：89.00元
PSN B-1998-002-1/1

**社会体制蓝皮书**
中国社会体制改革报告No.5（2017）
著(编)者：龚维斌　2017年3月出版 / 定价：89.00元
PSN B-2013-330-1/1

**社会心态蓝皮书**
中国社会心态研究报告（2017）
著(编)者：王俊秀 杨宜音　2017年12月出版 / 估价：89.00元
PSN B-2011-199-1/1

**社会组织蓝皮书**
中国社会组织发展报告（2016~2017）
著(编)者：黄晓勇　2017年1月出版 / 定价：89.00元
PSN B-2008-118-1/2

**社会组织蓝皮书**
中国社会组织评估发展报告（2017）
著(编)者：徐家良 廖鸿　2017年12月出版 / 估价：89.00元
PSN B-2013-366-1/1

**生态城市绿皮书**
中国生态城市建设发展报告（2017）
著(编)者：刘举科 孙伟平 胡文臻
2017年9月出版 / 估价：118.00元
PSN G-2012-269-1/1

**生态文明绿皮书**
中国省域生态文明建设评价报告（ECI 2017）
著(编)者：严耕　2017年12月出版 / 估价：98.00元
PSN G-2010-170-1/1

**土地整治蓝皮书**
中国土地整治发展研究报告 No.4
著(编)者：国土资源部土地整治中心
2017年7月出版 / 估价：89.00元
PSN B-2014-401-1/1

**土地政策蓝皮书**
中国土地政策研究报告（2017）
著(编)者：高延利 李宪文
2017年12月出版 / 定价：89.00元
PSN B-2015-506-1/1

**医改蓝皮书**
中国医药卫生体制改革报告（2017）
著(编)者：文学国　房志武　2017年11月出版 / 估价：98.00元
PSN B-2014-432-1/1

**医疗卫生绿皮书**
中国医疗卫生发展报告 No.7（2017）
著(编)者：申宝忠 韩玉珍　2017年4月出版 / 估价：85.00元
PSN G-2004-033-1/1

**应急管理蓝皮书**
中国应急管理报告（2017）
著(编)者：宋英华　2017年9月出版 / 估价：98.00元
PSN B-2016-563-1/1

**政治参与蓝皮书**
中国政治参与报告（2017）
著(编)者：房宁　2017年9月出版 / 估价：118.00元
PSN B-2011-200-1/1

**宗教蓝皮书**
中国宗教报告（2016）
著(编)者：邱永辉　2017年4月出版 / 估价：89.00元
PSN B-2008-117-1/1

# 行业报告类

**SUV蓝皮书**
中国SUV市场发展报告（2016~2017）
著(编)者：靳军　2017年9月出版 / 估价：89.00元
PSN B-2016-572-1/1

**保健蓝皮书**
中国保健服务产业发展报告 No.2
著(编)者：中国保健协会 中共中央党校
2017年7月出版 / 估价：198.00元
PSN B-2012-272-3/3

**保健蓝皮书**
中国保健食品产业发展报告 No.2
著(编)者：中国保健协会
中国社会科学院食品药品产业发展与监管研究中心
2017年7月出版 / 估价：198.00元
PSN B-2012-271-2/3

**保健蓝皮书**
中国保健用品产业发展报告 No.2
著(编)者：中国保健协会
国务院国有资产监督管理委员会研究中心
2017年4月出版 / 估价：198.00元
PSN B-2012-270-1/3

**保险蓝皮书**
中国保险业竞争力报告（2017）
著(编)者：项俊波　2017年12月出版 / 估价：99.00元
PSN B-2013-311-1/1

**冰雪蓝皮书**
中国滑雪产业发展报告（2017）
著(编)者：孙承华 伍斌 魏庆华 张鸿俊
2017年8月出版 / 估价：89.00元
PSN B-2016-560-1/1

**彩票蓝皮书**
中国彩票发展报告（2017）
著(编)者：益彩基金　2017年4月出版 / 估价：98.00元
PSN B-2015-462-1/1

**餐饮产业蓝皮书**
中国餐饮产业发展报告（2017）
著(编)者：邢颖　2017年6月出版 / 估价：98.00元
PSN B-2009-151-1/1

**测绘地理信息蓝皮书**
新常态下的测绘地理信息研究报告（2017）
著(编)者：库热西・买合苏提
2017年12月出版 / 估价：118.00元
PSN B-2009-145-1/1

**茶业蓝皮书**
中国茶产业发展报告（2017）
著(编)者：杨江帆 李闽榕　2017年10月出版 / 估价：88.00元
PSN B-2010-164-1/1

**产权市场蓝皮书**
中国产权市场发展报告（2016~2017）
著(编)者：曹和平　2017年5月出版 / 估价：89.00元
PSN B-2009-147-1/1

**产业安全蓝皮书**
中国出版传媒产业安全报告（2016~2017）
著(编)者：北京印刷学院文化产业安全研究院
2017年4月出版 / 估价：89.00元
PSN B-2014-384-13/14

**产业安全蓝皮书**
中国文化产业安全报告（2017）
著(编)者：北京印刷学院文化产业安全研究院
2017年12月出版 / 估价：89.00元
PSN B-2014-378-12/14

**产业安全蓝皮书**
中国新媒体产业安全报告（2017）
著(编)者：北京印刷学院文化产业安全研究院
2017年12月出版 / 估价：89.00元
PSN B-2015-500-14/14

**城投蓝皮书**
中国城投行业发展报告（2017）
著(编)者：王晨艳　丁伯康　2017年11月出版 / 估价：300.00元
PSN B-2016-514-1/1

**电子政务蓝皮书**
中国电子政务发展报告（2016~2017）
著(编)者：李季 杜平　2017年7月出版 / 估价：89.00元
PSN B-2003-022-1/1

**杜仲产业绿皮书**
中国杜仲橡胶资源与产业发展报告（2016~2017）
著(编)者：杜红岩 胡文臻 俞锐
2017年4月出版 / 估价：85.00元
PSN G-2013-350-1/1

**房地产蓝皮书**
中国房地产发展报告 No.14（2017）
著(编)者：李春华 王业强　2017年5月出版 / 估价：89.00元
PSN B-2004-028-1/1

**服务外包蓝皮书**
中国服务外包产业发展报告（2017）
著(编)者：王晓红 刘德军
2017年6月出版 / 估价：89.00元
PSN B-2013-331-2/2

**服务外包蓝皮书**
中国服务外包竞争力报告（2017）
著(编)者：王力 刘春生 黄育华
2017年11月出版 / 估价：85.00元
PSN B-2011-216-1/2

**工业和信息化蓝皮书**
世界网络安全发展报告（2016~2017）
著(编)者：洪京一　2017年4月出版 / 估价：89.00元
PSN B-2015-452-5/5

**工业和信息化蓝皮书**
世界信息化发展报告（2016~2017）
著(编)者：洪京一　2017年4月出版 / 估价：89.00元
PSN B-2015-451-4/5

**工业和信息化蓝皮书**
世界信息技术产业发展报告（2016~2017）
著(编)者：洪京一　2017年4月出版 / 估价：89.00元
PSN B-2015-449-2/5

**工业和信息化蓝皮书**
移动互联网产业发展报告（2016~2017）
著(编)者：洪京一　2017年4月出版 / 估价：89.00元
PSN B-2015-448-1/5

**工业和信息化蓝皮书**
战略性新兴产业发展报告（2016~2017）
著(编)者：洪京一　2017年4月出版 / 估价：89.00元
PSN B-2015-450-3/5

**工业设计蓝皮书**
中国工业设计发展报告（2017）
著(编)者：王晓红 于炜 张立群
2017年9月出版 / 估价：138.00元
PSN B-2014-420-1/1

**黄金市场蓝皮书**
中国商业银行黄金业务发展报告（2016~2017）
著(编)者：平安银行　2017年4月出版 / 估价：98.00元
PSN B-2016-525-1/1

**互联网金融蓝皮书**
中国互联网金融发展报告（2017）
著(编)者：李东荣　2017年9月出版 / 估价：128.00元
PSN B-2014-374-1/1

**互联网医疗蓝皮书**
中国互联网医疗发展报告（2017）
著(编)者：宫晓东　2017年9月出版 / 估价：89.00元
PSN B-2016-568-1/1

**会展蓝皮书**
中外会展业动态评估年度报告（2017）
著(编)者：张敏　2017年4月出版 / 估价：88.00元
PSN B-2013-327-1/1

**金融监管蓝皮书**
中国金融监管报告（2017）
著(编)者：胡滨　2017年6月出版 / 估价：89.00元
PSN B-2012-281-1/1

**金融蓝皮书**
中国金融中心发展报告（2017）
著(编)者：王力 黄育华　2017年11月出版 / 估价：85.00元
PSN B-2011-186-6/6

**建筑装饰蓝皮书**
中国建筑装饰行业发展报告（2017）
著(编)者：刘晓一 葛道顺　2017年7月出版 / 估价：198.00元
PSN B-2016-554-1/1

**客车蓝皮书**
中国客车产业发展报告（2016~2017）
著(编)者：姚蔚　2017年10月出版 / 估价：85.00元
PSN B-2013-361-1/1

**旅游安全蓝皮书**
中国旅游安全报告（2017）
著(编)者：郑向敏 谢朝武　2017年5月出版 / 估价：128.00元
PSN B-2012-280-1/1

**旅游绿皮书**
2016～2017年中国旅游发展分析与预测
著(编)者：宋瑞　2017年2月出版 / 定价：89.00元
PSN G-2002-018-1/1

**煤炭蓝皮书**
中国煤炭工业发展报告（2017）
著(编)者：岳福斌　2017年12月出版 / 估价：85.00元
PSN B-2008-123-1/1

**民营企业社会责任蓝皮书**
中国民营企业社会责任报告（2017）
著(编)者：中华全国工商业联合会
2017年12月出版 / 估价：89.00元
PSN B-2015-510-1/1

**民营医院蓝皮书**
中国民营医院发展报告（2017）
著(编)者：庄一强　2017年10月出版 / 估价：85.00元
PSN B-2012-299-1/1

**闽商蓝皮书**
闽商发展报告（2017）
著(编)者：李闽榕 王日根 林琛
2017年12月出版 / 估价：89.00元
PSN B-2012-298-1/1

**能源蓝皮书**
中国能源发展报告（2017）
著(编)者：崔民选 王军生 陈义和
2017年10月出版 / 估价：98.00元
PSN B-2006-049-1/1

**农产品流通蓝皮书**
中国农产品流通产业发展报告（2017）
著(编)者：贾敬敦 张东科 张玉玺 张鹏毅 周伟
2017年4月出版 / 估价：89.00元
PSN B-2012-288-1/1

**企业公益蓝皮书**
中国企业公益研究报告（2017）
著(编)者：钟宏武 汪杰 顾一 黄晓娟 等
2017年12月出版 / 估价：89.00元
PSN B-2015-501-1/1

**企业国际化蓝皮书**
中国企业国际化报告（2017）
著(编)者：王辉耀　2017年11月出版 / 估价：98.00元
PSN B-2014-427-1/1

**企业蓝皮书**
中国企业绿色发展报告 No.2（2017）
著(编)者：李红玉 朱光辉　2017年8月出版 / 估价：89.00元
PSN B-2015-481-2/2

**企业社会责任蓝皮书**
中国企业社会责任研究报告（2017）
著(编)者：黄群慧 钟宏武 张蒽 翟利峰
2017年11月出版 / 估价：89.00元
PSN B-2009-149-1/1

**企业社会责任蓝皮书**
中资企业海外社会责任研究报告（2016~2017）
著(编)者：钟宏武 叶柳红 张蒽
2017年1月出版 / 定价：79.00元
PSN B-2017-603-2/2

**汽车安全蓝皮书**
中国汽车安全发展报告（2017）
著(编)者：中国汽车技术研究中心
2017年7月出版 / 估价：89.00元
PSN B-2014-385-1/1

**汽车电子商务蓝皮书**
中国汽车电子商务发展报告（2017）
著(编)者：中华全国工商业联合会汽车经销商商会
北京易观智库网络科技有限公司
2017年10月出版 / 估价：128.00元
PSN B-2015-485-1/1

**汽车工业蓝皮书**
中国汽车工业发展年度报告（2017）
著(编)者：中国汽车工业协会 中国汽车技术研究中心
丰田汽车（中国）投资有限公司
2017年4月出版 / 估价：128.00元
PSN B-2015-463-1/2

**汽车工业蓝皮书**
中国汽车零部件产业发展报告（2017）
著(编)者：中国汽车工业协会 中国汽车工程研究院
2017年10月出版 / 估价：98.00元
PSN B-2016-515-2/2

**汽车蓝皮书**
中国汽车产业发展报告（2017）
著(编)者：国务院发展研究中心产业经济研究部
中国汽车工程学会 大众汽车集团（中国）
2017年8月出版 / 估价：98.00元
PSN B-2008-124-1/1

**人力资源蓝皮书**
中国人力资源发展报告（2017）
著(编)者：余兴安 2017年11月出版 / 估价：89.00元
PSN B-2012-287-1/1

**融资租赁蓝皮书**
中国融资租赁业发展报告（2016～2017）
著(编)者：李光荣 王力 2017年8月出版 / 估价：89.00元
PSN B-2015-443-1/1

**商会蓝皮书**
中国商会发展报告No.5（2017）
著(编)者：王钦敏 2017年7月出版 / 估价：89.00元
PSN B-2008-125-1/1

**输血服务蓝皮书**
中国输血行业发展报告（2017）
著(编)者：朱永明 耿鸿武 2016年8月出版 / 估价：89.00元
PSN B-2016-583-1/1

**社会责任管理蓝皮书**
中国上市公司社会责任能力成熟度报告（2017）No.2
著(编)者：肖红军 王晓光 李伟阳
2017年12月出版 / 估价：98.00元
PSN B-2015-507-2/2

**社会责任管理蓝皮书**
中国企业公众透明度报告(2017)No.3
著(编)者：黄速建 熊梦 王晓光 肖红军
2017年4月出版 / 估价：98.00元
PSN B-2015-440-1/2

**食品药品蓝皮书**
食品药品安全与监管政策研究报告（2016～2017）
著(编)者：唐民皓 2017年6月出版 / 估价：89.00元
PSN B-2009-129-1/1

**世界能源蓝皮书**
世界能源发展报告（2017）
著(编)者：黄晓勇 2017年6月出版 / 估价：99.00元
PSN B-2013-349-1/1

**水利风景区蓝皮书**
中国水利风景区发展报告（2017）
著(编)者：谢婵才 兰思仁 2017年5月出版 / 估价：89.00元
PSN B-2015-480-1/1

**碳市场蓝皮书**
中国碳市场报告（2017）
著(编)者：定金彪 2017年11月出版 / 估价：89.00元
PSN B-2014-430-1/1

**体育蓝皮书**
中国体育产业发展报告（2017）
著(编)者：阮伟 钟秉枢 2017年12月出版 / 估价：89.00元
PSN B-2010-179-1/4

**网络空间安全蓝皮书**
中国网络空间安全发展报告（2017）
著(编)者：惠志斌 唐涛 2017年4月出版 / 估价：89.00元
PSN B-2015-466-1/1

**西部金融蓝皮书**
中国西部金融发展报告（2017）
著(编)者：李忠民 2017年8月出版 / 估价：85.00元
PSN B-2010-160-1/1

**协会商会蓝皮书**
中国行业协会商会发展报告（2017）
著(编)者：景朝阳 李勇 2017年4月出版 / 估价：99.00元
PSN B-2015-461-1/1

**新能源汽车蓝皮书**
中国新能源汽车产业发展报告（2017）
著(编)者：中国汽车技术研究中心
日产（中国）投资有限公司 东风汽车有限公司
2017年7月出版 / 估价：98.00元
PSN B-2013-347-1/1

**新三板蓝皮书**
中国新三板市场发展报告（2017）
著(编)者：王力 2017年6月出版 / 估价：89.00元
PSN B-2016-534-1/1

**信托市场蓝皮书**
中国信托业市场报告（2016～2017）
著(编)者：用益信托研究院
2017年1月出版 / 定价：198.00元
PSN B-2014-371-1/1

**信息化蓝皮书**
中国信息化形势分析与预测（2016~2017）
著(编)者：周宏仁 2017年8月出版 / 估价：98.00元
PSN B-2010-168-1/1

**信用蓝皮书**
**中国信用发展报告（2017）**
著(编)者：章政 田侃 2017年4月出版 / 估价：99.00元
PSN B-2013-328-1/1

**休闲绿皮书**
**2017年中国休闲发展报告**
著(编)者：宋瑞 2017年10月出版 / 估价：89.00元
PSN G-2010-158-1/1

**休闲体育蓝皮书**
**中国休闲体育发展报告（2016～2017）**
著(编)者：李相如 钟炳枢 2017年10月出版 / 估价：89.00元
PSN G-2016-516-1/1

**养老金融蓝皮书**
**中国养老金融发展报告（2017）**
著(编)者：董克用 姚余栋
2017年8月出版 / 估价：89.00元
PSN B-2016-584-1/1

**药品流通蓝皮书**
**中国药品流通行业发展报告（2017）**
著(编)者：佘鲁林 温再兴 2017年8月出版 / 估价：158.00元
PSN B-2014-429-1/1

**医院蓝皮书**
**中国医院竞争力报告（2017）**
著(编)者：庄一强 曾益新 2017年3月出版 / 定价：108.00元
PSN B-2016-529-1/1

**邮轮绿皮书**
**中国邮轮产业发展报告（2017）**
著(编)者：汪泓 2017年10月出版 / 估价：89.00元
PSN G-2014-419-1/1

**智能养老蓝皮书**
**中国智能养老产业发展报告（2017）**
著(编)者：朱勇 2017年10月出版 / 估价：89.00元
PSN B-2015-488-1/1

**债券市场蓝皮书**
**中国债券市场发展报告（2016～2017）**
著(编)者：杨农 2017年10月出版 / 估价：89.00元
PSN B-2016-573-1/1

**中国节能汽车蓝皮书**
**中国节能汽车发展报告（2016~2017）**
著(编)者：中国汽车工程研究院股份有限公司
2017年9月出版 / 估价：98.00元
PSN B-2016-566-1/1

**中国上市公司蓝皮书**
**中国上市公司发展报告（2017）**
著(编)者：张平 王宏淼
2017年10月出版 / 估价：98.00元
PSN B-2014-414-1/1

**中国陶瓷产业蓝皮书**
**中国陶瓷产业发展报告（2017）**
著(编)者：左和平 黄速建 2017年10月出版 / 估价：98.00元
PSN B-2016-574-1/1

**中国总部经济蓝皮书**
**中国总部经济发展报告（2016～2017）**
著(编)者：赵弘 2017年9月出版 / 估价：89.00元
PSN B-2005-036-1/1

**中医文化蓝皮书**
**中国中医药文化传播发展报告（2017）**
著(编)者：毛嘉陵 2017年7月出版 / 估价：89.00元
PSN B-2015-468-1/1

**装备制造业蓝皮书**
**中国装备制造业发展报告（2017）**
著(编)者：徐东华 2017年12月出版 / 估价：148.00元
PSN B-2015-505-1/1

**资本市场蓝皮书**
**中国场外交易市场发展报告（2016～2017）**
著(编)者：高峦 2017年4月出版 / 估价：89.00元
PSN B-2009-153-1/1

**资产管理蓝皮书**
**中国资产管理行业发展报告（2017）**
著(编)者：智信资产管理研究院
2017年6月出版 / 估价：89.00元
PSN B-2014-407-2/2

# 文化传媒类

**传媒竞争力蓝皮书**
中国传媒国际竞争力研究报告（2017）
著(编)者：李本乾 刘强
2017年11月出版 / 估价：148.00元
PSN B-2013-356-1/1

**传媒蓝皮书**
中国传媒产业发展报告（2017）
著(编)者：崔保国　2017年5月出版 / 估价：98.00元
PSN B-2005-035-1/1

**传媒投资蓝皮书**
中国传媒投资发展报告（2017）
著(编)者：张向东 谭云明
2017年6月出版 / 估价：128.00元
PSN B-2015-474-1/1

**动漫蓝皮书**
中国动漫产业发展报告（2017）
著(编)者：卢斌 郑玉明 牛兴侦
2017年9月出版 / 估价：89.00元
PSN B-2011-198-1/1

**非物质文化遗产蓝皮书**
中国非物质文化遗产发展报告（2017）
著(编)者：陈平　2017年5月出版 / 估价：98.00元
PSN B-2015-469-1/1

**广电蓝皮书**
中国广播电影电视发展报告（2017）
著(编)者：国家新闻出版广电总局发展研究中心
2017年7月出版 / 估价：98.00元
PSN B-2006-072-1/1

**广告主蓝皮书**
中国广告主营销传播趋势报告 No.9
著(编)者：黄升民 杜国清 邵华冬 等
2017年10月出版 / 估价：148.00元
PSN B-2005-041-1/1

**国际传播蓝皮书**
中国国际传播发展报告（2017）
著(编)者：胡正荣 李继东 姬德强
2017年11月出版 / 估价：89.00元
PSN B-2014-408-1/1

**国家形象蓝皮书**
中国国家形象传播报告（2016）
著(编)者：张昆　2017年3月出版 / 定价：98.00元
PSN B-2017-605-1/1

**纪录片蓝皮书**
中国纪录片发展报告（2017）
著(编)者：何苏六　2017年9月出版 / 估价：89.00元
PSN B-2011-222-1/1

**科学传播蓝皮书**
中国科学传播报告（2017）
著(编)者：詹正茂　2017年7月出版 / 估价：89.00元
PSN B-2008-120-1/1

**两岸创意经济蓝皮书**
两岸创意经济研究报告（2017）
著(编)者：罗昌智 林咏能
2017年10月出版 / 估价：98.00元
PSN B-2014-437-1/1

**媒介与女性蓝皮书**
中国媒介与女性发展报告(2016~2017)
著(编)者：刘利群　2017年9月出版 / 估价：118.00元
PSN B-2013-345-1/1

**媒体融合蓝皮书**
中国媒体融合发展报告（2017）
著(编)者：梅宁华 宋建武　2017年7月出版 / 估价：89.00元
PSN B-2015-479-1/1

**全球传媒蓝皮书**
全球传媒发展报告（2017）
著(编)者：胡正荣 李继东 唐晓芬
2017年11月出版 / 估价：89.00元
PSN B-2012-237-1/1

**少数民族非遗蓝皮书**
中国少数民族非物质文化遗产发展报告（2017）
著(编)者：肖远平（彝） 柴立（满）
2017年8月出版 / 估价：98.00元
PSN B-2015-467-1/1

**视听新媒体蓝皮书**
中国视听新媒体发展报告（2017）
著(编)者：国家新闻出版广电总局发展研究中心
2017年7月出版 / 估价：98.00元
PSN B-2011-184-1/1

**文化创新蓝皮书**
中国文化创新报告（2017）No.7
著(编)者：于平 傅才武　2017年7月出版 / 估价：98.00元
PSN B-2009-143-1/1

**文化建设蓝皮书**
中国文化发展报告（2016~2017）
著(编)者：江畅 孙伟平 戴茂堂
2017年6月出版 / 估价：116.00元
PSN B-2014-392-1/1

**文化科技蓝皮书**
文化科技创新发展报告（2017）
著(编)者：于平 李凤亮　2017年11月出版 / 估价：89.00元
PSN B-2013-342-1/1

**文化蓝皮书**
中国公共文化服务发展报告（2017）
著(编)者：刘新成 张永新 张旭
2017年12月出版 / 估价：98.00元
PSN B-2007-093-2/10

**文化蓝皮书**
中国公共文化投入增长测评报告（2017）
著(编)者：王亚南　2017年2月出版 / 定价：79.00元
PSN B-2014-435-10/10

文化蓝皮书
中国少数民族文化发展报告（2016~2017）
著(编)者：武翠英 张晓明 任乌晶
2017年9月出版 / 估价：89.00元
PSN B-2013-369-9/10

文化蓝皮书
中国文化产业发展报告（2016~2017）
著(编)者：张晓明 王家新 章建刚
2017年4月出版 / 估价：89.00元
PSN B-2002-019-1/10

文化蓝皮书
中国文化产业供需协调检测报告（2017）
著(编)者：王亚南 2017年2月出版 / 定价：79.00元
PSN B-2013-323-8/10

文化蓝皮书
中国文化消费需求景气评价报告（2017）
著(编)者：王亚南 2017年2月出版 / 定价：79.00元
PSN B-2011-236-4/10

文化品牌蓝皮书
中国文化品牌发展报告（2017）
著(编)者：欧阳友权 2017年5月出版 / 估价：98.00元
PSN B-2012-277-1/1

文化遗产蓝皮书
中国文化遗产事业发展报告（2017）
著(编)者：苏杨 张颖岚 王宇飞
2017年8月出版 / 估价：98.00元
PSN B-2008-119-1/1

文学蓝皮书
中国文情报告（2016~2017）
著(编)者：白烨 2017年5月出版 / 估价：49.00元
PSN B-2011-221-1/1

新媒体蓝皮书
中国新媒体发展报告No.8（2017）
著(编)者：唐绪军 2017年6月出版 / 估价：89.00元
PSN B-2010-169-1/1

新媒体社会责任蓝皮书
中国新媒体社会责任研究报告（2017）
著(编)者：钟瑛 2017年11月出版 / 估价：89.00元
PSN B-2014-423-1/1

移动互联网蓝皮书
中国移动互联网发展报告（2017）
著(编)者：官建文 2017年6月出版 / 估价：89.00元
PSN B-2012-282-1/1

舆情蓝皮书
中国社会舆情与危机管理报告（2017）
著(编)者：谢耘耕 2017年9月出版 / 估价：128.00元
PSN B-2011-235-1/1

影视蓝皮书
中国影视产业发展报告（2017）
著(编)者：司若 2017年4月出版 / 估价：138.00元
PSN B-2016-530-1/1

# 地方发展类

安徽经济蓝皮书
合芜蚌国家自主创新综合示范区研究报告（2016~2017）
著(编)者：黄家海 王开玉 蔡宪
2017年7月出版 / 估价：89.00元
PSN B-2014-383-1/1

安徽蓝皮书
安徽社会发展报告（2017）
著(编)者：程桦 2017年4月出版 / 估价：89.00元
PSN B-2013-325-1/1

澳门蓝皮书
澳门经济社会发展报告（2016~2017）
著(编)者：吴志良 郝雨凡 2017年6月出版 / 估价：98.00元
PSN B-2009-138-1/1

北京蓝皮书
北京公共服务发展报告（2016~2017）
著(编)者：施昌奎 2017年3月出版 / 定价：79.00元
PSN B-2008-103-7/8

北京蓝皮书
北京经济发展报告（2016~2017）
著(编)者：杨松 2017年6月出版 / 估价：89.00元
PSN B-2006-054-2/8

北京蓝皮书
北京社会发展报告（2016~2017）
著(编)者：李伟东 2017年6月出版 / 估价：89.00元
PSN B-2006-055-3/8

北京蓝皮书
北京社会治理发展报告（2016~2017）
著(编)者：殷星辰 2017年5月出版 / 估价：89.00元
PSN B-2014-391-8/8

北京蓝皮书
北京文化发展报告（2016~2017）
著(编)者：李建盛 2017年4月出版 / 估价：89.00元
PSN B-2007-082-4/8

北京律师绿皮书
北京律师发展报告No.3（2017）
著(编)者：王隽 2017年7月出版 / 估价：88.00元
PSN G-2012-301-1/1

北京旅游蓝皮书
北京旅游发展报告（2017）
著(编)者：北京旅游学会 2017年4月出版 / 估价：88.00元
PSN B-2011-217-1/1

**北京人才蓝皮书**
北京人才发展报告（2017）
著(编)者：于淼 2017年12月出版 / 估价：128.00元
PSN B-2011-201-1/1

**北京社会心态蓝皮书**
北京社会心态分析报告（2016~2017）
著(编)者：北京社会心理研究所
2017年8月出版 / 估价：89.00元
PSN B-2014-422-1/1

**北京社会组织管理蓝皮书**
北京社会组织发展与管理（2016~2017）
著(编)者：黄江松 2017年4月出版 / 估价：88.00元
PSN B-2015-446-1/1

**北京体育蓝皮书**
北京体育产业发展报告（2016~2017）
著(编)者：钟秉枢 陈杰 杨铁黎
2017年9月出版 / 估价：89.00元
PSN B-2015-475-1/1

**北京养老产业蓝皮书**
北京养老产业发展报告（2017）
著(编)者：周明明 冯喜良 2017年8月出版 / 估价：89.00元
PSN B-2015-465-1/1

**滨海金融蓝皮书**
滨海新区金融发展报告（2017）
著(编)者：王爱俭 张锐钢 2017年12月出版 / 估价：89.00元
PSN B-2014-424-1/1

**城乡一体化蓝皮书**
中国城乡一体化发展报告•北京卷（2016~2017）
著(编)者：张宝秀 黄序 2017年5月出版 / 估价：89.00元
PSN B-2012-258-2/2

**创意城市蓝皮书**
北京文化创意产业发展报告（2017）
著(编)者：张京成 王国华 2017年10月出版 / 估价：89.00元
PSN B-2012-263-1/7

**创意城市蓝皮书**
天津文化创意产业发展报告（2016~2017）
著(编)者：谢思全 2017年6月出版 / 估价：89.00元
PSN B-2016-537-7/7

**创意城市蓝皮书**
武汉文化创意产业发展报告（2017）
著(编)者：黄永林 陈汉桥 2017年9月出版 / 估价：99.00元
PSN B-2013-354-4/7

**创意上海蓝皮书**
上海文化创意产业发展报告（2016~2017）
著(编)者：王慧敏 王兴全 2017年8月出版 / 估价：89.00元
PSN B-2016-562-1/1

**福建妇女发展蓝皮书**
福建省妇女发展报告（2017）
著(编)者：刘群英 2017年11月出版 / 估价：88.00元
PSN B-2011-220-1/1

**福建自贸区蓝皮书**
中国（福建）自由贸易实验区发展报告（2016~2017）
著(编)者：黄茂兴 2017年4月出版 / 估价：108.00元
PSN B-2017-532-1/1

**甘肃蓝皮书**
甘肃经济发展分析与预测（2017）
著(编)者：安文华 罗哲 2017年1月出版 / 定价：79.00元
PSN B-2013-312-1/6

**甘肃蓝皮书**
甘肃社会发展分析与预测（2017）
著(编)者：安文华 包晓霞 谢增虎
2017年1月出版 / 定价：79.00元
PSN B-2013-313-2/6

**甘肃蓝皮书**
甘肃文化发展分析与预测（2017）
著(编)者：王俊莲 周小华 2017年1月出版 / 定价：79.00元
PSN B-2013-314-3/6

**甘肃蓝皮书**
甘肃县域和农村发展报告（2017）
著(编)者：朱智文 包东红 王建兵
2017年1月出版 / 定价：79.00元
PSN B-2013-316-5/6

**甘肃蓝皮书**
甘肃舆情分析与预测（2017）
著(编)者：陈双梅 张谦元 2017年1月出版 / 定价：79.00元
PSN B-2013-315-4/6

**甘肃蓝皮书**
甘肃商贸流通发展报告（2017）
著(编)者：张应华 王福生 王晓芳
2017年1月出版 / 定价：79.00元
PSN B-2016-523-6/6

**广东蓝皮书**
广东全面深化改革发展报告（2017）
著(编)者：周林生 涂成林 2017年12月出版 / 估价：89.00元
PSN B-2015-504-3/3

**广东蓝皮书**
广东社会工作发展报告（2017）
著(编)者：罗观翠 2017年6月出版 / 估价：89.00元
PSN B-2014-402-2/3

**广东外经贸蓝皮书**
广东对外经济贸易发展研究报告（2016~2017）
著(编)者：陈万灵 2017年8月出版 / 估价：98.00元
PSN B-2012-286-1/1

**广西北部湾经济区蓝皮书**
广西北部湾经济区开放开发报告（2017）
著(编)者：广西北部湾经济区规划建设管理委员会办公室
广西社会科学院广西北部湾发展研究院
2017年4月出版 / 估价：89.00元
PSN B-2010-181-1/1

**巩义蓝皮书**
巩义经济社会发展报告（2017）
著(编)者：丁同民 朱军 2017年4月出版 / 估价：58.00元
PSN B-2016-533-1/1

**广州蓝皮书**
2017年中国广州经济形势分析与预测
著(编)者：庾建设 陈浩钿 谢博能
2017年7月出版 / 估价：05.00元
PSN B-2011-185-9/14

**广州蓝皮书**
2017年中国广州社会形势分析与预测
著(编)者：张强 陈怡霓 杨秦 2017年6月出版 / 估价：85.00元
PSN B-2008-110-5/14

**广州蓝皮书**
广州城市国际化发展报告（2017）
著(编)者：朱名宏 2017年8月出版 / 估价：79.00元
PSN B-2012-246-11/14

**广州蓝皮书**
广州创新型城市发展报告（2017）
著(编)者：尹涛 2017年7月出版 / 估价：79.00元
PSN B-2012-247-12/14

**广州蓝皮书**
广州经济发展报告（2017）
著(编)者：朱名宏 2017年7月出版 / 估价：79.00元
PSN B-2005-040-1/14

**广州蓝皮书**
广州农村发展报告（2017）
著(编)者：朱名宏 2017年8月出版 / 估价：79.00元
PSN B-2010-167-8/14

**广州蓝皮书**
广州汽车产业发展报告（2017）
著(编)者：杨再高 冯兴亚 2017年7月出版 / 估价：79.00元
PSN B-2006-066-3/14

**广州蓝皮书**
广州青年发展报告（2016~2017）
著(编)者：徐柳 张强 2017年9月出版 / 估价：79.00元
PSN B-2013-352-13/14

**广州蓝皮书**
广州商贸业发展报告（2017）
著(编)者：李江涛 肖振宇 荀振英
2017年7月出版 / 估价：79.00元
PSN B-2012-245-10/14

**广州蓝皮书**
广州社会保障发展报告（2017）
著(编)者：蔡国萱 2017年8月出版 / 估价：79.00元
PSN B-2014-425-14/14

**广州蓝皮书**
广州文化创意产业发展报告（2017）
著(编)者：徐咏虹 2017年7月出版 / 估价：79.00元
PSN B-2008-111-6/14

**广州蓝皮书**
中国广州城市建设与管理发展报告（2017）
著(编)者：董皞 陈小钢 李江涛
2017年7月出版 / 估价：85.00元
PSN B-2007-087-4/14

**广州蓝皮书**
中国广州科技创新发展报告（2017）
著(编)者：邹采荣 马正勇 陈爽
2017年7月出版 / 估价：79.00元
PSN B-2006-065-2/14

**广州蓝皮书**
中国广州文化发展报告（2017）
著(编)者：徐俊忠 陆志强 顾涧清
2017年7月出版 / 估价：79.00元
PSN B-2009-134-7/14

**贵阳蓝皮书**
贵阳城市创新发展报告No.2（白云篇）
著(编)者：连玉明 2017年10月出版 / 估价：89.00元
PSN B-2015-491-3/10

**贵阳蓝皮书**
贵阳城市创新发展报告No.2（观山湖篇）
著(编)者：连玉明 2017年10月出版 / 估价：89.00元
PSN B-2011-235-1/1

**贵阳蓝皮书**
贵阳城市创新发展报告No.2（花溪篇）
著(编)者：连玉明 2017年10月出版 / 估价：89.00元
PSN B-2015-490-2/10

**贵阳蓝皮书**
贵阳城市创新发展报告No.2（开阳篇）
著(编)者：连玉明 2017年10月出版 / 估价：89.00元
PSN B-2015-492-4/10

**贵阳蓝皮书**
贵阳城市创新发展报告No.2（南明篇）
著(编)者：连玉明 2017年10月出版 / 估价：89.00元
PSN B-2015-496-8/10

**贵阳蓝皮书**
贵阳城市创新发展报告No.2（清镇篇）
著(编)者：连玉明 2017年10月出版 / 估价：89.00元
PSN B-2015-489-1/10

**贵阳蓝皮书**
贵阳城市创新发展报告No.2（乌当篇）
著(编)者：连玉明 2017年10月出版 / 估价：89.00元
PSN B-2015-495-7/10

**贵阳蓝皮书**
贵阳城市创新发展报告No.2（息烽篇）
著(编)者：连玉明 2017年10月出版 / 估价：89.00元
PSN B-2015-493-5/10

**贵阳蓝皮书**
贵阳城市创新发展报告No.2（修文篇）
著(编)者：连玉明 2017年10月出版 / 估价：89.00元
PSN B-2015-494-6/10

**贵阳蓝皮书**
贵阳城市创新发展报告No.2（云岩篇）
著(编)者：连玉明 2017年10月出版 / 估价：89.00元
PSN B-2015-498-10/10

**贵州房地产蓝皮书**
贵州房地产发展报告No.4（2017）
著(编)者：武廷方 2017年7月出版 / 估价：89.00元
PSN B-2014-426-1/1

**贵州蓝皮书**
贵州册亨经济社会发展报告 (2017)
著(编)者：黄德林 2017年3月出版 / 估价：89.00元
PSN B-2016-526-8/9

贵州蓝皮书
贵安新区发展报告（2016~2017）
著(编)者：马长青 吴大华　2017年6月出版 / 估价：89.00元
PSN B-2015-459-4/9

贵州蓝皮书
贵州法治发展报告（2017）
著(编)者：吴大华　2017年5月出版 / 估价：89.00元
PSN B-2012-254-2/9

贵州蓝皮书
贵州国有企业社会责任发展报告（2016~2017）
著(编)者：郭丽 周航 万强
2017年12月出版 / 估价：89.00元
PSN B-2015-511-6/9

贵州蓝皮书
贵州民航业发展报告（2017）
著(编)者：申振东 吴大华　2017年10月出版 / 估价：89.00元
PSN B-2015-471-5/9

贵州蓝皮书
贵州民营经济发展报告（2017）
著(编)者：杨静 吴大华　2017年4月出版 / 估价：89.00元
PSN B-2016-531-9/9

贵州蓝皮书
贵州人才发展报告（2017）
著(编)者：于杰 吴大华　2017年9月出版 / 估价：89.00元
PSN B-2014-382-3/9

贵州蓝皮书
贵州社会发展报告（2017）
著(编)者：王兴骥　2017年6月出版 / 估价：89.00元
PSN B-2010-166-1/9

贵州蓝皮书
贵州国家级开放创新平台发展报告（2017）
著(编)者：申晓庆　吴大华　李泓
2017年6月出版 / 估价：89.00元
PSN B-2016-518-1/9

海淀蓝皮书
海淀区文化和科技融合发展报告（2017）
著(编)者：陈名杰 孟景伟　2017年5月出版 / 估价：85.00元
PSN B-2013-329-1/1

杭州都市圈蓝皮书
杭州都市圈发展报告（2017）
著(编)者：沈翔 戚建国　2017年5月出版 / 估价：128.00元
PSN B-2012-302-1/1

杭州蓝皮书
杭州妇女发展报告（2017）
著(编)者：魏颖　2017年6月出版 / 估价：89.00元
PSN B-2014-403-1/1

河北经济蓝皮书
河北省经济发展报告（2017）
著(编)者：马树强 金浩 张贵
2017年4月出版 / 估价：89.00元
PSN B-2014-380-1/1

河北蓝皮书
河北经济社会发展报告（2017）
著(编)者：郭金平　2017年1月出版 / 定价：79.00元
PSN B-2014-372-1/2

河北蓝皮书
京津冀协同发展报告（2017）
著(编)者：陈路　2017年1月出版 / 定价：79.00元
PSN B-2017-601-2/2

河北食品药品安全蓝皮书
河北食品药品安全研究报告（2017）
著(编)者：丁锦霞　2017年6月出版 / 估价：89.00元
PSN B-2015-473-1/1

河南经济蓝皮书
2017年河南经济形势分析与预测
著(编)者：王世炎　2017年3月出版 / 定价：79.00元
PSN B-2007-086-1/1

河南蓝皮书
2017年河南社会形势分析与预测
著(编)者：刘道兴 牛苏林　2017年4月出版 / 估价89.00元
PSN B-2005-043-1/8

河南蓝皮书
河南城市发展报告（2017）
著(编)者：张占仓 王建国　2017年5月出版 / 估价：89.00元
PSN B-2009-131-3/8

河南蓝皮书
河南法治发展报告（2017）
著(编)者：丁同民 张林海　2017年5月出版 / 估价：89.00元
PSN B-2014-376-6/8

河南蓝皮书
河南工业发展报告（2017）
著(编)者：张占仓 丁同民　2017年5月出版 / 估价：89.00元
PSN B-2013-317-5/8

河南蓝皮书
河南金融发展报告（2017）
著(编)者：河南省社会科学院
2017年6月出版 / 估价：89.00元
PSN B-2014-390-7/8

河南蓝皮书
河南经济发展报告（2017）
著(编)者：张占仓　完世伟　2017年4月出版 / 估价：89.00元
PSN B-2010-157-4/8

河南蓝皮书
河南农业农村发展报告（2017）
著(编)者：吴海峰　2017年4月出版 / 估价：89.00元
PSN B-2015-445-8/8

河南蓝皮书
河南文化发展报告（2017）
著(编)者：卫绍生　2017年4月出版 / 估价：88.00元
PSN B-2008-106-2/8

河南商务蓝皮书
河南商务发展报告（2017）
著(编)者：焦锦淼 穆荣国　2017年6月出版 / 估价：88.00元
PSN B-2014-399-1/1

黑龙江蓝皮书
黑龙江经济发展报告（2017）
著(编)者：朱宇　2017年1月出版 / 定价：79.00元
PSN B-2011-190 2/2

**黑龙江蓝皮书**
黑龙江社会发展报告（2017）
著(编)者：谢宝禄 2017年1月出版 / 定价：79.00元
PSN B-2011-189-1/2

**湖北文化蓝皮书**
湖北文化发展报告（2017）
著(编)者：吴成国 2017年10月出版 / 估价：95.00元
PSN B-2016-567-1/1

**湖南城市蓝皮书**
区域城市群整合
著(编)者：童中贤 韩未名
2017年12月出版 / 估价：89.00元
PSN B-2006-064-1/1

**湖南蓝皮书**
2017年湖南产业发展报告
著(编)者：梁志峰 2017年5月出版 / 估价：128.00元
PSN B-2011-207-2/8

**湖南蓝皮书**
2017年湖南电子政务发展报告
著(编)者：梁志峰 2017年5月出版 / 估价：128.00元
PSN B-2014-394-6/8

**湖南蓝皮书**
2017年湖南经济展望
著(编)者：梁志峰 2017年5月出版 / 估价：128.00元
PSN B-2011-206-1/8

**湖南蓝皮书**
2017年湖南两型社会与生态文明发展报告
著(编)者：梁志峰 2017年5月出版 / 估价：128.00元
PSN B-2011-208-3/8

**湖南蓝皮书**
2017年湖南社会发展报告
著(编)者：梁志峰 2017年5月出版 / 估价：128.00元
PSN B-2014-393-5/8

**湖南蓝皮书**
2017年湖南县域经济社会发展报告
著(编)者：梁志峰 2017年5月出版 / 估价：128.00元
PSN B-2014-395-7/8

**湖南蓝皮书**
湖南城乡一体化发展报告（2017）
著(编)者：陈文胜 王文强 陆福兴 邝奕轩
2017年6月出版 / 估价：89.00元
PSN B-2015-477-8/8

**湖南县域绿皮书**
湖南县域发展报告 No.3
著(编)者：袁准 周小毛 黎仁寅
2017年3月出版 / 定价：79.00元
PSN G-2012-274-1/1

**沪港蓝皮书**
沪港发展报告（2017）
著(编)者：尤安山 2017年9月出版 / 估价：89.00元
PSN B-2013-362-1/1

**吉林蓝皮书**
2017年吉林经济社会形势分析与预测
著(编)者：邵汉明 2016年12月出版 / 定价：79.00元
PSN B-2013-319-1/1

**吉林省城市竞争力蓝皮书**
吉林省城市竞争力报告（2016~2017）
著(编)者：崔岳春 张磊 2016年12月出版 / 定价：79.00元
PSN B-2015-513-1/1

**济源蓝皮书**
济源经济社会发展报告（2017）
著(编)者：喻新安 2017年4月出版 / 估价：89.00元
PSN B-2014-387-1/1

**健康城市蓝皮书**
北京健康城市建设研究报告（2017）
著(编)者：王鸿春 2017年8月出版 / 估价：89.00元
PSN B-2015-460-1/2

**江苏法治蓝皮书**
江苏法治发展报告 No.6（2017）
著(编)者：蔡道通 龚廷泰 2017年8月出版 / 估价：98.00元
PSN B-2012-290-1/1

**江西蓝皮书**
江西经济社会发展报告（2017）
著(编)者：张勇 姜玮 梁勇 2017年10月出版 / 估价：89.00元
PSN B-2015-484-1/2

**江西蓝皮书**
江西设区市发展报告（2017）
著(编)者：姜玮 梁勇 2017年10月出版 / 估价：79.00元
PSN B-2016-517-2/2

**江西文化蓝皮书**
江西文化产业发展报告（2017）
著(编)者：张圣才 汪春翔
2017年10月出版 / 估价：128.00元
PSN B-2015-499-1/1

**街道蓝皮书**
北京街道发展报告No.2（白纸坊篇）
著(编)者：连玉明 2017年8月出版 / 估价：98.00元
PSN B-2016-544-7/15

**街道蓝皮书**
北京街道发展报告No.2（椿树篇）
著(编)者：连玉明 2017年8月出版 / 估价：98.00元
PSN B-2016-548-11/15

**街道蓝皮书**
北京街道发展报告No.2（大栅栏篇）
著(编)者：连玉明 2017年8月出版 / 估价：98.00元
PSN B-2016-552-15/15

**街道蓝皮书**
北京街道发展报告No.2（德胜篇）
著(编)者：连玉明 2017年8月出版 / 估价：98.00元
PSN B-2016-551-14/15

**街道蓝皮书**
北京街道发展报告No.2（广安门内篇）
著(编)者：连玉明 2017年8月出版 / 估价：98.00元
PSN B-2016-540-3/15

街道蓝皮书
北京街道发展报告No.2（广安门外篇）
著(编)者：连玉明　2017年8月出版 / 估价：98.00元
PSN B-2016-547-10/15

街道蓝皮书
北京街道发展报告No.2（金融街篇）
著(编)者：连玉明　2017年8月出版 / 估价：98.00元
PSN B-2016-538-1/15

街道蓝皮书
北京街道发展报告No.2（牛街篇）
著(编)者：连玉明　2017年8月出版 / 估价：98.00元
PSN B-2016-545-8/15

街道蓝皮书
北京街道发展报告No.2（什刹海篇）
著(编)者：连玉明　2017年8月出版 / 估价：98.00元
PSN B-2016-546-9/15

街道蓝皮书
北京街道发展报告No.2（陶然亭篇）
著(编)者：连玉明　2017年8月出版 / 估价：98.00元
PSN B-2016-542-5/15

街道蓝皮书
北京街道发展报告No.2（天桥篇）
著(编)者：连玉明　2017年8月出版 / 估价：98.00元
PSN B-2016-549-12/15

街道蓝皮书
北京街道发展报告No.2（西长安街篇）
著(编)者：连玉明　2017年8月出版 / 估价：98.00元
PSN B-2016-543-6/15

街道蓝皮书
北京街道发展报告No.2（新街口篇）
著(编)者：连玉明　2017年8月出版 / 估价：98.00元
PSN B-2016-541-4/15

街道蓝皮书
北京街道发展报告No.2（月坛篇）
著(编)者：连玉明　2017年8月出版 / 估价：98.00元
PSN B-2016-539-2/15

街道蓝皮书
北京街道发展报告No.2（展览路篇）
著(编)者：连玉明　2017年8月出版 / 估价：98.00元
PSN B-2016-550-13/15

经济特区蓝皮书
中国经济特区发展报告（2017）
著(编)者：陶一桃　2017年12月出版 / 估价：98.00元
PSN B-2009-139-1/1

辽宁蓝皮书
2017年辽宁经济社会形势分析与预测
著(编)者：曹晓峰　梁启东
2017年4月出版 / 估价：79.00元
PSN B-2006-053-1/1

洛阳蓝皮书
洛阳文化发展报告（2017）
著(编)者：刘福兴 陈启明　2017年7月出版 / 估价：89.00元
PSN B-2015-476-1/1

南京蓝皮书
南京文化发展报告（2017）
著(编)者：徐宁　2017年10月出版 / 估价：89.00元
PSN B-2014-439-1/1

南宁蓝皮书
南宁法治发展报告（2017）
著(编)者：杨维超　2017年12月出版 / 估价：79.00元
PSN B-2015-509-1/3

南宁蓝皮书
南宁经济发展报告（2017）
著(编)者：胡建华　2017年9月出版 / 估价：79.00元
PSN B-2016-570-2/3

南宁蓝皮书
南宁社会发展报告（2017）
著(编)者：胡建华　2017年9月出版 / 估价：79.00元
PSN B-2016-571-3/3

内蒙古蓝皮书
内蒙古反腐倡廉建设报告 No.2
著(编)者：张志华 无极　2017年12月出版 / 估价：79.00元
PSN B-2013-365-1/1

浦东新区蓝皮书
上海浦东经济发展报告（2017）
著(编)者：沈开艳 周奇　2017年2月出版 / 定价：79.00元
PSN B-2011-225-1/1

青海蓝皮书
2017年青海经济社会形势分析与预测
著(编)者：陈玮　2016年12月出版 / 定价：79.00元
PSN B-2012-275-1/1

人口与健康蓝皮书
深圳人口与健康发展报告（2017）
著(编)者：陆杰华 罗乐宣 苏杨
2017年11月出版 / 估价：89.00元
PSN B-2011-228-1/1

山东蓝皮书
山东经济形势分析与预测（2017）
著(编)者：李广杰　2017年7月出版 / 估价：89.00元
PSN B-2014-404-1/4

山东蓝皮书
山东社会形势分析与预测（2017）
著(编)者：张华 唐洲雁　2017年6月出版 / 估价：89.00元
PSN B-2014-405-2/4

山东蓝皮书
山东文化发展报告（2017）
著(编)者：涂可国　2017年11月出版 / 估价：98.00元
PSN B-2014-406-3/4

山西蓝皮书
山西资源型经济转型发展报告（2017）
著(编)者：李志强　2017年7月出版 / 估价：89.00元
PSN B-2011-197-1/1

**陕西蓝皮书**
陕西经济发展报告（2017）
著(编)者：任宗哲 白宽犁 裴成荣
2017年1月出版 / 定价：69.00元
PSN B-2009-135-1/5

**陕西蓝皮书**
陕西社会发展报告（2017）
著(编)者：任宗哲 白宽犁 牛昉
2017年1月出版 / 定价：69.00元
PSN B-2009-136-2/5

**陕西蓝皮书**
陕西文化发展报告（2017）
著(编)者：任宗哲 白宽犁 王长寿
2017年1月出版 / 定价：69.00元
PSN B-2009-137-3/5

**上海蓝皮书**
上海传媒发展报告（2017）
著(编)者：强荧 焦雨虹 2017年2月出版 / 定价：79.00元
PSN B-2012-295-5/7

**上海蓝皮书**
上海法治发展报告（2017）
著(编)者：叶青 2017年6月出版 / 估价：89.00元
PSN B-2012-296-6/7

**上海蓝皮书**
上海经济发展报告（2017）
著(编)者：沈开艳 2017年2月出版 / 定价：79.00元
PSN B-2006-057-1/7

**上海蓝皮书**
上海社会发展报告（2017）
著(编)者：杨雄 周海旺 2017年2月出版 / 定价：79.00元
PSN B-2006-058-2/7

**上海蓝皮书**
上海文化发展报告（2017）
著(编)者：荣跃明 2017年2月出版 / 定价：79.00元
PSN B-2006-059-3/7

**上海蓝皮书**
上海文学发展报告（2017）
著(编)者：陈圣来 2017年6月出版 / 估价：89.00元
PSN B-2012-297-7/7

**上海蓝皮书**
上海资源环境发展报告（2017）
著(编)者：周冯琦 汤庆合
2017年2月出版 / 定价：79.00元
PSN B-2006-060-4/7

**社会建设蓝皮书**
2017年北京社会建设分析报告
著(编)者：宋贵伦 冯虹 2017年10月出版 / 估价：89.00元
PSN B-2010-173-1/1

**深圳蓝皮书**
深圳法治发展报告（2017）
著(编)者：张骁儒 2017年6月出版 / 估价：89.00元
PSN B-2015-470-6/7

**深圳蓝皮书**
深圳经济发展报告（2017）
著(编)者：张骁儒 2017年7月出版 / 估价：89.00元
PSN B-2008-112-3/7

**深圳蓝皮书**
深圳劳动关系发展报告（2017）
著(编)者：汤庭芬 2017年6月出版 / 估价：89.00元
PSN B-2007-097-2/7

**深圳蓝皮书**
深圳社会建设与发展报告（2017）
著(编)者：张骁儒 陈东平 2017年7月出版 / 估价：89.00元
PSN B-2008-113-4/7

**深圳蓝皮书**
深圳文化发展报告(2017)
著(编)者：张骁儒 2017年7月出版 / 估价：89.00元
PSN B-2016-555-7/7

**丝绸之路蓝皮书**
丝绸之路经济带发展报告（2017）
著(编)者：任宗哲 白宽犁 谷孟宾
2017年1月出版 / 定价：75.00元
PSN B-2014-410-1/1

**法治蓝皮书**
四川依法治省年度报告 No.3（2017）
著(编)者：李林 杨天宗 田禾
2017年3月出版 / 定价：118.00元
PSN B-2015-447-1/1

**四川蓝皮书**
2017年四川经济形势分析与预测
著(编)者：杨钢 2017年1月出版 / 定价：98.00元
PSN B-2007-098-2/7

**四川蓝皮书**
四川城镇化发展报告（2017）
著(编)者：侯水平 陈炜 2017年4月出版 / 估价：85.00元
PSN B-2015-456-7/7

**四川蓝皮书**
四川法治发展报告（2017）
著(编)者：郑泰安 2017年4月出版 / 估价：89.00元
PSN B-2015-441-5/7

**四川蓝皮书**
四川企业社会责任研究报告（2016～2017）
著(编)者：侯水平 盛毅 翟刚
2017年4月出版 / 估价：89.00元
PSN B-2014-386-4/7

**四川蓝皮书**
四川社会发展报告（2017）
著(编)者：李羚 2017年5月出版 / 估价：89.00元
PSN B-2008-127-3/7

**四川蓝皮书**
四川生态建设报告（2017）
著(编)者：李晟之 2017年4月出版 / 估价：85.00元
PSN B-2015-455-6/7

四川蓝皮书
四川文化产业发展报告（2017）
著(编)者：向宝云 张立伟
2017年4月出版 / 估价：89.00元
PSN B-2006-074-1/7

体育蓝皮书
上海体育产业发展报告（2016～2017）
著(编)者：张林 黄海燕
2017年10月出版 / 估价：89.00元
PSN B-2015-454-4/4

体育蓝皮书
长三角地区体育产业发展报告（2016～2017）
著(编)者：张林 2017年4月出版 / 估价：89.00元
PSN B-2015-453-3/4

天津金融蓝皮书
天津金融发展报告（2017）
著(编)者：王爱俭 孔德昌
2017年12月出版 / 估价：98.00元
PSN B-2014-418-1/1

图们江区域合作蓝皮书
图们江区域合作发展报告（2017）
著(编)者：李铁 2017年6月出版 / 估价：98.00元
PSN B-2015-464-1/1

温州蓝皮书
2017年温州经济社会形势分析与预测
著(编)者：潘忠强 王春光 金浩
2017年4月出版 / 估价：89.00元
PSN B-2008-105-1/1

西咸新区蓝皮书
西咸新区发展报告（2016~2017）
著(编)者：李扬 王军 2017年6月出版 / 估价：89.00元
PSN B-2016-535-1/1

扬州蓝皮书
扬州经济社会发展报告（2017）
著(编)者：丁纯 2017年12月出版 / 估价：98.00元
PSN B-2011-191-1/1

长株潭城市群蓝皮书
长株潭城市群发展报告（2017）
著(编)者：张萍 2017年12月出版 / 估价：89.00元
PSN B-2008-109-1/1

中医文化蓝皮书
北京中医文化传播发展报告（2017）
著(编)者：毛嘉陵 2017年5月出版 / 估价：79.00元
PSN B-2015-468-1/2

珠三角流通蓝皮书
珠三角商圈发展研究报告（2017）
著(编)者：王先庆 林至颖
2017年7月出版 / 估价：98.00元
PSN B-2012-292-1/1

遵义蓝皮书
遵义发展报告（2017）
著(编)者：曾征 龚永育 雍思强
2017年12月出版 / 估价：89.00元
PSN B-2014-433-1/1

## 国际问题类

"一带一路"跨境通道蓝皮书
"一带一路"跨境通道建设研究报告（2017）
著(编)者：郭业洲 2017年8月出版 / 估价：89.00元
PSN B-2016-558-1/1

"一带一路"蓝皮书
"一带一路"建设发展报告（2017）
著(编)者：孔丹 李永全 2017年7月出版 / 估价：89.00元
PSN B-2016-553-1/1

阿拉伯黄皮书
阿拉伯发展报告（2016～2017）
著(编)者：罗林 2017年11月出版 / 估价：89.00元
PSN Y-2014-381-1/1

北部湾蓝皮书
泛北部湾合作发展报告（2017）
著(编)者：吕余生 2017年12月出版 / 估价：85.00元
PSN B-2008-114-1/1

大湄公河次区域蓝皮书
大湄公河次区域合作发展报告（2017）
著(编)者：刘稚 2017年8月出版 / 估价：89.00元
PSN B-2011-196-1/1

大洋洲蓝皮书
大洋洲发展报告（2017）
著(编)者：喻常森 2017年10月出版 / 估价：89.00元
PSN B-2013-341-1/1

**德国蓝皮书**
德国发展报告（2017）
著(编)者：郑春荣　2017年6月出版 / 估价：89.00元
PSN B-2012-278-1/1

**东盟黄皮书**
东盟发展报告（2017）
著(编)者：杨晓强 庄国土
2017年4月出版 / 估价：89.00元
PSN Y-2012-303-1/1

**东南亚蓝皮书**
东南亚地区发展报告（2016～2017）
著(编)者：厦门大学东南亚研究中心　王勤
2017年12月出版 / 估价：89.00元
PSN B-2012-240-1/1

**俄罗斯黄皮书**
俄罗斯发展报告（2017）
著(编)者：李永全　2017年7月出版 / 估价：89.00元
PSN Y-2006-061-1/1

**非洲黄皮书**
非洲发展报告 No.19（2016～2017）
著(编)者：张宏明　2017年8月出版 / 估价：89.00元
PSN Y-2012-239-1/1

**公共外交蓝皮书**
中国公共外交发展报告（2017）
著(编)者：赵启正 雷蔚真
2017年4月出版 / 估价：89.00元
PSN B-2015-457-1/1

**国际安全蓝皮书**
中国国际安全研究报告(2017)
著(编)者：刘慧　2017年7月出版 / 估价：98.00元
PSN B-2016-522-1/1

**国际形势黄皮书**
全球政治与安全报告（2017）
著(编)者：张宇燕
2017年1月出版 / 定价：89.00元
PSN Y-2001-016-1/1

**韩国蓝皮书**
韩国发展报告（2017）
著(编)者：牛林杰 刘宝全
2017年11月出版 / 估价：89.00元
PSN B-2010-155-1/1

**加拿大蓝皮书**
加拿大发展报告（2017）
著(编)者：仲伟合　2017年9月出版 / 估价：89.00元
PSN B-2014-389-1/1

**拉美黄皮书**
拉丁美洲和加勒比发展报告（2016～2017）
著(编)者：吴白乙　2017年6月出版 / 估价：89.00元
PSN Y-1999-007-1/1

**美国蓝皮书**
美国研究报告（2017）
著(编)者：郑秉文 黄平　2017年6月出版 / 估价：89.00元
PSN B-2011-210-1/1

**缅甸蓝皮书**
缅甸国情报告（2017）
著(编)者：李晨阳　2017年12月出版 / 估价：86.00元
PSN B-2013-343-1/1

**欧洲蓝皮书**
欧洲发展报告（2016～2017）
著(编)者：黄平 周弘 江时学
2017年6月出版 / 估价：89.00元
PSN B-1999-009-1/1

**葡语国家蓝皮书**
葡语国家发展报告（2017）
著(编)者：王成安 张敏　2017年12月出版 / 估价：89.00元
PSN B-2015-503-1/2

**葡语国家蓝皮书**
中国与葡语国家关系发展报告·巴西（2017）
著(编)者：张曙光　2017年8月出版 / 估价：89.00元
PSN B-2016-564-2/2

**日本经济蓝皮书**
日本经济与中日经贸关系研究报告（2017）
著(编)者：张季风　2017年5月出版 / 估价：89.00元
PSN B-2008-102-1/1

**日本蓝皮书**
日本研究报告（2017）
著(编)者：杨伯江　2017年5月出版 / 估价：89.00元
PSN B-2002-020-1/1

**上海合作组织黄皮书**
上海合作组织发展报告（2017）
著(编)者：李进峰 吴宏伟 李少捷
2017年6月出版 / 估价：89.00元
PSN Y-2009-130-1/1

**世界创新竞争力黄皮书**
世界创新竞争力发展报告（2017）
著(编)者：李闽榕 李建平 赵新力
2017年4月出版 / 估价：148.00元
PSN Y-2013-318-1/1

**泰国蓝皮书**
泰国研究报告（2017）
著(编)者：庄国土 张禹东
2017年8月出版 / 估价：118.00元
PSN B-2016-557-1/1

**土耳其蓝皮书**
土耳其发展报告（2017）
著(编)者：郭长刚 刘义　2017年9月出版 / 估价：89.00元
PSN B-2014-412-1/1

**亚太蓝皮书**
亚太地区发展报告（2017）
著(编)者：李向阳　2017年4月出版 / 估价：89.00元
PSN B-2001-015-1/1

**印度蓝皮书**
印度国情报告（2017）
著(编)者：吕昭义　2017年12月出版 / 估价：89.00元
PSN B-2012-241-1/1

**印度洋地区蓝皮书**
**印度洋地区发展报告（2017）**
著(编)者：汪戎　　2017年6月出版 / 估价：89.00元
PSN B-2013-334-1/1

**英国蓝皮书**
**英国发展报告（2016～2017）**
著(编)者：王展鹏　　2017年11月出版 / 估价：89.00元
PSN B-2015-486-1/1

**越南蓝皮书**
**越南国情报告（2017）**
著(编)者：谢林城
2017年12月出版 / 估价：89.00元
PSN B-2006-056-1/1

**以色列蓝皮书**
**以色列发展报告（2017）**
著(编)者：张倩红　　2017年8月出版 / 估价：89.00元
PSN B-2015-483-1/1

**伊朗蓝皮书**
**伊朗发展报告（2017）**
著(编)者：冀开远　　2017年10月出版 / 估价：89.00元
PSN B-2016-575-1/1

**中东黄皮书**
**中东发展报告 No.19（2016～2017）**
著(编)者：杨光　　2017年10月出版 / 估价：89.00元
PSN Y-1998-004-1/1

**中亚黄皮书**
**中亚国家发展报告（2017）**
著(编)者：孙力 吴宏伟　　2017年7月出版 / 估价：98.00元
PSN Y-2012-238-1/1

皮书序列号是社会科学文献出版社专门为识别皮书、管理皮书而设计的编号。皮书序列号是出版皮书的许可证号，是区别皮书与其他图书的重要标志。

它由一个前缀和四部分构成。这四部分之间用连字符“-”连接。前缀和这四部分之间空半个汉字（见示例）。

《国际人才蓝皮书：中国留学发展报告》序列号示例

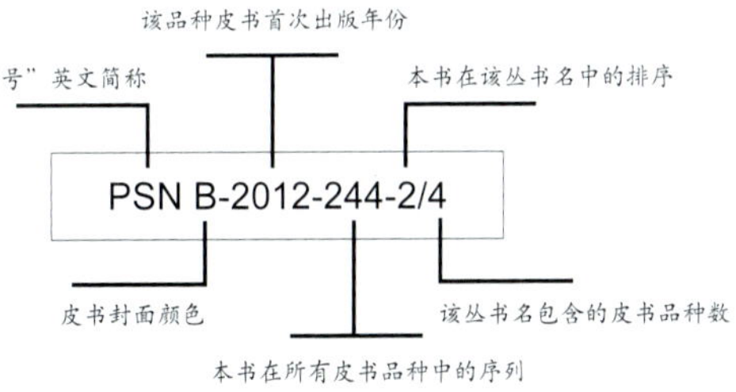


从示例中可以看出，《国际人才蓝皮书：中国留学发展报告》的首次出版年份是2012年，是社科文献出版社出版的第244个皮书品种，是“国际人才蓝皮书”系列的第2个品种（共4个品种）。

## 皮书起源

“皮书”起源于十七、十八世纪的英国，主要指官方或社会组织正式发表的重要文件或报告，多以“白皮书”命名。在中国，“皮书”这一概念被社会广泛接受，并被成功运作、发展成为一种全新的出版形态，则源于中国社会科学院社会科学文献出版社。

## 皮书定义

皮书是对中国与世界发展状况和热点问题进行年度监测，以专业的角度、专家的视野和实证研究方法，针对某一领域或区域现状与发展态势展开分析和预测，具备原创性、实证性、专业性、连续性、前沿性、时效性等特点的公开出版物，由一系列权威研究报告组成。

## 皮书作者

皮书系列的作者以中国社会科学院、著名高校、地方社会科学院的研究人员为主，多为国内一流研究机构的权威专家学者，他们的看法和观点代表了学界对中国与世界的现实和未来最高水平的解读与分析。

## 皮书荣誉

皮书系列已成为社会科学文献出版社的著名图书品牌和中国社会科学院的知名学术品牌。2016 年，皮书系列正式列入“十三五”国家重点出版规划项目；2012~2016 年，重点皮书列入中国社会科学院承担的国家哲学社会科学创新工程项目；2017 年，55 种院外皮书使用“中国社会科学院创新工程学术出版项目”标识。

# 中国皮书网

www.pishu.cn

发布皮书研创资讯，传播皮书精彩内容
引领皮书出版潮流，打造皮书服务平台

## 栏目设置

关于皮书：何谓皮书、皮书分类、皮书大事记、皮书荣誉、皮书出版第一人、皮书编辑部

最新资讯：通知公告、新闻动态、媒体聚焦、网站专题、视频直播、下载专区

皮书研创：皮书规范、皮书选题、皮书出版、皮书研究、研创团队

皮书评奖评价：指标体系、皮书评价、皮书评奖

互动专区：皮书说、皮书智库、皮书微博、数据库微博

## 所获荣誉

2008 年、2011 年，中国皮书网均在全国新闻出版业网站荣誉评选中获得“最具商业价值网站”称号；

2012 年，获得“出版业网站百强”称号。

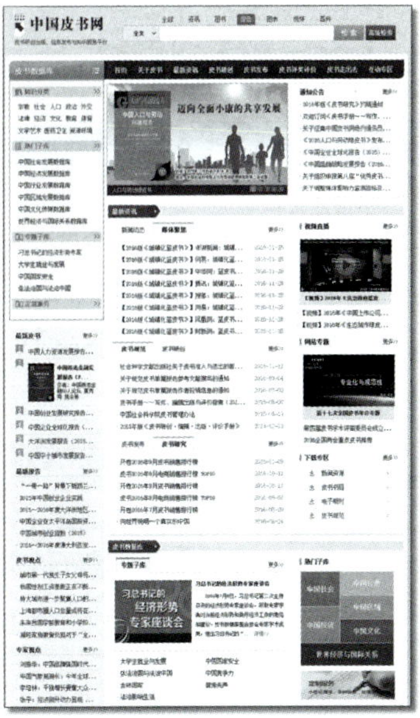


## 网库合一

2014 年，中国皮书网与皮书数据库端口合一，实现资源共享。更多详情请登录 www.pishu.cn。

1997~2017

皮书品牌20年

YEAR BOOKS

更多信息请登录

**皮书数据库**
http：//www.pishu.com.cn

**中国皮书网**
http：//www.pishu.cn

**皮书微博**
http：//weibo.com/pishu

**皮书博客**
http：//blog.sina.com.cn/pishu

皮书微信“皮书说”

**请到当当、亚马逊、京东或各地书店购买，也可办理邮购**

咨询/邮购电话：010-59367028　59367070
邮　　箱：duzhe@ssap.cn
邮购地址：北京市西城区北三环中路甲29号院3号楼
华龙大厦13层读者服务中心
邮　　编：100029
银行户名：社会科学文献出版社
开户银行：中国工商银行北京北太平庄支行
账　　号：0200010019200365434